МИХАЕЛ ЛАЈТМАН

ДОСТИГНУВАЊЕ НА ВИШИТЕ СВЕТОВИ

Copyring © 2023 MICHAEL LAITMAN

Copyring © 2023 МИХАЕЛ ЛАЈТМАН

Прво издание 2023

МИХАЕЛ ЛАЈТМАН
ATTAINING THE WORLDS BEYOND

Сите права задржани. Ниту еден дел од ова издание не смее да биде препечатуван, копиран или објавуван во која било форма или на кој било начин во електронските или во печатените медиуми, без писмена согласност од издавачот.

ISBN 978-1-77228-175-0
Laitman Kabbalah Publishers

МИХАЕЛ ЛАЈТМАН

ДОСТИГНУВАЊЕ НА ВИШИТЕ СВЕТОВИ

Водич за откривање на духовното

МАТИЦА

4 P R A Z N A

СОДРЖИНА

Вовед 11
Како да се чита текстот 13
1. Сфаќање на Создателот 15
   Прозорец кон срцето 21
   Верба над разумот 26
2. Духовен пат 33
   Провидението на Создателот 36
   Спознавање на владеењето на Создателот 40
3. Трпеза 42
   Чин први 42
   Чин втори 45
4. Поништување на нашите лични интереси 61
   Кабалата нека ви биде водич 66
5. Целта на учењето кабала 68
6. Духовен напредок 72
   Верба: Верување во Единственоста на Создателот 75
7. Нашите перцепции 79
8. Структура на духовноста 82
   Лажни задоволства 85
9. Молба за помош 88
   Во сеќавање на кабалистот Раби Барух Ашлаг 89
10. Неутрализирање на желбата за себезадоволување 92
11. Внатрешно движење и развој 99
    Напредување кон алтруистичното задоволство 105
12. Искоренување на егоизмот 120
    Потрагата по Создателот 132

13. Патот на кабалата 140
    Желбата за примање задоволство 147
14. Откривање и притајување 155
    Преобразба на егоизмот во алтруизам 169
15. Постепена духовна корекција 177
16. Внатрешни одлики и надворешни аспекти 188
    Духовни градации 193
    Четири основни погледи 196
17. Соединување со Создателот 203
    Фази на откровение 215
18. Семоќниот волшебник кој не можел да биде сам 219
19. Духовни нивоа 228
20. Враќањето кај Создателот 240
    Патот на кабалата 254
21. Поправање на егоизмот 267
    Копнеење по духовни одлики 278
22. Духовен развој 295
23. Духовна работа 315
24. Верба 326
25. Процес на усогласување со Создателот 331
26. Свест за Духовниот Свет 339
    Сфаќање на повисоките духовни нивоа 342
27. Стадиуми на корекцијата 347
    Вербата, единствениот противотров за егоизмот 350
    Светлината која носи корекција 353
28. Не за себе 362
    Стекнување на „Лишма" 365
29. Преобразба на нашата природа 371
30. Страв од Создателот 376
31. Семе на алтруизмот 381
32. Борба за согледување на единственоста на Создателот 386
33. Примање заради давање 394
34. Страдањето пратено како апсолутна љубезност 400

Содржина

35. Зла склоност 407
36. Работа по трите линии 413
37. Разбирање на нашата вистинска природа 422
38. Кабалистички цитати 430
39. Потрага на Михаил Лајтман по кабала 433
40. Други книги од д-р Михаел Лајтман 443
41. За Бнеи Барух 448
42. Контакт со Бнеи Барух 449

8 ПРАЗНА

Суштината на духовните одлики како што се целосниот алтруизам и љубовта е над човечката способност за сфаќање. Дури и самото постоење на такви духовни одлики е над нашето сфаќање; се чини дека ни треба поттик за да извршиме какво било дело кое не ни ветува некаква лична добивка. Затоа таква одлика како алтруизмот може да ни биде дадена само одозгора, и само тие меѓу нас кои го имаат искусено можат да го сфатат.

Михаел Лајтман

Вовед

Ако со срцето послушате едно славно прашање, сигурен сум дека сите ваши сомнежи околу тоа дали треба да ја изучувате кабалата ќе исчезнат без трага. Тоа прашање е горко и праведно, и го поставуваат сите што се родени на Земјата: „Која е смислата на мојот живот?"

Рав Јехуда Ашлаг, Вовед во Талмуд Есер Сефирот

Меѓу сите текстови и белешки што ги користеше мојот Рав, Барух Шалом ХаЛеви Ашлаг, имаше една посебна тетратка која секогаш ја носеше со себе. Таа тетратка ги содржеше сите преписки на неговите разговори со татко му, Рав Јехуда Леиб ХаЛеви Ашлаг, Рабинот на Ерусалим, и кабалист. Тој е авторот на 21-томен коментар на книгата Зохар, како и автор на 6-томниот коментар на текстот на кабалистот Ари, и на многу други дела за кабалата.

На еврејската Нова година во септември 1991, кога не му беше добро, мојот Рав ме повика до креветот, ми ја даде својата тетратка, и ми рече: „Земи ја и учи од неа." Следното утро, мојот учител ми умре на раце, оставајќи ме мене и многу други ученици без водство во светов.

Тој велеше: „Сакам да ве научам да се свртите кон Создателот, а не кон мене, бидејќи Тој е единствената сила, единствениот извор на сè што постои, единствениот кој навистина може да ви помогне, и ги чека вашите молитви за помош. Кога ќе побарате помош за ваше ослободување од ропството на овој свет, помош за издигнување над овој свет, помош за наоѓање на себеси, и помош за одредување на вашата цел во животот, морате да се свртите кон Создателот, кој ви ги праќа сите тие тежненија за да ве натера да се свртите кон Него."

Во овој текст се обидувам да пренесам некои од идеите од неговата тетратка како што јас ги сфатив. Невозможно е целосно да се пренесе сѐ што е напишано таму, затоа што секој од нас може да го сфати тоа што го чита во границите на нашето директно сфаќање и бидејќи секој од нас е ограничен со одликите на нашите индивидуални души. Затоа, при интеракција со Вишата Светлина, секој од нас ќе ги толкува тие идеи како што ги гледа нашата душа.

Нека мислите на Рав Јехуда Ашлаг продрат во овој свет преку зборовите на неговиот најстар син, мојот Рав, и нека ни помогнат на сите нас да се соединиме со Создателот во текот на нашите животи, овде во овој свет!

Михаел Лајтман

Како да се чита текстот

Потребата од овој текст ми стана очигледна од прашањата кои ги добивав од моите ученици, и од прашањата поставувани на разни предавања и радиопрограми, како и поради писмата од цел свет кои и натаму ме преплавуваат.

Тешкотијата при објаснувањето и подучувањето на кабалата лежи во фактот дека духовниот свет нема свој дупликат во нашиов свет. Дури и ако предметот на нашето изучување стане јасен, нашето сфаќање е само привремено. Она што го учиме е сфатено од духовната состојка на нашата способност за сфаќање, која постојано се обновува одозгора.

Така, предметот кој отпрвин го разбираме, подоцна може да се чини нејасен. Зависно од нашето расположение и нашата духовна состојба, текстот може да се појави како полн, со длабока смисла, или како сосема бесмислен.

Не очајувајте ако она што вчера било толку јасно, денес ве збунува. Не откажувајте се ако текстот ви се причини матен, чуден или нелогичен.

Кабалата не се изучува за да се стекне теоретско знаење, туку за да ни помогне да го видиме тоа што е скриено од нас.

Откако сме изучиле и стекнале духовна сила, ќе почнеме да гледаме и сфаќаме, а тогаш нашата способност за стекнување на заслужените духовни Светлини ќе нè донесе до вистинското знаење.

Сè додека не можеме да ја сфатиме Вишата Светлина и да видиме што ни покажува, нема да сфатиме како е изграден универзумот и како функционира, бидејќи во нашиот свет нема аналогии за тие концепти. Овој текст може да ни ги олесни првите чекори кон сфаќање на духовните сили. Во натамошните стадиуми, ќе можеме да напредуваме само со помош на учител.

Овој текст не треба да се чита на вообичаен начин. Место тоа, треба да се концентрираме на одреден параграф, да размислиме за него, и да се обидеме да ги сфатиме примерите кои се одразуваат во опишаните теми. Потоа можеме да се обидеме да ги примениме тие теми врз нашето лично искуство.

Треба трпеливо и постојано да читаме и размислуваме за секоја реченица додека се трудиме да навлеземе во чувствата на авторот. Треба да читаме полека, трудејќи се да ги извадиме нијансите на напишаното, и ако има потреба, да се вратиме на почетокот од секоја реченица.

Овој метод може да ни помогне или да навлеземе во материјалот со нашите сопствени чувства, или да согледаме дека на нашите чувства нешто им недостига во врска со одредена тема. Ако се работи за второто, тоа е клучен предуслов за нашиот духовен напредок.

Текстот не е напишан за брзо читање. Иако зборува на само една тема, „Како да оствариме однос со Создателот," ја обработува на разни начини. Тоа му дозволува на секој од нас да ја најде таа посебна фраза или збор што ќе нè одведе во длабочините на текстот.

Иако желбите и делата на егоизмот се опишани во трето лице, сè додека не ја одвоиме нашата лична свесност од нашите желби, треба да ги сметаме тежненијата и желбите на егоизмот за свои. Зборот „тело" во текстот не се однесува на физичкото јас, туку на „егоизмот", нашата желба за примање.

За да извлечете максимум од материјалов, препорачувам да ги читате истите делови во различно време и во различни состојби на умот. Така ќе можете подобро да се запознаете со вашите реакции и ставови кон истиот текст во различни наврати.

Несогласувањето со материјалот е секогаш позитивно, како и согласувањето со него. Најважниот аспект на читањето на текстот е вашата реакција на него. Чувството на несогласување укажува дека сте го достигнале прелиминарното ниво (*Ахораим,* грбот) на сфаќањето, кое ве подготвува за следниот стадиум на перцепција (*Паним,* лицето).

Токму преку овој бавен и значаен начин на читање ќе можете да развиете чувства, или „садови" (*Келим*). Тие се неопходни за да добиеме духовни чувства. Штом садовите се на место, Вишата Светлина ќе може да влезе во нив. Пред нивното формирање, Светлината само постои околу вас, ја опкружува вашата душа, иако не можете да ја видите.

Овој текст не е напишан да го зголеми вашето знаење ниту за да се запомни. Всушност, никогаш не смееме да се тестираме на материјалов.

Уште подобро е ако сосема ја заборавиме содржината, за при второто читање да се чини свежа и сосема непозната. Заборавањето на материјалот укажува дека сме ги сфатиле претходните чувства и дека тие сега се повлекле, оставајќи простор кој треба да биде исполнет со чувства кои допрва треба да ги доживееме. Процесот на развивање на сетилни органи постојано се обновува и насобира во духовната, незабележана сфера на нашите души.

Најважниот аспект од читањето е како се чувствуваме додека го читаме материјалот, а не после тоа.

Штом еднаш ги доживееме тие чувства, тие се разоткриваат во срцето и умот, и се појавуваат секогаш кога се потребни во трајниот процес на развојот на душата.

Место да брзаме да завршиме со читањето на текстов, се препорачува да се концентрираме на деловите кои најмногу ни се допаѓаат. Само тогаш ќе може текстот да ни помогне и да нè води во нашата потрага по лично духовно издигање. Целта на овој текст е да ни помогне да се заинтересираме за тајните на животот, како на пример:

Зошто сме родени во овој свет? Можеме ли одовде да влеземе во духовните светови? Ќе можеме ли некогаш да ја сфатиме намената на созданието? Можно ли е да се согледа Создателот, вечноста и бесмртноста? Како да почнеме духовно да растеме?

Ако со срцето послушате едно славно прашање, сигурен сум дека сите ваши сомнежи околу тоа дали треба да ја изучувате кабалата ќе исчезнат без трага. Тоа прашање е горко и праведно, и го поставуваат сите што се родени на Земјата: „Која е смислата на мојот живот?"

Рав Јехуда Ашлаг

1

Сфаќање на Создателот

Генерациите доаѓаат и си одат, а сепак секоја генерација и секој поединец си го поставува истото прашање за смислата на животот. Тоа особено се случува во време на војна и глобално страдање, и за време на периоди на несреќа кои нè снаоѓаат сите нас во некој дел од животот. Која е целта на животот, кој ни е толку скапоцен? И дали отсуството на страдање треба да го сметаме за среќа?

Во Талмудот, во *Етиката на Отците*, е речено: „Против својата волја си се родил, против својата волја живееш, и против својата волја ќе умреш."

Секоја генерација има свој удел на несреќа. Некои од нас ја преживеале депресијата, војната, и повоените немири. Но гледам како мојата генерација, полна со проблеми и страданија, не може да се урамнотежи себеси и не може да се пронајде.

Во оваа атмосфера, прашањето за смислата на нашите животи особено јасно се истакнува. Понекогаш се чини дека животот е потежок од самата смрт; затоа, не е чудно што „Етиката на Отците" вели: „Против своја волја живееш."

Природата нè создала и присилени сме да постоиме со одликите кои ни се наметнати. Тоа е како да сме само полу-интелигентни битија; интелигентни само до степенот до кој сме свесни дека нашите дела се предодредени од нашите вродени карактеристики и одлики, и дека не можеме да одиме против нив. Ако сме на милост и немилост на природата, тогаш не може да се предвиди каде може да нè одведе оваа дива, неразумна природа. Нашите природи се одговорни за постојаните конфликти меѓу поединци и цели нации, кои, како диви животни, се фатени во жестока борба на инстинктите. Сепак, потсвесно, не можеме да прифатиме споредба со примитивните ѕверови.

Меѓутоа, ако Божествената Сила која нè создала постои, зошто тогаш не ја сфаќаме, зошто се крие од нас? Бидејќи кога би знаеле што Таа бара од нас, не би ги правеле тие грешки во нашиот живот за кои сме казнети со страдање!

Колку полесен би бил животот кога Создателот не би се криел од луѓето, туку секој од нас би можел јасно да го види!

Тогаш, не би се сомневале во Неговото постоење. Би можеле да ги видиме последиците на Неговото Провидение врз светот што нè опкружува; да ја сфатиме причината и целта на нашето создание; јасно да ги согледаме последиците од нашите дела и Неговиот одговор на нив; да разговараме за сите наши проблеми во дијалог со Него; да Го замолиме за помош; да побараме од Него заштита и совет; да Му се пожалиме за нашите маки, и да Го прашаме зошто така постапува со нас.

На крај, би се посоветувале со Него во врска со иднината; постојано би биле во допир со Него и би се коригирале себеси во согласност со Неговиот совет. На крај, Тој би бил задоволен, а и ние би имале корист.

Како што детето е свесно за мајката од моментот на своето раѓање, така и ние би биле свесни за Создателот. Би научиле како правилно да го живееме животот така што би ги набљудувале Неговите реакции на нашите постапки, па дури и на нашите намери. Би согледале дека Создателот е исто толку близок како и која било мајка, бидејќи би сфатиле дека Тој е изворот на нашето раѓање, како наш родител, и како причина за нашето постоење и за постоењето на сè што ќе живее во иднина.

Кога горенаведеното би било така, не би имале потреба од влади, училишта, или воспитувачи. Постоењето на сите нации во суштина би се фокусирало врз чудесна и едноставна коегзистенција за добро на заедничката цел, очигледна за сите: нашето духовно обединување со отворено видливиот Создател.

Делата на сите би биле водени од јасни духовни закони, наречени „заповеди," и секој би ги почитувал, бидејќи непочитувањето на заповедите очигледно би значело нанесување штета сам на себе, рамно на скокање во оган, или од висока карпа.

Кога би можеле јасно да го сфатиме Создателот и Неговото Провидение, не би имале тешкотии во извршувањето на најтешките задачи, бидејќи личното добро од тие задачи би било очигледно. Би било како да му ги даваме сите наши поседи на странец, без да размислиме за сегашноста или иднината.

Но тоа не би претставувало апсолутно никаков проблем, бидејќи тоа што сме свесни за Божественото Владеење би нè оспособило да ги видиме добрите страни на несебичното дејствување. Би знаеле дека сме под власта на љубезниот и вечен Создател.

Само замислете колку природно би било (и колку неприродно и невозможно е во сегашната состојба на Божествено притајување) во целост да му се дадеме на Создателот, да му ги предадеме сите наши мисли и желби без резерва, и да бидеме тоа што Тој сака да бидеме.

Би немале ни најмала грижа за себе, и воопшто не би мислеле на себе. Всушност, би престанале да бидеме свесни за самите себе и сите наши чувства од себе би ги префрлиле кај Него, трудејќи се да Му пријдеме и да живееме според Неговите мисли и Неговата волја.

Од наведеното, треба да биде јасно дека единствениот елемент кој недостига во нашиот свет е нашата перцепција на Создателот.

Достигнувањето на таквата перцепција треба да ни биде единствената цел во овој свет. Тоа е единствената цел за која не треба воопшто да штедиме напор, бидејќи само кога го сфаќаме Создателот можеме да ја примиме Неговата помош. Тоа би нè спасило и од маките на овој живот и од духовна смрт, давајќи ни со тоа духовна бесмртност без да мораме да се вратиме во овој свет.

Методот на трагање по нашата перцепција на Создателот е познат како „кабала". Нашето согледување на Создателот се вика „верба." Меѓутоа, често погрешно веруваме дека вербата значи пипкање во мрак, без да го видиме или сфатиме Создателот.

Всушност, вербата е нешто сосема спротивно. Според кабалата, Светлината на Создателот која го исполнува човека, Светлината на врската со Создателот, Светлината која дава чувство на спојување со Него (*Ор Хасадим*) е позната како „Светлината на вербата", или едноставно, верба.

Вербата, Светлината на Создателот, ни дава чувство на поврзаност со вечното. Ни носи разбирање на Создателот, чувство на потполна комуникација со Него, како на апсолутна сигурност, бесмртност, величина и сила. Станува јасно дека спасението од нашето привремено постоење и од нашето страдание (предизвикано од нашето попусто бркање на минливи задоволства) лежи само во достигнувањето на вербата, преку кое ќе можеме да го согледаме Создателот.

Општо говорејќи, единствената причина на нашата несреќа, и на безвредната и привремена природа во нашите животи, е нашиот неуспех да го перципираме Создателот. Кабалата нè тера накај Него со тоа што нè подучува: „Вкуси и види дека Создателот е добар." Целта на овој текст е да ве води низ почетните стадиуми на патот на сфаќање на Создателот.

Прозорец кон срцето

Јасно е дека, од создавањето на светот, човештвото има страдано и преживеано маки и болки со таква големина, што често знаело да биде полошо од самата смрт. Кој, ако не Создателот, е изворот на тоа страдање?

Низ историјата, колку поединци биле подготвени да страдаат и истрпат секаква болка за да достигнат повисока мудрост и духовно воздигнување? Колкумина од нив доброволно се подложиле на неподносливи агонии за да најдат макар капка духовно восприиање и сфаќање на Вишата Сила, и за да се соединат со Создателот за да станат Негов слуга?

Сепак, сите тие го проживеале животот без некогаш да добијат одговор и без видливи достигнувања. Го напуштиле светот без ништо, исто како што дошле во него.

Зошто Создателот ги игнорирал нивните молитви? Зошто се свртел од нив и го отфрлил нивното страдање? Сите тие луѓе потсвесно сфатиле дека универзумот има повисока намена, како и секој настан што се случува. Ова спознание се вика „капка на соединување" на поединецот со Создателот.

Всушност, и покрај нивната заронетост во егоизам и нивните неподносливи маки кога го почувствувале отфрлањето од страна на Создателот, тие одеднаш сетиле како во нивните срца се отвора прозорец, кој дотогаш бил затворен за вистината. Сè до тој момент, нивните срца биле неспособни да почувствуваат нешто друго освен сопствените болки и желби.

Тој прозорец открива дека се сметаат доволно заслужни да ја доживеат и осетат таа долго посакувана „капка на соединување," која навлегува во сечие срце низ неговите скршени ѕидови. Затоа, сите нивни одлики се сменети во спротивното, за да личат на одликите на Создателот.

Дури тогаш сфатиле дека ќе можат да се соединат со Создателот само додека се во длабочините на своето страдање. Само тогаш можеле да сфатат дека се едно со Создателот, бидејќи Неговото Присуство е тука, како „капката на соединување" со Него. Во моментот на доживување на тој увид, Светлината им станува очигледна и ги пополнува нивните рани.

Токму заради тие рани на перцепцијата и свесноста, но и поради страшните противречности кои ја измачуваат душата, Создателот лично ги исполнил тие луѓе со толку безгранично, чудесно блаженство од кое ништо посовршено не можело да се замисли. Сето тоа им било дадено за да почувствуваат дека има некаква вредност во нивното страдање и агонија. Тоа било потребно за тие да можат да го доживеат прекрасното совршенство.

Штом еднаш ја достигнале таа состојба, секоја клетка во нивното тело ги убедувала дека секој во нашиот свет би бил подготвен да помине низ незамисливо мачење за да го доживее, барем еднаш во животот, блаженството на соединување со Создателот.

Зошто тогаш Создателот молчи и останува без одговор на човечките молби за помош?

Тоа може вака да се објасни: луѓето се многу позагрижени за својот личен напредок отколку за славењето на Создателот. Така, нивните солзи се празни, и си одат од светов исто како што влегле во него, без ништо.

Конечната судбина на секое животно е истребување, а луѓето кои не го согледале Создателот се како животни. Од друга страна, ако некој се загрижи да го слави Создателот, Тој ќе му се открие на таквиот човек.

„Капките на соединувањето" кои ја исполнуваат смислата на созданието, се влеваат во срцата на тие што се грижат за славата и љубовта на Создателот. Се влеваат во оние кои, место да се жалат за неправедноста на Божественото Владеење, во срцето се сосема убедени дека сè што има направено Создателот е во крајна линија за нивно добро.

Духовното не може да се подели на одвоени делови; целината можеме да ја сфатиме само дел по дел, додека не ја сфатиме целата.

Затоа, успехот на нашите духовни напори зависи од чистотата на нашиот копнеж. Духовната Светлина влегува само во оние делови на нашите срца кои се исчистени од егоизам.

Кога објективно ќе ја погледнеме природата на нашето постоење и сè што нè опкружува, можеме повеќе да го цениме чудото на созданието. Според кабалистите, кои директно комуницираат со Создателот, Неговото постоење има важни импликации за нас. Ако Создателот навистина постои, и ако ги создава сите околности кои влијаат на нашиот живот, тогаш ништо не е пологично од тоа да се трудиме да одржиме што поблизок контакт со Него.

Меѓутоа, кога многу би се труделе и навистина би успеале во тоа, би се чувствувале како да висиме во воздух, без ништо да нè држи, бидејќи Создателот е скриен од нашата перцепција. Без да го гледаме, чувствуваме, слушаме, или да добиваме некаква сетилна дразба, нашиот напор би бил еднонасочен, додека врескаме во празниот простор.

Зошто тогаш Создателот нè создал на таков начин што не можеме да го согледаме? И не само тоа, зошто се скрил од нас? Зошто, дури и кога му се молиме, се чини како да не одговара, и место тоа повеќе сака да влијае врз нас на начин скриен од нас, затскриен зад природата и околината?

Ако сакаше да нè поправи, т.е. да ја поправи својата „грешка" во создавањето, можеше тоа одамна да го стори, директно или индиректно. Кога би ни се разоткрил, сите би го виделе и ценеле до оној степен до кој ни дозволуваат сетилата и интелигенцијата со кои нè создал. Сигурно тогаш би знаеле што да правиме и како да дејствуваме во овој свет, кој наводно е создаден за нас.

Понатаму, иако звучи парадоксално, штом ќе се потрудиме да стигнеме до Создателот, да го согледаме, да се доближиме до Него, чувствуваме како нашиот копнеж за Него исчезнува. Но ако Создателот управува со сите наши сетила, зошто тогаш баш тој копнеж го брише кај оние кои посакуваат да го согледаат.

И не само тоа: Зошто ни поставуваат секакви можни пречки на патот? Тие меѓу нас што се обидуваат да му се доближат често наидуваат на отфрлање од Негова страна. Навистина, Тој дури и знае да им даде години страдање на оние што го бараат.

Повремено, може дури и да почувствуваме дека гордоста и ароганцијата за кои ни е речено да се спасиме од нив, се уште бескрајно толку одлика на Создателот! На крај, ако Создателот е милостив, особено кон оние што го бараат, зошто не добиваме одговор на нашите солзи и молби?

Ако можеме да смениме нешто во нашиот живот, тоа значи дека Тој ни дал слободна волја да го сториме тоа. Но од причини кои не ги разбираме, не ни дал доволно знаење да го избегнеме страдањето кое го придружува нашето постоење и нашиот духовен напредок.

Од друга страна, ако нема слободна волја, тогаш што може да биде посурово од тоа да нè натера безумно да страдаме со години во суровиот свет што Тој го има создадено? Секако, такви поплаки има безброј. А ако Создателот е причината за нашата состојба, имаме многу за што да го критикуваме и обвинуваме, што впрочем и го правиме, кога доживуваме болка и страдање.

Создателот гледа сè што се случува во нашето срце.

Кога сме незадоволни од нешто, чувството на незадоволство може да се протолкува како обвинување на Создателот, иако вината не е упатена директно кон Него, дури и ако не веруваме во постоењето на Создателот.

Секој од нас има право да ги одржува своите верувања во сегашната состојба, какви и да се. Тоа е затоа што го одржуваме само она за што мислиме дека е вистина во тој момент, како и она што сме го проанализирале со умот.

Меѓутоа, оние со огромно животно искуство знаат колку драстично нашите погледи можат да се сменат низ годините. Не можеме да кажеме дека порано сме грешеле, а сега сме во право; мораме да сфатиме дека денешната точка на гледање утре може да се покаже како погрешна. Затоа, заклучоците што ги извлекуваме од секоја ситуација се точни за таа одредена ситуација; сепак, можат да бидат сосема спротивни од заклучоците што ќе ги извлечеме од други ситуации.

На истиот начин, не можеме да проценуваме други светови или нивните закони, или да им судиме врз основа на нашите сегашни критериуми – критериуми на нашиот свет. Ние не поседуваме натприродна интелигенција ниту перцепција, и постојано грешиме дури и во границите на овој наш свет. Затоа, не можеме да извлекуваме заклучоци за непознатото и да судиме за него.

Само оние кои ги имаат потребните натприродни одлики можат да донесат точен суд за она што постои над и надвор од природното. Тие што имаат и натприродни одлики и наши одлики можат поблиску да ни го опишат натприродното. Таквиот човек е познат како кабалист – човек од нашиот свет, создаден со истите одлики како секој од нас, но обдарен и со други одлики одозгора кои му дозволуваат да ни опише што се случува во другите светови.

Затоа Создателот им има дозволено на одредени кабалисти да им го откријат своето знаење на огромен број луѓе во општеството, за да им помогнат на другите да комуницираат со Него. На јазик кој можеме да го разбереме, кабалистите објаснуваат дека структурата и функцијата на разумот во духовните, рајски светови се засноваат врз закони кои се поинакви и спротивни по својата природа од нашите закони.

Верба над разумот

Нема граница што го дели нашиот свет од рајскиот, духовен свет. Но бидејќи духовниот свет според своите својства е „анти-свет," се наоѓа толку далеку од нашата перцепција што откако сме родени во овој свет, сосема забораваме сѐ во врска со нашата мината состојба.

Природно, единствениот начин да го согледаме тој „анти-свет" е со стекнување на неговата суштина, неговиот разум, неговите одлики. Како да ја смениме својата сегашна природа за да добиеме сосема спротивна природа?

Основниот закон на духовниот свет е изложен накратко во два збора: „апсолутен алтруизам."

Како да ја стекнеме таа одлика? Кабалистите предлагаат да поминеме низ внатрешна преобразба. Само преку тој внатрешен чин ќе можеме да го согледаме духовниот свет и да почнеме да живееме истовремено во двата света.

Таквата преобразба се вика „верба над разумот." Духовниот свет е алтруистичен. Секоја желба и дело што постојат во тоа царство не се диктирани од човековиот разум или егоизам, туку од верба; т.е. од чувство за Создателот.

Ако здравиот разум е пресудна алатка за нашите постапки, тогаш се чини дека не сме способни сосема да се ослободиме од интелектот. Меѓутоа, со оглед на тоа дека нашиот интелект не открива како можеме да избегаме од околностите кои Создателот ги става пред нас на скриен начин, тој нема да ни помогне во решавањето на нашите проблеми.

Место тоа, ќе останеме да лебдиме без поддршка и без логични одговори на тоа што ни се случува. Во нашиот свет водени сме само од нашиот разум. Во сѐ што правиме, разумот – што значи чисто егоистичната „разумна" пресметка – е основата за сите наши желби и дела.

Нашиот разум го пресметува количеството задоволство кое очекуваме да го доживееме, и го споредува со количеството болка потребно во напорот да го достигнеме тоа задоволство. Често го вадиме едното од другото за да ја пресметаме цената, па тогаш решаваме дали ќе се стремиме кон задоволство или ќе избереме мирување.

Таквиот „разумен" пристап кон нашето опкружување се вика „верба во рамките на разумот." Во овој случај, нашиот разум одредува колку верба ќе потрошиме.

Често дејствуваме без никаква пресметка на корист или цена на напор, како во случаи на фанатизам или условено однесување. Таквите „слепи" дела се нарекуваат дела на „верба под разумот," бидејќи се одредени со слепо следење на одлуки донесени од некој друг, а не се од разумот и не се пресметани.

Нашите дела можат да бидат и диктирани од нашето воспитување, кога веќе станале втора природа до таа мера што мораме да вложиме напор да не дејствуваме механички, од чиста навика.

За да преминеме од следење на законите на нашиот свет до следење на законите на духовниот свет, мораме да исполниме одредени услови. Прво, мораме сосема да ги отфрлиме аргументите на разумот, и да престанеме да го користиме нашиот интелект во одредувањето на нашите дела. Тоа е како да висиме во воздух – треба да се обидеме со двете раце да се држиме за Создателот, дозволувајќи му само Нему да ги одреди нашите постапки.

Сликовито кажано, треба нашиот ум да го замениме со оној на Создателот, и да дејствуваме спротивно од нашиот разум. Мораме Волјата на Создателот да ја ставиме над својата. Штом ќе можеме да го направиме тоа, нашето однесување ќе претставува „верба над разумот."

Откако сме го завршиле првиот стадиум, ќе можеме да го согледаме и овој и духовниот свет. Тогаш ќе откриеме дека двата света функционираат по истиот духовен закон на „верба над разумот."

Нашата спремност ќе нѐ натера да го потиснеме сопствениот разум и да бидеме водени само од желбата да му се дадеме на Создателот да го формира духовниот сад во кој ќе го примиме сето наше духовно разбирање. Капацитетот на тој сад, т.е. капацитетот на нашиот духовен разум, е одреден од тоа колку многу овоземски, себичен разум се трудиме да потиснеме.

За да го зголемиме капацитетот на нашите духовни садови, Создателот става сè поголеми пречки на нашиот духовен пат. Тоа ги зајакнува нашите егоистични желби, како и нашите сомнежи во врска со владеењето на Создателот.

Тие, пак, нѐ оспособуваат постепено да ги надминеме тие пречки, и да развиеме посилни алтруистични желби. Со тоа добиваме шанса да го зголемиме капацитетот на нашите духовни садови.

Ако можеме ментално да го зграпчиме Создателот со двете раце (т.е. да го игнорираме критичкиот пристап на човековиот разум и да се радуваме на фактот дека ни се укажала таква шанса), и ако можеме барем еден момент да ја издржиме таа состојба, ќе видиме колку е всушност чудесна духовната состојба. Таа состојба може да се достигне само откако ќе ја достигнеме вечната Вистина.

Таа Вистина нема да се смени утре, како што било со сите други верувања, бидејќи сега сме соединети со Создателот, и можеме сите настани да ги видиме низ призмата на вечната Вистина. Напредокот е возможен само долж три паралелни линии. Десната линија е вербата; левата е осознавањето и разбирањето.

Тие две линии никогаш не застрануваат една од друга, бидејќи се заемно спротивни.

Затоа, единствениот начин да се држат во рамнотежа е преку средната линија, која се состои истовремено од десна и лева линија. Таа средна линија го означува духовното однесување, каде разумот се користи во согласност со нашиот степен на верба.

Сите духовни предмети се навиткани околу Создателот; тие се напластени врз Него по истиот ред по којшто произлегле од Него. Сѐ што во универзумот е напластено околу Создателот постои само во однос на созданијата, и сите се производи на изворното создадено суштество, наречено *Малхуѿ*.

Тоа значи, сите светови и сите создадени суштества, освен Создателот, се едно единствено битие *Малхуѿ*, што значи коренот или изворниот Извор на сите суштества. *Малхуѿ* на крај се поделува на голем број делчиња. Вкупниот збир на составните делови на *Малхуѿ* е познат како *Шехина*.

Светлината на Создателот, Неговото присуство и божественото полнење на *Шехина* – сите заедно се познати како *Шохен*. Времето потребно за целосно полнење на сите делови на *Шехина* се вика „време на исправка."

За тоа време, создадените битија вршат внатрешни исправки на своите дотични делови од Малхут. Секое битие го поправа делот од кој е создадено, т.е. ја поправа својата душа.

До моментот кога Создателот ќе може сосема да се стопи со Своите создадени суштества така што целосно ќе им се открие, или додека „*Шохен* не ја исполни *Шехина*," состојбата на *Шехина* (коренот на душите) е позната како „изгон на *Шехина* од Создателот" (*Галуѿ ХаШехина*). Во таа состојба, нема совршенство во Вишите Светови. Дури и во нашиот свет, најдолниот од сите, секое битие мора целосно да го согледа Создателот. Но поголемиот дел од времето сме презафатени со задоволување на нашите кутри лични желби типични за овој свет, како и со слепо следење на барањата на телото.

Постои состојба на душата наречена „*Шехина* во прашината," кога духовно чистите задоволства се сметаат за површни и апсурдни. Таа состојба се опишува и како „страдање на *Шехина*."

Сето човечко страдање произлегува од фактот дека одозгора сме терани наполно да го отфрлиме сиот „здрав разум" и да продолжиме на слепо, ставајќи ја вербата над разумот.

А пак, колку повеќе разум и знаење поседуваме, и колку посилни и поинтелигентни стануваме, потешко ни е да го следиме патот на вербата.

Оттука, во обидот да го отфрлиме нашиот здрав разум, го зголемуваме нашето страдање.

Тие од нас што го имаат избрано претходно опишаниот пат на духовен развој не можат да се согласат со Создателот. Во нашето срце, ја осудуваме потребата од таков пат; така, имаме потешкотии во оправдувањето на методите на Создателот. Сепак, не можеме долго да одржуваме таква состојба освен ако Создателот не реши да ни помогне и да ни ја открие целата слика на созданието.

Кога ќе почувствуваме дека сме во воздигната духовна состојба и дека сите наши желби се сосредоточени само на Создателот, спремни сме да се нурнеме во соодветните текстови на кабалата за да се обидеме да навлеземе во нивното подлабоко значење. Иако може да чувствуваме дека не можеме ништо да сфатиме, и покрај своите напори, мораме да продолжиме повторно и повторно да се враќаме на изучувањето на кабалата, и да не очајуваме ако не го разбираме предметот.

Како да имаме корист од тие напори? Всушност, нашите напори да ги сфатиме тајните на кабалата се еднакви на нашите молитви во кои го молиме Создателот да ни се разоткрие себеси. Тој копнеж по врска се зајакнува кога сакаме да ги сфатиме концептите на кабалата.

Силата на нашите молитви е одредена од силата на нашиот копнеж. Општо земено, кога ќе вложиме напор во достигнување на нешто, нашата желба да го достигнеме расте. Силата на нашата желба може да се процени според тоа колку страдаме заради отсуството на саканиот предмет. Страдањето, не изразено во зборови, туку почувствувано само во срцето, самото по себе е молитва.

Тргнувајќи од наведеното, можеме да согледаме дека само по силни, но неуспешни напори да го достигнеме саканото, можеме да се молиме толку искрено што ќе го добиеме. Ако за време на нашите обиди да навлеземе во текстовите, нашето срце уште не е ослободено од надворешни мисли, тогаш нашиот ум нема да може да се посвети исклучиво на учењето, бидејќи умот го слуша срцето.

За Создателот да ги прифати нашите молитви, тие треба да дојдат од длабочината на нашето срце. Тоа значи, сите наши желби мораат да бидат концентрирани во таа молитва. Од таа причина, мораме да се задлабочиме во текстот стотици пати, дури и без разбирање, за да ја оствариме нашата вистинска желба: да бидеме слушнати од Создателот.

Вистинската желба не остава простор за други желби. Додека ја проучуваме кабалата, ќе ги преиспитаме делата на Создателот и така ќе можеме да напредуваме накај Него. Постепено, ќе заслужиме да го сфатиме тоа што го проучуваме.

Вербата, или свесноста за Создателот, мора да биде таква што ќе чувствуваме дека сме во присуство на Кралот на универзумот. Тогаш несомнено ќе бидеме исполнети со потребните чувства на љубов и страв. Додека не стекнеме таква верба, мораме постојано да се бориме за неа. Само вербата ќе ни дозволи да уживаме во духовниот живот спречувајќи нѐ да потонеме во длабочините на егоизмот и повторно да станеме трагачи по задоволство.

Нашата потреба да станеме свесни за Создателот мора да се развива додека не стане трајно врежана во нашето битие. Мора да биде налик на трајна привлеченост од љубениот, без кого животот изгледа неподнослив.

Сè што ги опкружува човечките суштества намерно ја затапува потребата од Божествената Свесност, а чувствувањето задоволство од сè што е надворешно веднаш ја намалува болката на духовната празнина. Затоа, додека уживаме во задоволствата на овој свет, од пресудно значење е да ги спречиме да ја уништат нашата потреба да го согледаме Создателот, бидејќи таквите задоволства нè лишуваат од духовни чувства.

Желбата да се согледа Создателот е карактеристична само за човечките суштества. Меѓутоа, не е присутна кај *сите* човечки суштества. Оваа желба произлегува од нашата потреба да разбереме кои сме, да се сфатиме себеси, нашата намена во светот, и нашето потекло. Потрагата по одговори во врска со нас самите нè наведува да го бараме Изворот на животот.

2

Духовен пат

Нашата потреба да го согледаме Божественото нè тера да не се штедиме во обидите да ги решиме сите мистерии на природата, да не оставиме ни еден камен непревртен ниту во нас ниту во нашата околина. Затоа, дури и кога човек би живеел сам во овој свет, или во други светови, неговата потрага по себеси неизбежно би водела до потрага по Создателот.

Има две линии кои го откриваат влијанието на Создателот врз Неговите созданија. Десната линија го претставува Неговото лично Провидение врз секој од нас, без оглед на нашите дела. Левата го претставува провидението врз секој од нас, зависно од нашите дела. Таа значи казна за лошите дела и награда за добрите.

Кога ќе одбереме одредено време да продолжиме по десната линија, мораме самите да си кажеме дека сè во светот се случува само затоа што Создателот сака да се случи. Сè се одвива според Неговиот план, и ништо не зависи од нас.

Од таа гледна точка немаме ни мани ни заслуги. Нашите дела се одредени од тежненијата што ги примаме однадвор.

Затоа мораме да му заблагодариме на Создателот за сè што примаме од Него. И не само тоа, туку сфаќајќи дека

Создателот нè води кон вечноста, можеме да развиеме чувства на љубов спрема Него. Можеме да напредуваме со правилна комбинација на левата и десната линија, а целта да ни биде точно на средина. Значи, можеме да напредуваме само по линијата која е точно на средина меѓу нив.

Сепак, дури и да почнеме да напредуваме од точната почетна точка, ако не знаеме како постојано да го проверуваме и поправаме нашиот курс, сигурно ќе застраниме од точниот пат. А покрај тоа, ако направиме и најмало застранување на која било точка од патувањето, тогаш нашата грешка ќе расте со секој чекор како што одиме напред. Како последица, ќе бидеме сè подалеку и подалеку од нашата зададена цел.

Пред да слезат нашите души во овој свет, тие се дел од Создателот, Негов ситен елемент. Тој елемент е познат како „коренот на душата." Создателот ја става душата во тело за да може да ги издигне желбите на телото кога душата ќе се издигне и пак ќе се спои со Создателот.

Со други зборови, душата е ставена во тело кога некој се раѓа во овој свет за да ги надмине желбите на телото. Со надминување на желбите на телото, душата се крева до истото духовно ниво од кое се спуштила, доживувајќи далеку поголеми задоволства од тие што ги имала во првичната состојба кога била дел од Создателот. Во тој момент, малечок елемент се трансформира во цело духовно тело, и е 620 пати поголем од изворниот елемент пред тој да слезе во овој свет.

Така, во својата целосна состојба, духовното тело на душата се состои од 620 дела, или органи. Секој дел се смета дека е духовен закон или духовно дело (*Мицва*). Светлината на Создателот или Самиот Создател (кои се едно исто) кој го исполнува секој дел од душата се вика „Тора."

Кога се издигнуваме на ново духовно ниво, тоа се вика „исполнување на духовен закон."

Како резултат на тоа издигање, се создаваат нови алтруистични тежненија и душата ја прима Тора, Светлината на Создателот.

Вистинскиот пат до таа цел оди по средната линија. Тоа значи комбинирање на трите концепти во еден: човечкото суштество, патот кој треба да се следи и Создателот.

Навистина, три предмети постојат во овој свет: човекот, кој се бори да се врати кај Создателот, патот кој треба да се следи за да се достигне Создателот и Создателот, целта кон која се стреми човекот.

Како што веќе беше многупати спомнато, нема ништо што навистина постои освен Создателот, а ние сме само Негови созданија, обдарени со чувство за нашето сопствено постоење. Во текот на нашето духовно издигање ова јасно ќе го препознаеме.

Сите наши перцепции, или поточно, перцепциите што ги гледаме како свои, се само реакции на Божествените Дела кои Тој ги произвел во нас. На крај само нашите чувства се она со што Тој сака да нè исполни.

Сè додека не ја сфатиме оваа вистина во потполност, ќе гледаме не еден, туку три засебни концепти: себеси, патот до Создателот и самиот Создател. Меѓутоа, штом ќе стигнеме до конечниот стадиум на духовниот развој, штом сме се издигнале до истото ниво од кое слегле нашите души – само овојпат со сите наши желби, поправени – можеме да го примиме Создателот потполно во нашето духовно тело.

Потоа, ќе ја примиме сета Светлина на Создателот и Самиот Создател. На тој начин, трите предмети кои некогаш постоеле одвоено во нашата перцепција: самите ние, нашиот духовен пат и Создателот се претопуваат за да станат единствено битие – духовно тело исполнето со Светлина.

Затоа, за да бидеме сигурни дека правиме како што треба, мораме редовно да вршиме проверки додека напредуваме на духовниот пат. На тој начин ќе се стремиме кон сите три предмети со еднакво силна желба од самиот почеток, без оглед на тоа што ги гледаме трите како засебни.

Од почетокот, мораме да работиме да ги соединиме во *Едно*; на крајот од патот, тоа ќе биде очигледно. Тие всушност, се очигледно такви и сега, и покрај тоа што ние не можеме да ги видиме како такви, поради нашите несовршености.

Ако се бориме за еден од овие три предмети повеќе отколку за другите, веднаш ќе застраниме од вистинскиот пат. Наједноставниот начин да провериме дали сме сè уште на вистинскиот пат е да утврдиме дали се трудиме да ги сфатиме одликите на Создателот за да станеме *Едно со Него*.

„Ако јас не сум за мене, тогаш кој е за мене? А ако сум зафатен само со самиот себе, тогаш што сум јас?" Овие противречни изјави ги одразуваат спротивставените ставови со кои се соочуваме кога размислуваме за нашите напори да ја достигнеме целта која лично сме си ја задале. Од друга страна, мораме да веруваме дека нема кому да му се обратиме за помош освен на нас самите, и да дејствуваме со сигурност дека нашите добри дела ќе бидат наградени, а нашите злодела казнети.

Ние, како поединци, мораме да веруваме дека нашите дела имаат директни последици, и дека ја градиме сопствената иднина. Од друга страна, мораме да си кажеме, „Кој сум јас, да можам сам да ја поразам сопствената природа? А пак, притоа никој друг не може да ми помогне."

Провидението на Создателот

Ако сè се случува според планот на Создателот, тогаш за кое добро се нашите напори? Како резултат на нашата работа, врз основа на принципот на награда и казна, одозгора добиваме разбирање на владеењето на Создателот.

Тогаш се издигаме до ниво на свест каде јасно гледаме дека Создателот е тој кој владее со сè и дека сè е предодредено.

Меѓутоа, прво мораме да го достигнеме тоа ниво, а додека не го достигнеме, не можеме да утврдиме дека сè е во рацете на Создателот. Исто така, додека не го достигнеме тоа ниво, не можеме да живееме или дејствуваме според неговите закони, бидејќи тоа не е начинот на кој ние разбираме како функционира светот. Затоа, можеме да дејствуваме само според законите за кои сме свесни.

Само кога сме вложиле напор врз основа на принципот на „награда и казна" стануваме достојни да ја видиме вистинската слика на светот, како и начинот на кој оперира. А кога ќе стигнеме на тоа ниво и ќе сфатиме дека сè зависи од Создателот, копнееме по Него.

Никој не може да ги истреби себичните мисли и желби од срцето и да го остави празно. Само со исполнување на срцето со духовни, алтруистични желби место со себични, ќе можеме да ги замениме старите тежненија со спротивни, и на тој начин да го уништиме егоизмот.

Оние меѓу нас што го љубат Создателот секако ќе почувствуваат одбојност кон егоизмот, бидејќи од лично искуство знаеме колкава штета може да предизвика егото.

Меѓутоа, ние може да го немаме средството за да се спасиме од егото, и на крај ќе сфатиме дека над нашата моќ е да го исчистиме егоизмот, бидејќи Создателот е тој што нè обдарил нас, Неговите созданија, со таа одлика.

Иако не можеме да се спасиме од егоизмот со наши сопствени напори, колку побрзо ќе сфатиме дека егоизмот е наш непријател и наш духовен истребувач, толку посилна ќе биде нашата омраза кон него. На крај, таа омраза ќе го доведе Создателот да ни помогне да го совладаме непријателот; на тој начин, дури и нашиот егоизам ќе послужи во нашето духовно издигање.

Талмудот вели: „Јас го создадов овој свет само за целосно праведните и за целосните грешници." Разбирливо е зошто светот би бил создаден за апсолутно праведните, но зошто не бил создаден и за тие кои не се ни апсолутно праведни ни апсолутни грешници?

Ние случајно го согледуваме Провидението според начинот на кој нè погодува. Тоа е „добро" и „љубезно" ако ни е пријатно, а „сурово" ако ни предизвикува страдање. Значи, го сметаме Создателот за добар или лош, зависно од тоа како го согледуваме нашиот свет.

Така, има само два начина за луѓето да го согледаат Провидението на Создателот над светот. Или го согледуваме Создателот и го гледаме животот како чудесен, или го негираме Провидението на Создателот над светот, и претпоставуваме дека светот е под власт на „силите на природата."

Иако може да сфатиме дека второто сценарио не е веројатно, нашите емоции, а не нашиот разум, го одредуваат нашиот став кон светот. Затоа, кога ќе го видиме расчекорот меѓу нашите емоции и нашиот разум, почнуваме да се сметаме себеси за грешници.

Кога ќе сфатиме дека Создателот сака да додели само добро, сфаќаме дека тоа е можно само ако Му се доближиме. Така, ако се почувствуваме оддалечени од Создателот, тоа го гледаме како „лошо," и тогаш се сметаме себеси за грешници.

Но ако осетиме дека сме толку зли што извикуваме кон Создателот да нè спаси, молејќи го да се открие себеси за да ни даде сила да избегаме од затворот на нашиот егоизам и да влеземе во духовниот свет, тогаш Создателот веднаш ќе ни помогне.

Овој свет и Вишите Светови се создадени за ваквата човечка состојба.

Кога ќе дојдеме до нивото на апсолутен грешник, можеме да повикаме по Создателот и на крај да се кренеме до нивото на апсолутен праведник.

Така, можеме да станеме достојни да ја согледаме величественоста на Создателот откако ќе се ослободиме од сета воображеност и ќе ја сфатиме немоќта и нискоста на нашите лични желби.

Колку поголема важност припишуваме на доближувањето до Создателот, толку повеќе го перципираме и толку подобро можеме да ги разликуваме разните нијанси и појави на Создателот во нашиот секојдневен живот. Таа длабока, импресивна почит спрема Него ќе доведе до чувства во нашето срце, а како резултат на тоа во него ќе влезе радост.

Можеме да видиме дека не сме подобри од тие околу нас, а сепак можеме да видиме и дека, за разлика од нас, другите не го заслужиле посебното внимание на Создателот. Не само тоа, туку другите не се ни свесни дека постои можност за комуницирање со Создателот. Ниту пак им е грижа да го согледаат Создателот и да ја сфатат смислата на животот и духовниот напредок.

Ако во тој момент можеме да ја цениме уникатноста на ставот на Создателот кон нас, тогаш можеме да доживееме безгранична благодарност и радост. Колку повеќе можеме да го цениме индивидуалниот успех, толку повеќе можеме да му бидеме благодарни на Создателот.

Колку повеќе нијанси на чувства можеме да почувствуваме на секоја одредена точка и секој момент во контакт со Создателот, толку повеќе ќе можеме да ја цениме величественоста на духовниот свет која ни се открива, како и величественоста и моќта на семоќниот Создател. Тоа дава уште поголема увереност со која можеме да го исчекуваме нашето идно соединување со Него.

Додека размислуваме за огромната разлика меѓу одликите на Создателот и Неговите создадени суштества, лесно е да се дојде до заклучокот дека Создателот и создадените можат да станат компатибилни само ако создадените суштества ја сменат својата апсолутно егоистична природа. Тоа е возможно само ако создадените се поништат самите себеси како да не постојат; така, нема ништо што ќе ги раздвои од нивниот Создател.

Само ако почувствуваме дека, без да добиеме духовен живот, сме мртви (како кога животот ќе го напушти телото), и само ако почувствуваме неиздржлив нагон за духовен живот, ќе можеме да добиеме можност да влеземе во овој духовен живот, да дишеме духовен воздух.

Спознавање на владеењето на Создателот

Како да се издигнеме до духовно ниво на кое сосема сме ги избришале себе-интересот и себе-грижата? Како нашата желба да се посветиме на Создателот да стане нашата единствена цел, до таа мера што без достигнување на таа цел ќе се чувствуваме како мртви?

Издигањето до тоа ниво се одвива постепено и се покажува во вид на повратна информација. Колку повеќе напор вложуваме во нашата потрага по духовен пат, како во изучувањето така и во поистоветувањето со духовните предмети, толку поубедени ќе станеме во нашата целосна неспособност самите да ја достигнеме таа цел. Колку повеќе проучуваме текстови важни за нашиот духовен развој, толку позбунувачки и понеорганизиран ќе ни се чини материјалот. Колку повеќе се трудиме да се однесуваме подобро кон нашите учители и соработници, ако навистина напредуваме духовно, толку појасно ќе стане дека сите наши постапки се диктирани од егоизам.

Таквите резултати го следат принципот: Терај го со сила додека не каже „Сакам." Можеме да се ослободиме од егоизмот само ако сфатиме дека егоизмот доведува до смрт со тоа што нè спречува да го спознаеме вистинскиот, вечен живот, полн со радост.

Развивање на омраза спрема егоизмот на крај ќе доведе да се ослободиме од него.

Најважна е нашата желба целосно да му се дадеме самите себе на Создателот со тоа што ќе ја спознаеме Неговата величина. (Да се дадам *себеси* на Создателот значи да се одвојам од моето "*Јас*".)

Во тој момент, мораме да решиме која цел повеќе вреди: да достигнеме минливи вредности или вечни. Ништо што ние сме создале не трае вечно; сè е минливо. Само духовните структури како што се алтруистичките мисли, дела и чувства се вечни.

Така, трудејќи се да бидеме како Создателот во нашите мисли, желби и напори, ние всушност ја градиме структурата на нашата сопствена вечност. Меѓутоа, да се посветиме себеси на Создателот ќе биде возможно само кога ќе ја сфатиме Неговата величина.

Исто е и во нашиот свет: Ако сметаме некого за голем, среќни сме да му служиме на тој човек. Дури може и да почувствуваме дека примателот на нашиот дар ни направил услуга што го прифатил, наместо обратно.

Овој пример покажува дека намерата на делото може да го смени надворешниот облик на механичкиот чин – давање или примање – во спротивното. Затоа, колку повеќе мислиме дека Создателот заслужува фалби, толку поспремно ќе Му ги дадеме сите наши мисли, желби и напори.

Но правејќи го тоа, всушност чувствуваме дека примаме од Него, а не дека му даваме. Чувствуваме дека ни е дадена можност да служиме, можност која им се дава само на неколкумина достојни во секоја генерација. Тоа понатаму може да биде разјаснето со примерот даден во следнава кратка театарска претстава.

3

Трпеза

Чин први

Во силно осветлена куќа со пространи соби, човек со пријатен изглед е зафатен во кујната. Подготвува оброк за својот долго очекуван гостин. Додека стои над лонците и тавите, се потсетува на деликатесите во кои неговиот гостин толку ужива.

Радосното исчекување на домаќинот е очигледно. Грациозно, со движења на танцувач, реди на масата пет различни јадења. До масата се поставени два удобни стола.

Се слуша тропање на вратата, и влегува гостинот. Лицето на домаќинот светнува кога го здогледува гостинот и го поканува да седне зад масата за вечера. Гостинот седнува и домаќинот го гледа со наклоност.

Гостинот ги разгледува деликатесите пред себе и ги помирисува од пристојно растојание. Се гледа дека му се допаѓа тоа што го гледа, но својот восхит го изразува со воздржаност, не откривајќи дека знае дека храната е наменета за него.

Домаќинот: Те молам, седни. Ги направив јадењава специјално за тебе бидејќи знам колку ги сакаш. Двајцата знаеме колку добро ги познавам твоите вкусови и навики во јадењето. Знам дека си гладен и знам колку можеш да изедеш, па приготвив сè точно онака како што сакаш, и точно онолку колку што можеш да дојадеш без да оставиш ни трошка.

Раскажувачот: Кога би имало останато храна откако Гостинот ќе се најаде, и Домаќинот и Гостинот би биле несреќни. Домаќинот би бил несреќен затоа што тоа би значело дека сака да му даде на гостинот повеќе одошто гостинот сака да прими.

Гостинот би бил разочаран што не може да ја исполни желбата на домаќинот да изеде сè. Тој би се натажил и кога би бил сит, иако има уште деликатеси останато, а тој не може да ужива во нив. Тоа би значело дека гостинот нема доволно желба за сето задоволство што му се нуди.

Гостинот (сериозно): Навистина, си подготвил точно тоа што сакам да го видам и јадам на трпезата. Дури и количеството е токму колку што треба. Ова е сè што сакам од животот: да уживам во сето ова. За мене, тоа би било најголемото божествено задоволство.

Домаќинот: Те молам, изеди го сето тоа и уживај. Ќе ме радува.

Гостинот почнува да јаде.

Гостинот (очигледно уживајќи и со полна уста, па сепак со донекаде измачен лик): Зошто колку повеќе јадам, помалку уживам во храната? Задоволството што го добивам го гаси гладот и уживам сè помалку и помалку. Колку поблиску сум до ситост, толку помалку уживам во оброкот.

А кога ќе дојадам сè, не ми останува ништо освен сеќавањето на задоволството, а не самото задоволство. Задоволството беше присутно само додека бев гладен. Кога исчезна гладот, исчезна и радоста. Го добив тоа по што копнеев, и еве останав тука без задоволство и без радост. Веќе ништо не сакам и нема што да ми донесе радост.

Домаќинот (малку налутен): Направив сè што можев за да те задоволам. Не е моја вина што самото добивање задоволство го гаси чувството на радост бидејќи копнежот го снемало. Во секој случај, сега си полн со тоа што го приготвив за тебе.

Гостинот (бранејќи се): Со примање на сè што си приготвил за мене, не можам дури ни да ти заблагодарам бидејќи престанав да уживам во раскошот што ми го даде. Главната работа е тоа што *ти* ми имаш дадено многу, а *јас* ти немам дадено ништо за возврат. Како резултат на тоа, направи да чувствувам срам бидејќи непромислено покажа дека ти си тој што дава, а јас тој што зема.

Домаќинот: Не покажав дека ти си тој што зема, а јас тој што дава. Но самиот факт дека си примил нешто од мене без да вратиш ништо, те натера да се чувствуваш виновен и покрај фактот дека љубезноста е дел од мојата природа. Ништо не сакам повеќе од тоа освен да ја прифатиш мојата храна. Не можам тоа да го сменам. На пример: одгледувам риби. Ним не им е грижа кој ги храни и негува. Се грижам и за Боб, мојот мачор. И тој пет пари не дава за тоа чија рака го храни. Но на Рекс, мојот пес, му е важно. Тој нема да прифати храна од кого било.

Раскажувачот: Луѓето имаат такво устројство што има некои кои примаат без да почувствуваат дека некој им дава, а тие само земаат. Некои дури и крадат без каење! Но кога ќе развијат чувство за себе, знаат кога некој им дава, и тоа ја буди нивната свест дека се земачи. Тоа со себе носи срам, себе-прекор и агонија.

Гостинот (донекаде смирен): Но што можам јас да сторам за да примам задоволство, без да се гледам себеси како приматeл? Како да го поништам чувството во себе дека ти си тој што дава, а јас тој што прима? Ако имаме ситуација на давање и земање и ако таа го буди овој срам во мене, што можам да сторам да го избегнам?
Можеби ти можеш да дејствуваш на таков начин што јас нема да се чувствувам како приматeл! Но тоа е можно само ако сум несвесен за твоето постоење (исто како твоите риби) или ако те чувствувам, но не разбирам дека ми даваш (како мачка или недоразвиен човек).

Домаќинот (ги стеснува очите во концентрација и промислено зборува): Мислам дека сепак постои решение. Можеби ќе можеш да најдеш начин да го поништиш чувството на примање, во себе?

Гостинот: (очите му светнуваат): О, ми текна! Ти секогаш сакаше да ти бидам гостин. Затоа утре, ќе дојдам тука и ќе се однесувам на таков начин што ти ќе се чувствуваш како приматeл. Јас пак ќе бидам приматeл, се разбира, и ќе јадам сè што си зготвил, но ќе се сметам за давател.

Чин втори

Следниот ден, во истата соба, домаќинот има приготвено свеж оброк со истите деликатеси како претходниот ден. Седнува на масата и гостинот влегува, со досега невиден, по малку таинствен израз на лицето.

Домаќинот: (со широка насмевка, несвесен за промената): Те чекав. Толку сум среќен што те гледам. Те молам седни.

Гостинот седнува на масата и учтиво ја мириса храната.

Гостинот (ја гледа храната): Сето ова е за мене?
Домаќинот: Па се разбира! Само за тебе! Би бил пресреќен кога би сакал да го примиш сето тоа од мене.
Гостинот: Благодарам, но не го сакам тоа баш толку.
Домаќинот: Е па, тоа не е вистина! Го сакаш и го знам тоа! Зошто не сакаш да го земеш?
Гостинот: Не можам да го прифатам сето ова од тебе. Се чувствувам непријатно.
Домаќинот: Како мислиш, непријатно? Толку многу сакам да го имаш сево ова! За кого мислиш дека го приготвив? Би ми дало големо задоволство кога би изел сѐ.
Гостинот: Можеби си во право, но не сакам да ја изедам сета оваа храна.
Домаќинот: Но ти не примаш само оброк; покрај тоа ми правиш услуга со тоа што седиш на мојата маса и уживаш во храната што јас сум ја приготвил. Не ја приготвив за тебе, туку затоа што уживам да ја примиш од мене.
Затоа твојата согласност да јадеш би била услуга за мене. Би го примил сето тоа *за мене!* Не би земал, туку напротив, би *ми дал* голема радост. Всушност, не би бил ти тој што прима од мојот оброк, туку јас би добил голема радост од тебе. Ти би ми давал мене, а не обратно.
Домаќинот молежливо ја турнува мирисливата чинија пред неволниот гостин. Гостинот ја оттурнува. Домаќинот ја турка пред гостинот и повторно е одбиен. Гостинот сега го заzема ставот на давател кој му прави услуга на домаќинот.
Домаќинот: Те преколнувам! Те молам, направи ме среќен.
Гостинот почнува да јаде, па застанува да размисли. Потоа повторно почнува и повторно запира. Секојпат кога ќе запре, домаќинот го охрабрува да продолжи. Дури по одредено убедување гостинот продолжува.

Домаќинот продолжува да става нови деликатеси пред својот гостин, секојпат молејќи го да го задоволи со тоа што ќе ги прифати.

Гостинот: Ако можам да бидам сигурен дека јадам затоа што тоа ти дава тебе задоволство, а не затоа што јас го сакам тоа, тогаш ти си станал примателот, а јас давателот на задоволство. Но за тоа да биде така, морам да бидам сигурен дека јадам само за твое задоволство, а не за мое.

Домаќинот: Но, се разбира дека јадеш само за мене. Сепак, седна на маса и не сакаше да пробаш ни залак додека не ти докажав дека не само што јадеш, туку и мене ми даваш големо задоволство. Дојде тука да ми дадеш задоволство.

Гостинот: Но кога би прифатил нешто што јас првично не сум го посакал, не би уживал да го примам, а ти не би уживал гледајќи ме како доброволно ја прифаќам твојата понуда. Така излегува дека ти можеш да примиш задоволство само во онаа мера во која јас уживам во твојата понуда.

Домаќинот: Знам колку ти се допаѓа оваа храна и колку од кое јадење можеш да изедеш. Затоа ги приготвив овие пет јадења. Сепак, ја знам твојата желба за ова и она јадење и дека немаш желба за ништо друго во животот.

Знаејќи колку уживаш во нив, во мене се буди чувството на твоето задоволство. Исто така ме задоволува тоа што уживаш во моите јадења. Не се сомневам дека задоволството што го добивам од тебе е вистинско.

Гостинот: Како да бидам сигурен дека уживам во овие јадења само затоа што ти сакаш така, и затоа што ти си го приготвил сево ова за мене? Како да бидам сигурен дека не треба да те одбијам затоа што со примање од тебе всушност ќе ти дадам радост?

Домаќинот: Многу едноставно! Затоа што ги одбиваше моите понуди додека не стана сосема сигурен дека го правиш тоа за мое задоволство. Тогаш прифати. Со секој залак, ќе почувствуваш дека јадеш за мое задоволство, и ќе ја почувствуваш радоста што ми ја даваш.

Гостинот: Можам да се ослободам од срамот и да се гордеам со тоа што ќе ти давам задоволство ако мислам, секојпат кога ќе примам, дека го примам за тебе.

Домаќинот: Тогаш изеди сѐ! Го сакаш сето тоа, и така ќе ми ја дадеш секоја трошка задоволство што можеш!

Гостинот: (јаде со задоволство и го завршува секое јадење до крај, но потоа сфаќа дека уште не е задоволен): Сега изедов сѐ и уживав во тоа. Нема веќе храна за уживање. Моето задоволство го снема бидејќи веќе не сум гладен. Во моментов не можам на ниеден од нас да му донесам радост. Што да правам сега?

Домаќинот: Не знам. Ми даде големо задоволство со тоа што прими од мене. Што друго да направам за тебе, за да уживаш повторно? Како можеш да сакаш да јадеш повторно, ако сѐ си изел? Каде ќе добиеш нов апетит?

Гостинот: Вистина, мојата желба да уживам се претвори во желба да ти дадам тебе радост, а ако сега не можам да уживам, како ќе ти дадам тебе радост? Сепак, не можам во себе да создадам апетит за уште еден оброк од пет јадења!

Домаќинот: Не приготвив повеќе одошто ти самиот сакаше. Направив сѐ што можам да те задоволам. Твојот проблем е: „Како да не престанам да сакам уште, додека примам сѐ повеќе."

Гостинот: Но ако задоволството не го задоволува мојот глад, не можам да го почувствувам како задоволство. Чувството на задоволство доаѓа кога ги задоволувам моите потреби. Ако не сум гладен, не можам да уживам во храната и затоа нема да можам да ти дадам радост. Што можам да сторам за да останам постојано со незадоволена потреба, и постојано да ти давам задоволство така што ќе ти го покажувам моето задоволство?

Домаќинот: За тоа ти треба поинаков извор на потреба и поинакво средство за задоволување. Користејќи го својот глад за да примиш и храна и радост од јадењето, ги гасиш двете.

Гостинот: Сфатив! Проблемот е што се спречував себеси да почувствувам радост кога ми се чинеше дека ти ќе имаш добро од тоа. Толку го одбивав тоа што, иако целиот оброк беше поставен пред мене, не можев да го прифатам поради мојот срам од тоа што го примам. Тој срам беше толку интензивен што бев спремен да прегладнам, макар само за да го избегнам срамот од тоа што сум примателот.

Домаќинот: Но потоа, штом стана убеден дека не примаш за себе, почна да примаш заради мене. Поради тоа, уживаше и во храната и во задоволството што ми го даваше. Затоа јадењето на храната треба да биде во согласност со твојата волја. На крај, без задоволството од храната, какво задоволство би можел да ми дадеш?

Гостинот: Но не е доволно да примам за тебе, знаејќи дека ти уживаш да го правиш тоа за мене. Ако моето задоволство доаѓа од твојата радост, тогаш изворот на мојата радост не е храната, туку ти! Морам да ја почувствувам *твојата* радост.

Домаќинот: Тоа би требало да биде лесно, бидејќи сум сосема отворен за тоа.

Гостинот: Да, но од што зависи моето задоволство? Зависи од тебе, т.е. од оној кому му давам задоволство.

Тоа значи дека моето задоволство зависи од тоа колку силно посакувам да ти дадам радост; што значи, до која мера ја чувствувам твојата величина.

Домаќинот: Тогаш што можам да сторам?

Гостинот: Кога би знаел повеќе за тебе, кога би имал поинтимно знаење за тебе, ако навистина си велик, тогаш твојата величина и семоќ би ми биле откриени. Тогаш би уживал и во нив давајќи ти задоволство. Тогаш моето задоволство би било сразмерно со откривањето на твојата величина.

Домаќинот: Зависи ли тоа од мене?

Гостинот: Види, ако јас давам, важно ми е да знам колку давам и кому. Ако им давам на моите сакани, како на пр. на моите деца, тогаш сум подготвен да дадам сразмерно со мојата љубов спрема нив. Тоа ми дава радост. Но ако некој од улица ми дојде дома, ќе му дадам нешто бидејќи сочувствувам кога некој е во немаштија, и се надевам дека кога јас ќе бидам во тешка немаштија, некој мене ќе ми помогне.

Домаќинот: Овој принцип е она што стои зад целиот концепт на социјална помош. Луѓето сфатија дека ако не си помагаат меѓусебно, сите ќе страдаат. Тоа значи и самите ќе страдаат кога тие ќе бидат во немаштија. Егоизмот ги присилува луѓето да даваат, но тоа не е вистинско давање. Тоа е само начин да се обезбеди опстанокот.

Гостинот: Навистина мислам дека таквото давање не е вистинско. Сета наша „великодушност" не е ништо освен начин ние да добиеме задоволство, задоволувајќи се себеси и тие што ги сакаме.

Домаќинот: Како да ти дадам задоволство кое ќе биде над задоволството од твојата храна?

Гостинот: Тоа не зависи од тебе, туку од мене. Ако човекот што ми доаѓа дома не е обичен човек, туку многу важна личност, би примил поголемо задоволство да му дадам нешто на тој човек отколку на обична личност. Тоа значи дека моето задоволство не зависи од храната, туку од тоа кој ја приготвил!

Домаќинот: И што можам да сторам за повеќе да ме почитуваш?

Гостинот: Бидејќи примам за твое добро, а не за мое, колку поголема почит имам кон тебе, повеќе задоволство ќе добијам знаејќи кому му го давам.

Домаќинот: Како да ја продлабочам твојата почит кон мене?

Гостинот: Кажувај ми за тебе, покажи ми кој си! Тогаш би можел да добијам задоволство не само од примањето на храната, туку и од свесноста што знам кој ми ја дава, со кого имам однос. Најмалата порција храна што ќе ја примам од голема личност ќе ми даде многу поголемо задоволство. Знаеш, задоволството ќе расте сразмерно со тоа колку велик мислам дека си.

Домаќинот: Тоа значи дека за да стане задоволството големо, јас морам да се отворам, а ти мораш да развиеш нешто налик на мене во себе.

Гостинот: Точно така! Тоа создава нов глад во мене – желбата да ти дадам расте сразмерно со твојата величина. Не е затоа што сакам да избегам од чувството на срам, бидејќи срамот нема да ми дозволи да го задоволам мојот глад.

Домаќинот: Така почнуваш да го чувствуваш не само гладот, туку и мојата величина и твојата желба да ми дадеш задоволство. Дали велиш дека не сакаш да го задоволиш мојот апетит, туку да уживаш во мојата величина и во твојата желба да ме задоволиш?

Гостинот: А што има лошо во тоа? Можам да примам задоволство од храната многу пати поголемо од она што самата храна може да го даде, бидејќи на гладот му додавам втора желба: желбата да ти давам тебе.

Домаќинот: И тоа треба да го исполнам.

Гостинот: Не. Волјата за тоа – и нејзиното исполнување – јас ќе ја создадам во себе. За тоа ми треба само да те познавам. Разоткриј ми се и ќе создадам во себе копнеж да ти давам. Покрај тоа, ќе добијам и задоволство од давањето, а не од отстранувањето на срамот.

Домаќинот: Што ќе добиеш од тоа што ме знаеш, освен тоа што задоволството ќе ти се зголеми?

Гостинот (јасно укажува дека тоа е целата смисла): Има уште една голема корист. Ако создадам во себе нова волја, настрана од вродениот глад, можам да станам господар на таа волја. Секогаш можам да ја зголемам, секогаш да ја исполнам со задоволство, и секогаш да ти ја дадам со тоа што примам задоволство.

Домаќинот: Нема ли да ја изгубиш таа желба кога ќе се исполни, како што си го изгубил гладот?

Гостинот: Не, бидејќи секогаш можам да создадам во себе поголем впечаток за тебе. Секогаш можам да создадам нови желби да ти дадам, а со примање од тебе ќе ги исполнам тие желби. Тој процес може да продолжи во бесконечност.

Домаќинот: Од што зависи?

Гостинот: Зависи од тоа што постојано ќе откривам нови доблести во тебе и ќе ја чувствувам твојата величина.

Домаќинот: Тоа значи дека, за постојано себе-уживање – дури и кога се прима себично задоволство, гладот нема да престане туку ќе порасне со тоа примање – мора да се создаде нов глад: желбата да се почувствува давателот.

Гостинот: Да, покрај примањето задоволство (деликатесите), примателот ќе развие чувство за величественоста на давателот. Откривањето на домаќинот и деликатесите станува истата работа. Со други зборови, самото задоволство создава свест за давателот. Давателот, храната и својствата на давателот се едно исто.

Домаќинот: Излегува дека она што прво си го сакал, потсвесно, било давателот да се разоткрие. За тебе, всушност, тоа е исполнување и ништо друго.

Гостинот: На почетокот не ни разбирав дека тоа е она што го сакам. Само ја гледав храната и мислев дека тоа е она што го сакам.

Домаќинот: Тоа намерно го сторив, за постепено да развиеш своја независна желба која наводно самиот би ја создал, за самиот да ја исполниш. Истовремено би ја заземал положбата и на гостинот и на домаќинот.

Гостинот: Зошто сето тоа е така направено?

Домаќинот: Со цел да те доведе до целосност. За да ја сакаш секоја работа во потполност и да достигнеш максимално исполнување. За да можеш максимално да уживаш во секоја желба и за задоволството да биде безгранично.

Гостинот: Зошто тогаш од почетокот не знаев за тоа? Сè што гледав околу себе беа предмети што ги посакував, без да се посомневам дека сè што сакав цело време всушност си бил ти.

Домаќинот: Тоа е така направено за да не дојдеш во ситуација во која нема да ме чувствуваш. Ќе дојдеш самиот до мене и самиот ќе ја создадеш таа своја внатрешна волја.

Гостинот (збунет): Но ако јас можам да ја создадам таа волја во мене, кај си ти во целата слика?

Домаќинот: Јас сум тој што од почетокот ја создаде едноставната егоистична волја во тебе, и продолжувам да ја развивам со тоа што постојано те опкружувам со нови предмети на задоволство.

Гостинот: Но зошто е сето тоа?

Домаќинот: Со цел да те убеди дека бркањето задоволство никогаш нема целосно да те задоволи.

Гостинот: Го гледам тоа: во моментот кога ќе го добијам тоа што го сакам, задоволството веднаш го снемува и повторно почнувам да копнеам по нешто поголемо или сосема поинакво. Така сум на постојан лов на задоволство, но никогаш сосема не го достигнувам; истиот момент кога ќе го фатам, ми се слизнува од раце.

Домаќинот: И токму затоа треба да го развиеш своето чувство за себе и да станеш свесен колку е попусто ваквото постоење.

Гостинот: Но кога ти би ја развил во мене сликата за тоа како навистина стојат работите, би ја сфатил целта и намената на сè што се случува!

Домаќинот: Таа слика ќе се открие само откако ќе бидеш сосема уверен во бесцелноста на твоето егоистично егзистирање, и кога ќе станеш свесен дека е потребен нов вид на однесување. Треба да ги знаеш своите корени и смислата на својот живот.

Гостинот: Но тој процес трае илјадници години. Кога завршува?

Домаќинот: Ништо не е создадено без потреба. Сè што постои, постои со единствена цел да им се разоткрие на созданијата еден поинаков вид постоење. Тој процес е бавен бидејќи секоја малечка желба треба да се појави и да биде препознаена како недостојна за употреба во својот прелиминарен облик.

Гостинот: А има ли многу такви желби?

Домаќинот: Навистина многу и тие се во директен сразмер со задоволството што ќе го примиш во иднина. Но задоволството од примање на храната не се менува. Не можеш да изедеш повеќе од еден ручек на ден. Капацитетот на твојот стомак нема да се смени. Затоа, количеството кое доаѓа од мене и кое ти го примаш не се менува. Но кога јадеш на мојата маса за да ме задоволиш *мене*, самата таа мисла создава во тебе нова волја да јадеш и ново задоволство, настрана од задоволството од храната. Тоа задоволство се мери во големина и моќ, или во квантитет и квалитет, според количеството на задоволство кое го добиваш од јадењето на мојата маса *за да ме задоволиш*.

Гостинот: Како да ја зголемам мојата желба да примам задоволство заради тебе?

Домаќинот: Тоа зависи од тоа колку ме цениш и почитуваш. Зависи од тоа колку сметаш дека сум величествен.

Гостинот: Како повеќе да те ценам?

Домаќинот: За тоа треба само да знаеш повеќе за мене – да ме гледаш во секоја моја постапка, да набљудуваш и да бидеш убеден колку велик сум навистина, и да бидеш убеден дека сум семоќен, милостив и љубезен.

Гостинот: Тогаш покажи се!

Домаќинот: Ако твојата молба доаѓа од желбата да ми дадеш, ќе се покажам себеси. Но ако доаѓа од желба да се задоволиш себеси со тоа што ќе ме видиш, не само што ќе се воздржам да ти се покажам, туку уште подлабоко ќе се скријам.

Гостинот: Зошто? Зар не ти е исто на каков начин примам од тебе? На крајот на краиштата, ти сакаш јас да уживам. Зошто се криеш од мене?

Домаќинот: Ако целосно се покажам, ќе добиеш толку многу задоволство од мојата вечност, семоќ и целост, што нема да можеш да го прифатиш тоа задоволство заради мене. Нема тоа ни да го помислиш и подоцна повторно ќе се чувствуваш посрамен. Освен тоа, бидејќи задоволството ќе биде трајно, тоа, како што сме виделе и порано, ќе ги елиминира твоите потреби, и повторно ќе останеш без волја.

Гостинот (конечно сфаќа): Значи тоа е причината зошто се криеш од мене, за да ми помогнеш! А јас мислев дека е затоа што не сакаш да те познавам.

Домаќинот: Мојата најголема желба е да ме видиш и да бидеш покрај мене. Но што да правам ако тогаш не бидеш способен да почувствуваш задоволство? Не би било ли тоа идентично на смрт?

Гостинот: Но ако не сум свесен за тебе, како можам да напредувам? Сè зависи од тоа колку ќе ми се покажеш.

Домаќинот: Навистина, само чувството за моето присуство во тебе создава способност да растеш и примаш. Без тоа чувство, само голташ сè и веднаш престануваш да чувствуваш задоволство. Затоа, кога ќе се појавам пред тебе, чувствуваш срам, го чувствуваш тој што дава и имаш желба да ги примиш истите својства како давателот.

Гостинот: Затоа покажи ми се што поскоро.

Домаќинот: Ќе се покажам, но само во онаа мера во која ќе имаш добро од тоа, иако секогаш сакам да ти се покажам. На крај, намерно се скрив за да создадам за тебе услови на слободен избор. На тој начин, ќе можеш да бидеш слободен да дејствуваш и да избереш како да мислиш независно од моето присуство. Од страна на домаќинот нема да има притисок.

Гостинот: И како ми се разоткриваш?

Домаќинот: Полека и постепено. Секој степен на разоткривање се вика „Свет," од најскриениот степен до најоткриениот.

Крај.

Оттука следува дека нашата главна цел е да ја издигнеме во нашите очи важноста на Создателот, т.е. да стекнеме верба во Неговата величественост и моќ. Мораме тоа да го сториме бидејќи тоа е нашето единствено средство за бегство од затворот на личниот егоизам и за влез во Вишите Светови.

Како што веќе спомнавме, можеме да наидеме на екстремни тешкотии кога ќе решиме да го следиме патот на вербата и да ја напуштиме сета грижа за себе. Тогаш се чувствуваме изолирани од сиот свет, како да висиме во празно, без поддршка на здравиот разум, памет или претходно искуство.

Исто така, се чувствуваме како да сме ја напуштиле својата околина, семејство и пријатели за да се соединиме со Создателот. Тие чувства се јавуваат кога ни недостига верба во Создателот, кога не можеме да го осетиме Него или Неговото присуство, или Неговото владеење над целото создание. Во такви моменти, можеме да почувствуваме отсуство на предметот на вербата.

Меѓутоа, штом почнеме да го чувствуваме присуството на Создателот, спремни сме во целост да се покориме на Неговата власт и слепо да го следиме, секогаш спремни целосно да се поништиме себеси пред Него, речиси инстинктивно потценувајќи го нашиот интелект. Од таа причина, најважниот проблем со кој се соочуваме е како да го согледаме присуството на Создателот.

Затоа, секогаш кога ќе се јават такви сомнежи, вреди да ја посветиме целата наша енергија и сите мисли на Создателот. Мораме веднаш да сакаме да се припоиме кон Создателот со секое делче од нашето битие. Тоа чувство за Создателот се вика „верба."

Процесот може да се забрза ако од ова направиме важна цел. Колку ни е поважна, толку побрзо можеме да достигнеме верба, т.е. нашата свесност за Создателот.

Покрај тоа, колку повеќе важност му придаваме на перципирањето на Создателот, толку појака ќе биде таа перцепција, додека не стане дел од нашето битие. Среќата (*Мазал* на хебрејски) е посебен вид Провидение врз кое никако не можеме да влијаеме. Но одозгора е наредено дека ние, како поединци, сме одговорни да се обидеме да ја смениме својата природа. Потоа, Создателот ќе ги вреднува нашите напори во таа насока, а на крај ќе ја измени нашата природа и ќе нè издигне над нашиот свет.

Затоа, пред да вложиме некаков напор, треба да сфатиме дека не можеме да очекуваме Вишите Сили, среќата, или некое друго специјално повластување одозгора да интервенира за нас. Напротив, мораме да почнеме со тоа што целосно ќе согледаме дека ако ние самите не преземеме мерки, нема да стигнеме онаму кај што сакаме.

Меѓутоа, штом ќе завршиме некоја задача, или ќе почнеме да учиме, или пак ќе вложиме некој друг напор, треба да го донесеме следниов заклучок:

Сè што сме постигнале како резултат на нашите напори би дошло и онака, дури и без да вложиме никаков напор, бидејќи резултатот е предодреден од Создателот.

Затоа, ако копнееме да го сфатиме вистинското Провидение, мораме што порано да се потрудиме во секој потфат да ги асимилираме овие противречности во себе.

На пример, наутро треба да почнеме со својата дневна рутина на учење и работа, оставајќи ги сите мисли на Божественото владеење на Создателот над светот и неговите жители. Секој од нас мора да работи како конечниот резултат да зависи само од нас.

Но на крајот од денот, под никакви околности не смееме да си дозволиме да замислуваме дека она што сме го постигнале е резултат на нашите лични напори. Мораме да сфатиме дека дури и да сме останале в кревет цел ден, пак ќе сме го постигнеле истиот резултат, бидејќи тој резултат е предодреден од Создателот.

Затоа, тој што сака да живее живот на вистината мора, од една страна, да ги почитува законите на општеството и природата исто како и сите други, но од друга страна, мора да верува и во апсолутната власт на Создателот над цел свет.

Сите наши дела можат да се поделат на добри, неутрални и зли. Наша задача е неутралните да ги издигнеме до нивото на добрите.

Тоа можеме да го постигнеме така што ќе бидеме свесни дека, дури и ако ние ги вршиме делата, на крај, Волјата на Создателот ќе превладее. На пример, кога сме болни, иако сме свесни дека лекот е целосно во рацете на Создателот, треба да ги земаме лековите препишани од лекар и да веруваме дека вештината на лекарот ќе ни помогне да ја надминеме нашата состојба. Но после тоа, откако сме го земале лекот строго според упатствата на лекарот и сме оздравеле, мораме да веруваме дека и онака ќе сме оздравеле бидејќи тоа било во планот на Создателот.

Затоа, место да му заблагодариме на лекарот, мораме да му заблагодариме на Создателот. На тој начин, претвораме неутрален чин во духовен, а со повторување на оваа процедура кај сите наши неутрални дела, можеме постепено да ги „продуховиме" сите наши мисли.

Горенаведените примери и објасненија се важни бидејќи можат навистина да станат сериозни пречки во нашето духовно издигање. Проблемот понекогаш се влошува бидејќи мислиме дека ги сфаќаме принципите на Божјото Владеење.Вештачки ќе ги концентрираме нашите енергии на зајакнување на нашата верба во сеприсутноста на Создателот, место напорно да работиме на себеси.

Честопати, за да ја покажеме нашата верба во Создателот, или едноставно од мрза, ќе заклучиме дека нема потреба да работиме на себе, бидејќи сè е во моќта на Создателот. Или, може да замижиме и да се потпреме само на слепата верба, истовремено избегнувајќи клучни прашања во врска со вистинската верба.

Меѓутоа, со избегнување на тие прашања, се лишуваме себеси од можноста за духовен напредок. За нашиот свет е кажано: „Ќе го печалиш лебот свој со својата пот." Сепак, штом нешто ќе заработиме, тешко ни е да признаеме дека исходот не дошол од нашата тешка работа или од способностите, туку е дело на Создателот.

Мораме со наша пот да се трудиме да ја зајакнеме нашата верба во апсолутната власт на Создателот.

Но за да растеме и доживееме нови духовни чувства, мораме да вложиме напор да ја сфатиме и прифатиме противречната природа на Божјата Власт (која изгледа противречна само поради нашето слепило).

Само тогаш ќе знаеме што се бара точно од нас и ќе можеме да растеме и да доживееме нови духовни чувства.

4

Поништување на нашите лични интереси

Пред созданието, постоел само Создателот. Процесот на созданието почнува кога Создателот ќе одвои одреден дел од Себе за да го обдари, во иднина, со одредени разни карактеристики. Со обдарување на тој дел со неговото сопствено чувство за себе, Создателот во суштина го „исфрла" од Себе.

Тој обдарен дел го содржи нашето „јас." Растојанието на обдарениот дел од Создателот е разликата во одликите меѓу Создателот и тој дел; тоа се уочува како „притајување на Создателот." Бидејќи овој дел не може да го почувствува Создателот, постои празнина меѓу нив двајца, создадена од егоистичните карактеристики на делот.

Ако Создателот сака да го доведе одвоениот дел поблиску до Себе, тогаш мрачната празнина ќе му даде чувство на безнадежност на делот. Ако, пак, Создателот не сака да го приближи делот поблиску до Себе, тогаш празнината воопшто не се чувствува. Само оддалеченоста меѓу делот и Создателот не се гледа. Самиот Создател делот не го чувствува, и во најдобар случај може само да замислува какво е чувството кога го перципираш Создателот.

Темната празнина, која ја доживува делот, се доживува како нашето нормално страдање, предизвикано од материјални проблеми, болести, или семејни маки.

Меѓутоа, исто како што Создателот ја има изградено животната средина за делот, Тој може и да влијае врз неа.

Како и со каква цел Тој го прави тоа? За да ни покаже дека, за да се спасиме од страдање, мораме да се ослободиме од сиот егоизам, Создателот нè доведува до состојба на таква неподнослива несреќа преку нашето опкружување – деца, работа, долгови, болести или семејни маки – што животот се чини како товар кој никако не може да се поднесе.

Ние добиваме впечаток дека оваа бедна состојба ни доаѓа како резултат на нашите амбиции и нашите обиди да достигнеме нешто. Тогаш, една посебна желба се буди во нас – желбата да не посакуваме ништо. Со други зборови, веќе немаме никакви лични интереси, бидејќи тие ни носат само страдање.

Оттука, немаме друг избор освен да го молиме Создателот да нè спаси од егоизмот. Тоа нè присилува да се бориме да ги надминеме сите наши проблеми, што ни носи натамошно страдање.

Заради ова, Раби Ашлаг пишува во својот „Вовед во Талмуд Есер Сефирот" (Параграф 2) – „Но ако со срцето послушате едно славно прашање, сигурен сум дека сите ваши сомнежи околу тоа дали треба да ја изучувате кабалата ќе исчезнат без трага."

Тоа е затоа што ова прашање, бидејќи доаѓа право од срцето – наместо од интелигенцијата или знаењето – е прашање за многу работи: смислата на нашиот живот; смислата на нашето страдање (кое е многупати поголемо од нашето задоволство); тешкотиите на животот, заради кои смртта често се чини како лесен спас. И конечно – фактот дека нема крај на вителот од болка додека не заминеме од овој живот, истрошени и опустошени.

Кој има добро од ова, или поточно, кому му правиме добро? Што уште треба да очекуваме од овој живот? Иако секој од нас потсвесно е вознемирен од ова прашање за смислата на нашиот живот, понекогаш ќе нè удри неочекувано, ќе нѐ доведе до лудило, правејќи нѐ неспособни за ништо, распарчувајќи ни го умот, фрлајќи нѐ во длабока бездна на безнадежност и враќајќи ни го одразот на нашата сопствена безначајност.

Како реакција на ова избираме да пловиме бесцелно по текот на животот, без премногу длабоко да размислуваме за прашањето. Тоа е прашање за кое никој не ни сака да размислува. Сепак, прашањето останува пред нас со сета своја сила и горчина.

Повремено, по грешка пак ќе налетаме на него, и тоа ќе ни го прободе умот и ќе нѐ кутне на земја. Продолжуваме да се залажуваме непромислено талкајќи по текот на животот, како порано. Но Создателот ни дава такви чувства што постепено ќе сфатиме дека сите наши несреќи, и сета наша агонија, настануваат од фактот дека имаме личен, себичен интерес во исходот на нашите дела.

Нашиот егоизам, нашата природа и суштина се она што нѐ тера да дејствуваме за „наше лично добро." И, бидејќи нашите желби никогаш не се исполнети, ќе продолжиме да страдаме.

Меѓутоа, кога би ги поништиле сите наши лични интереси во сѐ, веднаш би ги скршиле синџирите на нашите тела и би го доживеале нашиот свет без болка и несреќа.

Методот за ослободување од ропството на егоизмот може да се најде во кабалата.

Создателот намерно го ставил нашиот свет, со сета негова беднотија, меѓу Себе и нас. Тоа го сторил за да ни помогне да сфатиме дека мораме да се ослободиме од егоизмот, бидејќи тој е изворот на сето наше страдање. Да го отстраниме страдањето и да го осетиме Создателот, Изворот на сето задоволство, е возможно само ако искрено посакуваме да се ослободиме од сиот егоизам.

Во духовните светови, желбите се рамни на дела, бидејќи вистинските искрени желби веднаш водат до дејствување.

Општо земено, Создателот нè доведува до цврста и конечна одлука да се спасиме од сите лични интереси во секоја ситуација во животот.

Ова го прави така што нè тера толку многу да страдаме, што ќе имаме само една желба – да го запреме страдањето. Тоа е можно само ако немаме апсолутно никаков личен или себичен интерес во исходот на сите секојдневни работи во нашите животи.

Но каде е тогаш нашата слободна волја? Каде е слободата на изборот да решиме по кој пат да тргнеме, или што да избереме во животот? Создателот нè турка да избереме одредено решение така што нè става во толкава беда што смртта ни изгледа попривлечна од животот.

Сепак, Тој не ни ја дава силата потребна да ставиме крај на нашето бедно постоење и така да избегаме од страдањето. Наместо тоа, Тој наеднаш ни дава краток увид во единственото решение, кое доаѓа како сончев зрак низ густи облаци.

Решението не е во смртта, ниту во бегање од нашиот живот. Тоа лежи во нашето ослободување од личниот интерес и барање излез во световното. Тоа е единственото решение кое може да ни донесе мир и одмор од неподносливото страдање.

Во овој процес нема слобода на изборот; принудени сме на тоа за да избегаме од страдањето. Слободна волја е кога се обидуваме да напредуваме зацврстувајќи се себеси, избирајќи да ги фокусираме сите наши дела само на Создателот. Сме научиле дека живеењето само заради нас самите не носи ништо освен страдање. Постојаниот процес на коригирање на себе самите и контролирање на нашите мисли се нарекува „процес на рафинирање."

Чувствата на страдање предизвикани од егоистични интереси треба да бидат толку остри што мора да бидеме подготвени да „живееме на залак леб и голтка вода, и да спиеме на гола земја." Така, треба да сме спремни да направиме сè што треба за да се ослободиме од егоизмот и личните интереси.

Штом ќе ја достигнеме горeoпишаната состојба и ќе се почувствуваме удобно во неа, можеме да влеземе во духовното царство познато како „Светот што ќе дојде" (*Олам ХаБа*). Така, страдањето може да нè доведе до тоа да решиме дека одрекувањето од егоизмот би било добро за нас. Како резултат на нашите напори, постојано сеќавајќи се на минатото страдање, и со одржување и зацврстување на оваа одлука во нашето срце, можеме да стигнеме до состојба каде целта на сите наши дела ќе биде да му направиме добро на Создателот.

А за себеси, освен најосновните потреби, би се плашеле дури и да помислиме на лична корист и задоволство, од страв повторно да не го доживееме неподносливото страдање што го носи личниот интерес.

Ако сме успеале да ги исчистиме сите себични мисли од умот, дури и мисли за најосновните работи, се вели дека сме стигнале до последниот стадиум во одрекувањето од нашите лични потреби.

Во нашите нормални животи ќе се навикнеме да не мислиме воопшто на себе, нашите лични односи, нашите семејства, нашата работа и на сите дела што ги вршиме во светов. Однадвор, нема да изгледаме воопшто поинакви од сите други во нашата околина. Но во нашето тело, бидејќи навиката станува втора природа, ништо нема да остане од нашите лични интереси.

Оттука натаму, можеме да поминеме на следното ниво од нашиот духовен живот и да почнеме да уживаме во задоволување на Создателот. Меѓутоа, таа среќа веќе не е за нас, туку само за Создателот, бидејќи сме ја „убиле" сета потреба за лично задоволство.

Заради тоа, новото задоволство е бескрајно во време и непоимливо во големина, бидејќи не е ограничено со нашите лични потреби. Само во таа точка можеме да видиме колку е љубезен и величествен Создателот, што ни дал можност да го достигнеме необичното блаженство на соединување со Него во вечна љубов.

Кабалата нека ви биде водич

За да стигнеме до таа цел на созданието, на патот има две фази една по друга. Првата опфаќа страдање и изложеност на тестови додека човек не се ослободи од егоизмот. Но штом еднаш го поминеме тој прв стадиум и се ослободиме од сите лични желби, штом ќе успееме да ги насочиме сите мисли кон Создателот, ќе можеме да почнеме нов живот, полн со духовна радост и вечен мир, како што изворно е планирано од Волјата на Создателот на почетокот од создавањето.

Нема потреба да го следиме патот на целосно себе-одрекување до таа мера да бидеме задоволни со кришка леб, голтка вода и почивка на гола земја за да го навикнеме телото да се одрекува од егоизмот. Место со сила да ги потиснуваме нашите физички желби, дадена ни е кабалата, Светлината на кабалата, која може да му помогне на секој од нас да се ослободи од егоизмот, коренот на сета несреќа.

Светлината на кабалата поседува одредена сила која нè оспособува да ги надминеме желбите на телото. Но духовната сила содржана во кабалата може да влијае на нас само ако веруваме дека ќе ни помогне, и дека е неопходна за да преживееме, место да изгинеме додека трпиме неподносливо страдање. Ќе ни помогне само ако веруваме дека проучувањето на кабалата ќе нè доведе до целта и ќе ни помогне да ја добиеме очекуваната награда: слобода од себичната желба.

Оние од нас кои чувствуваат дека ова е цел од животно значење постојано бараат начини да се ослободат. Додека ја проучуваме кабалата, бараме упатства како да избегаме од нашиот затвор на себе-интерес. Длабочината на нашата верба во кабалата можеме да ја утврдиме по тоа колку сме инспирирани да учиме и истражуваме.

Ако нашите мисли се постојано преокупирани со потрага по слобода од егоизмот, може да се каже дека имаме целосна верба. Тоа е можно само ако навистина чувствуваме дека неуспехот да најдеме излез од нашата состојба е полош од смрт, бидејќи страдањето предизвикано од личниот интерес е навистина неизмерно.

Светлината на кабалата ќе ни помогне само ако навистина одлучиме да бараме решение. Само тогаш ќе ни биде дадена духовната сила што ќе нè оспособи да се извлечеме од нашите сопствени ега. И само тогаш ќе бидеме навистина слободни.

Од друга страна, за оние кои не чувствуваат таква итна потреба, или никаква потреба, Светлината на кабалата се претвора во темнина. Како резултат на тоа, колку повеќе учат, толку повеќе тонат во својот егоизам, бидејќи не ја користат кабалата за нејзината единствена намена.

Кога ќе почнеме да ја учиме кабалата и ќе отвориме некоја од книгите на Рашби, Ари, Раби Јехуда Ашлаг или Раби Барух Ашлаг, нашата цел треба да биде да добиеме награда од Создателот – моќта на волјата – која ќе ни дозволи да успееме да најдеме начин да се промениме самите себе. Треба да стекнеме увереност дека дури и во нашата егоистична ситуација, сепак можеме да примиме таков дар одозгора, бидејќи да се има верба значи да се има мост до спротивната состојба на постоење.

Дури и ако уште не сме поминале низ сето страдање кое би нè принудило да се откажеме од сите наши лични интереси во животот, сепак кабалата ќе ни помогне; место да страдаме, ќе добиеме друг начин за навигација по нашите патишта.

5

Целта на учењето кабала

Светлината која извира од учењата на големите кабалисти ќе ни помогне да совладаме два предизвици: нашата тврдоглавост и нашата склоност да го заборавиме страдањето предизвикано од нашето самоволие. Молитвата е патот до сета поправка, која Создателот ќе ја види во нашето срце.

Кога целосно ќе се задлабочиме во молитва, ќе добиеме какво сакаме олеснување и секаква корекција што ни треба.

Но за да достигнеме корекција, мораме целосно да му се предадеме на тој напор – со тело, ум и душа. Вистинската молитва и одговорот на нејзиното олеснување доаѓаат само под услов човек да даде сè од себе, целосно да му се предаде на тој напор, квантитативно и најважно – квалитативно.

Меѓутоа, само со правилно изучување на кабалата можеме да научиме како да го искорениме своето его и така да достигнеме лично спасение. Нашиот копнеж по олеснување мора да биде толку силен што целосно ќе се посветиме на своите студии, и нема да можеме ни за момент да го свртиме вниманието кон нешто друго освен кон потрагата по себе самите во мудроста на кабалата.

Сепак, ако уште не сме доволно притиснати од страдање, како преплашениот ѕвер во својот кафез, и сè уште копнееме по задоволство во најдлабоките ќошиња од нашето срце, тогаш нема да сфатиме дека егоизмот уште живее во нас. Егоизмот е непријателот кој мораме да го уништиме.

Додека не го сториме тоа, нема да можеме да посегнеме преку нашата болка и да го направиме целосниот напор во кабалата да најдеме сила и начин да избегаме од заданите на нашиот сопствен егоизам. Слободата нема да биде наша додека не го уништиме егото кое живее внатре.

Меѓутоа, иако можеме да бидеме полни со решителност за таа единствена цел кога ќе почнеме со учењето, нашиот ентузијазам може случајно да ни побегне во текот на нашето учење. Како што веќе спомнавме, нашите желби ги одредуваат нашите мисли, а нашиот ум дејствува како инструмент за поддршка. Нашиот ум само бара начин да ги исполни волјата и желбите на нашето срце.

Која е разликата помеѓу изучувањето на кабалата и на другите системи? Одговорот е едноставен: само со проучување на кабалата можеме да најдеме сила да се ослободиме од синџирите на егоизмот.

Додека ја изучуваме кабалата, можеме од прва рака да испитуваме описи на делата на Создателот, Неговите одлики, нашите одлики и нивната несогласност со оние на духот. Кабалата ни кажува за тоа каква цел има Создателот за своето создание и за начините на кои можеме да си го коригираме егото.

Можеме да ја видиме Светлината на кабалата, духовната сила која ни помага да го поразиме егоизмот, само кога ја проучваме кабалата. Другите елементи на овие учења само нè вовлекуваат, против наша волја, во дискусија за материјални постапки и правни прашања.

Некои може да ја студираат кабалата само за да го прошират своето знаење; ако е така, ќе можат да ѝ пристапат само како на директна раскажана приказна. Нема да можат да ја извадат Светлината од нејзините страници. Само тие што ја проучуваат кабалата за да се подобрат себеси ќе го добијат тоа добро.

Кабалата е проучување на системот на нашите духовни корени. Тој систем извира одозгора. Можеме да го проучуваме според строги закони кои, кога ќе се спојат, покажуваат кон истата врховна цел: „откровение на величественоста на Создателот, за неговата величина да можат да ја разберат созданијата во овој свет."

Кабалата, согледувањето на Создателот, се состои од два дела: пишаните дела на кабалистите, кои веќе го имаат согледано Создателот и знаењето кое го спознаваат само оние кои ги стекнале духовните садови и алтруистичките копнежи во кои можат да ги добијат духовните чувства, или перцепции на Создателот.

Ако, по достигнување на некакво духовно воздигнување, потонеме до нечисти желби, тогаш добрите желби што сме ги имале во текот на духовното издигање ќе се спојат со нечистите желби. Насобирањето на нечисти желби постепено се намалува сè додека не станеме способни трајно да останеме во издигнатата состојба на само чисти желби.

Штом сме ја завршиле нашата работа и сме си ги откриле сите свои желби, ќе добиеме Светлина од Горе, толку силна што засекогаш ќе нè извади од лушпата на овој свет и трајно ќе нè насели во духовниот свет. А сепак, тие околу нас нема ни да бидат свесни за тој факт.

„Десната линија" означува состојба во која Создателот е секогаш во право во нашите очи; ќе го оправдуваме Неговиот надзор во сè. Таа состојба се вика „верба." Од нашите најрани обиди во духовниот развој и издигнување, мораме да се трудиме да дејствуваме како веќе да сме постигнале целосна верба во Создателот.

Треба да замислиме дека веќе можеме да почувствуваме, со сета наша есенција, дека Создателот владее со светот со крајна добронамерност, и дека сиот свет прима само добрина од Него. Сепак, откако ќе ја испитаме нашата сопствена ситуација, можеме да видиме дека повторно сме лишени од сè што посакуваме. Гледајќи наоколу, можеме да видиме како страда сиот свет, секој на свој начин.

И покрај тоа, мораме да си кажеме дека она што го гледаме е искривена слика на светот, како што се гледа низ искривеното стакло на нашиот егоизам, и дека вистинската слика на светот ќе ни биде откриена само кога ќе стигнеме до состојба на целосен алтруизам. Само тогаш ќе видиме дека Создателот владее со светот со оваа цел: да ги одведе Своите созданија до совршено уживање.

Во таква состојба, кога нашата верба во апсолутната добрина на Создателот ќе превладее врз тоа што го гледаме и чувствуваме, доживуваме состојба наречена „верба над разумот."

6

Духовен напредок

Исто како што сме неспособни правилно да ја процениме нашата вистинска состојба, не можеме ни да утврдиме дали сме во фаза на духовно издигање или спуштање. Бидејќи, иако може да чувствуваме дека сме во надолна духовна фаза, всушност тоа може да е Волјата на Создателот, која ни ја покажува нашата вистинска состојба. Ова покажува дека без себезадоволување, не можеме да функционираме и веднаш паѓаме во очај. Може да дојде дури и до депресија и гнев бидејќи нашето тело не добива доволно задоволство од таквата егзистенција.

Но всушност, тој недостиг претставува духовно издигање, бидејќи во тој момент сме поблиску до вистината од порано, кога сме биле среќни во овој свет. Речено е дека „тој што го зголемува знаењето ја зголемува и жалоста." И обратно, чувството дека доживуваме духовен подем може едноставно да биде погрешно протолкувана состојба на хедонизам и самозадоволност.

Само оној што веќе го гледа Создателот и Неговото божествено провидение во сите созданија може правилно да си ја утврди својата духовна состојба. Врз основа на претходно кажаното, лесно е да се сфати дека колку подалеку напредуваме на патот на себе-подобрувањето во напор да го коригираме нашиот егоизам, и колку повеќе напор вложуваме да се поправиме себеси и да учиме, толку повеќе ги сфаќаме нашите лични карактеристики.

Со секој обид, со секој ден, ќе стануваме сè поразочарани во врска со нашите способности да постигнеме што и да е. Колку повеќе очајуваме во нашите обиди, толку поголеми се нашите поплаки упатени кон Создателот. Тогаш бараме да бидеме извадени од тој црн амбис, таа зандана на физичка желба во која сме се нашле.

На тој начин настаните се развиваат, сè додека – откако ќе го исцрпиме нашиот личен потенцијал и ќе направиме сè што е во наша лична моќ – не признаеме дека сме неспособни самите да си помогнеме. Мораме да се свртиме кон Создателот, кој ни ги става тие пречки на нашиот пат за да нè натера да се свртиме кон Него и да разбуди во нас желба да воспоставиме врска со Него.

Но за тоа да се случи, нашите молби мора да дојдат од длабочината на нашето срце. Тоа не е можно да се постигне додека не ги исцрпиме сите можности и не сфатиме дека сме беспомошни.

Само молба која доаѓа од длабочините на целото наше битие, молба која станала наша единствена желба – бидејќи сме сфатиле дека само чудо од Горе може да нè спаси од нашиот најголем непријател, нашето его – ќе биде одговорена од страна на Создателот. Тој потоа ќе го замени егоистичното срце со духовно, ќе го замени „каменото срце со срце од крв и месо."

Додека Создателот не ја поправи нашата состојба, колку повеќе напредуваме, толку полошо се чувствуваме во врска со себе.

Всушност, ние секогаш сме биле вакви, но во одредена мера, откако сме ги сфатиле атрибутите на духовните светови, сме почнале да чувствуваме колку непријателски се настроени нашите лични желби спрема влегувањето во тие светови.

Меѓутоа, и покрај тоа што се чувствуваме уморни и безнадежни, сепак можеме да си ја вратиме контролата врз нашето тело. Потоа, откако внимателно сме размислиле и заклучиле дека навидум нема излез од нашата состојба, можеме да ја сфатиме вистинската причина за тие емоции и да се присилиме да се чувствуваме ведро и оптимистично.

Со тоа ја потврдуваме нашата верба во праведноста на управителството на светов, во љубезноста на Создателот и во Неговото владеење врз светот. Со тоа ќе станеме духовно способни и достојни да ја примиме Светлината на Создателот, бидејќи целата перспектива на нашата околина ја засновуваме врз нашата верба, издигајќи ја вербата над разумот.

Нема поскапоцен момент во животот на трагачот, кој духовно напредува, од оној кога ќе сфати дека сите сили се исцрпени, сите напори направени, а целта сè уште не е постигната. Бидејќи само во таков момент човек може искрено да го моли Создателот од длабочините на срцето и бидејќи сега е јасно дека неговите сопствени напори нема да бидат од никаква помош.

Но пред да го признае поразот, трагачот е сè уште сигурен дека нема да има потреба од друга помош за да стигне до саканата цел. Сè уште неспособен доволно искрено да моли за помош, трагачот станува плен на измамничкиот глас на егото, кој налага дека, место да моли за помош, треба да направи поинтензивен напор да ја постигне целта.

Конечно, трагачот ќе сфати дека во борбата со егото, егото е посилниот од двата борци и дека му треба помош да го совлада овој непријател. Само тогаш ја сфаќа својата безначајност и неспособност да го победи егото, така што станува спремен да се поклони пред Создателот и да го преколнува за помош.

Меѓутоа, сè додека трагачот не стигне до таквата долна состојба, не му станува јасно дека само горешти молитви до Создателот можат да го издигнат трагачот од длабочините на неговата или нејзината природа.

Верба: Верување во Единственоста на Создателот

Вербата во Единственоста на Создателот укажува дека го гледаме целиот свет, вклучувајќи нè и нас самите, како садови во рацете на Создателот. И обратно, ако мислиме дека сме способни да влијаеме врз настаните, тоа открива дека веруваме во присуството на повеќе разни сили во светот, место само во Волјата на Единствениот Создател.

Така, преку уништување на нашето его, можеме да се доведеме во хармонија со вистинската состојба на светот, во која не постои ништо освен волјата на Создателот. Меѓутоа, дотогаш, нема да имаме доволно заслуги за да дејствуваме како оние што веруваат во Единственоста на Создателот, и така, нашиот духовен напредок останува неактивен.

Единствениот начин на кој можеме да бидеме убедени во Единственоста на Создателот е да работиме напорно на себе и да негуваме соодветни тежненија во себе. Само откако ќе достигнеме апсолутно единство со Создателот во сите наши перцепции и ќе се издигнеме до највисокото ниво на световите, ќе можеме да ја сфатиме Неговата Единственост. Само тогаш можеме да продолжиме во согласност со ова точно гледање на стварноста.

Пред да ја достигнеме таа состојба, мораме да дејствуваме во согласност со нивото на кое сме, а не со нивото за кое фантазираме и сонуваме. За да се поправиме навистина на нашето сегашно ниво, мораме на почетокот од работата да ја споиме довербата во нашите сили со верувањето дека она што ќе го постигнеме како резултат на нашиот труд и онака ќе се случело.

Мораме да сфатиме дека целиот универзум се развива според планот на Создателот и според Неговата идеја за созданието. Можеме да кажеме дека сè се одвива според Создателот, но само откако максимално сме се потрудиле.

Есенцијата на таквите духовни одлики како што се целосниот алтруизам и љубовта се над човечката моќ на сфаќање.

Тоа е едноставно затоа што луѓето не можат да сфатат како такви чувства воопшто можат да постојат, бидејќи се чини дека на секого му треба некаков поттик за да изврши какво било дело.

Всушност, без лична добивка, луѓето не се спремни да вложат напор. Затоа одлика како што е алтруизмот може да ни биде дадена само од Горе и само тие што го доживеале можат да го сфатат. Но ако таа одлика ни е дадена од рајот, зошто тогаш треба толку да се трудиме да ја достигнеме? Нема ли нашиот труд да претрпи неуспех сам по себе, сè додека Создателот не ни помогне и не ни припише нови одлики и нови природи?

Факт е дека мораме да се молиме одоздола и да бараме нови промени. Мораме да изразиме силна желба Создателот да ги измени нашите одлики, бидејќи само ако желбата е навистина силна Создателот ќе ја исполни. Мораме да вложиме голем напор и во тоа оваа желба да ја направиме доволно силна за Создателот да ја исполни.

Додека се трудиме да ја постигнеме таа цел, постепено ќе сфатиме дека немаме ни желба ни способност самите да ја постигнеме. Тогаш ќе имаме вистинска потреба од Создателот: да нѐ ослободи од оковите на нашите стари одлики и да ни даде нова одлика – душа.

Но тоа никако не може да се случи ако прво ние самите не ги искористиме сите свои сили и способности да се промениме. Само откако ќе станеме убедени дека овие напори не носат никаков резултат, ќе повикаме помош од длабочината на срцето и Создателот ќе ни одговори.

Тој повик за помош во менувањето на нашите особини можеме да го изустиме само откако сме откриле дека ни нашите желби ни еден единствен дел од нашето тело не се сложуваат со оваа промена на природата до таа мера за да можеме безусловно да му се дадеме себеси на Создателот. Всушност, поеднакво е силна желбата да останеме роб на нашата природа и да станеме роб на алтруизмот.

Само откако ќе сфатиме дека нема надеж нашето тело некогаш да се согласи со таква промена, ќе можеме да го замолиме Создателот за помош од дното на срцето. Само тогаш Создателот ќе ја прифати нашата молба и ќе одговори така што ќе ги замени сите наши егоистични особини со нивните спротивни, алтруистични особини, за да можеме да му се доближиме.

Ако размислиме дека мораме против своја волја да работиме во овој свет, тогаш какви се резултатите од нашите напори на крајот од денот? Каква е смислата на нашите напори во овој свет? Кога ќе размислиме за овие прашања, ќе заклучиме дека работењето за да се промениме себеси и не е толку тешко како што можеби сме мислеле.

А кога ќе постигнеме промена, нашите променети одлики ќе ни откријат големи задоволства како резултат на нашите внатрешни напори. Задоволството доаѓа кога ќе видиме за што работиме.

Затоа, не ги сметаме нашите напори за мачни, туку за радосни. Колку поголем напор вложуваме, толку сме посреќни да ги примиме тие нови одлики, бидејќи веднаш чувствуваме голема и трајна награда за секоја што сега ја поседуваме.

Дури и во нашиот свет можеме да видиме како возбудата и занесот ни олеснуваат да вложуваме силни напори. Ако чувствуваме голема почит за некого и ако таа личност е највозвишената личност на светот во нашите очи, тогаш сè што ќе сториме за некој што толку ја заслужува нашата почит ќе биде сторено со радост и благодарност – едноставно за да имаме можност да служиме таква личност.

Најголемиот напор ќе ни изгледа како задоволство. Исто како што многу сакаме да танцуваме или да правиме физички вежби, па нашиот напор не се смета за работа, туку напротив, за задоволство. Од таа причина, тој што ја чувствува и признава величината на Создателот чувствува радост при секоја дадена можност да го задоволи.

Така, она што отпрвин се чинело како ропство всушност се претвора во слобода полна со задоволства. Следствено на тоа, ако нашите духовни тежнеења тешко ни паѓаат и ако мораме да вложиме голем напор за да го достигнеме духовното, тоа треба да ни укаже дека Создателот уште не е доволно велик во нашите очи или нашата перцепција, и дека нашето внимание е одвлечено накај други цели, а не кон достигнување на духовното.

Сè додека ги бркаме тие цели, нема да примиме поддршка од Создателот и едноставно сè повеќе ќе се оддалечуваме од главната цел.

Но дури и кога се стремиме кон Создателот, нема веднаш да ја добиеме Неговата духовна поддршка.

Бидејќи, кога веднаш би добиле инспирација и радост од нашите напори, нашето его секако би се израдувало, и ние би продолжиле да го даваме тој напор само поради тоа што ни дава задоволство.

Меѓутоа, така би ја изгубиле можноста да ја надминеме нашата егоистична природа и да се воздигнеме до чист алтруизам. Идеално, треба да се интересираме само за задоволствата добиени од духовното себеподобрување, кои се поголеми од сите други.

7

Нашите перцепции

Кога некој врши одреден вид работа, таа личност постепено развива посебен внатрешен однос спрема предметите и јазикот кои ја опкружуваат таа работа. Затоа, нема ништо на светот што не можеме да почнеме да го доживуваме како резултат на навика, дури и без претходно разбирање на предметот.

Ние, меѓутоа, работиме под клучно ограничување на нашата перцепција и разбирање: се гледаме себеси како одвоени од предметите што ги перципираме.

Постои оној што перципира и перципираното – предметот кој е перципиран од личноста. Слично на ова, постои личност која разбира, и одвоено од неа, предметот на разбирањето.

Одреден контакт меѓу тој што перципира и предметот на перцепција е неопходен за да дојде до перцепција: тоа е врска, нешто што ги соединува, нешто што имаат заедничко за време на перцепцијата. Можеме да сфатиме сè што нè опкружува само преку нашата перцепција. Она што го перципираме се смета за вистинита и сигурна информација.

Меѓутоа, бидејќи не можеме објективно да го видиме сето она што нè опкружува, прифаќаме дека сликите кои нашите сетила ни ги создаваат се вистинити. Сепак, не знаеме каков е универзумот надвор од нашите сетила, или како би им изгледал на битија со поинакви сетила од нашите. Тоа е затоа што нашето чувство за стварноста го добиваме од нашето восприиање на околината; прифаќаме дека нашите сетила се точни и ја прифаќаме како вистинита сликата на стварноста која ја восприамаме преку нив.

Ако тргнеме од претпоставката дека не постои ништо во универзумот освен Создателот и Неговите созданија, можеме да кажеме дека нашите слики и перцепции се средство преку кое Создателот се појавува во нашата свест. На секој стадиум од духовното издигање оваа слика станува сè поблиску и поблиску до вистинската. Конечно, на последниот стадиум на издигање, можеме да го видиме Создателот и ништо друго освен Создателот.

Затоа, сите светови, како и сè што веруваме дека постои надвор од нас, всушност постои само во однос на нас. Тоа значи, постојат во однос на некој што ја восприма стварноста на тој начин.

Ако не го восприамаме Создателот или Неговото владеење врз нас во сегашниот момент, може да се каже дека останиваме „во темнина."

Сепак, не можеме да утврдиме недостиг на сонце во универзумот бидејќи нашите восприамања се субјективни. Само ние ја сфаќаме стварноста на овој начин.

Меѓутоа, ако сфатиме дека нашето негирање на Создателот и божественото владеење е чисто субјективно и подложно на промени, тогаш сè уште можеме да го почнеме нашето духовно издигање со напор на волјата и помош од разни текстови и учители. И не само тоа, туку штом ќе го започнеме нашето духовно издигање, ќе можеме да сфатиме дека Создателот ја создал состојбата на темнина со единствена цел да нè натера да развиеме потреба од Негова помош и за да нè доближи до Себе.

Навистина, Создателот создал такви услови специфично за тие поединци кои Тој посакува да ги доближи до Себе.

Така, важно е да се сфати дека издигањето на поединецот од состојбата на мрак му носи радост на Создателот, бидејќи колку е поголема темнината од која излегол некој, толку е појасно признавањето на величината на Создателот и толку повеќе се цени новата духовна состојба.

Но дури и додека ја гледаме темнината, слепи за владеењето на Создателот и немајќи многу верба во Него, со моќта на нашата волја, можеме да се потрудиме да најдеме излез од темнината со помош на книга или учител, сè додека не видиме барем зракче Светлина, слаба перцепција на Создателот.

Потоа, со сè поголемо зајакнување на овој зрак Светлина односно со постојано негување на мисли за Создателот, можеме да избегаме од темнината и да влеземе во Светлината. Уште понатаму, ако сфатиме дека овие состојби на темнина се неопходни за духовен напредок, дури и пожелни, и дека самиот Создател ни ги праќа, тогаш ќе им посакаме добредојде.

Ќе согледаме дека Создателот ни го понудил дарот да можеме да видиме сенки, или нецелосна темнина, за да можеме да трагаме по Изворот на Светлината.

Меѓутоа, ако не ја искористиме можноста да преминеме во Светлината, Создателот ќе се скрие целосно од нас.

Апсолутна темнина ќе завладее, носејќи со себе чувство на отсуство на Создателот и Неговото владеење. Тогаш, веќе нема да разбираме како и зошто некогаш воопшто сме имале духовни цели и како сме можеле да ги игнорираме стварноста и личниот разум.

Оваа целосна темнина ќе продолжи сè додека Создателот повторно не ни светне зракче Светлина.

8

Структура на духовноста

Желбите на една личност се нарекуваат „садови" и тие можат да држат духовна Светлина или задоволство. Меѓутоа, во нивната суштина, желбите мораат да бидат слични на одликите на духовната Светлина. Инаку Светлината не може да влезе во нив, според Законот на еднаквост на облиците на духовните предмети.

Активноста на духовните предмети – било да се блиску, далеку, или да се стопуваат и соединуваат – секогаш се заснoвува врз принципот на сличност на својствата.

Создателот сака да му даде на човека тоа што човекот го бара – да се врати кај Создателот.

Затоа, нечие срце, или сад, ќе биде исполнето со перцепција на Создателот до истиот степен до кој егоизмот бил истиснат. Тоа е според Законот за еднаквост на одликите меѓу Светлината и садот.

Ние навистина можеме да го почнеме нашето духовно издигање од која било состојба во која што сме. Мораме едноставно да сфатиме дека од сите наши возможни состојби, од највисоката до најдолната, Создателот ја има избрано токму оваа како најдобрата ситуација за нас да тргнеме по патот на духовниот напредок.

Затоа, не може да има друго расположение или други надворешни околности посоодветни или подобри за нашиот напредок од нашите сегашни услови, колку и да изгледаат безнадежни или мрачни. Сфаќајќи го тоа, можеме да се радуваме на можноста да го замолиме Создателот за помош и да му заблагодариме, дури и ако сме во најскапаната можна ситуација.

Нешто се смета за „духовно" ако е вечно и нема да исчезне од универзумот, дури и по достигнувањето на крајната цел. Од друга страна, егоизмот (сите изворни вродени желби и есенцијата на човечкото битие) се смета само за материјален бидејќи штом еднаш ќе се коригира, исчезнува.

Нашата суштина останува до крајот на поправката, кога само обликот ќе се смени. Ако нашите желби се коригирани и стануваат алтруистични, тогаш дури и нашите негативни вродени одлики ќе ни овозможат да го сфатиме Создателот.

Постоењето на одредено духовно место не е поврзано со фактички простор. Сите што ја имаат достигнато таа состојба откако ќе ги поправат нивните духовни одлики можат да ги видат и доживеат истите нешта.

Скалата на Создателот има 125 нивоа. Тие нивоа се поеднакво поделени меѓу пет духовни светови. Тие светови се:

Светот на Адам Кадмон,

Светот на Ацилут,

Светот на Брија,

Светот на Јецира и

Светот на Асија.

Секое ниво дава поинакво восприманје на Создателот, зависно од специфичните својства на нивото. Затоа, тие што ги имаат стекнато својствата на одредено ниво ги гледаат кабалата и Создателот на сосема нов начин. Секој што ќе достигне одредено ниво на духовниот свет ја добива истата перцепција како и секој друг на истото ниво.

Кога кабалистите велат: „Така му рече Абрахам на Исак," тоа укажува дека кабалистите биле на истото ниво како Абрахам. Така, кабалистите разбирале како Абрахам му одговорил на Исак, бидејќи во нивната духовна состојба биле како Абрахам.

Во својот живот, кабалистот Раби Јехуда Ашлаг ги достигна сите 125 нивоа. Од таа возвишена положба ја диктираше кабалата, која сега во оваа генерација можеме да ја уживаме. Од тоа ниво го напиша својот коментар на книгата „Зохар", главниот текст на кабалата.

Секое од 125-те нивоа постои објективно; сите што го перципираат кое било од нив ги гледаат истите работи, исто како што оние кои го населуваат нашиот свет го гледаат истото опкружување ако се на истото место.

Штом ќе ја добиеме најмалата алтруистична желба, можеме да тргнеме по пат на духовни издигања и спуштања. Во еден момент спремни сме целосно да се поништиме пред Создателот, но во следниот момент не сакаме ни да помислиме на тоа. Одеднаш, идејата за духовно издигнување ни станува апсолутно туѓа и е исфрлена од нашите умови.

Ова е доста слично на начинот на кој мајката го учи своето дете да оди. Таа го држи за рака за тоа да ја почувствува нејзината поддршка, а потоа наеднаш се повлекува, пуштајќи го. Кога детето се чувствува сосема напуштено и без никаква поддршка, присилено е да зачекори накај мајката. Само на тој начин може да научи независно да оди.

Така, иако може да ни се чини како Создателот одеднаш да нè напуштил, Тој всушност чека ние самите да направиме чекор.

Кажано е дека Вишиот Свет е во состојба на целосно мирување. Зборот „мирување" во духовниот свет укажува дека нема промени во желбата.

Меѓутоа, желбата за правење добро никогаш не се менува. Сите дела и движења, како во нашиот внатрешен емоционален (егоистичен) свет така и во духовниот (алтруистичен) свет, се вклучени во заменувањето на бившата желба со нова.

Ако не дојде до таква промена, тогаш ништо ново не се случило и не дошло до никакво движење нанапред. Тоа важи дури и ако изворната, постојана желба е самата мошне живописна и интензивна, така што не ни дава мир.

Но ако таа желба е непроменлива и постојана, тогаш нема движење.

Затоа, кога се вели дека Вишата Светлина е во состојба на апсолутно мирување, тоа значи дека Волјата на Создателот да ни прави добро е непоколеблива и постојана.

Ние постоиме во Морето на Светлина. Но онаа точка во нас која ја викаме нашето внатрешно „Јас" е затворена во лушпата на егоизмот. Во таа состојба, неспособни сме да уживаме во Светлината и само лебдиме.

Лажни задоволства

Задоволствата на овој свет како што ги гледа општеството можат да се поделат на неколку видови: статусни симболи (богатство, слава), природни (семејство), криминални (задоволства кои се доживуваат на сметка на туѓи животи), незаконски (на сметка на туѓ имот), љубовни (романтични задоволства) и други. Сите тие општеството ги разбира, иако некои од нив се осудуваат и казнуваат.

Но постои извесен вид задоволство, неприфатлив во сите видови општества, кој секогаш доведува до протест. Доведува до трошење на огромни средства за борба против него, иако штетата која му ја нанесува на општеството е можеби, најбезначајна.

На пример, зависниците од дрога се, по правило, непретенциозни луѓе длабоко нурнати во своите внатрешни чувства. Зошто, тогаш, не им дозволиме на нашите ближни да се занимаваат со задоволства кои се само мала закана за општеството? Зошто едноставно да не им дадеме шанса да уживаат во нивните скромни, мирни задоволства, кои не им штетат на другите, за разлика од криминалните, незаконските и други задоволства?

Одговорот е дека лажните задоволства нè тераат да скршнеме од нашите вистински цели. Доведуваат до тоа да се заборавиме себеси и нè туркаат да поминеме цел живот бркајќи ги како да сме заслепени.

Вистина ли е тогаш дека сите предмети што нè привлекуваат се лажни задоволства? Место да трагаме по вистинско задоволство и да се свртиме кон духовните нешта, ние бараме задоволство во вечно променливите моди, во подобрување на животниот стил и во производство на нови артикли.

Како да сме во трка да овековечиме привлечни носители на нови задоволства, небаре животот нема да ни даде доволно уживање.

Штом ќе го добиеме тоа за што сме се бореле, мораме веднаш да ја поставиме следната цел, бидејќи она што сме го достигнале набргу ја губи својата привлечност.

Сепак, без надеж за нови задоволства, без да ги бараме и бркаме, како да немаме мотив за живот. Затоа, не може ли да се каже дека сите наши моди и животни стилови, сè што постојано бркаме, се само уште еден вид дрога?

Која е разликата меѓу задоволството на наркоманот и задоволството добиено од световното и материјалното? Зошто Создателот, Божествениот Надзорник, се противи на задоволствата добиени од дрогите? Зошто нè тера да донесуваме закони против дрогата во овој свет? Зошто не го примениме истиот пристап кон сите други материјални задоволства добиени од обичните предмети на овој свет?

Дрогите се забранети во овој свет токму затоа што ни дозволуваат да избегаме од стварноста. Нѐ прават неспособни да се соочиме со ударите и убавините на животот, кои се предизвикани од отсуство на егоистични задоволства. Тие удари се, всушност, средство за нашето реформирање, бидејќи само мал дел од населението се свртува кон религијата и кон кабалата за да се промени.

Парадоксално, се свртуваме кон Создателот во тешки времиња, кога сме потресени од жалост. Чудно е што не му вртиме грб на Создателот во тие тешки времиња, бидејќи Тој е Тој што ни ги праќа страдањата.

Дрогите се извор на лажно задоволство и затоа се забранети. Тие што паѓаат под нивно влијание се под илузија на задоволство која ги спречува да го најдат патот до вистинското духовно задоволство. Од таа причина, општеството потсвесно ги смета дрогите за најопасна зависност, иако не се директна опасност за други луѓе.

9

Молба за помош

Единственото нешто кое Создателот го има создадено во нас е нашиот егоизам. Ако можеме да ги поништиме последиците од тој егоизам, тогаш повторно ќе го гледаме само Создателот, а егоистичниот елемент веќе нема да постои.

Кога работиме на себе, треба да се потрудиме да развиеме чувство за нашата инфериорност во однос на Создателот и чувство на гордост заради фактот дека како човечки суштества ние сме центарот на созданието. Оваа положба ни е дадена за да ја исполниме намената на сето создание; инаку, не сме ништо повеќе од животни.

Како резултат на доживување на овие две противречни состојби, ќе развиеме два одговори кон Создателот. Првиот е молба за помош. Вториот е израз на благодарност за можноста духовно да се издигнеме.

Главното средство со кое можеме духовно да напредуваме е да го молиме Создателот за помош и да побараме да ни го зголеми копнежот по духовен напредок. Оваа молба ќе ни помогне да ги надминеме нашите стравови од иднината. Покрај тоа, со противење на тежненијата на нашето его, треба да ја зголемиме нашата верба во величината, моќта и Единственоста на Создателот.

Затоа, мораме да го молиме нашиот Создател да ни ја даде способноста да го потиснеме нашиот постојан нагон да дејствуваме според нашиот разум. Некои од нас во текот на своите молитви (*Кавано̄ш*), ќе почнат да мислат на разни намери, на молби, па дури и на одредени дела.

Мег̄ӯшоа, Создашело̄ш не г̄и слуша зборовише шо̄ г̄и изг̄овараме, ш̄уку г̄и чиш̄а чувсш̄ваш̄а во нашешо срце.

Затоа, бесмислено е да се троши енергија на изговарање убави фрази кои немаат внатрешно значење и не се од срце, или да читаме нејасни симболи или *Кавано̄ш* од кабалистички молитвеници. Единственото што се бара од нас е да се стремиме кон Создателот со целото наше битие, да ја сфатиме суштината на нашите желби и да го замолиме Создателот да ги измени. Најважно од сè, никогаш не треба да престанеме да комуницираме со Создателот!

Во сеќавање на кабалистот Раби Барух Ашлаг

Создателот дејствува врз нас користејќи разни елементи од кои се состои нашиот свет. Настаните што ги доживуваме се всушност пораки од Создателот. Ако правилно одговориме на Божјото дејствување, јасно ќе сфатиме што очекува Создателот од нас и ќе го почувствуваме.

Не само што Создателот дејствува врз нас преку луѓето околу нас, туку користи сè што постои во светов. Структурата на нашиот свет е таква што Создателот може да влијае на нас и да нè привлече поблиску до целта на создание.

Ретко го чувствуваме присуството на Создателот во секојдневните ситуации со кои се соочуваме. Тоа е затоа што нашите особености нè ставаат спротивно од Создателот и ни оневозможуваат да го почувствуваме. Штом стекнеме особености слични на оние на Создателот, ќе почнеме сразмерно да го чувствуваме.

Затоа, кога ќе нè снајдат маки, треба да се прашаме, „Зошто ова ми се случува?" и „Зошто Создателот ми го прави ова?" Казните, како такви, не постојат, иако на многу места се спомнати во Библијата (петте книги на Мојсеј, Писанијата и Пророците).

Постојат само „поттици" кои нè присилуваат да напредуваме кон нашите себични желби. Нашата свест за работите е само помошен механизам кој ни помага правилно да го сфатиме тоа што го чувствуваме.

Секогаш кога мислиме на нашиот живот, треба да замислиме огромна училница во која сезнајниот Создател ја игра улогата на учител и обилно нè засипува со знаењето кое сме спремни да го примиме. Тоа сè повеќе го буди чувството на Создателот во нашите новородени духовни органи.

Создателот има направено скала за нашето издигнување. Таа е подвижна скала. Се има појавено во сонот на Јаков и е опишана од Баал ХаСулам Раби Јехуда Ашлаг и син му Барух Ашлаг.

Често им го вртиме грбот на изворите на знаење кои ги симболизира таа скала, така што само со голем напор ќе успееме пак да се свртиме и да почнеме да се движиме кон Создателот. Затоа ни праќа учители, книги и учебници.

Студентите кои ги следат учењата на кабалата живеат во физичкиот свет, но се преоптоварени со својата себичност. Затоа не можат правилно да ги сфатат мудреците кои се физички блиску до нив, но кои исто така еволуираат во духовните светови.

Тие што можат да ги остават настрана разумот и мислењата и да го следат патот на оние што ги напишале автентичните книги на мудроста, ќе можат несвесно да се поврзат со духовното. Бидејќи не го гледаме ниту чувствуваме Создателот во нашиот свет, не можеме себично да му ја предадеме нашата свест.

Мислите на учителите или мајсторите можат да продрат во нивните ученици и да предизвикаат верба кај нив. Тоа соодветствува со духовниот *АХаП* на учителот: *Аузен* (уво),

Хотем (нос), *Пех* (уста), што ги претставува садовите за примање, кои слегуваат до *Г"Е* (*Галгалта ве Ејнаим*), а тоа ги претставува садовите за давање на нивото одоздола (т.е. нивото на ученикот).

Издигањето до нивото на учителовиот *АХаП* значи поврзување со неговата мудрост и со неговите мисли. На ист начин, ако учениците навлезат во *АХаП* на некој мудар текст, тие привремено се издигнати и духовното им се разоткрива.

Секогаш кога ги читаме делата на кабалисти како што се Баал ХаСулам или Шимон Бар Јохаи, директно се поврзуваме со нив преку Светлината која нè опкружува. Тогаш сме просветлени, а нашите садови за примање прочистени.

Важно е кога читаме да го имаме на ум угледот на авторот, било да е жив или мртов. Секогаш можеме да се поврземе со авторот преку нашите чувства додека го проучуваме делото.

До Создателот водат многу патишта, а Тој користи разни средства за да дејствува врз нас. Секоја потешкотија или пречка на патот на ученикот, особено смртта на учител, може да се смета како можност за преобразба на индивидуално ниво.

10

Неутрализирање на желбата за себезадоволување

Нашето сетило за слух се вика „верба," бидејќи ако сакаме да прифатиме дека тоа што сме го чуле е вистина, мораме да веруваме во тоа што сме го чуле. Видот се нарекува „знаење," бидејќи не мораме да прифатиме ништо со верба, туку можеме самите да видиме. Меѓутоа, додека не примиме алтруистични одлики од Горе, нема да можеме да видиме, бидејќи сè што ќе видиме го гледаме со своите егоистични сетила.

Тоа прави да ни биде уште потешко да се ослободиме од егоизмот. Затоа, најпрвин мораме да одиме на слепо, додека го совладуваме она што ни вели егото да го правиме. Потоа, откако сме стекнале верба, ќе почнеме да стекнуваме повисоко знаење.

За да го замениме егоизмот со алтруизам и нашиот разум со верба, мораме навистина да ги цениме величината и раскошот на духовното, во споредба со нашето бедно, материјално, привремено постоење. Мораме да спознаеме колку е безначајно да си служиме себеси во споредба со тоа да му служиме на Создателот.

Мораме исто така да видиме и колку покорисно и поприjатно е да го задоволиме Создателот отколку да го задоволиме нашето безначајно его (нашето тело). Егото, всушност, никогаш не може да биде задоволено и може да покаже дека цени нешто само на тој начин што ни дава привремено задоволство.

Кога го споредуваме човечкото тело со Создателот, мораме да решиме за чие добро ќе работиме, чиј роб треба да станеме. Нема друг избор. Колку повеќе ја сфаќаме нашата безначајност, полесно ќе ни биде да го избереме Создателот.

Желбата за примање има четири аспекти: *безживотен, органски, животен и говорен*.

Аспектот на неживата природа претставува потполност. Чувството на совршенство потекнува од Опкружувачката Светлина која доаѓа оддалеку и таа далечна Светлина им свети на оние што живеат во нашиот свет, и покрај тоа што одликите на овој свет се спротивни од тие на Создателот.

На истиот начин, тој што е духовно нежив го одржува своето постоење такво какво што е. Тој поединец ги има истите желби како и другите слични на него. Таквата личност е неспособна и неволна самата да вложи каков било духовен напор.

Исто како што органскиот свет е изграден врз темелот на неживата природа и на духовниот свет му треба првична нежива основа. Човек нема друг избор освен да почне со неживото ниво.

Меѓутоа, тие што сакаат да се издигнат над духовното неживо ниво мораат да најдат нова причина за да го заменат тоа што претходно ги мотивирало да ги вршат своите дела: силата на навиките, воспитувањето и околината.

Човек кој сака понатаму да расте, духовно да оживее и независно да прави духовни чекори, одбива слепо да следи други, туку се движи без оглед на туѓите мислења, навиките или образованието на општеството.

Оваа одлука да престанеме со вршење механички дела доведува до појава на коренот на нова растителна духовна состојба. Исто како што семето мора прво да се распадне во почвата за да порасне и човекот мора да престане да чувствува секаков духовен живот меѓу неживите маси. Место тоа, неживиот живот треба да се гледа како смрт. Тоа чувство самото по себе сочинува молитва за промена.

За да станеме растителни и способни за индивидуален духовен раст, мораме да вршиме неколку видови работа на себе, почнувајќи со „орање" на неживата почва. Духовниот напредок може да се постигне само со неутрализирање на нашите желби за себезадоволување.

Затоа, ако тежнееме да напредуваме кон Создателот, мораме редовно да си ги провeруваме желбите и да решиме кои задоволства ќе ги прифатиме. Бидејќи Создателот сака да ги задоволи Своите созданија, мораме да прифатиме одредени задоволства.

Меѓутоа, мораме да ги исклучиме сите задоволства што не се за доброто на Создателот. На јазикот на кабалата, ова може да се опише на следниов начин: Нашата волја, екран кој се наоѓа во умот (*Пе де Рош*), го пресметува количеството на задоволство кое можеме да го искусиме за да му донесеме радост на Создателот и е во согласност со точното количество на нашата љубов кон Него. Ние можеме да го искусиме точно тоа количество. Меѓутоа, секое друго количество на задоволство што ќе го доживееме кое не е наменето за доброто на Создателот ни е поврзано со страв да не го вознемириме Создателот.

Така, нашите дела треба да бидат одредени од нашата желба да го задоволиме Создателот, место од нашата желба да напредуваме поблиску до Него, или од страв да не се оддалечиме од Него. Последните две се сметаат за егоистични тежненија, во споредба со несебичната безусловна љубов.

Желбата да се задоволи Создателот или стравот да не го вознемириме претставуваат алтруистични копнежи. Силните емоции како што се радост, тага, задоволство и страв ги доживуваме со целото тело, а не само со дел од телото. Ако сакаме да си ги провериме желбите, мораме да утврдиме дали секој дел од нашето тело се согласува со нашите мисли.

На пример, кога се молиме, мораме да бидеме сигурни дека сите наши мисли, желби и телесни органи се во согласност со тоа што го велиме. Мораме да бидеме и свесни за тоа дали само изговараме зборови автоматски, без да внимаваме на нивното значење.

„Механичкото читање" настанува кога сакаме да ја избегнеме неудобноста од конфликтот меѓу нашето тело и значењето на молитвата. Може да настане и од недостиг на разбирање за тоа како може молитвата да биде корисна кога настанува од механички изговорени молби од молитвеникот.

Вреди да си го прашаме срцето за што сака да се моли.

Молитва не е тоа што усните механички го велат, туку она што целото тело и разум го посакуваат.

Затоа се вели дека „молитвата е работата на срцето," што значи дека срцето е во апсолутна согласност со она што го велат усните.

Само ако работиме со целото тело ќе добиеме одговор од него, кој ќе означи дека ни еден единствен орган не сака да се ослободи од егоизмот или да го замоли Создателот за помош во тој напор. Само тогаш ќе можеме да му упатиме искрена молитва на Создателот, барајќи спасение од нашето духовно прогонство.

Мораме да се трудиме да направиме причината за одредено дело да одговара на фактичкиот механички чин на спроведувањето на Волјата на Создателот. Исто како што телото дејствува како робот, спроведувајќи ја Волјата на Создателот без да ја сфати причината, или без да согледа некаква блиска корист, така и причината за спроведување на Неговата Волја мора да биде „затоа што тоа е Волјата на Создателот."

Постои лесен начин да се провери мотивацијата зад одредено дело на поединецот. Ако е „за доброто на Создателот" *(Лишма)*, тогаш телото на човекот не може да направи ни најмало движење. Но, ако е за лична корист во овој или следниот свет, тогаш колку повеќе човек мисли на својата награда, толку повеќе енергија се троши за работата.

Сето ова јасно укажува дека нашата мотивација, намерата (*Кавана*) е таа што го одредува квалитетот на нашите дела. Порастот на бројот на нашите дела не мора да го поправи и нивниот квалитет. Сè што се случува се одвива под влијание на Виши Духовни Сили. А ние, тука долу во нашиот свет, веќе со векови ја набљудуваме причинско-последичната врска на духовните сили.

Човек кој однапред може да ги согледа последиците на настаните поради што е способен да ги претскаже и избегне несаканите последици, се нарекува „кабалист." Нашиот свет е свет на последични пројавувања на духовните сили, додека вистинската арена на интеракција меѓу тие сили е над нашата перцепција.

Само кабалистот ја има способноста да ги предвиди настаните пред да се појават во овој свет, а можеби и да ја спречи нивната појава.

Меѓутоа, бидејќи сите овие настани се пратени за да ни дозволат да се поправиме себеси и бидејќи ни треба таа корекција за да ја достигнеме крајната цел на созданието, никој не може да ни помогне во тој напор освен ние самите.

Создателот не ни праќа страдање, туку средства кои ни требаат да го забрзаме нашиот духовен напредок.

Кабалистот не е волшебник кој прави чуда, туку човек чија мисија е да им помогне на луѓето воопшто, да ни помогне во издигнувањето на нашата свест до нивото потребно да го започнеме процесот на себекоригирање.

Конечно, кабалистот е тука за да им помогне на луѓето индивидуално, ако тие сакаат.

Ние немаме никаква власт над нашето срце, без разлика колку сме силни, интелигентни или способни. Затоа, сè што можеме е механички да вршиме добри дела и да го молиме Создателот да го замени нашето срце со ново. (Зборот „срце" обично ги означува сите наши желби).

Сè што се бара од нас како поединци е да имаме една голема желба, место бројни желби. Желбата која поединецот ја гледа во срцето е молитва. Така, голема желба посакана со сето срце не остава место за други.

Оваа голема желба во срцето можеме да ја создадеме само со упорни, постојани напори. Во тој процес, мораме да надминеме бројни пречки. Мораме да продолжиме дури и кога јасно гледаме дека сме далеку од нашата цел и дека нашето учење на кабалата е за наша лична корист, а не за доброто на Создателот.

Пречките кои треба да се надминат се: аргументите на телото дека е слабо, конфликтот меѓу духовните и егоистичните напори, верувањето дека, кога ќе дојде време, Создателот ќе го донесе саканиот резултат, исто како што го донел човекот до оваа состојба, и теоријата дека човек мора да си ги тестира своите постигнувања, како што секој вид работа треба да се тестира.

Тука спаѓаат и: верувањето дека работите се влошиле откако почнало проучувањето на кабалата, верувањето дека студирањето на другите им оди поуспешно од нашето и така во бескрај – поплаки, прекори, обвинувања, што доаѓаат и од телото и од семејството.

Само со надминување на овие тешкотии човек развива вистинска желба за духовноста. Има само еден начин на кој можеме да ги надминеме тие пречки: со „нокаутирање" на егоизмот како што препишува кабалата.

Можеме или да ги игнорираме барањата на егото или да одговориме: „Одам напред без никакви објаснувања или тестови, бидејќи тие можат да се засноваат само врз егоизам, кој морам да го оставам. А бидејќи уште немам други сетила, не можам да те слушам тебе, туку само големите мудреци кои имаат влезено во Вишите Светови и знаат како човек треба да дејствува. А ако моето срце станува уште посебично, тоа значи дека сум напреднал и така сум заслужил од рајот да ми биде откриено уште малку повеќе од мојот егоизам."

Како одговор, Создателот ќе ни се разоткрие, така што ќе ја почувствуваме Неговата величина и не сакајќи ќе станеме Негови робови. Во тој момент, веќе нема да чувствуваме искушенија од телото. Тој процес ја означува замената на „каменото" срце, кое е свесно само за себе, со „срце од месо", кое е свесно за другите.

11

Внатрешно движење и развој

Во овој свет, физички напредуваме користејќи ги нашите органи за движење – нозете. Штом сме се придвижиле нанапред, ги користиме нашите органи за стекнување – рацете.

Како контраст на ова, духовните органи се спротивни на нашите: можеме да се качиме по скалите само ако свесно сме ја отфрлиле секоја поддршка на разумот. Покрај тоа, можеме да ја достигнеме целта на созданието единствено ако ги отвориме рацете и ако даваме, место да земаме.

Целта на созданието е да ни даде задоволство. Зошто тогаш Создателот нѐ води до таа цел по таков болен пат? Ајде да пробаме да го најдеме одговорот.

Прво, Создателот, во своето совршенство, ги создал луѓето.

Еден атрибут на крајното совршенство е состојбата на мирување, бидејќи движењето е предизвикано или од недостиг на нешто, или од обид да се дофати тоа што се смета за пожелно.

И луѓето сакаат да се одмораат, а тоа ќе го жртвуваат само кога им недостига нешто од животно значење, како на пример храна, топлина, итн.

Колку повеќе страдаат од недостиг на тоа што го сакаат, поподготвени се да прават сè поголеми и поголеми напори за да го добијат. Затоа, ако Создателот направи луѓето да страдаат од недостиг на духовното, тие ќе бидат принудени да направат напор да го достигнат.

Штом ќе го достигнат духовното, кое всушност е целта на созданието, луѓето ќе го доживеат задоволството што Создателот го подготвил за нив. Од таа причина, тие што сакаат духовно да напредуваат, страдањето кое го носи егото не го сметаат за казна, туку само како доказ на добрата волја на Создателот да им помогне.

Затоа, своето страдање го гледаат како благослов, а не како проклетство. Само откако го достигнале духовното ќе сфатат што е тоа всушност и какви задоволства има во него. Дотогаш, само ќе страдаат од неговиот недостиг.

Разликата меѓу материјалното и духовното е во тоа нашиот недостиг на материјални задоволства нè тера да страдаме, додека недостигот од духовни задоволства не нè тера. Затоа, за да ни донесе духовни задоволства, Создателот ни дава чувство на страдање од нашиот недостиг на духовни чувства.

Од друга страна, кога доживуваме материјални задоволства, никогаш нема да го достигнеме целосното, бескрајно исполнување кое е присутно дури и во најмалото духовно задоволство. Штом почнеме да стекнуваме вкус за духовното, постои опасност да добиеме задоволство од тоа што духовното ќе го видиме како егоистична желба и како последица од ова ќе се оддалечиме од духовното.

Причината за таков пресврт на настаните е тоа што почнуваме да го бркаме духовното откако ќе најдеме многу поголемо задоволство во таа потрага отколку што сме доживеале во целиот наш невкусен живот. Сега гледаме дека веќе немаме потреба од верба – основата на сета духовност – бидејќи станало јасно дека трагањето по духовното вреди да се спроведе за наше добро. Но Создателот овој пристап го користи само кај почетници, за да ги привлече и потоа да ги коригира.

Секој од нас чувствува дека знаеме подобро од сите други што треба да правиме и што е добро за нас. Тоа чувство доаѓа од фактот дека во егоистична состојба, се гледаме само себеси и ништо друго. Затоа, се гледаме себеси како најмудри, бидејќи само ние знаеме што сакаме во секој момент од нашиот живот.

Создателот владее со нашиот свет во строга согласност со законите на материјалната природа. Затоа, невозможно е да се заобиколат тие закони или да се неутрализираат: ако скокнеме од висока карпа, ќе паднеме и ќе се отепаме; ако сме лишени од кислород, ќе се задушиме, итн.

Создателот ги потврди таквите природни закони за да нè натера да сфатиме дека опстанокот бара напор и претпазливост. Во духовниот свет, каде не можеме да ги предвидиме последиците на настаните и не ги знаеме законите на опстанокот, мораме на самиот почеток да го сфатиме главниот закон. Тој закон не може да се избегне, исто како што законите на природата во нашиот свет не можат да се избегнат.

Главниот закон вели дека не можеме да бидеме водени од чувствата на задоволство, бидејќи не задоволството, туку алтруизмот е тој што решава дали духовниот живот е корисен или штетен:

Светлина – она што зрачи од Создателот, а ние го гледаме како огромно задоволство. Да се сфати задоволството или да се перципира Создателот (кое, всушност, е едно исто, бидејќи не го восприамаме Него, туку Светлината што стигнува до нас) е целта на созданието.

Верба – силата што ни дава индивидуална доверба во можноста да достигнеме духовен живот, со која оживуваме откако сме биле духовно мртви. Колку појасно ќе сфатиме дека сме духовно мртви, толку посилно чувствуваме потреба од верба.

Молитва – напор кој го прави поединецот, посебно во срцето, да го перципира Создателот и да го преколнува да му даде доверба во можноста за достигнување на духовен живот.

Секоја работа, секој напор и секоја молитва се можни само ако Создателот е скриен од луѓето. Вистинската молитва го моли Создателот да му даде на човека сила да му се спротивстави на егоизмот со затворени очи – без Создателот лично да му се открива, бидејќи тоа е највисоката награда. Нашето ниво на духовност е дефинирано од нашата подготвеност да продолжиме несебично.

Кога ќе стекнеме доверба во сопствената алтруистична сила, можеме постепено да почнеме да чувствуваме задоволство за доброто на Создателот, бидејќи со тоа го задоволуваме Создателот. Бидејќи Волјата на Создателот е да ни даде задоволство, таа усогласеност на желбите ги приближува еден до друг Давателот и примателот.

Покрај задоволството што го примаме гледајќи ја Светлината на Создателот, доживуваме бескрајно задоволство и од сфаќањето на положбата на Создателот, т.е. од нашето соединување со Крајното Совршенство. Достигнувањето на тоа задоволство е целта на созданието.

Бидејќи егоизмот – нашата желба за примање – е нашата суштина, тој превладува на сите нивоа на природата, од атомско-молекуларното до хормоналното, животинското и до повисоките нивоа.

Егоизмот се протега сè до највисоките нивоа на човековиот разум и потсвеста, вклучувајќи ги нашите алтруистични желби. Тој е толку моќен што сме неспособни намерно да му се спротивставиме во која било ситуација.

Затоа, ако сакаме да избегаме од моќта на егото, мораме да се бориме против него. Мораме да дејствуваме спротивно од желбите на нашето тело и разум во сè што се однесува на нашиот напредок кон духовното, дури и ако не можеме да видиме каква било корист за нас самите.

Инаку, никогаш нема да ги надминеме границите на нашиот свет. Во кабалата, овој принцип на работа е познат како „Терај го додека не каже: 'Сакам'."

Штом Создателот ни помогне така што ќе ни ја даде Сопствената Природа, нашите тела самите ќе сакаат да функционираат во духовното царство. Оваа состојба се вика „враќање" (*Тешува*).

Преобразбата на нашата егоистична суштина во алтруистична суштина се одвива на следниов начин: Во Својата мудрост, Создателот создал желба за себезадоволување и ја всадил во човечките суштества. Таа желба го претставува егоизмот, црна точка во нашата суштина. Црна е како резултат на ограничувањето на Светлината (*Цимцум*), до која дошло кога Светлината на Создателот си заминала оттаму.

Корекцијата на егоистичната суштина се одвива со помошта на екран (*Масах*), кој егоизмот го претвора во алтруизам. Ние не можеме да сфатиме како може да дојде до таква чудесна преобразба додека самите не ја доживееме. Ни се чини неверојатно дека општиот закон на природата се менува за наеднаш да можеме да дејствуваме таму кај што претходно не сме можеле.

На крај, ќе откриеме дека нашите дела останале исти како порано, и дека нема ништо што можеме да му дадеме на Создателот, бидејќи Создателот е совршен и Неговата единствена желба е да нè исполни со Неговото совршенство.

За возврат за огромното задоволство што го добиваме од Создателот, не можеме ништо да му возвратиме освен мислата дека, иако продолжуваме со истите дела како порано, сега ги вршиме затоа што тие го задоволуваат Создателот, а не нас.

Но дури ни таа мисла не е за Создателот, туку за нас. Тоа ни дозволува да примиме бескрајни задоволства без да ни е срам што сме добиле нешто за ништо. Можеме да станеме слични на Создателот така што ќе станеме алтруисти. Кога ќе го сториме тоа, ќе можеме да примаме бескрајно и да доживееме задоволство, бидејќи алтруизмот не е за нас самите.

Иако можеме да се присилиме да извршиме одреден физички чин, не можеме по сопствена волја да си ги смениме желбите, бидејќи не можеме да направиме ништо што не е за нас самите. Кабалистите велат дека молитва без вистинска намера е како тело без душа, бидејќи делата се однесуваат на телото, а мислите на душата.

Ако уште не сме ги поправиле нашите мисли (душа), поради кои вршиме дела (тело), тогаш самото дело може да се каже дека е духовно мртво. Сè се состои од општото и посебното. Општото, духовно мртвото (*Домем*), покажува дека за повеќето луѓе може да има само општо движење, но не и посебно духовно движење, бидејќи немаат внатрешна потреба од тоа.

Затоа, нема посебен, индивидуален раст, туку само општ раст во согласност со општото Провидение од Горе. Од таа причина, масите секогаш се гледаат себеси како праведни и совршени.

Да се биде духовно органски *(Цомеах)* значи дека поединците поседуваат посебен степен на внатрешно движење и развој. Во тој момент, поединецот станува познат како Човек или Адам, како што пишува во Библијата: „Адам – дрво во поле." Бидејќи духовниот раст бара движење нанапред, а до движење може да дојде само кога човек чувствува недостиг од нешто, Човекот е постојано свесен за тие недостатоци кои го тераат да бара начини да порасне.

Ако Човекот запре на кое било ниво на духовниот развој, тогаш е турнат надолу во својата перцепција. Тоа е со намера да го натера да се помрдне, место да стои неподвижен.

Ако потоа повторно се крене, тоа ќе биде на повисоко ниво од порано.

Како резултат на тоа, ниту се издигнува ниту се спушта, но не може да стои во место, бидејќи тоа не е карактеристика на човекот. Само тие што им припаѓаат на масите стојат во место и не можат да паднат од нивните нивоа; така, никогаш не доживуваат пад.

Да го поделиме просторот ментално со хоризонтална линија. Над линијата е духовниот свет. Под линијата е егоистичниот свет. Тие што повеќе сакаат да дејствуваат спротивно на својот разум можат да живеат над линијата.

Тие поединци го отфрлаат овоземскиот разум, дури и ако им дава можност да знаат и да видат сè. Тие повеќе сакаат да продолжат со затворени очи, преку верба и да се занимаваат со духовното (алтруизам наместо егоизам).

Секое духовно ниво е дефинирано од мерата на алтруизмот присутна во него. Ние се наоѓаме на духовното ниво кое одговара на нашите духовни одлики. Тие кои се над линијата можат да го перципираат Создателот. Колку повисоко сме над линијата, толку е појака нашата перцепција.

Повисоката или пониската положба е одредена од екранот во секој од нас. На тој екран се одразува директното егоистично задоволство кое може да се добие од Светлината на Создателот. Светлината над линијата се вика „Тора." Екранот или линијата која го дели нашиот свет од духовниот, се вика „бариера" *(Махсом)*.

Тие што ја поминале оваа бариера никогаш веќе не се симнуваат духовно на нивото на нашиот свет. Под линијата е царството на егоизмот, а над линијата е царството на алтруизмот.

Напредување кон алтруистичното задоволство

Ацилут е светот на целосната перцепција и соединувањето со Создателот. Поединецот постепено се издигнува до светот *Ацилут*, стекнувајќи алтруистични одлики. Кога човек ќе стигне до тој свет, откако целосно ја стекнал способноста да „дава", дури и ако стои на неговото најниско скалило, тој почнува да „прима заради доброто на Создателот."

Ние не ја уништуваме нашата желба да чувствуваме задоволство, туку ја менуваме нашата суштина со менување на причината заради која го бараме задоволството. Постепено заменувајќи го егоизмот со алтруизам, се издигнуваме додека не примиме сѐ што ни следува, во согласност со коренот на нашата душа (*Шореш Нешама*), која изворно била дел од последното ниво (*Малхут*) од светот *Ацилут*.

Како резултат на исправките што самите си ги правиме, нашите души ќе се кренат до состојба на целосно соединување со Создателот, и во текот на тој процес ќе примиме 620 пати повеќе Светлина од она што нашите души го имале пред да влезат во човечкото материјално тело.

Сета Светлина, целото задоволство кое Создателот сака да им го даде на своите созданија е позната како „заедничка душа" на сите созданија (*Шехина*). Светлината доделена на секој од нас (душата на секој од нас) е дел од таа заедничка душа. Секој од нас треба да го прими тој дел како што ги исправаме нашите желби.

Ние можеме да го почувствуваме Создателот (нашата душа) само откако сме ја поправиле нашата желба за задоволство.

Таа желба е позната како „садот на душата" (*Кли*). Значи, душата се состои од садот и од Светлината која доаѓа од Создателот.

Кога сосема сме го замениле егоистичниот сад со алтруистичен, тој сад целосно ќе се соедини со Светлината, бидејќи ги стекнал нејзините одлики.

Така можеме да станеме еднакви со Создателот и апсолутно да се споиме со Неговите одлики, доживувајќи сѐ што постои во Светлината и ја исполнува.

Нема зборови што ќе ја опишат таа состојба. Од таа причина, кажано е дека вкупниот збир на задоволства во овој свет е само искра од бескрајниот оган на радост кој душата го доживува во текот на своето соединување со Создателот.

На духовната скала можеме да се искачуваме само во склад со законот на средната линија *(Кав Емца'и)*. Овој принцип накратко може да се опише како: „Тој што е среќен со тоа што го има се смета за богат."

Треба да бидеме задоволни со она што можеме да го сфатиме од тоа што го учиме во кабалата. Најважно, мораме да сфатиме дека со учење на кабалата почнуваме да вршиме добри дела пред Создателот. Кога ја спроведуваме Неговата волја, ќе се чувствуваме како да сме ја спровеле до максимум.

Тоа чувство ќе ни даде огромна среќа и ќе се чувствуваме како да сме го примиле најголемиот дар на светот. Тоа чувство го имаме бидејќи го ставаме Создателот како Крал на универзумот, далеку над нас самите. Затоа, среќни сме што сме избрани од милијарди луѓе од страна на Создателот кој, преку книги и учители, нѐ известува за тоа што сака Тој од нас.

Таа духовна состојба е позната како „копнеж за давање" *(Хафец Хесед)*. Во него, одликите на човекот можат да се совпаднат со одликите на духовниот предмет, познат како *Бина*. Но таа состојба не го претставува човечкото совршенство, бидејќи не го користиме разумот во текот на таквиот процес на себе-корекција.

Така, сè уште се смета дека сме „сиромашни со знаење" *(Ани бе да'ат)*, бидејќи не сме свесни за соодносот меѓу нашите дела и нивните духовни последици. Со други зборови, дејствуваме без да знаеме што правиме, водени само од вербата.

За свесно да вршиме духовни дела, мораме да вложиме многу напор за да сфатиме дека нашите мисли треба да бидат „за доброто на Создателот." Во тој момент, може да почувствуваме дека не се издигнуваме духовно. Всушност, секојпат кога ќе забележиме нешто, станува очигледно дека сме сè подалеку од тоа да ја имаме вистинската намера: да го задоволиме Создателот во истата мера со која Создателот посакува да нè задоволи нас.

Меѓутоа, не смееме да ја критикуваме нашата состојба понатаму од нивото кое ни дозволува да останеме задоволни со совршенството. Таа состојба се нарекува „средна линија" (*Кав Емца'и*). Како што постепено ќе го надградуваме своето знаење со левата линија (*Кав Смол*), ќе можеме да достигнеме целосно совршенство.

Да ја анализираме уште еднаш работата што се одвива на средната линија. Мораме да го започнеме нашето духовно издигнување со тоа што ќе бидеме во склад со десната линија, која претставува чувство за совршенство во духовното, да сме среќни со нашата судбина и да имаме желба несебично и искрено да ја спроведуваме волјата на Создателот.

Мораме да прашаме: „Колкаво задоволство добиваме од нашата духовна потрага?" Секое количество го сметаме за доволно, бидејќи сме убедени дека Создателот управува со сè во светот и сè што чувствуваме во текот на нашата духовна потрага, мора да е посакано од Создателот.

Каква и да е нашата состојба, мора да потекне од Создателот. Така, едноставното спознание на Божественото владеење и духовното совршенство е доволно да нè направи среќни, да ни даде чувство за нашето сопствено совршенство, и да нè наведе да му заблагодариме на Создателот.

Но во таа состојба недостига левата линија, во која ја проверуваме нашата состојба *(Хешбон Нефеш)*. Таа внатрешна задача е спротивна на работата која се врши во десната линија, каде главниот фокус е врз славењето на духовното и Создателот, без оглед на нас самите или нашата состојба.

Кога ќе почнеме да проверуваме колку е сериозен нашиот став кон духовното и колку сме блиску до совршенството, станува очигледно дека сè уште сме потонати во малодушен егоизам и дека не можеме да мрднеме ни со прст за добро на другите, или на Создателот. Откако ќе го откриеме злото во нас, мораме да се бориме да го изгониме тоа зло и за тоа мораме максимално да се потрудиме.

Мораме и да го молиме Создателот за помош веднаш штом ќе ни стане јасно дека не можеме самите да се преобразиме без помош. Така, постојат две спротивни линии во човекот. Долж десната линија, мислиме дека сè е во моќта на Создателот, па затоа сè е совршено. Затоа не посакуваме веќе ништо и затоа сме среќни.

По левата линија, не чувствуваме никаков интерес за духовното; немаме никакво чувство за духовниот напредок и чувствуваме дека уште сме затворени во школката на нашето его, исто како порано. Покрај тоа, не го молиме Создателот за помош да се извлечеме од таквата состојба. Откако сме го откриле злото во нас, решаваме да се ослободиме од здравиот разум бидејќи тој се обидува да нè одврати од нашите напори во безнадежната задача на поправањето на нашиот егоизам.

Во исто време, треба да продолжиме да му благодариме на Создателот за нашата сегашна состојба, искрено верувајќи дека оваа состојба е навистина совршената состојба. Треба да продолжиме да бидеме исто толку среќни како што сме биле пред да си ја провериме состојбата.

Ако можеме тоа да го изведеме, ќе напредуваме по средната линија. Затоа е пресудно да избегнуваме преостро да се критикуваме себеси со тоа што претерано ќе ја следиме левата линија.

Важно е и да се остане во задоволната состојба на средната линија. Само тогаш ќе можеме да влеземе во духовното царство со „двете нозе," како што се вели.

Има две нивоа на човечкиот развој: животно и човек. (Овие не треба да се мешаат со четирите нивоа на желбите.) Како што можеме да видиме во животинската природа, животното продолжува да живее во истата состојба во која е родено. Тоа не се развива. Одликите што му се дадени на денот на раѓањето се доволни за целокупното траење на неговото постоење.

Истото може да се каже и за човек кој останува на ова ниво на развој – тој што останува ист во текот на воспитувањето. Сите промени што ќе се случат во животот на таквиот човек се квантитативни по природа.

Меѓутоа, тоа не може да се каже за „човечкиот" тип. Во таквата состојба, човек се раѓа како егоист. Во еден момент, тој човек ќе открие дека егоизмот владее, и како одговор на тоа, ќе тежнее да ја поправи таа мана. Ако некој навистина сака да го заслужи Откровението на Создателот, тогаш мора да важи следното:

1. Тоа мора да биде најсилната негова желба, така што нема други желби. Покрај тоа, желбата мора да биде трајна, бидејќи Создателот е вечен и Неговата желба да дарува добро е постојана. Така, тој што посакува да се доближи до Создателот мора да биде налик на Создателот и во таа одлика, т.е. сите желби мораат да бидат постојани. Не можат да се менуваат зависно од околностите.

2. Човекот мора да стекне алтруистични желби, и сите мисли и желби да му ги посвети на Создателот. Тоа ниво се вика *Хесед* или *Катнут*. На крај, ќе ја заслужи Светлината на Вербата, која ќе му го дарува дарот на самовербата.

3. Мора да го заслужи целосното и совршено знаење за Создателот. Последиците на делата се одредени од неговото духовно ниво. Меѓутоа, нема да има разлика меѓу духовните нивоа ако Светлината на Создателот блесне врз поединец. Бидејќи Создателот истовремено

на примателот му го дава садот и Светлината на душата, човекот применото знаење го гледа како совршено. Обично сме во целосна усогласеност со нашето тело; тоа ни ги диктира своите желби и ни плаќа за нашиот напор со тоа што ни дозволува да доживееме задоволство. Задоволството, само по себе е духовно, но во нашиот свет мора да биде поврзано со материјален носач (на пр. храна, секс, музика) за да можеме да го почувствуваме. И покрај тоа што во себе чувствуваме чисто задоволство, не можеме да го одвоиме сосема од неговиот носач.

Разни луѓе уживаат во различни работи и разни видови носачи на задоволство. Но задоволството само по себе е духовно, иако во нашиот мозок го доживуваме како последица на електрични импулси. Теоретски, возможно е целосно да се симулира широк спектар на задоволства со електрично стимулирање на мозокот. Бидејќи сме навикнати да примаме разни задоволства во облик на нивните материјални носачи, ова чисто задоволство ќе ги создаде сликите на разни носачи во сеќавањето на човекот, така што умот ќе создаде музика, вкус на храната, итн.

Од наведеното станува јасно дека ние и нашето тело меѓусебно се опслужуваме. Затоа, кога телото се согласува да работи, очекува да биде наградено со некаков вид задоволство.

Бегството од непријатни чувства исто така може да се смета за некакво задоволство. Секој заемен однос меѓу извршената работа и применото задоволство (награда) е дефинитивен показател дека човекот извршил егоистичен чин.

Од друга страна, ако човек чувствува дека телото се противи и прашува „Зошто да работам?" тоа значи дека телото не гледа поголем степен на задоволство во иднина од оној што го поседува сега. Во најмала рака, порастот на задоволството е доволен за да се надмине склоноста да се остане во состојба на мирување. Затоа не гледа корист од менување на својата состојба.

Но ако човек реши да ги напушти пресметките на телото и избере да се сосредоточи врз поправање на состојбата на душата, тогаш телото нема да сака ни најмалку да се помрдне освен ако не постојат некакви изгледи за лична добивка. Поединецот нема да може да го присили телото да работи.

Така ќе биде отворено само едно решение – да се помолиме на Создателот за помош во напредувањето. Создателот не го заменува телото на човекот, ниту му ја менува природата. Тој не прави чуда за да ги промени основните закони на природата.

Меѓутоа, како одговор на вистинска молитва, Создателот на човекот му дава душа – сила да дејствува според принципите на вистината.

Кога примаме егоистични задоволства, тоа укажува дека некој друг нема да биде среќен додека тоа се случува.

Тоа е затоа што егоистичните задоволства се сосредоточуваат не само на тоа што го имаме, туку и на тоа што немаат другите, бидејќи сите задоволства се споредбени и релативни.

Од таа причина, невозможно е да се изгради фер општество врз основа на разумен егоизам. Погрешната природа на таквите утопии се покажа низ историјата, особено во древните заедници, во бившиот СССР и во други обиди да се изгради социјализам.

Невозможно е да се задоволи секој член на егоистичното општество бидејќи поединците секогаш се споредуваат себеси со други. Тоа најдобро се гледа во мали населби.

Така, Создателот кој секогаш е расположен на сите да им даде бескрајно задоволство, има поставено еден услов – дека тоа задоволство не треба да биде ограничено од телесните желби. Задоволството ќе се прима само кај желбите кои се независни од желбите на телото. Тие се познати како „алтруистични" (*Ашта'а*).

Кабалата е низа од духовни корени кои произлегуваат еден од друг во склад со непроменливи закони и се спојуваат и покажуваат кон нивната единствена заедничка цел – „сфаќање на величината и мудроста на Создателот од страна на созданијата во овој свет."

Кабалистичкиот јазик е блиско поврзан со духовните предмети и нивните дела. Оттука, може да се изучува само додека се испитува процесот на создавањето. Кабалата допира одредени теми, кои потоа им се откриваат на тие што бараат духовно восприцање. Нема концепт на време, туку само на синџир од причина и последица, каде секоја последица станува причина на следната последица – создавање на ново дело или предмет.

Во принцип, она што го сфаќаме како време, дури и во нашиот свет е всушност нашата перцепција на внатрешни причинско-последични процеси. Дури и науката тврди дека времето и просторот се релативни концепти. Местото или просторот се желба за задоволство. Делата се или примање задоволство или негово одбивање.

„На почетокот," т.е. пред создавањето, ништо не постоело освен Создателот. Тој не може да се нарече со кое било друго име, бидејќи секое име укажува одредена перцепција на предметот. Но единственото што ние можеме да го перципираме кај Него е фактот дека Тој нè создал. Така, можеме да му се обраќаме само како нашиот Создател, Творец итн.

Создателот емитува Светлина. Светлината ја претставува Неговата желба да направи создание и тоа создание да го обдари со чувство дека е задоволено од Него. Само таа една одлика на Светлината која излегува од Создателот ни дава основа со која можеме да го процениме.

Да бидеме попрецизни, перципирањето на Светлината не ни дозволува да судиме за самиот Создател, туку само за перцепциите кои Тој сака да ги инспирира во нас. Од таа причина, за Него зборуваме како за Некој што сака да нè задоволи.

Ова задоволство не го добиваме од самата Светлина, туку во нас настанува со влијание на Светлината врз нашите „органи за духовни чувства." Слично, парче месо, само по себе, не го содржи задоволството што човек го чувствува дури кога ќе го вкуси. Само во допир со сетилните органи може некој предмет да произведе во нас соодветно чувство на задоволство.

Секој чин, духовен или физички, се состои од мисла и постапка која ја отелотворува мислата.

Мислата на Создателот е да им даде задоволство на своите созданија. Затоа, Тој ни дава задоволство.

Тој чин се нарекува „давање заради давање." Тоа се вика едноставен чин бидејќи неговата цел одговара на неговата насока.

Созданието е направено да биде егоистично по природа, што значи дека немаме друга цел освен да достигнуваме задоволство. Можеме или да примаме или да даваме; како дел од потрагата по она што го посакуваме, но нашата крајна цел секогаш останува да примаме, дури и ако физички дадеме нешто на друг.

Ако чинот се одликува со истата насока како целта, т.е. ако резултатот на делото е да се прими, тогаш таквиот чин се нарекува „едноставен чин." Ако пак, насоката е да се даде, но целта е да се прими, тогаш чинот се нарекува „сложен чин," бидејќи неговата цел и насока се разликуваат во намерите.

Ние не можеме да ги замислиме желбите и царствата на последиците од нашите желби надвор од просторот.

Затоа, можеме само да го замислиме Создателот како духовна Сила која го исполнува просторот. Кабалистите велат дека Создателот изворно осмислил човечки суштества способни само за едноставни чинови; меѓутоа, ние оттогаш сме го искомплицирале изворниот нацрт.

Колку повисоко се издигаме на духовната скала, законите на природата стануваат сè поедноставни, бидејќи основните, фундаментални категории се едноставни, а не сложени.

Но бидејќи не го гледаме Изворот на созданието и место тоа ги гледаме само неговите далечни последици, законите на созданието во нашиот свет ги гледаме како составени од услови и ограничувања, оттаму дадени како комплицирани.

Бидејќи автентичните кабалистички книги содржат скриена Светлина, која зрачи од авторите додека ги пишуваат своите книги, од пресудна важност е да се има вистинска намера додека се изучуваат такви дела, поточно, желбата да се перципира Создателот. Исто така е многу важно, во текот на изучувањето, да се молиме да го добиеме духовниот интелект и разбирање што го поседувал авторот. На тој начин, можеме да создадеме врска со авторот и да му се обратиме.

Од суштинска важност е и да се воздржиме од читање дела од други автори, особено тие што исто така пишуваат за духовните светови. Причината е тоа што и тие автори можат да влијаат врз читателот. Ако сакаме да стекнеме духовно знаење, мораме да воспоставиме посебна секојдневна рутина и да се заштитиме од надворешни влијанија, неважни вести и штетни книги.

Мораме да избегнуваме контакти со други луѓе, освен кога ќе стане неопходно за работа или учење, без намерно да ги отфрламе, но мислите мораме постојано да ги имаме под контрола. Кога има потреба, можеме да мислиме на нашата работа. Остатокот од времето треба да го посветиме на размислување за целта на животот.

Достигнувањето на целта на животот зависи повеќе од квалитетот на напорот отколку од квантитетот: некој може по цели денови да седи над книгите, а друг на учењето да му посвети само по еден час дневно, поради барањата на работата и семејството.

Секој напор може да се измери само во однос на слободното време што го имаме и со одредување на тоа колку страдаме поради недостиг на време да се посветиме на духовното. Резултатот е правопропорционален со интензитетот на намерите на човекот: откривањето е целта на времето посветено на учењето и себе-корекцијата.

Има два начина да се нахрани дете. Едниот е со сила. Тоа на детето не му носи задоволство, но сепак му ја дава неопходната нега, потребна за раст и развивање сила. Во кабалата, ваквата духовна нега на личноста е позната како „поради Вишиот."

Меѓутоа, „детето" може да посака духовно да расте така што независно духовно ќе се негува. Тоа може да се случи откако развило апетит за тоа (ја сфатило потребата или доживеало задоволство од Светлината). Потоа, не само што расте духовно, туку и ужива во процесот на живеење, т.е. на развивањето духовна перцепција.

Острото чувство кое се јавува во нас кога ќе станеме свесни за доброто и злото во кабалата е познато како „процес на негување": исто како што мајката го крева бебето до градите и го храни, така и на кабалистот му е дадена Светлина која ја има на повисоко духовно ниво, за да може јасно да ја види и почувствува огромната разлика меѓу доброто и злото.

Потоа, како што мајката го тргнува бебето од дојката, така и кабалистот ја губи врската со Вишиот Извор, како и јасната разлика меѓу доброто и злото. Тој процес е наменет да го натера човекот да му се моли на Создателот да ги стекне истите способности за восприманье (*Келим*) на доброто и злото како што ги поседува Вишиот Извор.

И егоизмот и алтруизмот ги добиваме од Горе. Разликата е во тоа што луѓето од раѓањето примаат егоистични желби, додека за алтруистичните човек мора постојано да моли.

Прво, мораме да достигнеме состојба во која „сакаме да го задоволиме Создателот," на истиот начин како што Создателот нè задоволува нас, без оглед на нашите егоистични желби (издигнувајќи се по нивоата на световите *БЈА*). Потоа, треба да утврдиме што ќе го задоволи Создателот.

Тогаш ќе видиме дека Создателот можеме да го задоволиме само со тоа што ќе чувствуваме задоволство. Тоа се вика „примање за доброто на Создателот" и го означува нивото на светот (*Ацилут*).

Достигнувањето на разни степени на интензитет на желбата, несебично да му се дава на Создателот се нарекува „скалила на световите *БЈА*" (*Брија, Јецира, Асија*). Стекнувањето на моќта да се добива задоволство од Создателот за Негово добро е познато како „достигнување на нивото на светот (*Ацилут*)".

Беит Мидраш е местото каде учиме да бараме (*Лидрош*) духовна сила од Создателот. Таму учиме и да бараме да ја перципираме целта на созданието, како и Создателот. Бидејќи ние (нашите тела, нашиот егоизам) природно се стремиме кон сè што е поголемо и посилно од нас, мораме да се молиме Создателот да ни се открие и да ни дозволи да ја видиме нашата безначајност, во споредба со Неговата величина. Тогаш природно ќе стремиме кон Него, како најголем и најсилен.

Она што е најважно за нас е важноста на нашите напори. На пример, богатите можат напорно да работат само за другите да им завидуваат. Но кога богатството веќе не би било важно, никој не би им завидувал и така би го изгубиле поттикот за работа.

Затоа, најсуштественото нешто е да се сфати важноста на перципирањето на Создателот. Никогаш нема да дојде време кога поединец ќе може да го достигне духовното царство без никаков напор, бидејќи тие напори се садови за Светлината.

Пред кабалистот Ари да ги воведе своите корекции во овој свет, било донекаде полесно да се достигне духовното. Меѓутоа, откако Ари го отворил патот за разбирање на духовното, откажувањето од задоволствата на овој свет станало многу потешко.

Пред Ари, духовните патишта биле затворени и немало вистинска спремност од Горе да им се даде Светлина на созданијата. Ари малку го подотворил изворот на Светлината. Тоа придонело на луѓето да им биде уште потешко да се борат против својот егоизам; всушност, егоизмот станал посилен и попрефинет.

Тоа може шематски да се илустрира со следниов пример: Да претпоставиме дека пред времето на Ари човек можел да добие 100 единици на разбирање. Секој напор од 1 единица би донел 1 единица на перцепција. Денес, откако Ари ги вовел корекциите во светот, човек може да добие 100 единици на перцепција за само 1 единица напор, но е неспоредливо потешко да се спроведе таа 1 единица напор.

Рав Јехуда Ашлаг (Баал ХаСулам) воведе такви корекции во светот што сега човек не може веќе да се залажува себеси и да мисли дека е совршен, но мора да го следи патот на вербата над знаењето. Иако патот стана донекаде појасен, оваа генерација не е способна да го даде потребниот квантитет и квалитет на напор, како што можеа претходните генерации, и покрај тоа што согледувањето на личните недостатоци е појасно од порано.

Оваа генерација не го издигнува духовното на нивото кое го заслужува, т.е. над материјалното, како што правеа претходните генерации, кога повеќето луѓе беа подготвени да сторат сè за духовно издигнување.

Значителна корекција беше внесена во светот од кабалистот Баал Шем Тов. Дури и народните маси можеа да почувствуваат мал пораст во количеството на духовност во светот. Некое време, за тие што го посакуваа духовното беше уште полесно да го достигнат.

За да избере достојни ученици за својата кабалистичка група, Баал Шем Тов вовел *Адморут* – поделба на еврејското општество на делови, во која секој дел имал кабалист како свој духовен водач. Тие водачи (*Адморим*) избирале поединци за кои сметале дека се достојни да студираат кабала на нивните *Хедер* (соба) часови.Тука тие ја воспитувале следната генерација кабалисти и водачи на народот.

Но ефектот на корекцијата воведена од Баал Шем Тов избледе, па не сите лидери на нашата генерација се кабалисти кои можат да го перципираат Создателот. По заминувањето на Баал ХаСулам, нашиот свет влезе во состојба на духовна деградација, која секогаш му претходи на издигнувањето кое се наближува.

Да се видиме себеси како создадени суштества значи да се видиме како одвоени од Создателот. Бидејќи нашата егоистична природа нѐ тера инстинктивно да се тргнеме од сѐ што ни задава страдање, Создателот го користи тоа да нѐ одведе до доброто. Го отстранува задоволството од материјалниот свет кој нѐ опкружува и ни дава задоволство само преку алтруистични дела. Тоа е патот на страдањето.

12

Искоренување на егоизмот

Патот на кабалата се разликува од другите патишта. Иако постојат задоволства во нашиот свет, можеме да се тргнеме од егоизмот така што ќе имаме верба (над разумот) во целта на созданието. На тој начин, можеме да се издигнеме над тоа да слушаме што ни велат телото и разумот.

Кога така ќе постапиме, почнуваме да чувствуваме љубов спрема Создателот, како и Неговата љубов спрема нас. Тоа е патот на мирот и радоста, и на вербата во тоа дека долгиот пат е, всушност, краткиот пат без страдање. Кога не сме способни да ја примиме Светлината во самите нас – Внатрешната Светлина (*Ор Пними*) – нашиот духовен развој ќе се одвива само под влијанието на Опкружувачката Светлина (*Ор Макиф*).

Овој пат на духовен развој се вика „природен пат" или „патот на страдањето" (*Дерех Бито*). Тоа е патот на целото човештво.

Друг избор за нашиот духовен развој е да се воспостави лична врска со Создателот, која се одликува со работа на трите линии. Тој пат се нарекува „патот на кабалата" *(Дерех Кабала, Дерех Ахишена).* Многу е покус од патот на страдањето.

Така, кабалистите велат дека поединецот кој сака директно да оди кај Создателот го скратува времето на корекцијата. Иако е тешко да се има верба ако страдањето не нѐ присилува на тоа, многу е важно да веруваме дека резултатите на нашата работа зависат само од нашите напори.

Тоа значи, треба да веруваме во Божјото Владеење со награда и казна. Создателот го наградува поединецот со доделување на добри мисли и желби. Треба да стекнеме верба од колегите ученици и од книгите.

Меѓутоа, штом ја достигнеме вербата – перцепцијата на Создателот – мораме да се убедиме себеси дека Создателот ни ја дал. Вишата Духовна Сила може да биде лек за животот ако дава сила и волја за работа. Меѓутоа, се смета за отров ако веруваме дека сѐ е предодредено од Горе и дека ништо не зависи од нашите напори.

Главниот напор треба да биде зачувувањето на возвишените тежнеења кои ни се дадени од Горе. Потоа сме издигнати, а тоа е проследено со период на тешка работа и постојан напор да останеме на тоа одредено духовно ниво со нашата сопствена сила. Треба да се концентрираме на тоа да ја цениме вредноста на нашето духовно издигнување.

Штом почнеме да го занемаруваме тоа што сме го постигнале, или да црпиме себе-задоволување од тоа, почнуваме да го губиме достигнатото духовно ниво. Сѐ што паѓа под моќта на егоизмот се наоѓа во централната точка на созданието *(Некуда Емцаиѿ)*.

Сѐ што не сака да се задоволи себеси е сместено над таа точка. Така е кажано дека линијата *(Кав)* која го претставува слегувањето на Светлината *(Ор)* стапува во допир (така незабележително оживувајќи го созданието) и не стапува во допир (не го исполнува созданието со Светлината на Создателот) со централната точка.

Кажано е дека тој што тежнее духовно да напредува добива помош со тоа што му е дадена душа – дел од Создателот – Светлината. Како резултат на ова, почнува да се чувствува како дел од Создателот! Како тоа Светлината на Создателот ја создава желбата да се добие радост од Него?

На пример, во нашиот свет, ако на човек му се дадени неочекувани почести, кои се потоа одземени, тој човек ќе копнее по познатите задоволства кои тие почести ги даваат. Желбата да се поврати одземеното задоволство е позната како „сад" (*Кли*). Светлината постепено го тера садот да расте за да го исполни со задоволство (од Светлината).

Абрахам го запраша Создателот: „Како да бидам сигурен дека Ти ќе ги спасиш моите потомци? Како да бидам сигурен дека моите деца ќе можат да го искоренат егоизмот со помош на кабалата? Зошто да им ја даваш Светлината ако не копнеат по неа?"

Создателот одговорил дека ќе им биде дадено чувство на поробеност од страна на нивниот егоизам и како контраст на тоа, ќе им биде дадено чувство на Светлината. Во обидите да ги надминеме своите желби, треба да согледаме дека нашето тело не ги разбира димензиите на времето, па затоа не ги согледува ни минатото ни иднината, туку само сегашноста.

На пример, ако е пресудно да се вложи напор од пет минути за потоа да можеме да се одмориме, телото повторно ќе се противи на таквиот напор бидејќи не може да ја сфати користа која набргу ќе следува.

Дури и кога се сеќаваме на задоволството кое претходно сме го достигнале со напорна работа, нашето тело пак ќе се воздржува да ја даде потребната сила за да се заврши таа задача. Тоа може да се спореди со случај кога на човек му е платено пред да ја заврши работата, па не сака да се помачи да ја заврши.

Затоа, важно е да не се одложува борбата против телото, туку место тоа да се искористи секоја можност во даден момент да му се спротивставиме на телото со повозвишени мисли.

Бидејќи сме 100% егоисти, никогаш нема доброволно да сакаме да воспоставиме врска со Соз-

дателот. Само кога сме убедени дека таа врска ќе ни донесе некаква корист ќе посакаме да се поврземе.

Така, можеме да заклучиме дека самото согледување на нашето сопствено зло и сфаќањето дека само Создателот може да прати помош е недоволен поттик да се побара помош од Создателот. Само со спознанието дека доближувањето до Создателот и формирањето врска со Него ќе донесе спасение, ќе имаме доволен поттик да побараме помош.

Кабалата ни го нуди својот пат, наместо патот на страдањето. Времето ги менува условите околу нас: пред две илјади години, само неколкумина одбрани трагале по врска со Создателот, како во времето на Рав Шимон.

Во времето на Ари и Рамхал, мали групи веќе ја изучувале кабалата. Во времето на Баал Шем Тов, бројот на групите пораснал на десетици.

Конечно, во времето на Баал ХаСулам, бројките пораснале уште повеќе. Во наше време, бариерата која ги дели масите од кабалата е сосема уништена и речиси нема никаков отпор кон учењето. Ако во минатото само оние со многу силен карактер можеле да достигнат врска со Создателот, денес почетници – па дури и деца – можат да ги достигнат истите резултати едноставно со учење на кабалата под соодветен надзор.

Ние не можеме да го одвоиме доброто од злото, исто како што не можеме да утврдиме што е добро за нас, а што е штетно. Само Создателот може да ни помогне во тој поглед со тоа што ќе ни ги отвори очите. Само тогаш почнуваме да гледаме сè, што значи да го „избереме животот."

Но, додека не ја сфатиме апсолутната потреба од постојана врска со Создателот, Тој нема да ни ги отвори очите. На тој начин, ќе нè натера да побараме милост.

Во внатрешните чувства на кабалистот постои дел од Повисокото Ниво, или идната состојба (*АХаП*). Тој што за повисоко духовно ниво мисли дека е непривлечен вакуум, наместо состојба полна со Светлина, не прима ништо од повисокото ниво.

Иако повисокото ниво е полно со Светлина, пониското ниво го перципира повисокото само до степенот до кој му дозволуваат пониските одлики. Бидејќи сегашните одлики не се доволни да ја примат Повисоката Светлина, човек не може да ја согледа.

Притајувањето на Создателот доведува до тоа секој од нас да вложува огромен напор да го достигне нивото на постоење кое нашето општество обично го прифаќа. Слепо се движиме нанапред, водени од тивките внатрешни шепоти на нашиот егоизам. Дејствувајќи како слепи алатки на егото, брзаме да ги спроведеме неговите наредби за да избегнеме да бидеме казнети со страдање, што нѐ тера против своја волја да ја прифатиме волјата на егото и да ги спроведуваме неговите желби без двапати да размислиме.

Нашиот егоизам е толку длабоко вкоренет во нас што сме почнале да го прифаќаме како основен дел од нашата природа, дел кој ги претставува нашите вистински желби.

Тој ги проникнува сите клетки на нашето тело и нѐ присилува да ги процениме сите наши перцепции во склад со неговите желби. Нѐ присилува и да ги планираме нашите дела во склад со неговиот нацрт, со што расте користа која ја добива од нашите дела.

Не си ни замислуваме дека можеме да се ослободиме од влијанието на егоизмот и да се прочистиме од него. Но, возможно е да се истера егоистичниот облак кој добива облик на нашето тело, нѐ проникнува и се облекува со нашето месо. Штом ќе останеме без тие желби, Создателот ќе ни ги даде Своите алтруистични тежненија.

Меѓутоа, сè додека егоистичното присуство останува во нас, нема да можеме да замислиме никакво добро што би нè натерало да посакаме да го искорениме. Покрај тоа, алтруистичките мисли и желби ни изгледаат неприфатливи, безумни, несериозни, и секако неспособни да ја формираат основата на нашето општество, а уште помалку онаа на универзумот.

Но тоа се случува само затоа што нашите мисли и желби остануваат под влијание на егоизмот. За да бидеме објективни во врска со нашата состојба, мораме да се обидеме на егоизмот да мислиме како на нешто надвор од нашата суштина, како непријател кој сака да се преправа дека ни е пријател.

Мораме да се потрудиме егоизмот да го видиме како нешто што ни е туѓо, ставено во нас по Волјата на Создателот. Таквите постапки се смета дека се нашите обиди да го препознаеме злото кое произлегува од егото. Но тоа е возможно само до онаа мера до која можеме да го почувствуваме постоењето на Создателот и да ја видиме Неговата Светлина, бидејќи сè се сфаќа само во однос на други предмети, со перцепција на спротивностите.

Така, место да ја концентрираме сета енергија во потрага по злото во нас, треба да вложиме максимален напор да ја видиме Светлината на Создателот. Сите созданија, со исклучок на луѓето, работат според законите на алтруизмот.

Само луѓето и светот кој нè опкружува (нашиот свет, *Олам Хазе*) се создадени со спротивни, егоистични одлики. Кога случајно за момент би го виделе Создателот и сите духовни светови, веднаш би сфатиле колку е малечок нашиот свет во споредба со духовните светови. Затоа, егоистичните природни закони важат само во еден малечок свет со големина на зрно грашок.

Зошто тогаш Создателот се скрил себеси , откако намерно нè ставил во свет полн со темнина, несигурност и тага? Кога Создателот нè создавал, Неговата цел била да ни даде вечно постоење, заедно со Него самиот.

Меѓутоа, таа состојба мораме да ја достигнеме со наши сопствени средства, за да не чувствуваме срам што неправедно сме стекнале вечно задоволство. Така, Создателот создал свет кој му бил спротивен по природа и кој бил отелотворение на една одлика спротивна на Неговата Суштина – желбата да се задоволиме себеси или егоизам.

Затоа, Тој ни ја дал оваа одлика. Штом човек дојде под влијание на таа одлика, тој човек се раѓа во овој свет и веднаш престанува да го перципира Создателот. Притајувањето на Создателот постои за да ни ја даде илузијата дека поседуваме слободна волја да избереме меѓу нашиот свет и светот на Создателот – Вишиот Свет.

Кога и покрај нашиот егоизам би можеле да го видиме Создателот, природно дека повеќе би сакале да бидеме во Неговиот свет отколку во нашиот, бидејќи првиот содржи само задоволство, без никакво страдање.

Меѓутоа, слободата на изборот и слободната волја можат да постојат само во отсуство на нашата перцепција на Создателот додека Тој е скриен. Но ако, од моментот на раѓањето, сме толку силно доминирани од егото што не можеме да правиме разлика меѓу себеси и егото, како можеме да избереме да бидеме слободни од влијанието на егото?

Покрај тоа, каков избор може да има навистина ако нашиот свет е полн со страдање и смрт, додека светот на Создателот е полн со задоволство и бесмртност? Што им останало на луѓето да бираат?

За да ни дозволи да имаме слободна волја, Создателот ни дал две опции:

1. Повремено, се открива Себеси на некој од нас за да ѝ дозволи на таа личност да ја види Неговата величественост и Провидението, па како резултат на тоа, да доживее смиреност.

2. Ни ја дал кабалата – чие изучување (под претпоставка дека човек навистина сака да излезе од сегашната состојба и да го перципира Создателот) доведува до појава на скриена духовна Светлина што нѐ опкружува (*Ор Макиф*). Процесот на нашето поврзување со Создателот, почнувајќи од најниското ниво (кај што живееме ние) сѐ до највисокото ниво (кај што живее Создателот) може да се спореди со качување по скалилата на духовна скала.

Сите скалила на оваа скала постојат во духовните светови. Создателот живее на највисокото скалило, додека најниското е во нашиот свет. Човечките суштества се наоѓаат под најниското духовно скалило, бидејќи нашето почетно егоистично ниво не е поврзано со првата духовна состојба, која е целосно алтруистична.

Вишото Духовно Ниво можеме да го перципираме кога нашите одлики и одликите на духовната состојба ќе се совпаднат. Тогаш, нашиот степен на перцепција ќе биде пропорционален со степенот на совпаѓање меѓу нашите одлики и оние на духовното.

Вишото Ниво можеме да го перципираме бидејќи сите духовни скалила се наредени по ред од најниското до највисокото. Покрај тоа, соседните скалила се преклопуваат едно со друго; пониската половина на повисоката состојба е сместена во горната половина од пониската (*АХаП* на *Вишото* паѓа кај *Г"Е* на *Нижото*).

Така, најнискиот дел на нашата виша состојба е секогаш присутен во нас, но обично не го чувствуваме. Вишата состојба над нас се нарекува „Создателот" бидејќи за нас функционира како Создателот.

Нѐ раѓа и ни дава живот и водство. Бидејќи немаме перцепција на таа повисока состојба, често тврдиме дека Создателот не постои.

Но ако сме во состојба во која јасно го гледаме Вишото Царство на Создателот над сите созданија во светов, тогаш ја губиме можноста за слободен избор.

Гледаме само *Една висина*, Една сила и Една волја која дејствува во сè и секого.

Бидејќи Волјата на Создателот е на секое човечко суштество да му даде слободна волја, тогаш притајувањето на Создателот од Неговите созданија е неопходно. Само ако Тој е скриен можеме да тврдиме дека можеме да ја користиме *нашата слободна волја* да се припоиме кон Создателот – да дејствуваме за Негово добро, без никаква трага на личен интерес.

Целиот процес на себе-поправање е возможен само кога Создателот се крие од нас. Штом ќе ни се открие, веднаш стануваме Негови слуги и паѓаме под контрола на Неговата мисла, величественост и моќ.

Во тој момент, невозможно е да се утврди што навистина мислиме. Така, за да ни дозволи да дејствуваме слободно, Создателот мора да се скрие Себеси.

Од друга страна, за да ни даде шанса да се ослободиме од слепото робување на егоизмот, Создателот мора да се разоткрие Себеси. Тоа е затоа што човекот се покорува само на две сили во овој свет: силата на егоизмот – телото – и силата на Создателот – алтруизмот.

Така, следува дека е неопходно наизменично присуство на двете состојби. Тие состојби се притајувањето на Создателот од нас кога можеме да се видиме само себеси и егоистичните сили што владеат со нас, и Откровението на Создателот кога ја чувствуваме моќта на духовните сили.

За оној кој е сè уште под влијание на егоизмот за да го перципира најблискиот Виш Предмет (Создателот), Создателот мора да изедначи некои од Своите одлики со тие на пониското суштество – личноста што бара поврзување со Создателот.

Тој на некои од Своите алтруистични одлики ќе им даде егоистични атрибути и така ќе може да дојде во рамнотежа со човекот што бара поврзување со Него.

Искоренување на егоизмот

Вишиот дел го издигнува *Малхут-Мидат хаДин* до нивото на Неговиот *Галгалта ве Ејнаим*. Како резултат на тоа, Неговиот *АХаП* добива егоистични квалитети. На тој начин, Неговиот *АХаП* „слегува" до понискиот дел (духовното ниво на трагачот) и доаѓа во состојба на изедначеност со одликите на понискиот дел.

Отпрвин понискиот дел не бил способен да ја перципира Вишата духовна состојба. Меѓутоа, бидејќи Создателот ги скрил Своите највисоки алтруистични одлики зад некои егоистични, можел да се спушти на нивото на човекот за овој да може да го перципира.

Бидејќи повисоките одлики ги гледаме како егоистични, не можеме навистина да ја сфатиме нивната суштина. Се чини дека нема ништо позитивно во духовното што би можело да донесе задоволство, инспирација, сигурност или спокој.

Токму на оваа точка имаме шанса да ја спроведеме својата волја. Место тоа, можеме да изјавиме дека отсуството на задоволство и вкус во духовното и кабалата е поради намерното притајување на Создателот за наше добро. Бидејќи уште не ги поседуваме потребните духовни одлики, невозможно е да ги видиме вишите духовни задоволства; напротив, сите наши овоземски желби се управувани од егоизмот.

Од пресудна важност за почетниците е да сфатат дека депресијата и несреќата им се дадени за да ги надминат.

Тие своите молби можат да ги насочат кон Создателот, можат да учат или да вршат добри дела. Тоа што таквите луѓе не доживуваат задоволство или виталност од духовните тежненија е управувано од Горе.

Тоа им ја дава слободната волја да заклучат дека нивниот недостиг на задоволство доаѓа од недостиг на соодветни алтруистични одлики во нив самите. Ова е причината поради која Вишиот мора да ги скрие Своите вистински одлики од нив.

Затоа, мораме да запомниме дека првиот стадиум на перципирање на духовното е чувството на духовна лишеност. Ако понискиот дел може да сфати дека Вишиот се крие Себеси поради неусогласеноста на нивните одлики и ако понискиот дел преку молитва (Ма'Н) побара помош да го поправи својот егоизам, тогаш Вишиот дел делумно се разоткрива Себеси (го крева својот *АХаП*) и ги покажува Своите вистински одлики, кои пред тој момент биле прекриени со егоизам.

Како резултат на тоа и духовното задоволство станува очигледно. Така, понискиот дел почнува да ги доживува величественоста и духовното задоволство кои ги чувствува Вишото Суштество, кое поседува духовни алтруистични одлики.

Бидејќи Вишиот дел ги издигнува Своите алтруистични одлики во очите на поединецот, Тој го издигнува поединецот до средината на Својата состојба (го издигнува *Г"Е* на понискиот заедно со Својот *АХаП*).

Оваа духовна состојба е позната како „пониско духовно ниво" (*Катнут*) на човекот. Вишиот дел, на некој начин, го издигнува понискиот дел до своето духовно ниво така што ги открива и Својата величественост и величественоста на алтруистичните одлики. Гледајќи ја величественоста на духовното и споредувајќи ја со материјалното, можеме духовно да се издигнеме над овој свет.

Кога го перципираме духовното, без оглед на нашата волја, нашите егоистични одлики се менуваат во алтруистични, т.е. во одликите на Создателот. За понискиот дел да може сосема да го добие повисокото прво ниво, Вишиот дел целосно се открива Себеси и сите Негови одлики на тој понизок дел; што значи, ја открива Својата Величественост и прави *Гадлут*.

Тогаш човекот гледа дека Вишиот дел е Едниот Единствен Апсолутен Владетел на сѐ во вселената. Во исто време, понискиот дел го сфаќа највисокото знаење на целта на созданието и на владеењето на Вишиот.

На долниот дел му станува јасно дека нема друг начин да се однесува освен начинот кој го пропишува кабалата. Така, на разумот на понискиот дел сега му треба правилно дејствување. Како резултат на оваа јасна свест за Создателот, човек мора да се справи со противречноста меѓу вербата и знаењето, меѓу десната и левата линија.

Сега, откако стекнал алтруистични одлики (*Катнут*), долниот дел повеќе сака да продолжи само преку верба во силата на Создателот. Тоа служи како показател на искрената желба на трагачот да му се доближи на Создателот.

Меѓутоа, откривањето на Својата величественост од страна на Создателот (*Гадлут*) сега го спречува човекот да напредува преку вербата. Следствено на тоа поединецот мора доброволно да се откаже од здобиеното знаење.

Кога некој упорно продолжува на слепо, потпирајќи се само врз својата верба во величественоста на Создателот, место со сфаќање на Неговата сила и величественост, користејќи само разум соодветен на неговата верба, Создателот чувствува нагон да го ограничи Своето откривање. Кога таквата постапка ќе го натера Создателот да го ограничи Своето откривање на Своето општо владеење, Неговата семоќ и Неговата светлина (*Ор Хохма*), тоа се вика „екранот *Хирик*."

Преку овој екран, можеме да го намалиме откровението на Вишиот разум (левата линија) до точка кај што ова откровение може да се доведе во рамнотежа со вербата, десната линија. Исправната корелација меѓу вербата и знаењето се вика „духовна рамнотежа" или средната линија.

Ние, како поединци, ја одредуваме состојбата во која сакаме да бидеме. Штом се достигне исправниот сооднос на вербата и знаењето, можеме да достигнеме совршенство. Тоа е познато како „средна линија."

Делот на разоткриеното знаење (левата линија) кој можеме да го искористиме сразмерно со нашата верба (десната линија), со тоа што продолжуваме со верба над разумот (средната линија), се додава на оние духовни одлики што претходно сме ги поседувале, во состојбата *Катнут*. Новата состојба се вика *Гадлут*, што значи голем и целосен.

Откако е достигнато првото целосно духовно ниво, ќе станеме еднакви со одликите на првата (најниската) состојба на духовната скала. Како што веќе беше споменато, сите состојби или скалила на скалата, се преклопуваат една со друга.

Кога ќе го достигнеме првото ниво, може да откриеме присуство на повисоко ниво во нас. Користејќи го истиот принцип како кога напредувавме до првото ниво, можеме чекор по чекор да продолжиме до целта на созданието – целосно соединување со Создателот на највисокото ниво.

Мошне важен дел од нашето духовно издигнување е еден специјален процес кој бара, штом откриеме поголемо зло во нас, да го замолиме Создателот да ни даде сила да го надминеме злото. Тогаш добиваме сила во вид на поголема духовна Светлина.

Тоа продолжува додека навистина не стигнеме до изворното ниво и големина на нашата душа: во тој момент, нашиот егоизам е сосема исправен и исполнет со Светлина.

Потрагата по Создателот

Кога вниманието ни е одвлечено од надворешни мисли, чувствуваме дека мислите нè спречуваат да го утврдиме духовното, бидејќи нашата сила и мисли се трошат на споредни грижи, додека нашите срца стануваат полни со ситни желби. Во таков период, губиме верба дека само кабалата го содржи вистинскиот живот.

Штом ја надминеме таа состојба, излегуваме од нашата состојба и влегуваме во Светлината, добивајќи повисока Светлина која ни помага уште повеќе да се издигнеме. На тој начин, нашите надворешни мисли ни помагаат во нашиот духовен напредок.

Пречките можеме да ги надминеме само со помош на Создателот. Можеме да работиме на нешто само ако видиме лична корист во задачата. Меѓутоа, нашите тела, срца и интелекти не разбираат каква корист може да се добие од алтруизмот. Затоа, веднаш штом се обидеме да направиме и најмал алтруистичен потег, ја губиме сета сила на умот, срцето и телото. Не ни останува ништо освен да се свртиме кон Создателот и да го замолиме за помош. На тој начин, безволно и без никаков слободен избор, напредуваме кон Создателот додека целосно не се соединиме со Него.

Не треба да се жалиме што сме родени недоволно паметни, силни или храбри, или што немаме одлики какви што имаат другите.

Ако не напредуваме по вистинскиот пат, што е важно дали сме обдарени со најдобрите способности и потенцијали?

Талентиран човек може да стане голем научник, но без врската со Создателот неговата цел нема да биде постигната, и ќе доживее неуспех, како што им се случува на повеќето луѓе.

Пресудно е да се достигне нивото на праведна личност; само тогаш можеме сиот наш потенцијал да го искористиме за вистинските задачи, место залудно да си ја прокоцкаме силата. Дури и најслабите и најбезначајните способности што ни ги дал Создателот треба да се искористат за највозвишените цели.

Ако сме во состојба на духовно паѓање, бескорисно е некој да се труди да нѐ орасположи или да нѐ подложи на слушање на учената мудрост од други. Ништо што другите имаат да кажат нема да ни помогне. Приказните за доживувањата на другите и нивните совети нема да нѐ живнат кога сме депримирани, бидејќи сме ја изгубиле сета верба во сè, вклучувајќи ги и туѓите постигнувања.

Меѓутоа, мораме да си го повторуваме она што сме го велеле и чувствувале додека сме биле во состојба на духовна возвишеност и полни со живот, наспроти сегашната состојба на духовно мртвило. Ако се сетиме на сопствените цели и духовен напредок, ќе можеме да си го повратиме доброто расположение.

Со сеќавање дека некогаш сме имале верба и сме напредувале во животот, со помош на вербата над разумот, можеме да си помогнеме да излеземе од состојбата на духовна смрт. Од таа причина, секогаш треба да се потпреме на нашите сеќавања и искуства. Само тие ќе нè мотивираат да излеземе од состојбата на депресија.

Задачата на тој што стигнал до одредено духовно ниво е да избере од илјадниците задоволства кои се јавуваат, веднаш отфрлајќи ги сите оние задоволства кои не можат да се урамнотежат со верба, бидејќи не се достојни за употреба. Во кабалата, делот од задоволството кое го добива човекот заради доброто на Создателот, со единствена цел да му се зајакне вербата, се смета за „храна."

Од друга страна, другиот дел кој човек не може да го прими се смета за „отпадок." Ако човек не може да прави разлика меѓу двете и сака да го изеде целото (на кабалистички јазик, „да стане опиен од вишокот задоволство"), тогаш тој човек губи сè и останува без ништо. Во кабалата, таквиот е познат како „сиромав."

На сите нас ни е „пропишано" што можеме, а што не можеме да правиме. Ако решиме да го игнорираме „рецептот," тогаш сме казнети.

Ако не сме свесни за болката и страдањето што можат да настанат заради кршењето на законот, тогаш ќе мораме да го прекршиме законот, бидејќи како резултат на тоа ќе добиеме задоволство. Како последица ќе добиеме и казна, за да сфатиме дека во иднина не треба да постапуваме на тој начин.

На пример, постои закон дека е забрането да се крадат пари. Но, ако некого силно го влечат парите и ако знае каде можат да се украдат, престапот ќе биде извршен. Дури и ако нема никакво сомневање дека ќе следува казна, потенцијалниот крадец пак нема да може да ја сфати големината на страдањето кое ќе се јави по престапот.

Затоа, човек сфаќа дека задоволството од стекнувањето на парите ќе го надмине страдањето што следува. Но, кога страдањето навистина ќе дојде, крадецот сфаќа дека страдањето е далеку поголемо од очекуваното и секако поголемо од задоволството добиено од кражбата. Во тој момент, крадецот станува спремен да го следи законот.

Штом човек се ослободи, добива предупредување дека казната за следниот престап ќе биде многу поголема. Така, сѐ прави за да не се заборави страдањето што се доживеало.

Кога повторно ќе се јави желбата за крадење, човек е потсетен на изминатото страдање и на предупредувањето дека следната казна ќе биде многу поостра од претходната. Тоа дава одреден поттик човек да се воздржи од крадење.

Од горниот пример и од многу други што нѐ опкружуваат секој ден, можеме да видиме дека страдањето го тера човек на пат кој инаку не би го избрал кога би го следел егото. Секогаш е полесно да се украде отколку да се заработи, да се одмора отколку да се размислува или работи, и да се прими задоволство место да се страда.

Човек кој решава да ја учи кабалата треба да знае дека тоа е за негово добро. Со други зборови, треба да сфати дека егото ќе има корист од таквата постапка. Никој од нас не може да го носи товарот на работата која е сосема несебична, која не дава пари, почести, задоволства или надеж за подобра иднина.

Освен тоа, ние не сме способни за работа која не носи резултати или плодови, која не дава ништо на некој друг, од која друг нема да има никаква корист, или која се чини дека прави само бесмислени напори во празно.

Природно е нашиот егоистичен разум и тело да не бидат подготвени за таква задача, бидејќи Создателот ги направил за да примаат задоволство.

Присилени сме да чувствуваме и дејствуваме „алтруистично" поради страдањето што го добиваме во секојдневниот живот, целосното губење на секаква радост или желба во животот и нашето цврсто убедување дека сме неспособни од нашата околина да го примиме и најмалото задоволство.

Така, се обидуваме со алтруизмот во надеж дека ќе најдеме ново покајание на овој нов пат. Иако овој нов пристап кон животот не може да се смета за краен алтруизам, бидејќи целта на нашите дела е лична добросостојба и спасение, тој пристап сепак се доближува до алтруизам.

Тоа ни дозволува постепено да продолжиме до саканата состојба, под влијание на Светлината која е скриена во нашите дела. Со алтруистично однесување, но сепак добивајќи корист бидејќи даваме за да примиме, почнуваме да ја согледуваме Светлината (задоволството) скриена во нашите дела. Природата на таа Светлина е таква што нè поправа.

Можеме да видиме слични настани во природата. На пример, може многу да врне, но не на места каде дождот би довел до најголем бериќет. Така, дождот може да падне во пустина, каде не остава голем ефект, место на нивите, каде и најмал дождец може да доведе до никнување на разни култури.

Слично на тоа, човек може постојано да чита духовни текстови, но плодовите, духовното разбирање на Создателот кое треба да настане со таквите напори, може да ни бегаат. Од друга страна, можно е со вложување на многу помал напор во проучување на соодветните делови на кабалата, човек да пожнее поголема жетва од своите напори.

Истото може да се примени на проучувањето на кабалата. Ако целиот процес на учење е посветен на потрагата по Создателот, место само на присобирање на знаење, тогаш целиот животоносен ефект на кабалата дошол на вистинското место. Но ако човек учи само за да добие поголемо знаење или уште полошо – да го покаже и да се гордее со својот интелект – дури ни кабалата нема да ги даде вистинските резултати. Меѓутоа, во овој случај може да ја открие вистинската цел на учењето, а тоа помага да се фокусираат напорите во вистинската насока.

Овој процес на исправање на насоката на мислите се одвива кога човек постојано ја учи кабалата, бидејќи задача на секое човечко суштество е мислите и делата да ги насочи во вистинската насока. Со тоа, тој ќе комуницира единствено со целта на созданието. Тоа е особено важно додека се проучува кабалата, бидејќи нема посилно средство да се доближиме до духовното.

Во Библијата, Египет го симболизира владеењето на нашиот егоизам (затоа е познат како *Мицраим*, од зборовите *Миц-ра*, концентрација на злото). *Амалек* го претставува племето кое војуваше против *Израел* (добиен од *Изра* (*Јашар*)- директно и *Ел*-Создателот, односно тие што сакаат да се насочат директно кон Создателот).

Амалек е олицетворение на нашиот егоизам, кој под никакви услови не сака да му дозволи на човекот да се ослободи од неговата власт. Егоизмот се покажува (напаѓа) само во желбите на човек кој сака да се ослободи од египетското ропство (егоизмот). Дури и ако е некој на самиот почеток на патот, *Амалек* веднаш ќе му го попречи патот.

Наглото зголемување во перцепцијата на својот егоизам им се праќа само на тие кои ги истакнува и избира Создателот. Само на тие што се одбрани за да достигнат повисоко разбирање на Создателот им се праќа *Амалек*.

Тоа е со намера во тие луѓе да се разбуди вистинска потреба за Создателот, место само потреба да се подобрат нивните лични одлики, или едноставно да станат „добри луѓе."

Така избраниот поединец почнува да доживува големи потешкотии на полето на себе-подобрувањето. Желбата за учење, која порано била толку силна, наеднаш избледува. Телото станува тешко кога ќе се соочи со делата што мора да ги спроведе. Борбата со телото (интелектот, нашето „Јас") се фокусира на желбата на телото да сфати кој е Создателот, каде треба да оди телото, зошто и дали телото ќе има корист од тие напори.

Инаку, без никакво добро, ни умот ни телото нема да имаат никаква придобивка ниту мотивација да направат нешто. А за тоа се во право, бидејќи е безумно да се вршат дела без однапред да се знае исходот. Нема друг начин да се надминат ограничувањата на нашата човечка природа и да се влезе во духовниот мета-свет, освен да се стекнат интелектот и желбите вообичаени во тој мета-свет.

Тие желби се спротивни по природа на овие во нашиот свет, бидејќи сè што перципираме и насетуваме, и сè што ја создава сликата на „нашиот свет" е производ на нашите егоистични интелекти и нашите егоистични срца.Така, само преку процесот на замена на постојните идеи со спротивни идеи (вербата да го замени разумот, а „давањето" да го замени „земањето"), можеме да влеземе во духовниот свет.

Но бидејќи ги поседуваме само оние алатки со кои сме на почетокот создадени, интелектот и егоизмот, и бидејќи нашиот интелект работи за доброто на нашиот егоизам, не можеме внатре да создадеме разни алатки на разум и перцепција. Тие мораат да се добијат однадвор, од Создателот.

Од таа причина, Создателот нè привлекува кон Себе, притоа покажувајќи ни дека не можеме да се промениме себеси без Негова помош. Дури и ако телото одбива, мораме да трагаме по Создателот и да воспоставиме врска со Него, бидејќи само таквата врска ќе го олесни нашето духовно покајание.

Не треба да го молиме Создателот за способноста да видиме и доживееме чуда, лажно верувајќи дека тоа искуство ќе ни помогне да се совладаме себеси и ќе ни овозможи да ја цениме величественоста на духовното, наместо да бидеме обземени од слепа верба.

Кабалата предупредува против таквото размислување кога ја раскажува преселбата од Египет: Кога Амалек го нападнале народот, Мојсеј ги поразил само со тоа што ги кренал рацете и ја побарал силата на вербата.

Во процесот на духовното издигање, постојано добиваме сè повисока причина која расте со секое ново достигнато ниво.

Како резултат на тоа, мораме постојано да ја зголемуваме силата на нашата верба, за секогаш да биде поголема од силата на интелектот; инаку повторно може да паднеме под влијанието на егоизмот.

Овој процес продолжува сè додека не се држиме припоени само за Создателот. На последното ниво го достигнуваме крајното разбирање, крајното примање на Светлината (*Ор Хохма*) без степени. Тоа е опишано како „Светлината што била создадена на првиот ден од создавањето, во која (Светлина) првиот човек видел сè од едниот до другиот крај на светот;" а во кабалата е речено: „на почетокот од создавањето, сè било обвиткано со највозвишената Светлина."

Со други зборови, кога Светлината свети врз сите, без разликување на нивоата, тогаш сè станува јасно. Таа Светлина нема почеток ни крај, нема сенки, и сè е апсолутно разбирливо.

13

Патот на кабалата

Патот на кабалата е долг, тежок период на превреднување на целите во животот, на себеси, јасно дефинирање на насоката на желбите, вистинољубива проценка на силите што ги мотивираат нашите постапки, напори да се надминат желбите на телото и барањата на разумот, како и целосно да се сфати моќта на нашиот егоизам. Патот на кабалата е, во исто време, долг период на страдање во потрага по задоволување на своите желби; тоа е период на разочарување дека човек е неспособен да најде вистински фокус на своите тежненија; време на спознавање дека единствениот излез од крајниот извор на страдањето (егоизмот) е префрлање кон алтруистични мисли, кои ќе исклучат секакви мисли за себе и постепено ќе доведат до мисли за Создателот. Последниве, пак, ќе донесат такви пријатни чувства на спокој што човек нема да сака да мисли ништо друго.

Само откако сме поминале низ сите стадиуми на почетниот духовен развој – патот на кабалата – почнуваме да ја перципираме Вишата Светлина – Светлината на кабалата – која свети сè посилно врз нас, додека се качуваме по скалилата на духовната скала што води до нашето крајно спојување со Создателот.

Така, целиот наш пат се состои од два дела: патот на кабалата и Светлината на кабалата.

Патот на кабалата е период на подготвување за нови мисли и желби, за време на кој чувствуваме страдање. Но штом ќе преминеме преку тој мост кој нè носи до живеалиштето на Создателот, влегуваме во светот на духовноста, Царството на Светлината. Во тој момент, ја достигнуваме крајната цел на созданието – крајната перцепција на Создателот.

Генерацијата на потопот се нарекува „период на работа на срцето," додека генерацијата на изградбата на Вавилонската Кула се смета за „период на работа со интелектот." Секој од нас се бори да ја задоволи секоја желба од првиот до последниот момент на животот.

Разликата меѓу нас е во предметот од кој сакаме да примиме задоволство, додека задоволството само по себе е секогаш духовно. Само надворешната лушпа ја создава илузијата на материјалната природа на задоволството. Од таа причина, потсвесно, се трудиме да го смениме надворешното руво на задоволството, надевајќи се дека ќе примиме задоволство во чистиот облик на чиста Светлина од Создателот.

Меѓутоа, бидејќи разликата меѓу нас е во нашите тежненија кон различни надворешни обвивки на задоволство, ги судиме луѓето во склад со разните имиња на тие обвивки. Тие обвивки, или „рува" на задоволство кои се сметаат за нормални се широко прифатени, како љубовта спрема децата, храната, топлината итн. Други „рува" се многу помалку прифатливи, т.е.дроги, убиства или кражби, па мораме да ги скриеме своите тежненија кон такви видови задоволства.

Но, сето човештво прифаќа дека во одредени поставени рамки, егоизмот може да се искористи без никаков срам. И не само тоа, туку прифатливите граници во кои егоизмот може да се користи постојано варираат, како и модата која диктира кои граници се подобри.

Секој од нас, во текот на нашиот живот и под влијание на староста, што значи под општото Провидение на

Создателот од Горе – природата, исто така ги менува „рувата" што ги користиме да ја задоволиме нашата потреба од задоволство.

Дури и од еден поединец до друг, промената од една обвивка до друга е драматична. На пример, девојче добива задоволство од кукла, но не може да добие задоволство од грижата за вистинско бебе. Од друга страна, нејзината мајка не може да добие никакво задоволство од кукла, исто како што не може да ја убеди ќерка си да најде радост во грижата за вистинско дете.

Од гледна точка на девојчето, која е формирана според нејзината перцепција, нејзината мајка работи многу напорно грижејќи се за вистинско бебе и не добива задоволство од тоа. Во умот на девојчето, од вистинско дете не може да се добие задоволство бидејќи не е кукла. Таа е убедена дека мајка ѝ ќе добие надомест за нејзината тешка работа во светот што доаѓа, додека девојчето сака да добие задоволство во овој свет и затоа избира да си игра со куклата.

Детето мисли на тој начин и човек нема да му противречи бидејќи не е на возраст кога може да добие задоволство од вистински предмети во овој свет. Затоа, го добива од играчки – од илузорни, нестварни предмети.

Сите ние, како божествени созданија, го сакаме само задоволството кое извира од Создателот. Сите можеме да имаме желба само за Него и сите го гледаме животот само со таква желба. Во тоа не се разликуваме од нашите души пред да слезат во овој свет, кога се облекле во нашите тела.

Не се разликуваме ни од нашите души откако поминале низ сите животни циклуси и конечно се вратиле кај Создателот.

Ние сме создадени така што сакаме да бидеме задоволени од Светлината што излегува од Него и тоа не може да се смени, ниту пак треба да се промени!

Сè што се бара од нас е да ги смениме надворешните „рува" на нашето задоволство и да ја замениме куклата со вистинско бебе, па така да добиеме вистинско задоволство! Човекот е како дете кога се храни, сака да го прими само тоа што е посакувано. Ние луѓето ќе вложиме одреден напор ако сме убедени дека задоволството ќе следува како резултат на напорот.

Но кога сакаме да се подобриме себеси и да ја учиме кабалата, телото веднаш го поставува прашањето: Зошто е тоа неопходно?

Има четири одговори на тоа прашање:

1. За инает на другите. Тоа е најлошата од сите можни причини, бидејќи има за цел да им нанесе страдање на другите.
2. За да добиеме добра положба, почест и пари; да си најдеме надежен партнер. Оваа цел е подобра од првата бидејќи ќе им донесе нешто корисно на другите. Тоа се смета за „работа за другите," бидејќи другите луѓе ќе му надоместат на тој што го вложил напорот.
3. За да му укажеме само на Создателот до каде сме со нашето учење и напорите да се подобриме, но да го зачуваме како тајна од другите, за да избегнеме другите да нè слават. Само сакаме награда од Создателот. Тоа се смета како работа за Создателот, бидејќи човек ја чека својата награда само од Создателот.
4. За Создателот да ги прифати сите плодови на нашиот труд, додека работникот не очекува награда за возврат. И само во тој случај егоизмот ќе го постави прашањето: „Што ќе добиеш ти за тоа?" Нема разумен одговор кој можеме да си го дадеме, па решението е да се продолжи понатаму наспроти разумот и чувствата, т.е. над разумот и чувствата.

На тој начин, целата задача се сведува на тоа да се одвојат разумот и чувствата од процесот на критичка проценка на својата состојба. Како последица на ова, човек целата својата верба ја вложува во Создателот.

Сите лични напори треба да содржат концентрирање на сите мисли и чувства на Создателот и на величественоста на духовниот живот. Но ако внатрешниот глас на разумот го предизвика човекот, давајќи аргументи за рефокусирање на секојдневните проблеми, тој човек треба да одговори: „Сѐ што е потребно навистина се исполнува."

Во исто време, секоја мисла и желба треба да биде за доброто на Создателот. И не само тоа, туку човек мора да ја одбие целата критика на тој внатрешен глас, дури иако се најде како да виси во воздух, без никаков рационален и ментален темел. Таквата состојба е позната како „над разумот и чувствата" (*Лема'ла ми ха Да'ат*).

Колку е поголемо задоволството добиено од одредено поседување, за толку повредно човек го смета тоа поседување. Колку повеќе цени нешто, толку повеќе се плаши да не го изгуби.

Како човек да стигне до спознанието на важноста на духовното без претходно да ја доживее духовноста? Тоа спознание му доаѓа токму кога е во состојба на духовен вакуум, кога го мачи недостатокот дури и на најмалата перцепција на величественоста на духовното. Тоа значи, се чувствува тргнат далеку од Создателот и неспособен да се промени себеси.

Напорите што ги дава во таква состојба, кои се сметаат за „секојдневна работа," ја зголемуваат важноста на достигнувањето на духовната перцепција, позната како Шабат (*Саббат*). Тоа е време кога веќе не мора (и всушност му е забрането) да работи на себе, туку е обврзан само да ја следи Шабат, за да не го изгуби овој дар на Создателот.

Ако некој има личен удел во нешто, тој веќе не може објективно да суди во врска со тоа. Од таа причина, ако некој се обиде на друг да му каже директно дека одредено однесување е погрешно, не е веројатно дека другиот ќе се сложи со тој увид, бидејќи нему му одговара наведеното однесување и затоа е убеден дека правилно дејствува.

Меѓутоа, ако тој човек се согласи да се однесува според упатствата што му ги даваат другите, времето ќе покаже дека вистината не лежи во неговите минати дела и мисли, туку во сега предложеното однесување.

Бидејќи целта на Создателот е да им даде добро на Своите созданија (што значи нам, бидејќи сè друго Тој го има создадено само за помошни цели), тогаш сè додека човек не ја распознае есенцијата на добивањето задоволство и не престане да гледа недостатоци во квалитетот, нивото итн., тој човек уште ја нема достигнато целта на созданието.

Но за да добие задоволство, кое е целта на созданието, прво мора да почне со исправање на својата желба, да биде задоволен. Мора да биде задоволен едноставно затоа што Создателот тоа го посакува.

Не треба да се грижиме за примањето задоволство, бидејќи штом ќе се изврши таа корекција, веднаш ќе го почувствуваме задоволството. Така, треба да се концентрираме на задачата да ја коригираме нашата *желба* да примиме задоволство – нашиот сад.

Тоа може да се спореди со процесот на стекнување стан. Не треба да се грижиме како да го набавиме. Грижата треба да биде насочена кон тоа како да го платиме и како да ги заработиме парите потребни за тоа. Штом се среди финансискиот аспект, ќе го имаме станот.

Затоа, сите напори треба да се концентрираат на парите, не на станот. Истото може да се примени на перцепцијата на духовното. Сите напори треба да се насочат кон создавање на условите потребни да се прими Светлината, а не на самата Светлина. Кога ќе се фокусираме на негување на алтруистични мисли и желби во себе, веднаш ќе го почувствуваме духовното задоволство.

И покрај тоа што се чини дека човештвото постојано греши и како никогаш да не учи на своите грешки, доброто од напредокот на човештвото е во процесот на насобирање страдање, кое се одвива во вечната душа, наспроти привремените тела. Во тој поглед, ниеден чин на страдање не е залуден. На крај ќе доведе, во некој животен циклус во овој свет, до спознание на неопходноста од тоа да се свртиме кон духовното издигнување во потрага по спасение од страдањето.

Исправно е Вишите Духовни Светови да се наречат „анти-светови" во однос на нас, бидејќи во нашиот свет сите закони на природата се изградени врз основа на егоизмот, врз напорите да грабнеме и да разбереме.

Како контраст на ова, природата на Вишите Светови е апсолутен алтруизам – тежнение да се даде и да се има верба. Темелите на духовната и материјалната природа се толку дијаметрално спротивни што нема сличности меѓу нив.

Така, сите наши обиди да замислиме што се случува на другиот свет нема да дадат никаков резултат. Само со претворањето на желбите на срцето од „грабај" во „давај" и со промена на желбите на интелектот од „сфаќање" во „верување" спротивно на разумот, ќе ги добиеме духовните перцепции.

Двете желби се меѓусебно поврзани, и покрај тоа што желбата за грабање е во срцето, а желбата за разбирање е во мозокот. Тоа е затоа што основата на двете е егоизмот.

Кабалата објаснува дека раѓањето на духовен предмет почнува кога „таткото ќе ја изнесе мајката надвор" за да се роди син; совршенството го „поместува" разумот од анализирање на околината за да се прими нов, повисок разум кој ќе биде независен од секакви желби, па затоа е вистински, објективен.

Не е доволно само да се верува во Создателот. Таа верба мора да постои заради доброто на Создателот, а не заради лична корист на поединецот. Молитвата се смета за свртување кон Создателот за да се разбуди во Него желба да му помогне на трагачот преку молитва да достигне чувство на почит и величественост на Создателот.

Само таквото свртување кон Него ќе го натера Создателот да реагира со издигнување на тој што се моли до Највисокиот Свет и со откривање на целата Своја величественост на таа личност. На тој начин, човек може да ја добие силата да се издигне над својата природа.

Само со добивање на Светлината на Создателот, која дава доволно сила да се надмине егоистичната природа, човек може да го добие чувството дека стигнал до вечноста и сигурноста.

Сега ништо веќе не може да се смени во личноста. Всушност, не може да има враќање на егоизмот, туку наместо тоа, ќе има вечно постоење во духовниот свет. Од таа причина, таквиот човек сегашноста и иднината ќе ги гледа како еднакви, што ќе му го даде чувството дека ја достигнал вечноста.

Желбата за примање задоволство

Бидејќи Создателот секогаш останува во состојба на апсолутно мирување, ние како Негови созданија, исто така се стремиме да ја достигнеме состојбата на мирување за да го достигнеме посакуваното. Создателот има создадено две сили за нашиот развој: силата која нè турка одзади – страдањето кое нè присилува да избегаме од неподносливата состојба во која сме; и силата на привлечноста, која нè влече напред кон очекуваните задоволства.

Но само со комбинација на овие две сили, а не со секоја од нив одвоено, можеме да напредуваме. Затоа, во никој случај не треба да се жалиме дека Создателот ни дал мрзливост и со тоа да укажуваме дека Создателот е виновен што ни е толку тешко да напредуваме.

Напротив, тоа што сме мрзливи значи дека не го следиме импулсивно и непромислено секое најмало искушение во животот, туку проценуваме дали предметот на искушението го заслужува напорот да се следи. И не се трудиме веднаш да избегаме од страдањето. Прво се обидуваме да ја утврдиме целта на секое страдање што сме го добиле и да научиме како да го избегнеме во иднина, бидејќи страдањето нè тера на акција и движење, на кои се трудиме да им одолееме.

Во сите животни ситуации повеќе би сакале да го користиме целото наше его. Меѓутоа, луѓето околу нас нè спречуваат да дејствуваме на таков начин. Правилата на општествено однесување се изградени врз неизречената согласност на сите да го користат егоизмот на начин кој на другите ќе им нанесе минимална штета.

Ваквото уредување настанува од тоа што очекуваме да добиеме максимална корист од секој наш социјален контакт. На пример, продавачот повеќе би сакал да добие пари без да се раздели од предметот што го продава. Од друга страна, купувачот повеќе би сакал да ја добие стоката бесплатно. Газдата сонува за бесплатни работници, а работниците сакаат да бидат платени без да работат.

Нашите желби можат да се измерат само со степенот на страдање кој настанува од отсуство на посакуваното. Колку поголемо е страдањето од недостигот на посакуваното, толку е поголема желбата за дадениот предмет.

Кажано е: „Создателот посакува да живее во долните созданија." Нашата цел во животот, како и целта на созданието, е да ги создадеме во себе соодветните услови за да Божествениот се насели во нас.

Идолопоклонството (*Авода Сара*) е придржување до егоистичните желби на телото. Спротивно на ова, духовната работа (*Аводат ХаШем, Аводат хаКодеш*) следува од придржувањето до алтруистичките желби или цели, ако желбите сè уште не постојат.

„Духовна приврзаност" настанува кога одликите на два духовни предмета се сосема слични. „Духовна љубов" е чувството на целосна приврзаност на две сосема спротивни одлики – човечкото суштество и Создателот. Ако човечките суштества немаат желба да си ја повратат моќта да се вратат во состојбата во која владеат со своите желби, тогаш ја достигнале вистинската љубов спрема Создателот, а не само покорност кон Него.

Согласноста на одликите укажува дека исто како што Создателот доживува радост од тоа што позитивно влијае на Своите созданија, така и луѓето доживуваат радост од препознавањето дека е возможно нешто да му вратат на Создателот.

Враќањето, (*Тешува*), значи нашето враќање, додека уште живееме во овој свет, во духовната состојба на постоење во времето кога се создадени нашите души, т.е. до состојбата на првиот Адам пред неговиот Пад.

Имаме два извори на акција и два почетоци: интелектот и срцето, мислата и желбата. Двете нешта треба да поминат низ преобразба од нивниот егоистичен темел во алтруистичен.

Сите наши задоволства се доживуваат преку срцето. Затоа, ако можеме да одбиеме некакво оваземско или себично задоволство, тогаш заслужуваме да ги добиеме нашите вистински задоволства од Горе, бидејќи веќе не го користиме нашиот егоизам.

Од друга страна, интелектот веќе не добива задоволство од разбирањето на тоа што го прави. Ако можеме нешто да правиме едноставно од верба, а не од нашето лично разбирање и да продолжиме спротивно на аргументите на разумот (да „одиме над разумот"), тогаш сме го елиминирале егоизмот во умот и можеме да го следиме разумот на Создателот, наместо нашето лично разбирање.

Светлината на Создателот ги проникнува сите созданија, меѓу кои и нашиот свет, иако не можеме тоа да го почувствуваме.

Таа Светлина се вика „Светлина што го оживува created." Поради таа Светлина постојат созданијата и световите. Без неа сиот живот би престанал и материјалната димензија на светот би исчезнала.

Таа животодавна Светлина ги покажува своите ефекти во разни материјални „облеки" на предметите и во разни појави во нашиот свет кои се одвиваат пред нашите очи. Сѐ што нѐ опкружува, вклучувајќи нѐ нас самите и најгрубите созданија, не е ништо друго освен Светлината на Создателот.

Ние ја гледаме како мноштво предмети, бидејќи реагираме на надворешни лушпи, на облеката на Светлината. Во стварноста, тоа е едната единствена Сила која дејствува во секое од созданијата – Светлината на Создателот.

Мнозинството луѓе не ја перципираат Светлината на Создателот, туку само надворешната облека. Има луѓе кои ја перципираат Светлината на Создателот, но само во кабалата.

Но има и такви кои ја гледаат Светлината на Создателот во сѐ што ги опкружува. Оваа група, сето она што нѐ опкружува го гледа како да е Божествена Светлина, која зрачи од Создателот и исполнува сѐ што постои.

Создателот решил да постави човек во овој свет, така што човекот духовно би се издигнал од длабочината на изворната состојба до нивото на Создателот и со тоа да стане како Создателот. Од таа причина Создателот ја создал одликата на егоизмот – желбата да се добие задоволство.

На почетокот од созданието, Светлината (задоволството) го исполнила сиот создаден простор (егоизмот). Ги исполнила и сите други желби за примање задоволство. Тие се создадени како дел од создадениот егоизам.

Потоа, Создателот го ограничил напредокот на Светлината и ја скрил. На местото од Светлината, која постоела во созданието, во желбата за добивање задоволство и во егоизмот дошле болката, празнината, темнината, жалоста и сѐ друго што може да се замисли кога е отсутно задоволството.

За да одржи во човекот минимална желба за живот и да спречи самоубиство од недостиг на задоволство, Создателот луѓето ги обдарил со желба да бидат задоволени со мал дел од Светлината (*Нер Дакик*). Тој дел е затворен во разните предмети на нашиот свет кон кои се стремиме. Затоа, потсвесно и автоматски, упорно и постојано сме во потрага по Светлината на Создателот и сме робови на ова природно тежнение. Мораме да веруваме дека притајувањето на Создателот и чувството на безнадежност кое настанува од недостигот на задоволство, Создателот намерно ни ги дава, за наше добро.

Кога Светлината на Создателот би го исполнила нашиот егоизам, би ја изгубиле можноста да ја спроведеме нашата слободна волја и веќе не би можеле да дејствуваме слободно и независно. Место тоа, би станале робови на задоволството што нè исполнува.

Само кога сме одвоени од Светлината на Создателот го доживуваме Неговото притајување, што доведува до тоа да се гледаме себеси како сосема независни, самодоволни суштества. Тоа ни дозволува да донесуваме одлуки во врска со нашите постапки. Но дури и овој вид независност се покажува само во одредени околности, бидејќи и покрај фактот дека Создателот се скрил од нас, ние уште поседуваме егоизам, кој ги насочува сите наши мисли и чувства.

Затоа, вистинската слобода ќе дојде само кога: 1. Поединецот не го доживува давањето на Создателот и 2. Поединецот може да дејствува независно од желбите на телото.

Можноста да ја користиме нашата слободна волја постои само во овоземскиот живот и токму затоа сме тука.

Секој поединец мора да верува дека не постои ништо друго на светот освен Создателот.

Човек забележува одреден степен на независност во своето „јас" само затоа што Создателот ја обдарил нашата перцепција со егоизам. Меѓутоа, кога би се ослободиле од оваа одлика, пак би станале дел од Создателот.

Мораме да веруваме дека Создателот е скриен само затоа што не можеме да го перципираме и дека тоа притајување е наменето само за наше добро. Така, сè додека не сме спремни да се соочиме со вистината, мораме да веруваме дека вистината е многу поинаква од тоа како ние ја гледаме.

Вистината може да се сфати постепено и само до степенот до кој сме успеале да достигнеме совршенство. Оттука, секоја духовна работа е возможна само додека задоволството од духовното царство е скриено од нас. Само тогаш ќе можеме да кажеме дека нашето гадење од духовното ни било намерно пратено од Создателот и дека, всушност, ништо не е посовршено од духовното.

Ако, наспроти чувствата на мрачност, депресија и празнина и наспроти аргументите на разумот, можеме да побараме перцепција на Создателот и да продолжиме над нашиот разум во склад со принципот на „верба над разумот," тогаш Создателот ќе ни се открие, бидејќи во сите состојби на постоење, го чекаме тоа откровение.

Вистинската желба да го видиме Создателот се раѓа во нас на начинот што е претходно опишан и тоа е неопходен услов за откровението на Создателот. Моќта на вербата во способноста да се перципира Создателот се мери со длабочината на нашиот духовен пад, од кој можеме да го повикаме Создателот.

Меѓутоа, мораме да сфатиме дека без правилна подготовка за перцепција на Создателот, не сакајќи ќе примиме егоистично задоволство од доживувањето на таква несветовна појава. Затоа, мораме да го замолиме Создателот: 1. За подготвеност за доживување на повисокото задоволство. 2. За потребната сила да ја задржиме вербата над разумот, дури и по откровението на Создателот.

Има два вида пречки кои настануваат од нечистите сили (*Клипот*) кои дејствуваат во нас: ограничување (*ахизат Клипот*) и црпење храна (*јеникат Клипот*). Кога не доживуваме задоволство од учење или себеподобрување и напредуваме со голема тешкотија, тогаш *Клипа* ни ги покажува разните недостатоци на духовното постоење. Како резултат на ова, чувствуваме дека нема вредност во духовното. Така, *Клипа* добива можност да нè одврати од нашето учење, бидејќи не гледаме величественост во духовното. Таквата состојба е позната како „откровение на Создателот во пепелта" (*Шхинта бе Афра*).

Но ако, со силата на волјата, истраеме во напредувањето тогаш почнуваме да добиваме вкус од работата на себе. Во тој момент, *Клипа* почнува да се храни со нашите духовни достигнувања. Сака да присвои сè што сме заработиле со нашите напори (задоволството од духовното).

Клипа ја постигнува таа цел со тоа што ја всадува во нас желбата да продолжиме со работа. Меѓутоа, мотивацијата што стои зад таа работа е лично задоволство, а не тоа што Создателот ја сака таа работа. Ако се согласиме со таа склоност, тогаш целото задоволство се предава на егото. Тоа е познато како црпење храна од страна на *Клипот*. Во таков случај, мораме да го замолиме Создателот за помош да го издржиме искушението на штетните мисли.

Како заклучок, прво мораме да го замолиме Создателот да ни даде задоволство од кабалата, а потоа мораме да го преколнуваме да не дозволи тоа задоволство да биде голтнато од егоизмот. Протестите на телото против духовната работа која не му носи задоволство на телото и не дава уверување дека во иднина следува награда, се познати како „злобен јазик."

За да го избегнеме искушението, мораме да се преправаме дека сме слепи и глуви за повиците на телото, како и да замислуваме дека Вишата Светлина постои, но е невидлива. Само тогаш Создателот ќе ни ги отвори очите и ушите за да можеме да ја видиме Неговата Светлина и да можеме да чуеме што ни вели Тој, само нам.

Напорите кои ги вложуваме во секоја задача на перципирање на духовното постепено се насобираат во доволно количество за да формираат сад (*Кли*) или облека (*Левуш*) потребни за да се прими Светлината на Создателот – нашите духовни души.

14

Откривање и притајување

Нема ништо друго во светот освен Светлината (Создателот) и тоа што е создадено од Светлината (личноста, која останува во таа Светлина). Човек може да ја перципира таа Светлина кога ќе се совпаднат меѓу себе одликите на човекот и одликите на Создателот. Ако одликите не си одговараат, човек нема да може да ја перципира Светлината – Создателот.

Отпрвин, ставени сме во услови на експлицитно и целосно царство на егоизмот, познато како „нашиот свет." Само со нашите напори можеме постепено да развиваме во себе таква желба и потреба да го перципираме Создателот (да создадеме сад за Светлината на Создателот) за да почнеме да го перципираме.

Нашите напори треба да се фокусираат на обидот да се поправиме со сета сила што ја имаме, додека не стане очигледно дека сите напори да се достигне саканата цел ќе бидат залудни. Тогаш доаѓа време да се свртиме кон Создателот со молитва, барајќи помош да најдеме спасение од егоизмот и во соединување со Него.

За тој процес може ќе требаат месеци, дури и години, ако го вложиме тој напор под водство на учител-кабалист; или може да ни требаат неколку животи или реинкарнации (*Гилѓулим*), ако пробаме самите, преку страдање.

Само вистинските напори во вистинската насока ќе го произведат садот на душата, во кој Создателот ќе ни се разоткрие. Во кабалата, причините зад нашите дела се познати како „татковци," додека последиците се познати како „синови" (исправните духовни дела).

Човек не се раѓа по своја волја. Духовно, присилен е да се роди (да прими душа – Светлината на Создателот) од страна на Создателот преку страдање. Но има способност независно да се роди преку кабалата.

Човек не живее по своја волја. Ако не дејствува (живее) во склад со својата егоистична волја, тогаш неговата награда ќе биде вистинско вечно духовно постоење кое навистина може да се нарече „живот".

Човек не умира по своја волја. Ако некој не сака да умре (духовно), или да биде во состојба на духовна смрт (без душата; без Светлината на Создателот), не треба да дејствува според својата волја.

Работата на средната линија на душата почнува со работата на десната линија: бидејќи нејзината употреба е забранета (ограничување, *Цимцум*), Светлината на Мудроста *(Ор Хохма)* го покажува егоизмот како лош *(Авијут)*; некој смета дека нема ништо полошо одошто да работиш за себе.

Но човек сè уште не поседува ни желба ни сила да работи за доброто на другите, т.е. да дава. Затоа, постои потреба од левата линија, која ни дава алтруистични желби и сила.

Духовните органи на перцепција, како што се нашите пет сетила (видот, слухот, мирисот, вкусот и допирот), работат во склад со одредена зададена цел. Ефектот на Светлината на Мудроста доведува до тоа да сфатиме дека нема лична корист во употребата на петте сетила; всушност, нема корист од тоа да работиме за нашиот егоизам.

Во отсуство на желба самите да се задоволиме, што нормално ги поттикнува петте сетила да работат, доживуваме целосен недостиг на енергија за да извршиме какво било дело, што доведува до летаргија и неактивност. Во овој стадиум, не сме спознале дека целта на нашите напори може да биде „давањето" т.е. дека нашите дела можат да бидат алтруистични.

Од таа причина, ни треба влијанието на една друга духовна одлика, позната како „црвено светло," левата линија (*Малхуѿ мемуѿекеѿ бе Бина*). Оваа втора одлика е потребна да ги убеди нашите желби да се согласат да работат алтруистично (одлики на *Бина*). Штом ја примиме духовната енергија и алтруистичното движење започнало, почнуваме да дејствуваме со комбинација на одликите од десната и од левата линија.

Како резултат од ова, ја примаме Светлината на Создателот во нашите нови желби (средната линија) и така продолжуваме да добиваме задоволство од совршенството. Ако сме спремни да ги примиме силите на вербата и алтруизмот, тогаш на крај ќе можеме да го примиме највисокиот разум.

Принципот на отфрлање на себезадоволувањето, усвоен од една од големите светски религии и принципот на достигнување задоволство, избран од друга религија произлегуваат од нечистите (егоистични) сили (*Клиѿоѿ*) на десната и левата линија на духовното воздигнување. Така, на места каде што кабалата зборува за предметот на поставување разни себе-ограничувања, тоа означува прелиминарен стадиум на работа на себе: обид да се отфрли идејата за себе-задоволување користејќи ја силата на својата волја.

Корените на сите видови вери, сите духовни тежненија, сите групи и сите религиски философии можат да се најдат во разни *Клиѿоѿ*. Тие ги опкружуваат левата и десната чиста духовна линија кои се оддржуваат преку процесот на зграпчување (*Ахиса*) или преку црпењето храна (*Јеника*).

Но целта на секоја задача е да се достигне средната линија, да се издигнеме до бесконечноста која нема граници и така да ја достигнеме перцепцијата на Создателот, неограничена од одредени човечки одлики.

Во духовниот речник, желбата се смета за „место". Отсуството на желба се смета за „отсуство на место." Тоа е слично на ситуација кога човек ќе каже дека во неговиот стомак веќе нема место за храна, бидејќи веќе нема желба за јадење.

Духовното место или желбата на поединецот да се перципира Создателот е познато како „садот" (*Кли*) на душата, или *Шехина*. Тој сад ја прима Светлината на Создателот или Откровението на Создателот, позната и како „душата" на човекот. Самиот Создател е познат како *Шохен*.

Бидејќи сите наши желби се проникнати со нашиот егоизам (желбата за примање), Светлината на Создателот е скриена. Како што егоизмот постепено се исфрла од нашите желби, се отвора повеќе место. Непоправената желба е позната како „егоизам." Поправената желба се вика „Израел."

Штом едно „место" ќе се испразни како резултат на поправена желба, Светлината на Создателот се открива, но Создателот продолжува да дејствува на начин скриен од нас. Откако ќе ги поправиме и прочистиме нашите желби (места, садови), го гледаме процесот на Откровение на Создателот како појава на Светлината. Меѓутоа, во стварноста нема никакво движење, туку како во процесот на развивање на негатив фотографија, Светлината постепено се појавува во нашата перцепција.

Бидејќи не ја гледаме самата Светлина, туку само нејзиниот ефект врз нашиот сад, го ословуваме Создателот со име поврзано со Неговото Откровение: *Шехина*. Меѓутоа, Неговата суштина можеме да ја утврдиме само со чувствата кои Тој ги буди во нас. Од таа причина, Откровението на Создателот е познато како *Шехина*.

Ако Создателот се скрие Себеси, тогаш се вели дека „Шехина е во прогонство" или дека „Создателот е скриен". Но ако поединец го има заслужено Откровението на Создателот, тоа се вика „враќање од прогонство." Степенот до кој Создателот ни се открива Себеси се нарекува „душа" (*Нешама*).

Штом ќе можеме да поправиме барем една од нашите желби претворајќи ја во алтруистична, веднаш добиваме перцепција на Создателот.

Така, се вели дека човековата душа е дел од Создателот. Штом стигнеме до крајниот стадиум на корекција, Создателот ќе ги исполни сите наши желби, т.е. ќе се открие Себеси до крајниот степен до кој планирал да се открие во Своите созданија. Сите наши желби биле наменети за оваа крајна цел на самиот почеток од созданието.

Шехина е корен и збир на сите индивидуални души. Секоја душа е дел од општото Откровение на Создателот. Кога Создателот ќе се разоткрие Себеси, ја изразува Својата желба да ги задоволи Своите созданија. Тоа е сфаќањето на оние кои ја достигнуваат перцепцијата на Создателот.

Не можеме да одговориме на прашањето што го навело Создателот да посака да нè создаде за да нè задоволи, бидејќи тоа прашање е поврзано со процесот што се одвивал пред создавањето. Можеме да ги сфатиме само оние нешта што можат да ни бидат откриени, т.е. што настанале по создавањето.

Првичниот стадиум од кој почнуваме да го сфаќаме созданието е перцепцијата на задоволството кое излегува од Создателот. Од таа причина, целта на созданието – „желбата на Создателот да задоволи" – се однесува само на оние созданија кои веќе го перципираат Него.

Сите прашања во врска со теми над ова ниво се над нашата способност да разбереме. Мораме секогаш да имаме предвид дека сето човеково разбирање и знаење настануваат само од личната перцепција.

Единственото нешто од што се состоиме е нашата желба да бидеме задоволени.

Сиот наш физички и ментален потенцијал, сите наши способности и сиот наш напредок се за единствена цел – да ни овозможат да добиеме задоволство од разни предмети кои продолжуваме да ги измислуваме, наоѓаме и да ги сметаме за неопходни, модерни или прифатливи. Тоа се прави за само една цел – да можеме постојано да добиваме задоволство.

Не можеме да се жалиме во врска со безбројните видови желби за добивање задоволство. За Создателот било доволно да создаде една единствена желба за да ги наведе човечките суштества да се чувствуваат како независни суштества (кои посакуваат), способни да се однесуваат независно врз основа на еден единствен инстинкт – максимално зголемување на нашето лично задоволство.

Тој процес се одвива со помош на сите наши способности: интелектуални, потсвесни, физички, етички и многу други. Тој ги опфаќа и сите нивоа на меморија, од молекуларното и биолошкото до највисоките нивоа на нашиот интелект.

Еве едноставен пример: човекот ги сака парите, но е спремен да се откаже од целото свое богатство кога разбојник ќе му се закани со смрт. На тој начин, тој разменува еден извор на задоволство (парите) за уште поголемо задоволство (да остане жив).

Ние не сме способни да извршиме какво било дело ако не сме сигурни дека, како резултат на тоа дело ќе бидеме во подобра состојба. Не е важно како користа ќе биде доделена. Она што е пресудно е дека новото ниво на задоволство ќе го надмине првичното ниво. Само тогаш ќе дејствуваме.

Каква е тогаш разликата меѓу задоволството добиено од егоизмот (добивањето) и задоволството добиено од алтруизмот (давањето)? Значителната разлика е во тоа што, кога добиваме задоволство од егоизмот, нашето чувство на задоволство е без исклучок придружувано од чувство на срам. Но ако го примиме заради давателот, тогаш немаме чувство на срам и нашето задоволство е апсолутно.

Изворното духовно суштество, познато како „заедничка душа" или „првиот човек" не можело да помине низ таква преобразба на мислите кога го примило огромното задоволство од Создателот. Затоа, било поделено на 600.000 делови (души).

Секој дел, секоја душа, добива мал дел од товарот на егоизмот кој мора да го поправи. Кога сите делови ќе се поправат, повторно ќе се соединат во „заедничка поправена душа." Кога ќе се достигне таа состојба, ќе биде завршен поправниот процес познат како *Гмар Тиккун*.

На пример, во нашиот свет човек може да се воздржува од крадење на мала сума пари бидејќи тоа претставува безначајно количество задоволство. Стравот од казна, заедно со чувството на срам, превладува над желбата за крадење.

Меѓутоа, ако количеството е доволно големо, тогаш привлечноста на задоволувањето е многу поголема од способноста да ѝ се одолее. На тој начин, Создателот ги создал условите за слобода на изборот кои ни се потребни да го надминеме нашиот егоизам.

Тој душата ја поделил на мноштво делови, а потоа секој дел го поделил на бројни последователни нивоа на корективни фази (каде секоја фаза го тера делот да се облече во човечко тело). Потоа ја поделил секоја состојба на човечкото суштество во низа издигнувања и спуштања потребни на неговото патешествие на кое ќе ја смени својата природа.

Ако чувствуваме љубов спрема Создателот, мораме веднаш да се обидеме во себе да додадеме и чувство на страв, за да бидеме сигурни дека нашето чувство на љубов не е егоистично. Само ако се присутни и стравот и љубовта нашето тежнение да му се доближиме на Создателот ќе биде во својот совршен облик.

Тие што чувствуваат копнеж по духовна перцепција, но не го перципираат Создателот, се полни со духовна збунетост и паника. Иако од Горе им е дадена желбата да го сфатат Создателот, таквите индивидуи не се спремни да направат независен чекор нанапред кон посакуваната цел.

Место тоа, тие избираат да чекаат од Горе да им биде пратена многу силна желба. Тоа ќе послужи да ги поттурне нанапред. Ќе им дозволи на тие личности да сфатат дека секое чувство и околност се полни со желбата на Создателот да го привлече нивното внимание на Себе и да ги наведе да му се доближат. Тогаш ќе може да се открие адресата на Создателот.

Од таа причина секој од нас го гледа светот на многу личен начин и така толкува сѐ што се случува околу нас. Правилото дека „постојат толку гледишта колку што има луѓе" го нагласува фактот дека секој од нас е уникатен. Со внимавање на нашите чувства, можеме да започнеме дијалог со Создателот според принципот дека „секој е сенка на Создателот."

Токму како што сенката се движи со движењето на човекот и сите движења на сенката само ги повторуваат неговите движења, така и нашите внатрешни движења – нашите желби, тежненија, перцепции, духовна суштина и поглед на животот – ги повторуваат движењата (желбите) на Создателот.

Така, ако некој одеднаш почувствува желба да го перципира Создателот, тој мора веднаш да сфати дека таа желба не настанала од никакви посебни постапки, туку од тоа што Создателот направил чекор кон таа личност, создавајќи привлечност кон Него.

На почетокот од патот, Создателот ја користи секоја соодветна можност да комуницира со нас будејќи во нас и копнеж и болка по духовните перцепции. Но секојпат кога Создателот нè повлекува кон духовното, Тој очекува поеднаква реакција од наша страна.

Затоа, ако сфатиме дека силата на нашиот копнеж да го перципираме Создателот е исто толку јака, како силата со која Создателот сака да нè доближи до Себе, треба да се потрудиме во себе да ги развиваме и зајакнеме овие чувства. На тој начин, можеме да напредуваме кон Создателот додека конечно не му се припоиме во сите желби и одлики.

Но кога сме сè уште на почетокот од патот, ниту го чувствуваме ниту го разбираме Создателот. Откако ќе направиме низа неуспешни обиди да му се доближиме, одеднаш ни се чини дека иако сакаме да му се доближиме на Создателот, Тој не ни обрнува внимание.

Како одговор на тоа, место да го зголемиме нашиот копнеж до степенот потребен за да се приврземе кон Создателот, почнуваме во срцето да го обвинуваме затоа што нè игнорира. Стануваме лути и сосема забораваме дека Создателот нè посакува во иста мера и заради тоа ни дал такви копнежи по Него.

Сè додека немаме целосна верба во единственоста на Создателот, неизбежно ќе ги повторуваме нашите грешки повторно и повторно, додека Создателот не нè натера да сфатиме дека сета наша желба за Него доаѓа од самиот Создател и дека Тој ќе ги прифати сите напори што ни требаат и ќе ни помогне со тоа што ќе ни се разоткрие, покажувајќи ни ја целата вистинска слика на световите и на Себеси.

Со Создателот можеме да се поврземе само со радосно насочување на сите наши копнежи, а тоа се вика „со сето срце." Тоа ги опфаќа дури и оние желби кои не треба да се доведат до еднаквост на обликот со Создателот.

Ако можеме целосно да ги потиснеме егоистичните желби кои претходно ни се откриле во нас, истовремено чувствувајќи среќа во срцето, ќе ги воспоставиме условите поволни за да го наполниме своето срце со Светлината на Создателот.

Најважниот аспект на задачата на самоподобрувањето е да се стигне до точката каде ќе најдеме радост во делата што го задоволуваат Создателот, бидејќи сè што правиме за нас самите нè оддалечува од Создателот. Затоа, сите наши напори мораат да се фокусираат на постигнување пријатност во ослоувањето на Создателот и кон постигнувањето наслада во мислите и чувствата за Него.

Кога се чувствуваме празни, тоа е соодветно време да се побара величественоста на Создателот и да се најде поддршка во Него. Колку се чувствуваме подолу себеси и колку повеличествен го гледаме Создателот, толку повеќе ќе можеме да се кренеме откако ќе замолиме Создателот да нè спаси и да ја ублажи сегашната ситуација.

Создателот го донесува ваквото издигнување откако ќе ја открие својата величественост за да ни ја понуди силата да продолжиме понатаму. Во таква состојба, ни треба Создателот и Неговата помош, бидејќи нашиот разум влече во сосема друга насока. Впрочем, чувствата на празнина се дадени токму за да ги почувствуваме, со визија на величественоста на Создателот, наречена „верба".

Праведен човек е оној кој во сè што чувствува, било да е лошо или добро, ги оправдува постапките на Создателот, без оглед на чувствата на телото, срцето или разумот. Со оправдување на сите чувства што ги добива од Создателот, човек како да прави чекор напред кон Создателот, наречен „десен" чекор.

Во никој случај не треба да ги игнорираме нашата вистинска состојба и чувствата, без оглед на тоа колку се непријатни. Дури и ако се потребни такви тешки ситуации, сепак не треба да се обидуваме да ги поништиме. Со такво дејствување, би направиле „лев" чекор напред.

Совршенството во духовниот раст се состои од фактот дека постојано напредуваме нанапред, наизменично користејќи ги двете спомнати состојби.

Апсолутно праведен човек е тој што ги оправдува сите постапки на Создателот, како кон него самиот така и кон сите други созданија.

Поединецот кој ја достигнал можноста да ги осознае сите чувства надвор од ограничувањата на егоистичните желби веќе се има одвоено од нив и сака само да биде среќен давајќи. Во таква состојба, човек не може да доживее духовни падови, бидејќи секој настан не се проценува од гледна точка на лична добивка.

Така, сè што се случува, се случува за добро. Меѓутоа, бидејќи ова не е целта на Создателот во созданието, туку во тоа создадените суштества да имаат придобивка конкретно во своите лични чувства – достигнувањето на нивото на праведен човек – тоа не е конечната состојба за еден човек.

Затоа, откако некој ќе го достигне нивото на праведните, време е да почне постепено да го обновува егоизмот кој бил уништен со достигнувањето на ова ниво. Таа иста егоистична желба која праведниот човек си ја повратил може да се додаде на желбата што е стекната преку духовна работа за да се усреќи Создателот.

Поради ова, тој не само што може да даде задоволство, туку може и да прима задоволство во вратените егоистични желби, секогаш со намерата да му даде среќа на Создателот. Оваа ситуација може да се спореди со алтруист од овој свет кој копнее да им прави добро на другите, бидејќи тие одлики биле присутни при раѓањето.

Всушност, алтруистот не ги добил нив од Создателот како награда за работата врз себе. Се чини како алтруистот да не сака ништо, бидејќи уживањето од давање добро на другите го полни егото. Алтруистот е неспособен поинаку да дејствува.

Тоа потсетува на ситуација кога човек е гостин дома кај пријател. Колку е поголем апетитот на гостинот и задоволството од понуденото, толку поголемо задоволство прима домаќинот. Тоа задоволство немало да го прими ако гостинот не бил гладен.

Но бидејќи гостинот може да чувствува срам од сето задоволство што го прима, тој или таа може да ги одбие натамошните понуди. Ако доволно често одбива, гостинот ќе почне да чувствува дека кога понудените деликатеси се прифатени, му се прави услуга на домаќинот. Тогаш сите чувства на срам ќе исчезнат и гостинот ќе доживее задоволство во полна мера.

Во духовните чувства нема самоизмама, како што е преправањето дека праведниот човек не сака да прими задоволство заради себе самиот. Стекнувајќи нивоа на праведност, човек со помош на Создателот кој ја заменува нашата егоистична природа со алтруистична, навистина ќе го отфрли сето егоистично задоволство и ќе се стреми само да му даде добро на Создателот.

Но кога праведникот ќе сфати дека Создателот добива задоволство само кога Неговите созданија се среќни со задоволствата кои доаѓаат од Него, задоволства кои не се намалуваат или уништуваат, тој повторно е присилен да се сврти кон егоизмот. Меѓутоа, овојпат целта е поинаква: да доживее задоволство заради доброто на Создателот.

На крај, Создателот и поединецот сосема се спојуваат во своите намери и дела така што секој од нив се труди да го задоволи другиот и притоа добива задоволство. Нема граници во ваквата перцепција на задоволството.

Напротив, колку е повисоко чувството на задоволство, толку е повисоко духовното ниво што е достигнато. Задоволство се добива и од препознавањето на бескрајната сила и моќ без никаква грижа за себе.

Затоа, нивото на праведник не е доволно да се исполни целта на созданието. Добивањето задоволство од Светлината која излегува од Создателот е клучно за корекција на нашите намери: „причините заради кои бараме задоволство."

Достигнувањето на нивото на праведните само ни дозволува да се ослободиме од чувствата на срам што ги доживуваме кога добиваме задоволства од Создателот. Исто како што егоизмот ја сочинува нашата природа во овој свет, а алтруизмот се смета за утописка идеја, тие што живеат во духовниот свет имаат сосема спротивно гледање.

Тешкотиите настануваат од притајувањето на Создателот. Ние добиваме задоволство само кога си ги исполнуваме желбите. Но, кабалата учи дека тоа е зло и не е добро за нас. Ние не разбираме зошто е така, бидејќи не гледаме задоволство во страдањето, а сепак мораме да веруваме дека страдањето е добро за нас. Така, секоја наша постапка или мисла произведува еден куп размислувања.

Покрај тоа, колку сме поблиску до влезот во духовниот свет (*Махсом*), толку посложена станува ситуацијата. Само една вистина станува очигледна: „Има многу мисли во срцето на човекот, но само советот на Создателот ќе биде спроведен."

Разликата меѓу човек што сака духовно издигнување (т.е. да стекне духовни одлики како тие на Создателот) и човек кој ја врши Неговата волја за плата (како резултат на применото образование) е следната: вториот има верба во наградата и казната, па од таа причина ја исполнува волјата на Создателот.

Создателот е како работодавец кој дава плата; човекот е како работник кој не се грижи за работодавецот, туку за платата – наградата и казната во овој свет, или во светот што ќе дојде. Тоа на „вработениот" му дава сила да ги следи заповедите без да го поставува прашањето: „Зошто ја исполнувам волјата на Создателот?" Одговорот е – бидејќи вработениот верува во награди.

Меѓутоа, тој што сака да ја спроведува волјата на Создателот без да прима плата за тоа постојано прашува: „Зошто го правам ова?" и „Ако ова е волјата на Создателот, што ќе му е ова на Создателот? Тој е соврешн и целосен, па тогаш што ќе му се нашите дела?"

Се чини како овие прашања да се само за дадената личност, која тогаш би почнала да се прашува: „Што добивам јас од тоа што ја исполнувам волјата на Создателот?" Малку по малку почнува да сфаќа дека наградата за исполнување на волјата на Создателот е сопственото себепоправање, додека од Горе не добие *Нешама* (душа) – Светлината на Создателот.

Кабалата учи дека злата наклоност (егоизмот) на грешниците им се појавува како прамен коса (мала пречка), додека на праведниот му се појавува како висока планина.

Кабалата мора да се примени како да се однесува само на една личност, во која карактеристичните мисли и желби се нарекуваат со разни имиња од овој свет.

Затоа, под категориите на „грешници" и „праведни" опишани се состојби на еден поединец. Притајувањето не се однесува само на притајувањето на Создателот, туку и на притајувањето на човекот сам од себе. Ние не се познаваме себеси навистина, ниту нашите вистински одлики. Тие ни се откриени само до оној степен до кој сме способни да ги поправиме. (Во тој поглед, човек се спoредува со контејнер за ѓубре: колку подлабоко бара во себе, толку поголема е смрдеата што се доживува.)

Од таа причина, Создателот им покажува на оние кои само што тргнале по патот, грешниците, дека нивниот егоизам не е толку страшен за да не може да се надмине. Тоа го прави за да не изгубат надеж кога ќе видат работа која не е соодветна за задачата.

За тие што се веќе на патот, Создателот открива поголема мера од злото (егоизмот) во нив. Тоа се прави до степенот соодветен на чувството на важноста на корекцијата и силата на отпор против егоизмот што ја стекнале.

Конечно, на оние кои сакаат да бидат праведни, Создалелот им ја открива целата големина на нивниот егоизам. Затоа им изгледа како висока, несовладлива планина.

Така, колку повеќе човек напредува, злото внатре сѐ повеќе се открива, во количества кои можат да се поправат. Поради тоа, ако човек наеднаш стане свесен за нешто ново негативно внатре, тоа укажува дека сега е возможно тоа да се поправи. Место да паѓа во очај, треба да го замоли Создателот да го поправи.

На пример, кога ќе почнеме да работиме на себе, можеме да почувствуваме само 10 грама задоволство од сите задоволства на светот кои нѐ опкружуваат и можеме да ги отфрлиме. Потоа, Создателот ни дава вкус за 15 грама задоволство.

На почетокот од нашата работа, поради нашиот додатен вкус за задоволствата, се чувствуваме пониски (заради чувството дека сме привлечени од нешта што порано не нѐ привлекувале) и послаби (поради разликата меѓу нашата привлеченост од задоволствата и силата на нашиот отпор кон нив).

Меѓутоа, во ваква ситуација, мораме да си кажеме дека бидејќи Создателот има додадено 5 грама задоволство на вкусот од задоволствата што ги добиваме од светот околу нас, а повторно сме неспособни да се поправиме себеси, мораме да бараме сила од Создателот. Но кога ќе добиеме сила да надминеме 15 грама задоволство, отпосле ќе добиеме уште 5 грама вкус за задоволството и повторно чувствуваме дека сме послаби и пониски, а процесот продолжува.

Преобразба на егоизмот во алтруизам

Тој што сака да го доживее вистинскиот вкус на животот мора да посвети особено внимание на духовната точка во срцето. Секој има точка во срцето. Меѓутоа, обично не покажува знаци на живот и не нѐ осветлува, па поради тоа не сме свесни за неа.

Во таква ситуација таа се нарекува „црна точка." Таа точка е семе на душата. Нејзината одлика е алтруистична, бидејќи е семе на идниот сад на душата и нејзината Светлина, дел од Создателот.

Меѓутоа, во првичната состојба е скриена од нас, бидејќи не ја цениме и од таа причина оваа состојба се вика „*Галут*" (прогонство) на *Шехина*" (Божественото Присуство). Таквата состојба на душата се вика „точка".

Ако ја издигнеме важноста на таа точка над сопственото „јас," над нашата глава, како круната над буквите, на тој начин ја споредуваме со круна на нашата глава, наместо со прашина до нашите стапала. Тогаш Светлината од центарот се емитува во телото и од тој потенцијален центар станува извор на сила за нашето духовно издигање.

Оттука, место сите наши молитви до Создателот за помош, нашата единствена молитва треба да се фокусира врз сфаќањето на важноста на перципирањето на Создателот како средство за наше поправање за Негово добро.

Способноста за вршење доблесни (алтру-истични) дела не е средство, туку награда за човек кој сака да биде како Создателот.

Последователниот ред на процесот со кој човек се оддалечува од егоизмот и оди накај духовниот свет може да се види во Библијата како прогонството од Египет. Појавата на садовите за давање во човекот се нарекува „Прогонство од Египет."

Меѓутоа, алтруистичните желби (садови на давање) значат дека човек повеќе сака да го следи патот на вербата отколку патот на знаењето. Да се излезе од егоизмот е можно само кога ќе ја почувствуваме духовноста, ќе го перципираме Создателот, а Светлината на Мудроста ќе го подели *Јам Суф* (Црвеното Море) на средината. Тука, човек ја преминува границата меѓу двата света.

За да го направи тоа, Создателот прави чудо. Ни ја дава Светлината на Мудроста (*Ор Хохма*) и покрај тоа што не поседуваме соодветен сад да ја примиме Светлината. Со помош на таа Светлина, можеме да ја пробиеме бариерата (*Махсом*). Потоа, кога чудото ќе помине, тие што влегле во духовниот свет не се враќаат на нивото на нашиот свет.

Во следниот стадиум, мораме да стекнеме сад за примање на Светлината на Мудроста, а тоа се постигнува на тешкиот пат на напредување во духовната пустина додека не заслужиме да ја примиме Светлината на Создателот така што ќе се качиме на „Планината Синај." Во таа состојба, заповедите ги гледаме преку вербата над знаењето, кога нашите мисли и желби ќе ги ставиме под вербата.

Така на пример, пониска состојба, *Катнут*, т.е. во овој случај, *Малхут*, укажува само на центарот или *Кетер* („Круна"). Со такво минимално присуство, нашите зли егоистични тежненија не можат да влијаат на нас бидејќи сме ја ставиле вербата над знаењето и перцепцијата.

Тоа се смета за пониска состојба бидејќи во неа не го земаме предвид егоизмот и немаме сила да му се спротиставиме. Таа ситуација може да се спореди со случај во кој не сме способни да конзумираме ни малку храна, па ја одбиваме целата порција.

Меѓутоа, врската со Светлината на Создателот може да настане само ако сме способни да ја примиме таа Светлина во себе, т.е. да работиме алтруистично со нашиот егоизам. Како што го трансформираме нашиот егоизам во алтруизам, променетиот сад ќе биде исполнет со Светлината на Создателот.

Таа состојба на нашиот духовен сад (на поправен егоизам, *Кли*) се вика повисока состојба, *Гадлут*. *Малхут* слегува од *Кетер* на нивото на кое можеме да ја издржиме силата што нѐ влече кон себезадоволување и повторно сме способни да примаме, но не за наше лично задоволство.

Целосно да се прими Светлината на Создателот, максимално да се перципира Создателот и сосема да му се припоиме, ќе можеме само ако целосно го искористиме нашиот егоизам во служба на алтруизмот. Таквата состојба е позната како „крајот на корективниот процес" и е целта на созданието.

Сите наши перцепции се строго субјективни и погледот врз светот којшто ни е отворен зависи целосно од нашите внатрешни духовни и физички состојби, нашите расположенија итн. Но во духовната перцепција, чувствата ја сочинуваат самата стварност, бидејќи сегашноста ја сфаќаме според нашата духовна положба.

Нашиот свет се смета за наше непосредно чувство. Идниот свет е тоа што ќе биде почувствувано во следниот момент. Нема димензија на времето, туку само промена на чувствата. Ако перципираме нешто преку вербата над знаењето, тогаш целосно живееме во иднината.

На пример, во обичниот живот, ако имаме некој бизнис, систематски го проценуваме исходот на нашата работа и профит. Ако видиме дека нашите трошоци и напори не се оправдани т.е. профитот е помал од инвестицијата, го затвораме бизнисот и отвораме нов, бидејќи очекуваниот профит ни стои пред очи.

Во никој случај не се лажеме себеси, туку јасно ја проценуваме својата корист во вид на пари, почест, слава, мир итн. – во сите облици во кои сакаме да биде нашиот профит.

Некој може да праша, зошто не го собереме општиот исход на нашиот живот, на пример, еднаш годишно и да размислиме со каква цел сме ја проживеале и потрошиле годината? А пак, ако макар малку работиме на својот духовен развој, зошто да се прашуваме за секој момент?

Нашиот свет е свет на невистини.

Како резултат од ова, нашите тела не сакаат да се соочат со тие прашања бидејќи не можат да ги дадат одговорите.

Навистина, каков може да биде нашиот одговор како што наближува крајот на годината, или како што наближува крајот на самиот живот? Сè поминува, и добро и лошо, и со што остануваме? Зошто сме работеле за потребите на нашето тело? Нема одговор, бидејќи нема награда за животот што поминал. Поради ова, телото не ни дозволува да ги прашуваме тие прашања.

Духовноста, од друга страна, бидејќи е вистинска, а духовната награда е вечна, ни го поставува прашањето на нашата духовна награда со цел да нè разбуди да примиме уште поголема корист од нашите напори. На тој начин, ќе се поправиме во поголема мера и ќе добиеме поголема вечна награда.

Зошто тогаш Создателот ни дава лажни преокупации со животот во овој свет? Процесот на создавање на духовен сад е многу сложен и долг. Ние веруваме дека мораме да го проживееме целиот спектар на световен егоизам, да го доживееме целиот, во сета негова нискост и да ги вкусиме сите негови лажни задоволства, сè до најдолните нивоа (на егоизмот).

За време на нашата работа, како што се наближуваме кон границата меѓу физичките и духовните предели, насобираме искуства додека не стигнеме до духовното царство. Тој процес на стекнување искуство не се одвива во само еден живот во овој свет. Сите информации се складирани во нашата душа и изложени во вистинскиот момент.

Но дотогаш, процесот на стекнување е скриен од нас и ја доживуваме само нашата сегашна состојба. Бидејќи центарот на целата наша суштина е нашата желба да добиеме задоволство, Создателот дава „живот," познат како „лага," на оние што уште не се спремни за духовно издигнување, за да имаат извор на сила да живеат.

Постои Светлина која носи намалување на садот за желби, а има и Светлина која носи знаење и задоволство. Во суштина, тоа е една иста Светлина на Создателот, но ние самите ја вадиме од Светлината онаа духовна одлика која сакаме да ја користиме за нашите духовни цели.

„Напушти го злото и прави добро." Првиот стадиум на корекцијата се вика „спознание на злото", бидејќи штом ќе станеме убедени дека егоизмот е нашиот најопасен и смртоносен непријател, ќе го замразиме и ќе го напуштиме. Ваквата ситуација тогаш станува неподнослива.

Меѓутоа, не е неопходно да се избега од злото, туку само да се почувствува што е злото навистина, а потоа инстинктивно ќе се одвоиме од штетното. Нашето спознание за тоа што е зло се одвива токму под влијание на добрите дела – додека ги следиме заповедите и учиме кабала. Кога сме под нивното позитивно влијание, почнуваме да копнееме по духовно совршенство и да чувствуваме што точно нè спречува да доживееме духовен живот.

Притајувањето на Создателот од нас кое се доживува како страдање, прашањата за Божественото Провидение, недостигот на доверба и верба во Создателот и мислите кои се мешаат – сето тоа се нарекува „ноќ." Откровението на Создателот што го добиваме ние, кое се доживува како задоволство, доверба во Божествениот Надзор, чувство на поврзаност со Вечното, разбирање на Вишите Извори на сите природни закони – сето тоа се нарекува „ден."

Додека Создателот е сè уште во скриена состојба, мораме да работиме кон стекнување на верба во фактот дека таквата состојба е за наше добро, бидејќи во сите состојби Создателот го прави само она што е најкорисно и најдобро за нас.

Ако бевме спремни да ја добиеме Светлината на Создателот без да си наштетиме самите, несомнено Создателот ќе ни се откриеше.

Но бидејќи не можеме да ги контролираме задоволствата кои веќе ги чувствуваме, Создателот не дава такви огромни задоволства како овие од Својата Светлина, бидејќи веднаш би станале нивни робови и никогаш не би можеле да избегаме од синџирите на својот егоизам. Од таа причина, уште повеќе би се оддалечиле од Создателот.

Секоја нова генерација и нејзиното мнозинство ја одредуваат вредноста и убавината на нештата, предметите, настаните и категориите. Секоја генерација ги отфрла нормите на претходната. Затоа, нема апсолутни норми; напротив, мнозинството во секоја група луѓе и секоја генерација диктира свои норми, за другите да можат да ги следат.

Од таа причина, секогаш постојат нови трендови и нови примери кон кои човек може да се стреми. Затоа, сѐ што го диктира мнозинството се смета за убаво, додека тие што ги поддржуваат тие вредности добиваат почит и почести. Следствено на тоа, човек е спремен да посвети големи напори за да го достигне она на кое општеството му припишува голема вредност.

Како резултат на сево ова, тешко е да се стекнат духовни одлики, бидејќи мнозинството не ја цени таа цел онолку колку што ги цени сегашните трендови. Навистина, дали е толку важно да се согледа духовното? Всушност, духовноста е екстремно важна.

Па сепак, ако е така, зошто Создателот ја држи скриена? Одговорот е – за ние да не ја расипеме, Тој создал специјален „трик" наречен „притајување." Тоа нѐ спречува да ја видиме сета величественост на духовниот свет, бидејќи не можеме да ги контролираме чувствата кои веќе сме ги осетиле, како што веќе објаснивме.

А бидејќи сега е скриена од нас, можеме да се потпреме само на вербата во врска со огромната важност на перципирањето на Создателот. Меѓутоа, според мислењето на мнозинството, вредноста на ценењето на духовноста е еднаква на нула; затоа, практично на сите им се гади од неа.

Тој процес се одвива и покрај тоа што стандардите на убавина, редот на приоритетите, нормите на однесување и законите на општеството се одредуваат од страна на личности вредни за презир кои постојано ги менуваат своите принципи, така докажувајќи дека им недостига суштината и дека нивните норми се без темел и лажни.

15

Постепена духовна корекција

Вербата над разумот ни дозволува да го забележиме нашиот најголем непријател (тој што ни стои на патот да достигнеме доблесност) токму со разумот. Злото можеме да го почувствуваме и забележиме само онолку колку што веруваме во духовното задоволство над разумот. Објективно, не постои ништо освен Создателот, но тоа спознание доаѓа на највисокото ниво на кабалистичка перцепција.

Меѓутоа, дотогаш се гледаме и нас самите во светов. Во процесот на стекнување перцепција, ќе сфатиме што е:

1) Создателот
2) Првото создание
3) Созданијата
4) Задоволството кое Создателот сака да им го даде на Своите созданија.

Целиот редослед, природно, се одвива во склад со низата на „причина и последица," а не со времето. Создателот постои. Создателот сака да создаде создание за да го задоволи. Создателот ја создава желбата да се биде задоволен токму со она задоволство (во квантитет и во појавност) кое Тој сака да го даде.

Првото создадено суштество се вика *Малхуш*. Првата перцепција на Светлината на Создателот од страна на создаденото битие е позната како „Свет без крај." Терминот „без крај" се користи бидејќи во таа состојба *Малхут* ја добил Светлината на Создателот без да го ограничува количеството на Светлина што го примил.

Создаденото битие добило големо уживање од примањето на Светлината. Меѓутоа, додека го примало уживањето, го насетило и самиот Создател – Неговата желба за давање. Бидејќи *Малхут* копнеел да биде сличен на Него, на крај го отфрлил примањето на Светлината и Светлината си заминала.

Оваа постапка на *Малхут* се вика „ограничување" (ограничување на примањето на Светлината - *Цимцум*). На Создателот ништо не му недостига, па *Малхут* не може да му дава на Создателот на истиот начин како Создателот што му дава на *Малхут*.

Како може Малхут да му „дава" на Создателот? Со тоа што се сложува со Волјата на Создателот, која е да им даде добро на создадените суштества и со тоа што прима од Создателот, така задоволувајќи го. Тоа се смета за „давање" од страна на создаденото битие.

Малхут може само да го промени обликот во кој прима. Таа промена може да се постигне со тоа што на чинот на примање ќе му се додаде намерата да се задоволи Создателот.

Првиот стадиум потребен да се достигне овој нов облик е ограничувањето – истерувањето на Светлината. Ограничениот Малхут подоцна бил поделен на многу, многу делови – души, во кои секоја од нив мора засебно да го поправи својот егоизам.

Тие делчиња од Малхут, лишени од Светлината на Создателот, потоа се ставени во состојба и ситуација што ја нарекуваме „нашиот свет." Потоа, малку по малку, тие делови ја напуштаат желбата да примаат за себе и добиваат желба да даваат додека се сè уште во „нашиот свет."

Силата која ѝ помага на душата да ги напушти егоистичните тежненија е позната како „спасоносната" сила, *Месија*. Нивоата на постепена духовна корекција се нарекуваат „духовни светови", додека внатрешните градации се познати како *Сефирот*.

Целта на корекцијата е враќањето во изворната состојба, пред ограничувањето, во која задоволството не се прима заради нас самите, туку заради Создателот. Таквата состојба е позната како „Крај на корекцијата" (*Гмар Тиккун).*

Сите мисли и прашања кои се јавуваат во нас во врска со целта на созданието и на нашите напори, на пр. „Дали е неопходно?" и „Во секој случај, Создателот ќе дејствува според Своите планови и желби, зошто да бара нешто од мене?" итн. се јавуваат бидејќи се пратени директно од Создателот. Затоа ни се јавува уште едно прашање: „Заради што?"

Кога сите прашања кои се јавуваат во нас во врска со созданието би ни давале сила на нашиот пат кон духовното, тогаш значењето на прашањата би било јасно. Но во тие што првпат тргнуваат на ова патување, постојано има мисли за тешкотиите, безнадежноста и недостатоците на овој пат.

Не постои друга сила и желба освен Создателот и сè е создадено од Него за да добиеме разбирање за целта на созданието, вклучувајќи ги, се разбира, и „подривачките" прашања, мисли и сили кои го попречуваат нашето напредување кон Него.

Создателот поставил многу пречки на патот за кој решил дека треба да се следи за духовно издигање, токму за да не се плашиме дека нема да стигнеме до нашата цел, да ја согледаме величественоста на Создателот и место тоа вечно да останеме во нашата долна состојба. Таа перцепција може да го убеди нашето срце да сакаме алтруизам.

Мораме да сфатиме дека само Создателот може да ни ги отвори очите и срцето за да можеме да ја согледаме величественоста на духовното. Подривачките прашања се јавуваат токму за да можеме да ја почувствуваме таа потреба.

Едно од најосновните прашања што ги поставуваат почетниците може вака да се формулира: „Да сакаше Создателот, ќе ми се откриеше; а ако го направеше тоа, јас (моето тело – егоизмот – мојот сегашен диктатор) веднаш и автоматски ќе се согласев да ги сменам моите егоистични дела со алтруистични и Создателот ќе станеше мојот диктатор."

„Не сакам слобода за да ги избирам сопствените постапки. Верувам дека Создателот е во право, дека најдобро за мене е да не мислам на сопствената добивка. Само тогаш навистина ќе заслужам. Но не можам да се променам. Затоа нека дојде Создателот и нека го стори тоа за мене, бидејќи таков ме има создадено, и само тој може да го поправи тоа што го направил."

Создателот секако би можел на човекот да му даде желба и чувство за духовното, на пр. „Будење одозгора." Меѓутоа, кога би го сторил тоа, ние никогаш не би можеле да избегаме од диктаторското владеење на егоистичната желба да се задоволиме себеси и тогаш би биле присилени да работиме за задоволство без слободен избор.

Таквата работа не се смета дека се врши заради доброто на Создателот, туку за добивање задоволство. Целта на Создателот е да нè наведе да го избереме вистинскиот пат во животот по своја волја и со тоа да ги оправдаме Неговите постапки во создавието. Можеме тоа да го сфатиме само кога ќе бидеме сосема ослободени од егоизмот, без оглед на личното задоволство.

Од таа причина, Создателот создал услов неопходен за духовно издигање: прифаќањето на вербата во Него и Неговата праведност како наш Надзорник. Со тоа, нашата задача се состои од следното:

1. Да веруваме дека светов има Владетел
2. Да признаеме дека, иако за нас вербата може да не е важна, Создателот го избрал токму овој пат за нас

3. Да веруваме дека мораме да го следиме патот на „давањето", а не патот на „примањето".
4. Да веруваме, додека работиме „за добро на Создателот," дека Тој ја прифаќа нашата работа и без оглед на тоа како таа изгледа во нашите очи.
5. Да поминеме, за време на процесот на себе-развивање, низ две категории на „верба над разумот": а) да продолжиме со вербата над разумот бидејќи немаме друг избор; б) да избереме да го следиме патот на вербата над разумот, дури и ако стекнеме доволно знаење веќе да не мораме да се потпираме врз вербата над разумот.
6. Да знаеме дека ако работата се врши врз темели на егоизмот, тогаш плодовите на сиот успех, кои во нашата фантазија се надеваме дека ќе ги достигнеме, одат за наше задоволство. Меѓутоа, кога некој го љуби Создателот, сета корист радосно ќе му биде дадена Нему, а сите плодови од неговите напори на други.
7. Да му заблагодариме на Создателот за минатото, бидејќи од тоа зависи иднината, бидејќи степенот на ценење на минатото, за кое му заблагодарува на Создателот е еднаков на тоа колку го цени она што го примил од Горе. Тогаш ќе можеме да ја зачуваме и задржиме помошта добиена од Горе.
8. Да ја вршиме примарната работа – која претежно е напредување долж десната линија – со чувство на потполност. Поединецот е среќен дури и со мала поврзаност со духовноста.
9. Да напредуваме и по левата линија. Меѓутоа, триесет минути на ден се доволни за да размислиме за тоа колку повеќе ја претпочитаме љубовта спрема Создателот од љубовта спрема себе.

Колку недостатоци ќе забележи, до таа мера човек треба да се моли на Создателот во врска со тие чувства, за Тој да го приближи на вистинскиот пат кој специфично ги комбинира двете линии.

Во самата работа, мораме да ги концентрираме мислите и желбите по специфичен ред:
1. Да го научиме начинот на дејствување на Создателот и тајните на кабалата, за тоа знаење да може да ни помогне во исполнувањето на Волјата на Создателот. Тоа е главната цел на поединецот.
2. Да копнееме целосно да ја поправиме нашата душа и да ја вратиме до нејзиниот корен – Создателот.
3. Да копнееме да го препознаеме Создателот и да се припоиме кон Него со сознанието на Неговото совршенство.

Создателот е во состојба на апсолутно мирување, како што е и човекот кој ја достигнал целта на созданието. Јасно е дека оваа состојба на мирување може да ја цени само некој кој претходно бил во состојби на движење, напор и работа. Бидејќи овде се мисли на „духовно мирување", јасно, значењето е дека движењето, напорот и работата на човекот се исто така духовни по природа.

Духовната работа се состои од напори да му се даде задоволство на Создателот.

Сета наша работа почнува точно кога нашето тело (желбата за примање) ќе почне да се противи на работата, која е без никаква корист за себе. Тоа е затоа што тоа (телото, егоизмот) не ги разбира импликациите на духовната работа и не чувствува никаква награда од тоа.

Големи напори се бараат од нас за да ги поднесеме оправданите (во принцип) поплаки на телото. Долго време се мачиме себеси во напор да добиеме некакво разбирање на духовното.

Што добиваме за возврат? Знаете ли некого кој се истакнал како успешен во таа задача? Можно ли е Создателот да сака да страдаме на овој начин?

Учете од вашето искуство. Што сте постигнале? Во вашата сегашна здравствена состојба, можете ли да се злоупотребувате себеси како што правите? Помислете на себе, вашето семејство и на вашите деца што растат.

Ако Создателот така сака, ќе продолжи да нè води на истиот начин како што нè донел до кабалата, бидејќи само Создателот владее и води во сè! Сите тие поплаки и многу други слични (кои често се слушаат од роднини, кои исто се поврзани со телесниот концепт) се апсолутно оправдани, но нема одговори што можат да им се дадат.

Навистина, одговори не се потребни, бидејќи ако сакаме да излеземе од границите на нашите тела, едноставно не смееме да ги прифатиме овие аргументи, ниту да им обрнуваме внимание.

Место тоа, треба да си кажеме: „Нашите тела се во право, аргументите се логични, неговите поплаки се вистинити. Меѓутоа, јас сакам да излезам од моето тело, или со други зборови, да излезам од неговите желби. Затоа, ќе го следам патот на вербата, а не патот на здравиот разум. Само во нашиот свет моето размислување се смета за логично."

„Но, во духовниот свет, иако не го разбирам тоа, бидејќи уште немам духовна визија или духовен интелект, сè функционира според поинаков закон, кој во моментов ми се чини чуден, бидејќи не се темели врз основата на физичката стварност."

„Сè функционира по законот на семоќта на Создателот и со целосно и доброволно предавање Нему, во умот и во духот, со целосна верба во Неговата помош, спротивно на желбата на телото за примање и неговото протестирање."

Таа работа врз себе се вика „давање заради давање," т.е. чисто алтруистичен чин, кој е претставен со десната линија. Даваме сè, само затоа што сакаме да дадеме. Задоволството што го добиваме од таквата работа произлегува од тоа што стануваме слични на Создателот, бидејќи само даваме, како Создателот. Тоа се нарекува „Светлина на вербата или милост," или *Ор Хасадим*".

Ако некој се обиде вака да се однесува, Создателот на тој човек му го отвора чувството на Својата безгранична величественост и моќ. Вербата ја заменува знаење; телото почнува да ја чувствува важноста на Создателот и е подготвено да стори сè за Него, бидејќи сега ја согледува важноста на Великиот и Неговата спремност да прими сè од нас.

Тоа се прифаќа како достигнување на задоволството. Но во овој случај, пак чувствуваме дека напредуваме со телото. Не величественоста на Создателот, туку задоволството и нивото на лична увереност во работата која се врши заради Највеликиот е она што ги одредува нашите постапки. Така, уште еднаш паѓаме на градите на егоизмот и личната добивка.

Нашата целосна неспособност да го перципираме Создателот ни дозволува да тврдиме дека сме ги извршиле сите дела од љубов спрема Него, алтруистично и духовно. Откровението на Создателот кое го претставува левата линија е познато како „знаењето на Светлината на Мудроста."

Затоа, Откровението на Создателот прави да мораме да примениме строги ограничувања на стекнувањето знаење, менаџирањето и перцепцијата на Неговата величественост. Тоа ги става во рамнотежа вербата и знаењето, отсуството на перцепција и радоста во Создателот во сразмер кој ќе се погрижи да не станеме пак жртва на егоизмот.

Со додавање на делче од егоизмот на изворната состојба, можеме да го искористиме тоа делче и пак да продолжиме како да не сме научиле ништо, како во изворната состојба. Со балансирање на десната линија со малку од левата линија, создаваме средна линија.

Делот од левата линија во средната линија одредува колку е високо нашето духовно ниво. Самата духовна состојба се смета дека е состојба на „Повисокиот." Процесот што следува води до конечното и највисоко ниво, нашето споjување со Создателот во нашите одлики и желби.

Тоа се случува со постепено, наизменично зголемување на десната, па левата линија. Балансирањето на двете линии се одвива на секое ниво од духовната скала. Во состојбата на десната линија, мораме да бидеме среќни без никаква причина, од самата помисла дека Создателот постои во нашиот свет. Не ни се потребни никакви други услови за среќа.

Таквата состојба е позната како „Да се биде среќен со она што се има." Ако ништо не може да нè извади од оваа состојба, се смета дека е апсолутна. Но, ако почнеме да ја тестираме нашата духовна состојба, ќе видиме дека никако не се доближуваме до Создателот. Бидејќи од искуство знаеме и дека не можеме самите да се поправиме, го молиме Создателот за помош. Светлината на Создателот која ни помага да го надминеме егоизмот на телото (желбата за примање) е позната како „душа."

Најсигурниот начин да утврдиме дали некој чин е алтруистичен или егоистичен е да видиме дали чувствуваме дека сме спремни да го занемариме секој резултат, било да е задоволство или исплата, без оглед на огромниот нагон да се задоволиме себеси како резултат на сопствената работа.

Само во тој случај, откако сме добиле задоволство, можеме сè уште да тврдиме дека сме направиле нешто заради Создателот, а не за себе.

Целиот пат на духовно издигање е постепено одбивање да се примат сè поголеми и поголеми задоволства: прво, задоволствата на нашиот свет, а подоцна вистинските духовни задоволства, особено перцепцијата на Создателот.

Создателот се скрил Себеси за да ни овозможи постепено да се прилагодиме на оваа задача. Затоа, притајувањето на Создателот треба да се гледа како аспект на нашата корекција и треба да го замолиме да ни се открие, бидејќи штом ќе бидеме способни да го перципираме без да си наштетиме, Тој веднаш ќе ни се открие.

Кога би можеле да го почувствуваме задоволството од перципирањето на Создателот во нашата почетна егоистична состојба, никогаш не би собрале доволно сила да се простиме од нашиот егоизам и да го замолиме Создателот да ни ја даде волјата да ја издржиме привлечната сила на задоволувањето. Како ноќни пеперутки што брзаат накај жарот што ќе ги убие, така и ние би загинале во пламењата на задоволството, но сепак не би можеле да им одолееме.

Само некои од нас што доживеале недостиг на сила соочени со големо задоволство сфаќаат дека не би можеле да се воздржиме од задоволување кога задоволството би било поголемо од силата на нашата волја и нашето препознавање на злото.

Создателот се крие од нас посебно за наше добро за да не бидеме преплавени од задоволства и на тој начин ни овозможува да одиме по патот на вербата и да стекнеме садови за давање. Ако сакаме да направиме нешто што не е за наше добро, тогаш нашето тело (егоизмот) веднаш бара точно објаснување за тоа дали вреди тоа да се стори.

Бидејќи без цел, без задоволство како награда, не сме способни за работа и бараме секакви недостатоци, духовни желби и дефекти во нашите духовни цели. Нашето тело прво прашува, „За каква цел треба да се занимаваме со ова?"

Во ваква состојба телото се нарекува „зло тежнение." Во стадиумот после ова, нѐ вознемирува и не ни дава да го постигнеме тоа што сме планирале. Во оваа ситуација тоа се нарекува „сатана" (на хебрејски *Сатан* настанува од глаголот *Листот*, кој значи скршнува) бидејќи сака да скршнеме од патот.

После ова, ја убива нашата духовност со одземање на сите чувства на духовност од нашето учење и нашето студирање на кабалата и дава специфични задоволства облечени во облеките на овој свет – во оваа ситуација, се вика „Ангелот на смртта."

Има само еден одговор на поплаките на телото: „Продолжувам понатаму и покрај тоа што ми го велиш, со силата на вербата, бидејќи така бара Создателот."

Овој услов на Создателот е познат како „Законот на вишите светови." Немаме сила да се воздржиме од примање задоволство ако прво не се убедиме дека е штетно за нас. Тоа значи, со умот одиме против срцето.

Меѓутоа, дури и во овој случај, нема да треба повеќе од едноставна пресметка да се види што е за наше добро: да примиме задоволство веднаш и да страдаме после, или да го избегнеме задоволството и да останеме во нашата сегашна ситуација. Кога и да одбиеме задоволство, мораме на телото да му дадеме точно објаснување зошто не вреди да добиваме задоволство од тоа што ни дошло.

Така, можеме на телото да му одговориме на истиот јазик кој тоа го разбира – на јазикот на задоволството – дека вреди да се откажеме од будалести и повремени задоволства сега заради задоволства по смртта, или на јазикот на страдањето, кој вели дека не вреди да добиеме задоволство сега, но подоцна да страдаме во пеколот. На тој начин, мораме да ја изградиме одбранбената линија против нашето тело.

Меѓутоа, мораме да бидеме свесни дека притоа копнежот по задоволства може да ја спречи разумната пресметка и да наслика лажна слика за соодносот меѓу задоволствата и страдањето. Единственото сигурно решение е да му кажеме на телото дека сме решиле да работиме на духовноста без никаква добивка за нас.

Во овој случај, ги пресекуваме сите врски меѓу делото и телото, па телото веќе не може да се меша со своите пресметки или со тоа дали вреди да се работи или не. Ваквиот одговор се вика „Работа на срцето," бидејќи срцето копнее по задоволство.

16

Внатрешни одлики и надворешни аспекти

Одговорот за интелектот мора да биде во овој стил: „Верувам дека Создателот ги слуша сите мои молби и молитви за помош." Ако сме способни да се држиме цврсто до нашите одговори на интелектот и на срцето, тогаш Создателот ќе ни се открие, така што ќе го гледаме и чувствуваме само Создателот.

Во секој од нас има седумдесет основни желби. Тие се нарекуваат „седумдесет нации на светот." Така, нашите души одговараат на *Парцуф* од *Зеир Анпин* во светот *Ацилут*, кој содржи 70 *Сефирот*. Откако ќе почнеме да бараме поголема блискост со Создателот и ќе ја добиеме Светлината на кабалата, ќе ни бидат дадени чувства и желби кои никогаш не сме ни замислувале дека постојат.

Седумдесетте желби настануваат од два извори, бидејќи се движиме нанапред со комбинација на двете линии – десната и левата. Нашите постапки во согласност со десната линија се спротивставени од нашите зли (егоистични) тежненија (лушпата, *Клипа*) против работата на срцето, која се нарекува *Клипат Ишмаел*.

Работата на левата линија е спротивставена со зла сила против работата на интелектот, наречена *Клипат Есав*. Меѓутоа, кога ќе напредуваме понатаму во нашата работа, гледаме дека за да

Внатрешни одлики и надворешни аспекти

влеземе во духовното царство мораме да се ослободиме од двете *Клипот*, бидејќи тие не сакаат да ги примат законите на духовното царство – исто како што во Библијата е спомнато дека Создателот им ја понудил Тора, законите на духовното царство, на *Есав* и *Ишмаел* пред да му ја даде на Израел, но тие не сакале да ја примат. Дури откако ќе видиме дека не сме способни да ги примиме алтруистично-духовните закони ниту со десната ниту со левата сила, ќе почнеме внимателно да напредуваме со средната линија, што е наречена: „Ние ќе направиме, и потоа ќе слушаме" која се вика „Заради давање" и потоа се нарекува Израел.

Бидејќи сите ние, заедно со нашите мисли, намери и желби, сме целосно потопени во нашиот егоизам, не можеме да размислуваме независно, објективно и не-егоистично. Така, не можеме самите да се критикуваме.

Општо земено, немаме потреба самите да се критикуваме, бидејќи веќе знаеме дека сѐ што правиме е засновано врз нашите егоистични желби. Меѓутоа, во работата на себе, вршејќи работа што е против нашите желби, кога вложуваме напори да развиеме духовни копнежи, треба да ја испитаме нашата ситуација. Ние самите мораме да ја испитаме ситуацијата, а не Создателот, кој веќе знае каква е нашата ситуација.

Најсигурниот начин да се провери нашата вистинска духовна состојба е да се види дали чувствуваме радост кога работиме за доброто на Создателот. Ако е така, гледаме дека тестот не служи да утврди дали вложуваме голема физичка или емоционална сила, туку да ја испита нашата внатрешна состојба. Дали ја задржуваме истата радост без оглед на тоа дали го добиваме од Создателот тоа што си замислуваме дека ни е неопходно, или не?

Кабалата зборува за поединецот како тој да е целиот свет, бидејќи во секој од нас може да се најде сѐ што е околу нас: универзумот, нациите, безбожниците, праведниците на светските нации, Израел, храмот, па дури и самиот Создател – точката што ни е во срцето.

На прво место, кабалата учи за нашите внатрешни одлики, а потоа продолжува до надворешните аспекти кои се сметаат како последици на внатрешните одлики, па така им се доделени соодветни имиња. Покрај тоа, духовната состојба на внатрешните одлики директно влијае врз духовната состојба на надворешните аспекти и влијанието на вторите врз нас.

Како човечки битија, нашата почетна духовна состојба е егоизмот. Тој што почнува да се бори за блискост со Создателот е познат како „Праведен човек од народите на светот." Како може човек да провери дали е навистина веќе на тоа ниво? Бидејќи човекот поседува само егоистични желби, сè што недостига во задоволување на егото се смета дека е одземено, како тоа што било посакувано поединецот навистина да го имал, а потоа му било одземено.

Тоа чувство го имаме поради нашето духовно „минато": На претходните духовни нивоа, нашите души веќе биле целосно полни со добро, но со нашето духовно спуштање во овој свет, сето тоа е изгубено. Затоа, во моментот кога ќе почувствуваме желба за нешто, тоа е исто како да сме полни со жалби кон Создателот за тоа што ни било одземено, или никогаш не било дадено – тоа за коешто човек копнее.

Така, ако можеме од срце да кажеме дека сè што Создателот има направено е за доброто на сите нас и да чувствуваме радост и љубов спрема нашиот Создател, како навистина да сме примиле од Него сè што некогаш би можеле да си замислиме за себе и да оправдаме сè што надгледува Создателот, тогаш успешно сме го поминале тестот на нашите намери *(Кавана)*. Тој што успеал на таков начин е познат како „Праведник од народите на светот."

Ако со помош на Создателот работиме на поправање на нашата желба за примање, тогаш предметот на верификација веќе не се нашите мисли, туку нашите дела. Создателот ни има дадено сè што некогаш сме посакувале, но мораме да бидеме спремни да вратиме сè, истовремено примајќи го само делот што сме способни да го примиме за доброто на Создателот.

Во многу ситуации, ги доживуваме тестовите како избор меѓу две можности: чувствуваме како половина од нашите желби нè влечат на една страна, а другата половина нè влече на друга страна. Општо земено, не чувствуваме во себе никаква борба меѓу спротивставените сили на доброто и злото, бидејќи внатре владеат само силите на злото и проблемот што продолжува да се јавува во нас е која сила ќе ни даде максимално добро.

Кога спротивставените сили се еднакви, не можеме да избереме или повеќе да сакаме една од друга и чувствуваме дека сме меѓу две сили што влијаат на нас. Во тој момент, нашето единствено решение е да се свртиме кон Создателот, за Тој да може да нè привлече на добрата страна.

Така, обврзани сме да размислиме за сè што ни се случува како тоа да е тест од Горе.

Кога ќе направиме така, брзо ќе се издигнеме до целта на созданието. За да го сфатиме Созданието општо и деталите за тоа што ни се случило, мораме да ја сфатиме крајната цел на созданието. Тогаш ќе ги разбереме постапките на Создателот, бидејќи сите тие зависат и произлегуваат од крајната цел.

Тоа е слично на нашиот свет, каде што ако не го разбереме идниот резултат, не можеме да ги сфатиме постапките на друга личност. Кажано е: „Не покажувај нешто кога е само до половина довршено."

Создателот го претставува целото создание, Светлината. Неговата цел е да нè задоволи со таа Светлина. Така, единственото нешто што Тој мора да го создаде е желбата да се биде задоволен. Сè што постои ја претставува Светлината и желбата да се биде задоволен. Сè друго што е создадено освен нас има само една намена – да ни помогне во достигнување на конечната цел на созданието.

Ние постоиме во Создателот, во океанот на Светлината која исполнува сè. Но Создателот можеме да го перципираме само во онаа мера во која можеме да се споредиме со Него по одликите. Светлината може да влезе само во оние наши желби кои се слични на оние на Создателот.

Колку се разликуваме во одликите и желбите од Создателот, до таа мера не го перципираме, бидејќи Неговата Светлина не нè проникнува. Ако сите наши одлики се спротивни на Неговите одлики, тогаш воопшто не го перципираме и се замислуваме дека само ние сме на светов.

Создателот се бори да ни даде задоволство преку Својата одлика на „желбата за давање." Од таа причина, ги има создадено сите светови и нивните жители со спротивната одлика, „желбата за примање."

Создателот ги создал сите наши егоистични одлики; затоа, нашата долна состојба не е наша вина. Но, Создателот сака да се поправиме и така да станеме како Него.

Светлината дава живот на сите супстанци: неживи, растителни, животински и човечки. Во нашиот свет, Светлината е прекриена и затоа не можеме да ја почувствуваме. Додека пливаме во океанот на Светлината на Создателот, ако дел од таа Светлина влезе во нас, се вика „душа."

Бидејќи Светлината на Создателот донесува живот, емитува животна енергија и задоволство, тие што не ја примаат Светлината, туку само добиваат безначаен сјај за да го одржат своето физичко постоење, се сметаат за духовно мртви и без душа.

Само неколкумина во овој свет, познати како кабалисти (кабала доаѓа од зборот *Лекабел:* „Да се прими учењето за начинот да се добие Светлината") добиваат способност да ја добијат Светлината. Секој од нас почнува од нашата изворна состојба, за време на која сме сосема несвесни за океанот на Светлина во кој „пливаме".

Затоа мораме целосно да си ја обновиме Светлината. Таквата состојба е позната како „Целта на созданието" или „Конечната корекција". Покрај тоа, таа состојба мора да се достигне во текот на еден од нашите овоземски животи.

Духовни градации

Кога сме постепено исполнети со Светлината на Создателот, стадиумите на овој процес се викаат „Духовни градации" или „Светови." Животните тестови и маки нè присилуваат да се движиме кон целта на созданието. Меѓутоа, ако место задоволство егото почувствува големо страдање, спремно е да ја остави желбата да „прима" за да му стави крај на страдањето, бидејќи е подобро да не прима ништо отколку да прими мачење.

Нè гонат различни маки додека не го оставиме нагонот „да примаме" и додека не посакаме само „да даваме." Единствената разлика меѓу луѓето е видот на задоволство кое секој се надева дека ќе го добие: животински (телесни задоволства, како кај животните), човечки (слава, чест, моќ) и спознајни (откритија, достигнувања).

Во секој од нас, нагонот кон овие задоволства се состои од размери единствени за секоја личност поединечно. Човечкиот интелект се нуди себеси само како алат за да ни помогне да ги оствариме своите желби. Иако тие желби може да се сменат, интелектот ни помага да најдеме начини да оствариме разни цели.

Кога егото почнува да страда, ја напушта желбата за уживање и станува наклонето да „дава." Периодот потребен за целосно да се избрише егото се вели дека е 6000 години. Меѓутоа, овој број нема врска со нашиот концепт за времето.

Егоизмот е познат како „тело." Кога сме под негово влијание, чувствуваме дека е духовно мртов. Затоа, го „убиваме" телото така што си заминуваме од него во пет стадиуми, од наједноставното до најегоистичното.

За тие егоистични желби на кои успеваме да им одолееме, ја добиваме Светлината на Создателот. На тој начин последователно ги добиваме петте вида Светлина: *Нефеш, Руа, Нешама, Хаја и Јехида.*

Стадиумите на нашето духовно издигнување се:

1. Тежнеењето кон егоистични задоволства на овој свет. Можеме да го завршиме животот без да излеземе од овој стадиум, освен ако не почнеме да ја изучуваме кабалата. Потоа одиме на стадиумот 2.
2. Препознавањето на егоизмот како штетен за нас и зол, проследено со нашето одрекување од неговата употреба. Точно во центарот на нашите егоистични желби е изворот или семето на нашата духовност.

   Во одреден момент во нашиот живот, почнуваме да чувствуваме желба и копнеж по разбирање и чувствување на духовноста. Ако се однесуваме во склад со овие желби и ги развиваме и негуваме, место да ги потиснуваме, тие желби ќе почнат да растат.

   Подоцна, со додавање на вистинската намера добиена под водство на учителот, почнуваме по првпат да ја чувствуваме духовната Светлина во нашите нови духовни желби. Нејзиното присуство ни помага да ги стекнеме увереноста и силата кои ни требаат за понатаму да го коригираме нашиот егоизам.
3. Достигнувањето на состојбата во која сакаме само да го задоволиме Создателот со секоја наша постапка.

4. Корекцијата на новостекнатата желба да „даваме" во желба „да примаме за доброто на Создателот." За тоа да го постигнеме, мораме да ги користиме своите желби за задоволство, но со намера „за доброто на Создателот."

Почетокот на оваа задача се вика „Оживување на мртвите." Во таа состојба, ги претвораме отфрлените егоистични желби во нивните спротивности и така имаме двојна победа. Можеме да уживаме и во Создателот и во нашата сличност со Него. Заклучокот на процесот на промената на егоизмот во алтруизам е познат како „Крај на корекцијата."

Секојпат кога ќе поправиме дел од своите желби, примаме дел од нашата душа и таа Светлина ни дозволува да продолжиме додека сосема не се смениме и повторно не ја добиеме нашата душа. Количеството на Светлина, тој дел од Создателот, точно соодветствува на нашиот прототип на егоизам, како што бил создаден од Создателот.

Со целосна преобразба на нашиот егоизам во алтруизам, можеме целосно да ги елиминираме сите преостанати бариери за примање на Светлината на Создателот. Сега можеме да се исполниме со Создателот, сосема соединувајќи се со Него така што го перципираме целиот океан од Светлина околу нас и уживаме во него.

Постојано се освестуваме во врска со нашиот ограничен потенцијал за да го разбереме светот.

Колку помалку се разбираме себеси, толку помалку можеме да го сфатиме Создателот.

Сите наши перцепции се резултат на субјективни осети, реакции на нашите тела на надворешни дразби.

Со други зборови, примаме и перципираме само онолку информации колку што ни е селективно пратено, според квалитетот и квантитетот или длабочината на нашиот потенцијал да ги перципираме.

Четири основни погледи

Бидејќи ни недостигаат конкретни информации за структурата и функцијата на повисоките, суптилни идеи кои не можеме да ги почувствуваме, си дозволуваме да филозофираме и расправаме околу тоа како би можеле да се изградени и како функционираат. Ова е слично на тоа кога децата се расправаат кој е во право во врска со некоја сосема непозната тема.

Кога религиските, секуларните, научните и псевдонаучните филозофии се обидуваат да ги дефинираат „душата" и „телото," сите се фокусираат на четири основни погледи:

Религиски

Сè што „постои" во некој предмет е неговата „душа." Секоја душа се разликува од друга по своите одлики, познати како „духовни одлики" на личноста. Душите постојат независно од телото пред раѓањето на телото, пред да бидат облечени во телото и по смртта на телото. Последново е сосема биолошки процес на белковини кои се распаѓаат на своите составни делови. (Идејата за „верник" не е истата како идејата за религиозен човек.)

Така, смртта на физичкото тело не влијае на самата душа, туку само служи да ја одвои душата од телото.

Душата претставува нешто вечно, бидејќи не е составена од материјали од овој свет. По својата природа, душата е неподелена. Не се состои од повеќе делови, па затоа не може да се подели, не може да се распадне и на крај не може да умре.

Физичкото, биолошкото тело е надворешната „облека" на душата, во која душата се облекува и, дејствувајќи преку телото, ги покажува своите интелектуални и духовни одлики, како и својот карактер. Тоа може да се спореди со нас кога возиме кола, покажувајќи ги своите желби, карактер и интелект на начинот на кој управуваме со колата.

Покрај тоа, душата на телото му дава живот и движење и го штити телото до таа мера што, без душата, телото нема живот и движење. Самото тело е мртов материјал, како што ни се покажува откако душата ќе го напушти во моментот на смртта.

Моментот на смртта го викаме „излегување на душата од телото." Како резултат на ова, сите животни знаци зависат и се одредени од присуството на душата.

Дуалистички

Како резултат на научниот развој, се појави нов поглед на физичкото тело: верувањето дека нашите тела исто така можат да постојат без никаква духовна состојка да им дава живот.

Всушност, телото може да постои апсолутно независно од душата. Тоа е докажано со разни биолошки и медицински експерименти кои сега можат да го оживеат телото или некои делови.

Но телото во состојба како оваа не е ништо повеќе од независно постоен биолошки предмет, составен од белковински супстанци. Факторот кој ги одредува разните лични одлики е душата, која слегува во телото од Горе, како во првиот пристап. Разликата меѓу дуалистичкиот и религискиот поглед се темели врз претпоставката на религискиот поглед дека душата, исто како што му дава живот на телото, му ги дава и интелектуалните и духовните одлики.

Дуалистичкиот поглед тврди дека душата му ги дава само духовните одлики на телото, бидејќи од експериментите е очигледно дека телото може да постои само по себе, без помош од додатни Виши Сили. Така, единствената функција на душата е да биде изворот на сите добри одлики кои се „духовни," но не и материјални.

Покрај ова, истиот пристап тврди дека и покрај способноста на телото независно да постои, тоа сепак е производ на душата. Душата е примарна, бидејќи е одговорна за раѓањето и одржувањето на телото.

Невернички

Неверник е некој што го негира постоењето на секакви духовни структури, како и на присуството на душата во телото. Неверникот го признава само постоењето на материјални супстанци и нивните својства.

Така, овој пристап вели – бидејќи нема душа, човековиот интелект, како и сите други својства на човечкото суштество, се резултат на телото кое ги создало. Ова гледиште вели дека телото е систем кој ги контролира своите карактеристики со праќање на команди преку електрични сигнали низ нервни проводници. (Неверник не значи исто што и нерелигиозен.)

Неверниците велат дека сите чувства во телото се јавуваат преку интеракцијата на нервните завршетоци опремени со надворешни стимулатори. Осетите преку нервните проводници поминуваат до мозокот, каде се анализирани и класифицирани како „болка" или „задоволство."

Умот реагира на одреден орган во одговор на тоа дали перципира нешто како болно или пријатно. Покрај тоа, се верува дека сè е составено како во механизам со сензори, каде сигналите се пренесуваат до мозочниот апарат и се процесирани и емитувани од мозочниот апарат.

Тие се исто така контролирани преку повратни информации. Мозокот функционира според принципот на оддалечување од болката и доближување до задоволството.

Болката против задоволството во сигналите ќе го одреди ставот на личноста кон животот и последователните постапки.

Разумот го гледаме како одраз на нашите физички процеси, слично на фотографија. Главната разлика меѓу човек и животно е фактот дека човечкиот мозок е прилично добро развиен. Всушност, сите процеси што се одвиваат во луѓето се кондензирани во една толку детална и темелна слика што ние ги гледаме тие процеси како разум и логика. Но сиот наш интелект е резултат на нашите физички перцепции и свесност.

Несомнено, од сите пристапи на сфаќање на овој проблем, овој пристап е најлогичен, најнаучен и најразбирлив, бидејќи се потпира само врз искуство. Се занимава само со нашите тела, место со некоја минлива идеја позната како „душа." Токму затоа овој пристап е најдоследен – бидејќи се занимава со нашите тела.

Меѓутоа, недостатокот на овој пристап е тоа што е незадоволителен и одбивен – дури и за неверниците. Овој концепт ги претставува луѓето како роботи во рацете на слепа природа (предодредени карактерни одлики, закони на општествена еволуција, барањата на нашето тело да го одржи животот, потрагата по задоволство, итн.). Сите овие нè лишуваат од статусот на разумни суштества.

Така, ако човекот е само механизам, присилен да дејствува во склад со податоци претходно подготвени во него и со прифатените општествени норми, тогаш оваа теорија ја негира целата идеја на слободната волја и правото да ги избереме сопствените постапки (објективно размислување).

Иако луѓето се создадени од природата, ние мислиме дека сме помудри.

Како резултат на тоа, овој поглед не може да биде прифатен дури ни од оние кои не веруваат во Вишиот Интелект, бидејќи луѓето се чини дека се сосема управувани од слепата природа која нема никаков дизајн ниту цел и само си игра со луѓето (разумните битија) без никаква цел, без причина за нивниот живот или нивната смрт.

За донекаде да го ублажи ваквиот научно логичен, но духовно неприфатлив пристап кон прашањето на нашето постоење, во наше време човештвото постепено усвои „модерен" поглед на себе.

Модерен

Ова станува модерно, особено денес, и покрај нашето тежнение да го прифатиме претходниот, материјалистички пристап кон созданието (како научно најиздржан и најразбирлив). Исто така е модерно и да се прифати дека во нас постои нешто вечно, бесмртно и духовно кое се облекло во материјалната телесна обвивка. Поточно, тоа е нашата духовна есенција, позната како душа, додека телото е само облека.

Сепак, приврзаниците на ваквиот поглед не можат да објаснат како душата се облекува во телото, односот меѓу душата и телото, изворот на душата и суштината на душата. Така, затворајќи ги очите кон сите тие прашања, луѓето прибегнуваат кон стар, проверен метод на самозадоволно живеење: забораваат сѐ во врска со нивните грижи во поројот на дневните мали товари и радости, живеејќи денес исто како што живееле вчера.

Кој може да разбере прашања како: Што е телото, а што душата? Каков е односот меѓу нив? Зошто се гледаме себеси како составени од два дела, материјален и духовен? Во кој од овие можеме да се најдеме себеси, нашето вечно „јас?" Што се случува со нашето внатрешно „јас" пред раѓањето и после смртта? Дали останува истото „јас" како што го гледаме сега? Дали е истото како она што го чувствуваме во телото и надвор од него, пред раѓањето и по смртта?

Најважно од сѐ, го користиме нашиот физички интелект да ги анализираме сите овие прашања и можни алтернативи. Тоа е начинот на кој проценуваме како нашата душа се преобразува и кружи и како нашите тела стануваат материјални.

Дали се овие слики вистински или се само производи на нашата фантазија, нашиот материјален ум. Умот создава слики на духовниот свет, на патот од тој свет до нашиот и враќањето од нашиот во духовниот, во склад со своето овоземско разбирање и недостиг на секаква друга информација.

Умот може да функционира само врз основа на тоа како го перципира светот втиснат во него и така ги создава нашите фантазии и претпоставки.

Слично на ова, не можеме да замислиме вонземско суштество кое е сосема поинакво од нас во секој поглед и нема елементи на нашето физичко устројство.

Тогаш се соочуваме со прашањето „Што ако сѐ што сме способни да замислиме, што е основа на нашите теории за животот, не е ништо повеќе од обид на нашиот ум да сфати нешто што е надвор од нашата способност за сфаќање?"

Ако ги прифатиме како вистинити идеите што ги произведува нашиот ум, врз основа на нашите искуства во овој свет (во недостиг на подобра алтернатива), мораме да прашаме дали, во рамките на нашите способности за перцепција во овој свет, постои одговор на прашањето, „Што се душата и телото?"

Веќе го спомнав во други делови на книгава проблемот на нашата ограничена способност за разбирање. До степенот до кој не можеме навистина да видиме, перципираме или испитаме некој предмет во светов, исто така не можеме навистина да просудиме за нашата душа, или пак за нашето тело.

Земајќи ги предвид четирите категории на тоа како сфаќаме некој предмет – неговиот материјален состав; неговиот надворешен облик; неговиот апстрактен облик и неговата суштина – можеме да го видиме само надворешниот облик на предметот онака како што ни се појавува и откако ќе го испитаме, материјалот од кој се состои. Но немаме никакво разбирање за далечниот облик на предметот, т.е. неговите нематеријални одлики (суштината).

17

Соединување со Создателот

Кабалата се нарекува „наука за скриеното" бидејќи на оној што ја учи му го открива тоа што претходно било скриено. Вистинската слика на постоењето му се открива само на оној што ја разбира, како што вели една песна од Рав Ашлаг:

Чудесната вистина ќе зрачи,
А устата ќе ја изусти само таа вистина,
А сето тоа ќе биде откриено во доверливост
Ти ќе видиш, но никој друг!

Кабалата е учење за она што е тајно, бидејќи е скриено од просечниот читател и станува откриено само под специјални услови. Тие што ја изучуваат ќе видат дека тие тајни од самите учења постепено стануваат сè појасни, заедно со специјалното водство кое ги насочува желбите и мислите на читателот.

Само оној за кого кабалата престанува да биде скриено учење и станува откриена може да ја види и сфати градбата на светот, а и таканаречените „душа" и „тело" можат да ги видат и сфатат само тие за кои кабалата престанува да биде скриено учење и станува откриена. Сепак, дури ни тие не можат да го пренесат својот поглед на созданието на никој друг, бидејќи немаат право да ја пренесат таа информација, со еден исклучок: За време на постепеното духовно издигнување, човек ја научува вистината на созданието: Не постои ништо освен Создателот!

Сетилните органи со кои сме создадени можат да перципираат само делче од целото создание, познато како „нашиот свет." Сите механизми што сме ги измислиле го прошируваат досегот на нашите сетилни органи. Не можеме да замислиме кои сетилни органи ни недостигаат бидејќи не чувствуваме никаков недостиг од нивното отсуство.

Тоа може да се спореди со немање чувство за потреба од шести прст на раката. Бидејќи ги немаме сетилата потребни за да ги перципираме другите светови, не можеме да ги насетиме. Затоа, и покрај тоа што сме опкружени со таква богата околина, можеме да видиме само мал дел од неа. Дури и делчето што го гледаме е доста искривено, бидејќи можеме да сфатиме само мало делче од него.

Меѓутоа, користејќи го она што го перципираме како темел, ги создаваме нашите гледишта за сè што постои – како тие што гледаат само во форма на рендгенски зраци, при што сè се гледа како скелетна слика што ги попречува рендгенските зраци, па ние имаме искривена слика на вселената. Исто како што не можеме да добиеме вистинска слика на универзумот преку гледање со рендгенски зраци, не можеме ни да ја сфатиме вистинската слика на созданието преку нашите ограничени сетила.

Никакво количество фантазија не може да ни го надомести недостигот на способност за перцепција, бидејќи дури и нашите фантазии се основани врз минати искуства. И покрај сето тоа, да се обидеме да создадеме едноставен концепт на таканаречениот „друг свет," кој постои на другата страна од нашата концепција, над досегот на нашите сетилни органи.

Прво, замислете дека сте во вакуум. Пред вас се простира пат. Долж патот на одредени интервали има ознаки од нула, кај што вие стоите сега, до крајот. Тие ознаки го делат патот на три дела.

Не се движиме по патот со наизменично движење на нашите стапала, туку со наизменично движење на нашите желби.

Во духовниот свет местото, просторот или движењето не постојат како ние што ги сфаќаме. Духовниот свет е свет на емоции кои постојат надвор од царството на физичките тела.

Предметите се емоции. Движењето е промена на одликите. Местото е одредена одлика. Местото во духовниот свет е дефинирано со своите карактеристики. Затоа, „движењето" е дефинирано како „промена во емоциите; слична на концептот на духовно движење во нашиот свет – движење на емоциите, но не физичко движење."

Така, патот кој се трудиме да го разбереме е постепеното менување на нашите внатрешни одлики, нашите желби.

Растојанието меѓу духовните предмети е дефинирано и измерено од разликата во нивните одлики. Колку послични се квалитетите, толку поблиску се чини дека се предметите. Блискоста или далечината е дефинирана од релативната промена во нивните својства. Ако два предмети се истоветни, ќе се соединат во еден. Меѓутоа, ако нова одлика се појави во еден од духовните предмети, таа одлика се издвојува од првата и на тој начин се раѓа нов духовен предмет.

На крајот од патот нè очекува самиот Создател. Неговиот атрибут – целокупната Волја за давање – го одредува Неговото растојание од нас. Бидејќи сме родени во овој свет само со егоистични одлики, оддалечени сме од Создателот како истокот од западот. А целта што ја поставува Создателот пред нас е да ги достигнеме Неговите одлики додека живееме во овој свет, т.е. духовно да се споиме со Него.

Нашиот пат ќе нè води до постепено менување на нашите одлики сè додека не станат точно како оние на Создателот. Единствената одлика на Создателот која ја дефинира Неговата суштина е целосното отсуство на секаква трага на егоизам.

Потоа следува отсуство на секакво размислување за себе, или за личната состојба или моќ – отсуство на сè што ја сочинува суштината на нашите мисли и тежненија. Но бидејќи постоиме во овој свет во специфична надворешна обвивка, мораме да се погрижиме за основните потреби за да се одржи оваа обвивка. Тоа не се смета за знак на егоизам.

Општо земено, можеме да одредиме дали мисла или желба на телото е егоистична со едноставен тест: Ако сакаме да бидеме ослободени од мисла, но нашиот опстанок зависи од неа, тогаш таквата мисла или постапка се смета за ненамерна, не егоистична, па така не нè одделува од Создателот. Создателот нè поттурнува накај нашата цел на следниов начин: Тој ни дава „лоша" желба или страдање, кое може да се спореди со чекорење нанапред со левата нога.

Ако во себе најдеме сила да го замолиме Создателот за помош, тогаш Создателот ќе ни даде „добра" желба или задоволство, кои можат да се споредат со чекорење нанапред со десната нога. Уште еднаш, од Горе добиваме уште појака лоша желба или сомнежи во врска со Создателот, и повторно, со уште поголем напор на волјата, мораме да го замолиме за помош.

Создателот ќе помогне така што ќе ни даде уште поголема добра желба, итн.

На таков начин, се движиме нанапред. Нема движење наназад. Колку се почисти желбите, толку подалеку е човек од почетната точка на апсолутен егоизам. Движењето нанапред е опишано на многу начини, но е секогаш наизменично напредување низ сите чувства.

По појавата на чувство за нешто духовно, потсвесно насетување на постоењето на Создателот, следува чувство на доверба, кое потоа носи чувство на радост. Потоа, тоа чувство почнува да бледнее, укажувајќи дека сме се издигнале до уште едно скалило на духовното издигање, кое не можеме да го перципираме поради недостиг на сетилни органи со кои би биле во состојба целосно да го доживееме. Бидејќи сè уште не сме го достигнале следното ниво преку страдање, напор и работа (уште не сме ги изградиле потребните садови), перцепцијата на следното ниво уште не е родена.

Новите сетилни органи за следниот стадиум (желбата за задоволство и чувството на страдање поради недостигот на тоа задоволство) можат да се развијат на два начина:

1. **Патот на кабалата.** Тука, почнуваме да го перципираме Создателот, па ја губиме врската. На нејзино место доаѓа страдање бидејќи не можеме да почувствуваме задоволство.

Страдањето е неопходно за на крај да почувствуваме задоволство.

На таков начин се раѓаат нови сетилни органи кои ни дозволуваат да го перципираме Создателот на секој нареден стадиум. Како во нашиот свет – без желба за цел или предмет, не можеме да почувствуваме задоволство од него.

Разликите меѓу луѓето, и меѓу човекот и животните, се одредени од тоа што тие избираат да им донесе задоволство. Затоа, духовниот напредок не е возможен без најпрвин да се почувствува недостиг. Мораме да почувствуваме недостиг од тоа што го посакуваме.

2. Патот на страдањето: Ако некој не може низ напор, учење, молби до Создателот и молби до пријателите да се издигне себеси до нови желби да го љуби и да се плаши од Создателот; ако покажува плиткост на мислата, непочитување на духовното и дека го влечат ниски задоволства, тогаш таквиот човек ќе се спушти до нивото на злите сили.

Во тој случај, ќе чекори долж левата линија во соодветните нивоа на злите (егоистични) светови: *АБЈА* (*Ацилут, Брија, Јецира, Асија*). Меѓутоа, страдањето ќе стане сад во кој може да се прими нова перцепција на Создателот.

Напредокот по патот на кабалата се разликува од патот на страдањето, според тоа што ни дава Светлината на Создателот. Тоа е чувство на присуството на Создателот, кое потоа е одземено од нас.

Кога ни недостига тоа задоволство, почнуваме да копнееме по Светлината. Тој копнеж е садот или нов комплет од сетилни органи, преку кои можеме да се обидеме да добиеме перцепција на Создателот. Тие цели нè влечат нанапред додека не ги добиеме саканите перцепции.

Кога напредуваме преку страдање, одзади нè турка страдањето, за разлика од патот на кабалата, каде напредуваме преку желбата за задоволство. Создателот нè насочува според Неговиот план – да нè доведе, да го префрли секој од нас и целото човештво, во овој или следните животи, до крајната точка на овој пат каде се наоѓа Тој.

Овој пат претставува чекори кои ќе ги преземеме за да му се доближиме како што прифаќаме сè повеќе од Неговите карактеристики. Само со спојување на нашите одлики со тие на Создателот ќе добиеме вистинска перцепција на создавањето на светот и ќе видиме дека не постои ништо освен Создателот.

Сите светови и нивните жители, сè што чувствуваме околу нас, како и ние самите, сме само дел од Него. Уште поточно, ние сме Тој. Сите наши мисли и постапки се одредени од нашите желби. Интелектот служи само да ни помогне да го достигнеме тоа што го сакаме.

Кога ќе ги добиеме нашите желби, тие ни се дадени од Горе и само самиот Создател може да ги промени.

Создателот тоа намерно го прави за да сфатиме дека сè што ни се случува во минатото, сегашноста и иднината во секоја област од животот апсолутно зависи од Него. Нашите ситуации можат да се поправат само ако Тој така сака, бидејќи Тој е причината на сè што се случило, се случува и ќе се случи.

Тоа е неопходно за да препознаеме и да почувствуваме потреба за врската со Него. Потеклото на тој процес можеме да го согледаме во изворниот недостиг на желба да го препознаеме на почетокот од патот, до крајот на патот, кога сосема ќе станеме приврзани кон Него.

Ако некој наеднаш осети желба да се доближи до Создателот, желба и привлечност кон духовното, тогаш тоа е затоа што Создателот го влече тој човек поблиску до Себе така што ги всадува во него тие чувства. Во обратна ситуација, гледаме дека со „паѓање" во нашите амбиции или дури во нашиот материјален, социјален и друг статус, преку неуспеси и загуби, постепено почнуваме да сфаќаме дека Создателот тоа намерно го прави.

На тој начин, поединецот може да се чувствува зависен од Изворот на сè што се случува, создавајќи разбирање дека „само Создателот може да помогне, инаку ќе пропаднам." Создателот тоа го прави намерно за да разбуди во нас силна потреба за Него, за да го охрабриме да ја смени нашата духовна состојба. На тој начин, копнееме по поголема блискост со Него, па тој може, во склад со нашите желби, да нè донесе поблиску до Себе.

Оттука, гледаме дека Создателот ни помага да се спасиме од (духовен) сон или положба во кои сме задоволни со нашата сегашна состојба. За да напредуваме кон целта зададена од Создателот, Тој ни праќа страдања и неуспех, и физички и духовни, преку нашата околина, семејство, пријатели, колеги и познајници.

Создадени сме така да видиме дека сè што е пријатно е резултат на нашето доближување до Него. Го чувствуваме и спротивното: дека сè што е непријатно е предизвикано од нашето оддалечување од Него. Од таа причина, нашиот свет е изграден на таков начин што зависиме од здравјето, семејството, љубовта и почитта на тие што се околу нас.

За Создателот, сите тие служат како гласници, за Тој да може да прати негативни влијанија кои ќе нè присилат да трагаме по решенија за овие притисоци, конечно сфаќајќи дека сиот свет зависи само од Создателот. Тогаш, со доволно сила и трпение, можеме да станеме достојни да поврземе сè што се случува во животот со желбата на Создателот, место со некоја друга причина, па дури и со нашите сопствени постапки и мисли во минатото. Со време, ќе стане јасно дека само Создателот е причина на сè што се случува.

Патот претставен тука е патот за сите нас, како и за човештвото воопшто. Тргнувајќи од почетната точка на која се наоѓаме во склад со нашите сегашни желби („нашиот свет") до конечната дестинација на која мораме да стигнеме дури и против нашата волја („Светот што доаѓа"), нашиот пат е поделен на четири стадиуми или состојби:

1. **Апсолутно отсуство на перцепција (апсолутно притајување) на Создателот.**

Последиците од оваа состојба се: отсуство на верување во Создателот и во божествениот надзор од Горе; верување во својата сопствена моќ, во моќта на природата, на околностите и случајноста.

Сето човештво е во овој стадиум (на ова духовно ниво). Кога сме во овој стадиум, нашиот живот станува процес на насобирање искуства во душата преку разни страдања што ни се пратени.

Душата насобира искуства преку повторните враќања на истата душа во овој свет во различни тела.

Штом душата стекне доволно искуство, човек може да го перципира првото духовно ниво.

2. Нејасна перцепција на Создателот.

Последиците на оваа состојба се верување во казна и награда, но и верување дека страдањето е резултат на оддалечувањето од Создателот. Задоволството се гледа како резултат на блискоста до Создателот.

Под влијанието на овие големи маки, може да се вратиме на претходниот стадиум. Меѓутоа, како што насобираме искуство, несвесни за овој процес, продолжуваме да учиме сè додека не сфатиме дека само нашата потполна свесност за Управата на Создателот ќе ни даде сила да напредуваме.

Во овие две ситуации, имаме способност да веруваме во Вишиот Надзор. Ако се обидеме, и покрај сите вознемирувања пратени од Горе, да ја зајакнеме нашата верба и да работиме да ја согледаме Управата на Создателот во Неговиот свет, тогаш по одреден број и интензитет на напори, Создателот ќе ни помогне така што ќе се открие и Себеси и сликата за постоењето.

3. Делумно откровение на Неговата управа во светот.

Тука, способни сме да ја видиме наградата за добрите дела и казната за лошите. Затоа, не можеме да сториме ништо освен да правиме добро и да се воздржуваме од лошо, исто како што секој од нас е неспособен да се воздржи од тоа да прави добро или да си наштети самиот.

Меѓутоа, овој стадиум на духовен развој не е конечниот, бидејќи во него сите наши постапки се ненамерни, како резултат на нашата свесност за наградувањето и казнувањето. Значи, има уште еден стадиум на духовен развој – добивање на перцепцијата дека сè што прави Создателот го прави со апсолутна и вечна љубов спрема Своите создадени суштества.

4. Откровението на целосната слика за управувањето на Создателот со светот.

Ова нуди јасна перцепција дека управувањето со светот од страна на Создателот не е засновано врз награда и казна за делата на човекот, туку врз Неговата бескрајна љубов спрема Своите созданија. Овој стадиум на духовен развој го достигнуваме кога јасно ќе согледаме дека во сите околности, со сите созданија општо и со секое посебно, без да суди дали нивните дела се добри или лоши, Создателот секогаш раководи и ги надзира само со апсолутна и бескрајна љубов.

Кога ќе го почувствуваме ова повисоко духовно ниво, веќе можеме да ја видиме идната состојба на сите. Можеме да ја видиме ситуацијата на оние кои уште не стигнале до оваа состојба, заедно со оние во минатото и во сегашноста кои веќе ја достигнале; исто така го разбираме знаењето за да го достигнеме истото ниво, како поединци и како целина.

Ова разбирање е резултат на Тоа што Создателот ја открива целата замисла на созданието и Неговиот однос со секоја душа во секоја генерација, во текот на целокупното времетраење на постоењето на сите светови. Овие светови се создадени со една цел – да им се даде задоволство на Неговите создадени суштества. Тоа е единствената намена што ги одредува сите постапки на Создателот кон Неговите создадени битија.

Тоа продолжува од почетокот до крајот на созданието, за сите тие заедно, и секој посебно, да можат да искусат бескрајно задоволство од нивната приврзаност за Него. Како резултат на ова, кога јасно ќе видиме дека постапките на Создателот се само за да направат добро на Своите создадени битија, во нас се формираат делата на Создателот кон Неговите созданија.

Следствено сме наполнети со чувство на бескрајна љубов спрема Создателот, и како резултат на сличноста на чувствата, Создателот и личноста се соединуваат во едно битие. Бидејќи тој стадиум ја претставува крајната цел на созданието, првите три стадиуми сочинуваат прелиминарни чекори потребни да се дојде до четвртиот.

Сите желби на поединецот се како заглавени во срцето, бидејќи таму можат да се почувствуваат во физиолошки облик. Затоа, нашето срце се смета за претставник на сите желби на телото и на нашата суштина. Промените во срцевите желби ги откриваат промените во личноста.

Од нашето раѓање, од времето кога сме се појавиле во овој свет, нашето срце е преокупирано само со грижите на телото; и само желбите на телото го интересираат. Срцето е полно само со желбите на телото и живее од нив.

Но длабоко во срцето, во длабочината на сите желби, има една точка која е скриена зад сите безначајни и привремени желби и не можеме да ја перципираме. Тоа е потребата да се почувствува нешто духовно. Таа точка е дел од самиот Создател.

Ако ние свесно, преку силата на нашите напори да ги надминеме и прескокнеме рамнодушноста и мрзливоста на телото, ги побараме во кабалата начините да се доближиме до Создателот, таа точка постепено се исполнува со чисти и добри желби. Така, ја добиваме перцепцијата на Создателот на првото духовно ниво, нивото на светот *Асија*.

Потоа, поминувајќи во своите перцепции низ сите нивоа на светот *Асија,* можеме да почнеме да го перципираме Создателот на нивото на светот *Јецира,* и така натаму, додека не стигнеме до највисокото ниво – перципирање на Создателот на нивото на светот *Ацилут.*

Секојпат ги доживуваме нашите перцепции во истата точка во нашите срца. Во минатото, нашите срца биле под влијание на желбите на телото, па внатрешната точка во срцето не добивала апсолутно никаква перцепција на Создателот. Сме можеле да мислиме само на желбите на кои телото нè присилувало да мислиме и да го посакуваме само она што телото нè терало да го посакуваме.

Ако го исполниме срцето со чисти и алтруистични желби преку молитви, молби и барања до Создателот за наше духовно покајание, ќе почнеме да го перципираме Создателот. Тогаш ќе можеме да мислиме само на Него, бидејќи во нас се родиле мисли и желби поврзани со тоа духовно ниво.

Значи, ние секогаш го посакуваме само она што сме принудени да го посакуваме од духовното влијание кое го добиваме, според нивото на кое се наоѓаме.

Со оглед на наведеното, станува јасно дека не треба да се бориме да ги смениме своите мисли, туку мораме да го замолиме Создателот да ги смени, бидејќи сите наши желби и мисли се само последици на она што го перципираме, или поточно, од степенот до кој го перципираме Создателот.

Во однос на целото создание, очигледно е дека сè произлегува од Создателот, но Создателот нè создал со одреден степен на слобода на волјата. Способноста да управуваат со своите желби се јавува само кај оние кои стигнале до нивоата на *АБЈА*. Колку повеќе се издигнуваме духовно, толку повисок е степенот на слобода.

За да разјасниме, можеме да го споредиме процесот на нашиот духовен развој со развојот на материјалната природа во овој свет. Сета природа и вселена претставуваат само една желба за себезадоволување. Тоа постои во секој поединец во разни степени и како што расте таа желба, сѐ понапредни битија доаѓаат во нашиот свет, бидејќи желбата го тера умот да работи и да го развива интелектот за исполнување на желбите.

Нашите мисли се секогаш резултат на нашите желби. Тие следуваат по нив и се насочени само кон достигнување на тие желби, и ништо друго. Заедно со тоа, мислите имаат посебна улога – со нивна помош, можеме да ги зголемиме желбите.

Ако постојано ги продлабочуваме и прошируваме нашите мисли за нешто и се трудиме постојано да се враќаме на таа мисла, постепено таа желба ќе почне да расте во однос на другите желби. Со постојани мисли за мала желба, можеме да ја зголемиме до голема желба, која ќе ги засени сите други желби и ќе ја одреди нашата суштина.

Фази на откровение

Најниското ниво на скалата на духовното го претставува неживиот дел од природата, сличен на вселенските тела, или минералите итн. Тоа ниво исто така се нарекува „неживо".

Неживото ниво во духовното (или некој кој се наоѓа таму) не е способно да дејствува независно. Не може да ги открие ни своите карактеристики, бидејќи желбата за задоволство во него е толку мала што по дефиниција само ги чува неговите карактеристики и не го поттикнува нивниот развој.

Недостигот на индивидуалност на ова ниво на созданието е нагласен во фактот дека не поседува ништо независно. Се фокусира слепо врз својата функција, автоматски спроведувајќи ги желбите на неговиот Создател, затоа што не може да замисли ништо друго, бидејќи нема индивидуални желби.

Бидејќи Создателот сакал неживите предмети да се однесуваат токму на тој начин, им дал најниско ниво на желби, за чиј развој не биле потребни такви предмети. Така, немајќи други желби освен тие што изворно ги всадил во нив Создателот, тие предмети слепо ги вршат своите задачи, грижејќи се само за нивните потреби на духовно неживата природа, без да ја чувствуваат својата околина. Слично на тоа, кај луѓето кои се духовно неживи, постои недостиг од индивидуални желби. Само желбите на Создателот ги водат и поради нивната природа мораат да го следат тоа водство темелно и потсвесно, според програмата всадена во нив од Создателот.

Затоа, и покрај фактот дека Создателот ја создал човечката природа на овој начин за Своја цел, во оваа духовна состојба луѓето не можат да перципираат ништо освен себеси. Поради тоа не можат да сторат ништо за другите, туку работат само за своја корист. Така, ова ниво на духовен развој се вика „неживо."

Повисок степен на развој може да се најде кај растенијата. Бидејќи Создателот на оваа група предмети им има дадено поголема желба за задоволство отколку на неживите предмети, на растенијата им треба одредено движење и раст за да ги задоволат своите потреби.

Но ова движење и раст е атрибут на *група,* а не индивидуално тежнение. Кај луѓето со растително ниво на желба, се јавува одредено ниво на независност од Создателот кој ја поставува програмата. Бидејќи Создателот сета природа ја изградил врз основа на апсолутен егоизам (желба за себе-задоволување), на растителното ниво овие поединци почнуваат да развиваат наклоност да се одвојат од желбите кои веќе им се всадени.

Оттука, почнуваат да дејствуваат од грижа за другите, т.е. тукуречи против својата природа. Меѓутоа, без оглед на тоа што растенијата во овој свет растат во сите насоки и имаат одредена слобода на движење, нивното движење уште се смета за колективно движење. Сепак, ниедно растение не може – поради целосен недостиг на соодветна желба – дури ни да ја сфати можноста за индивидувално движење.

Слично на тоа, човек кој е на растителното ниво на желбите не е способен да тежнее кон индивидуални напори што скршнуваат од нормите на колективот, општеството и неговото лично воспитување. Напротив, тој човек има за цел да ги зачува и почитува сите норми и закони на своето „растително" опкружување. Тоа се состои од слична група луѓе со „растително" ниво на развој.

Затоа, исто како билката, и човекот на ова ниво нема индивидуален, засебен живот, туку живее како дел од заедница, опстојувајќи меѓу бројни други кои се слични по природа.

Меѓу сите билки и меѓу сите луѓе на ова ниво може да се види само еден заеднички живот, а не индивидуален живот за секое битие. Сите билки како целина можат да се споредат со еден единствен растителен организам, во кој секоја билка може да се спореди со посебна гранка на тоа тело.

Луѓето кои му припаѓаат на „растителното" духовно ниво исто така може да се споредат со овој пример. Иако понекогаш застрануваат од нивните егоистични природи, сепак, бидејќи нивниот духовен развој е минимален, остануваат заробени од законите на општеството и нивното опкружување. Немаат индивидуални желби да му се спротивстават на општеството или своето воспитување, дури иако за некои работи веќе одат против својата основна природа и дејствуваат за доброто на другите.

Во духовната развојна градација, по растителното ниво следува животинското ниво. Тоа се смета за повисоко бидејќи желбите, кои Создателот ги доделил до ова ниво, ги развиваат оние што се на ова ниво до таков степен што наоѓаат задоволство во способноста да се движат независно од други и да размислуваат независно за исполнување на своите желби, многу повеќе отколку на растителното ниво.

Секое животно има индивидуален карактер и чувства независно од околното опкружување. Следствено на ова, човек на ова ниво на развој поседува поголема способност да функционира спротивно на егоистичките тежненија и за доброто на другите.

Но иако е стекнат еден степен на независност од колективот, кој води кон личен индивидуален живот што не е обликуван од мислењата на заедницата, чувствата за себе се сè уште најважни.

Тие што постојат на човечкото („говорно") ниво на развој се веќе способни за дејствување против својата природа и спротивно од колективот (за разлика од билките).

Тие луѓе се сосема независни од општеството во изборот на своите желби. Тие можат да сочувствуваат со кое било друго битие и така да се грижат за другите. Можат да им помогнат во нивната потрага по тоа да се подобрат себеси преку поистоветување со нивното страдање. Тие на ова ниво, за разлика од животните, можат да го насетат минатото и иднината, па така да дејствуваат, водени од препознавањето на главната цел.

Сите светови и стадиуми припишани на овие светови можат да се гледаат како низа екрани кои од нас го притајуваат (Светлината на) Создателот. Како што стекнуваме духовна сила да ги надминеме сопствените природи, секоја од нивните сили, секој нареден екран, исчезнува како да се истопил.

Следнава приказна го илустрира напредокот на нашата духовна потрага да ги истопиме екраните и да живееме како едно со Создателот.

18

Семокќниот волшебник кој не можел да биде сам

Приказна за возрасни

Знаете ли зошто само старите раскажуваат приказни и легенди? Бидејќи легендите се најпаметното нешто на светот! Сè во светот се менува, само вистинските легенди остануваат. Легендите се мудрост и за да ги раскажува, човек треба да има големо знаење и да гледа работи кои другите не ги гледаат.

За таа цел треба да има доста проживеано. Поради тоа само старците знаат како да раскажуваат легенди. Како што пишува во најголемата, најстарата магична книга „Старец е некој што стекнал мудрост."

Децата многу сакаат да слушаат легенди бидејќи имаат фантазија и мозок да замислат сè, не само тоа другите што го гледаат. Ако детето порасне и уште го гледа тоа што другите не го гледаат, станува мудар и паметен и „стекнува мудрост."

Бидејќи децата гледаат тоа што другите не го гледаат, знаат дека фантазијата е вистинска. Тие остануваат како „мудри деца," како што пишува во најголемата, најстарата магична книга „Зохар."

Си бил еднаш еден волшебник, голем и благороден и со добро срце, со сите одлики кои обично се припишуваат во детските книги. Но бидејќи имал толку добро срце, не знаел со кого да ја подели својата добрина. Немал никој врз кого можел да ја истури својата наклоност или да си игра со него, да поминува време со него и да мисли на него.

Волшебникот исто сакал да се чувствува посакуван, бидејќи е многу тажно да си сам.

Што да прави? Помислил да направи камен, малечок но убав, па можеби тоа ќе биде одговорот.

„Ќе го галам каменот и ќе чувствувам дека има нешто што е постојано покрај мене и на двајцата ќе ни биде добро бидејќи е многу тажно да си сам." Мавнал со волшебното стапче и во истиот момент се појавил камен точно каков што сакал.

Почнал да го гали каменот, да го гушка и да му зборува, но каменот не одговорил. Останал студен и не возвратил со ништо. Што и да му направел на каменот, тој останал истиот бесчувствителен предмет.

Тоа воопшто не му одговарало на волшебникот. Како може каменот да не одговори? Пробал да создаде уште некои камења, потоа карпи, ридови, планини, земја, Земјата, Месечината и галаксијата. Но сите биле исти... Ништо.

Уште бил тажен и осамен. Во својата тага, помислил дека место камења, ќе направи растение кое убаво ќе цвета. Ќе го наводнува, ќе му даде малку воздух, малку сонце, малку музика и растението ќе биде среќно. Потоа двајцата ќе бидат задоволни, бидејќи е тажно да си сам.

Замавнал со стапчето и веднаш се појавило растение, точно какво што сакал. Бил толку среќен што почнал да танцува околу него, но растението не се помрднало. Не заиграло со него ниту ги следело неговите движења. Само одговарало на она што му го давал волшебникот – најпрости работи.

Кога му давал вода – растело; ако не, умирало. Ова не било доволно за волшебник со толку добро срце кој со сето срце сакал да дава.

Морал да направи уште нешто, бидејќи е многу тажно да си сам. Потоа создал секакви билки од сите големини, полиња, шуми, овоштарници, плантажи и кории. Но сите се однесувале на истиот начин како првото растение, и тој повторно останал сам во својата тага.

Волшебникот мислел и мислел. Што да прави? Да создаде животно! Какво животно? Куче? Да, слатко мало кученце кое постојано ќе биде со него. Ќе го носи на шетање и кучето ќе потскокнува, ќе се топори и ќе поттрчнува.

Кога ќе се врател во палатата (или, бидејќи бил волшебник, замокот), кучето би било толку задоволно што го гледа што ќе истрчало да го поздрави. Двајцата би биле среќни, бидејќи е многу тажно да си сам. Мавнал со стапчето и се појавило куче, токму какво што сакал. Почнал да се грижи за кучето, го хранел, му давал да пие и го галел. Дури и трчал со него, го бањал и го носел на шетање.

Но љубовта на кучето се сведува на тоа да биде секогаш крај газдата, каде и да е тој. Волшебникот бил тажен што гледа дека кучето не може да возврати, дури и ако си игра со него толку убаво и секаде оди со него. Кучето не може да му биде вистински пријател, не може да го цени тоа што го прави за него, не ги разбира неговите мисли и желби, иако вложува толку напор заради него.

Но тоа било она што го сакал волшебникот. Затоа создал и други суштества: риби, живина, цицачи, но сè било попусто – никој од нив не го сфаќал. Било многу тажно да се биде толку сам.

Волшебникот седнал да размисли. Тогаш сфатил дека за да има вистински пријател, тоа ќе мора да биде некој што ќе го бара волшебникот, што многу ќе го сака неговото друштво, ќе биде како волшебникот, ќе може да љуби како него, да го разбере, да личи на него, да му биде партнер. Партнер? Вистински пријател?

Тоа ќе мора да биде нешто што му е блиско, што разбира што му дал и што ќе може да возврати така што ќе му даде сѐ. И волшебниците сакаат да љубат и да бидат љубени. Тогаш двајцата би биле задоволни, бидејќи е многу тажно да си сам.

Волшебникот потоа помислил да создаде човек. Тој би можел да му биде вистински пријател! Би можел да биде како волшебникот. Би му требало само малку помош за да биде како својот создател. Тогаш двајцата би се чувствувале добро, бидејќи е многу тажно да си сам.

Но за тие да се чувствуваат добро, човекот прво мора да се чувствува осамен и да биде тажен без волшебникот. Волшебникот повторно замавнал со стапчето и во далечината создал човек. Човекот не знаел дека постои волшебник кој го создал, го љуби, го чека и кој вели дека заедно ќе им биде добро бидејќи е многу тажно да си сам.

Но како човек кој се чувствува задоволен, кој има сѐ, дури и компјутер и фудбалска топка, кој не го познава волшебникот, ќе посака да го најде, да се запознае со него, да се зближи со него, да го љуби, да му биде пријател и да рече: „Дојди, на двајцата ќе ни биде добро, бидејќи е многу тажно да се биде сам, без тебе."

Човек го познава само своето опкружување и го прави тоа што го прават сите во негова близина, зборува како што зборуваат тие, го сака тоа што тие го сакаат, се труди да не ги навреди, учтиво замолува за подароци, компјутер или фудбал. Од каде да знае човекот дека постои волшебник кој е тажен затоа што е сам?

Но волшебникот има добро срце и постојано внимава на човекот, па кога созрева моментот, замавнува со стапчето и многу тивко го повикува човековото срце. Човекот мисли дека самиот бара нешто и не сфаќа дека волшебникот е тој што го вика и вели: „Дојди, на двајцата ќе ни биде добро, бидејќи е многу тажно да се биде сам, без тебе."

Потоа, волшебникот повторно замавнува со волшебното стапче и човекот го чувствува неговото присуство. Почнува да мисли на волшебникот, да мисли дека ќе им биде добро заедно, бидејќи е многу тажно да се биде сам, без волшебникот.

Уште еден замав со стапчето и човекот чувствува дека постои волшебна кула полна со доблест и моќ во која волшебникот го чека и дека само таму ќе се чувствуваат добро, бидејќи е многу тажно да си сам.

„Но каде е таа кула? Како да дојдам до неа? Каде е патот?" се прашува, збунет. Како да го сретне волшебникот? И понатаму го чувствува замавот на стапчето во своето срце и не може да спие. Постојано гледа волшебници и моќни кули, па не може дури ни да јаде.

Тоа се случува кога човек многу сака нешто, но не може да го најде и е тажен што е сам. Но за да биде како волшебникот – мудар, возвишен, благороден, со добро срце, полн со љубов и пријателски наклонет – замав со стапчето не е доволен. Човек мора да научи самиот да прави чуда.

Така волшебникот тајно и суптилно, нежно и незабележително, го води човекот до најголемата, најстара магична книга Зохар и му го покажува патот до моќната кула. Човекот ја грабнува за да може брзо да се сретне со волшебникот, својот пријател и да му каже: „Дојди, ќе ни биде добро заедно, бидејќи е многу тажно да си сам."

Но околу кулата има висок ѕид и многубројни стражари го одбиваат човекот, не дозволувајќи тој и волшебникот да бидат заедно и да им биде добро. Човекот очајува, волшебникот се крие во кулата зад заклучени порти, ѕидот е висок, стражарите будно чуваат, ништо не може да помине.

Што ќе се случи...? Како да бидат заедно и да им биде добро, затоа што е тажно да си сам?

Секојпат кога човекот е слаб и очајува, наеднаш ќе почувствува замав од стапчето и пак се втурнува кон ѕидините да проба да ги заобиколи стражарите, па што сака нека биде! Сака да ги провали портите, да дојде до кулата, да се качи по скалата и да стигне до волшебникот.

И секојпат кога ќе се втурне напред и ќе се доближи до кулата и волшебникот, стражарите стануваат повнимателни, посилни и повредни, тепајќи го безмилосно. Но по секој обид човекот станува похрабар, посилен и помудар. Научува самиот да изведе секакви трикови, да измислува работи какви што може само волшебник.

Секојпат кога ќе го оттурнат, тој уште повеќе го бара волшебникот, уште повеќе ја чувствува неговата љубов спрема него и повеќе од сè на светот сака да биде со волшебникот и да му го види лицето, бидејќи ќе биде добро да се заедно. Дури и ако добие сè на светов, без волшебникот, ќе се чувствува сам.

Тогаш, кога веќе не може да поднесе да биде без него, портите на кулата се отвораат, и волшебникот, неговиот волшебник, трча кон него и вели: „Дојди, ќе ни биде добро заедно, бидејќи е многу тажно да си сам."

И оттогаш, тие се верни, блиски пријатели и нема поубаво задоволство од она што е меѓу нив, засекогаш до бескрај. Толку им е добро заедно што никогаш не се сеќаваат, ни за момент, колку било тажно да си сам.

Крај

Низата од екрани го крие Создателот од нас. Тие екрани постојат во нас и во нашите души. Меѓутоа, Создателот е сè што е надвор од нас и нашите души со нивните екрани. Можеме да го перципираме само малечкиот дел од надворешното опкружување кој може да го проникне нашиот екран.

Сè што е надвор од нас е сосема надвор од нашата перцепција. На истиот начин, во овој свет ги гледаме само оние предмети кои се одразуваат врз внатрешната површина на окото, штом ќе влезат во нашиот видокруг.

Нашето знаење за духовните светови доаѓа од перцепциите и осетите што ги добиле душите на кабалистите, кои потоа ни се пренесени.

Меѓутоа, нивните постигнувања се ограничени од досегот на нивната духовна визија. Затоа, сите духовни светови кои ни се познати постојат само во однос на тие души.

Со оглед на наведеното, целото создание може да се подели на три дела:

1. Создателот

Не можеме да зборуваме за Него поради тоа што можеме да ги процениме само оние појави кои се во рамките на нашата духовна перцепција откако ќе поминат низ филтрирачките екрани.

2. Целта на созданието

Ова е нашата почетна точка, од која можеме да почнеме да ја испитуваме намерата на Создателот. Иако некои велат дека нејзината суштина се врти околу задоволувањето на Неговите созданија, ние не можеме да кажеме ништо друго за врската што ја има Создателот со нас поради недостиг на информации.

Создателот посакал да го почувствуваме Неговото влијание врз нас како задоволство и затоа ги создал нашите сетилни приемници на таков начин што ни дозволува да го осетиме Неговото влијание како задоволство. Но бидејќи сета перцепција е нешто што го доживува душата, бесмислено е да се зборува за други светови без да се поврзе тој предмет со оние што ги перципираат тие светови. Без способноста на душата за перцепција, другите светови не постојат.

Филтрирачките екрани кои стојат меѓу нас и Создателот всушност ги претставуваат тие светови. *Олам* настанува од зборот *Алама*, што значи „притајување." Световите постојат само за да пренесат макар и делче од задоволството (Светлината) кое излегува од Создателот и оди кон душата.

3. Душите

Тоа се суштества создадени од Создателот кои се перципираат себеси како да имаат независно постоење. Тоа чувство е мошне субјективно и во суштина се претвора во душата, која е нашето индивидуално јас, специфично создадена на тој начин од Создателот. Меѓутоа, во стварноста ние сме всушност Негов составен дел.

Целиот развоен пат на човекот, од почетниот стадиум до конечниот стадиум на кој сосема се соединува со Создателот во сите Негови одлики, може да се подели на пет стадиуми. Секој од нив пак може да се подели на пет под-стадиуми кои се состојат од уште по пет под-стадиуми.

Вкупно, има 125 стадиуми. Секој човек на одреден стадиум ги доживува истите чувства и влијанија како и секој друг човек на истиот стадиум. И секој ги поседува истите духовни сетилни органи, па затоа може да почувствува исто што и секој друг на тој стадиум.

Слично на ова, секоја личност во нашиот свет ги поседува истите перцептивни органи кои ги даваат истите перцепции, но не дозволуваат перцепција на други светови.

Затоа, книгите за кабалата можат да ги разберат само оние кои стигнале до нивото на авторот, бидејќи тогаш авторот и читателот ќе имаат слични искуства. Тоа важи и за читателите и авторите кои опишуваат настани од овој свет.

Од духовните светови, душата ја прима свеста за блискоста на Создателот, како и духовно задоволување и просветлување кои го придружуваат соединувањето со Него. Душата исто така ја прима, од разбирањето на Неговите желби и законите на Неговото владеење, т.н.. „Светлина на Создателот," или способноста да го перципираат.

Како што напредуваме на духовниот пат, постепено перципираме дека нешто нè влече сè поблиску до Создателот. Тоа е причината што добиваме нов поглед на Откровението на Создателот во секоја фаза од нашето патување.

За тие што можат да го сфатат само нашиот свет, Библијата изгледа како збирка закони и историски настани кои го опишуваат однесувањето на луѓето во овој свет. Меѓутоа, тие што се понапредни на својот духовен пат почнуваат да ги согледуваат духовните постапки на Создателот зад имињата на предметите и постапките на овој свет.

Од сето наведено, станува јасно дека во созданието има двајца учесници: Создателот и човекот, создаден од Семоќниот. Сите други визии што се јавуваат пред нас, било да е нашата перцепција на нашиот свет или дури нашата перцепција на Вишите Светови, се само разни фази на откровение на Создателот кој е на пат да ни се доближи.

19

Духовни нивоа

Целото создание може да се опише како функција на четири параметри: време, душа, свет и Извор на постоење. Тие се регулирани однатре со Волјата и Желбите на Создателот.

Време: причинско-последична прогресија на настани која се одвива кај секоја една душа и во целокупното човештво, слично на историскиот развој на човештвото.

Душа: сè што е органско (живо), вклучувајќи ги луѓето.

Свет: целиот неоргански (безживотен) универзум. Во духовните светови, тоа одговара на неорганското ниво на желби.

Извор на постоењето: планот за развој на настаните. Тоа се појавува, се случува во секој од нас и во човештвото воопшто, тоа е планот за управување со целото создание и го доведува до првично предодредената состојба.

Кога решил да ги создаде сите светови и човечките суштества во нив за да ги донесе поблиску до Себе, Создателот постепено го намалил Своето присуство така што ја намалил Својата Светлина за да го создаде нашиот свет. Четирите фази на постепено (одозгора надолу) притајување на присуството на Создателот се познати како „светови." Тоа се:

Ацилут: свет во кој присутните се наполно соединети со Создателот.

Брија: свет во кој присутните се поврзани со Создателот.

Јецира: свет во кој присутните го перципираат Создателот.

Асија: свет во кој присутните речиси воопшто или воопшто не го перципираат Создателот. Ова ниво го вклучува нашиот свет како последен, најдолен и најоддалечен од Создателот.

Сите овие светови произлегле еден од друг и на некој начин, се меѓусебни копии. Секој подолен свет, за еден подалеку од Создателот претставува погруба верзија, а сепак точна копија на претходниот.

Интересно, секој свет е реплика во сите четири параметри: свет, душа, време и Извор на постоењето. Така, сè во нашиот свет е директен резултат на процеси кои веќе во минатото се случиле во некој повисок свет, а сè што се случило таму е резултат на нешто што се случило уште порано, и така натаму, сè до точката кога сите четири параметри – светот, времето, душата, и Изворот на постоењето – се соединуваат во еден единствен Извор на постоењето, во Создателот!

Тоа „место" е познато како *Ацилут*. Облекувањето на Создателот во облеката на световите *Ацилут*, *Брија*, *Јецира* (Неговото појавување пред нас преку блесоци од Светлината низ екрани кои ги ослабуваат тие светови) е познато како кабала. Облекувањето на Создателот во облеката на нашиот свет, светот *Асија*, е познато како напишаната *Тора*.

Всушност нема никаква разлика меѓу кабалата и Тора на овој свет. Изворот на сè е Создателот.

Со други зборови, дали студентот ќе учи и живее според Тора, или според кабалата, зависи од неговото духовно ниво. Ако некој е на нивото на овој свет, тогаш го гледа и перципира овој свет и *Тора* како да се сè.

Меѓутоа, ако студентот се качи на повисоко ниво, ќе се појави поинаква слика. Обвивката на овој свет ќе исчезне и она што ќе остане ќе бидат обвивките на световите *Јецира* и *Брија*. Тогаш Тора и сета стварност ќе се појават во поинакво светло, како што им се појавува на тие што го достигнуваат нивото на светот *Јецира*.

Во тој момент, Библијата, со сите свои приказни за животни, војни и предмети од овој свет, ќе се претвори во кабала – опис на светот *Јецира*.

Ако човек се издигне уште повисоко до светот *Брија* или *Ацилут* тогаш ќе се појави сосема нова слика на светот и механизмот кој управува со него, во согласност со духовната состојба на човекот.

Нема разлика меѓу настаните во Библијата и кабалата, Библија на духовниот свет. Разликата е во духовното ниво на учесниците. Всушност, ако двајца ја читаат истата книга, едниот во неа ќе види историски настани, а другиот описи на власта над световите, која јасно ја согледува од Создателот.

Оние од кои Создателот е сосема скриен постојат во светот *Асија*. Затоа, на крај, ним сè им изгледа како да не е добро: светот како да е полн со страдање и не можат да го видат како поинаков поради притаеноста на Создателот.

Ако веќе почувствуваат некакво задоволство, тоа се јавува само како задоволство кое следува по страдањето. Само кога човек ќе стигне до нивото *Јецира*, Создателот делумно се открива и му дозволува да види како Тој владее со наградување и казнување; така се раѓа љубовта (зависно од наградата) и стравот (зависно од казната) кај таа личност.

Третиот чекор – безусловната љубов – се јавува кога човек ќе сфати дека Создателот никогаш не му наштетил, туку само му правел добро. Тоа соодветствува на нивото *Брија*. Кога Создателот ќе ја открие целата слика на созданието и Неговата власт врз сите созданија, тогаш во човекот се јавува апсолутна љубов спрема Создателот, бидејќи Неговата апсолутна љубов спрема сите Негови созданија сега е видлива.

Ова разбирање го издигнува човекот до нивото на светот *Ацилут*. Така, нашата способност да ги разбереме Неговите постапки зависи само од степенот до кој Создателот ќе ни се открие, бидејќи сме создадени на таков начин што однесувањето на Создателот влијае на нас (нашите мисли, одлики, дела) автоматски. Затоа, можеме само да го замолиме да нè промени.

Без оглед на тоа што сите постапки на Создателот се суштински добри, постојат сили што исто така произлегуваат од Создателот, кои како да дејствуваат спротивно на Неговите желби. Тие сили често будат критики за Неговите постапки и затоа се познати како „нечисти."

На секој чекор, од првата до последната точка на нашиот пат, постојат две спротивни сили. Двете се создадени од Создателот. *Чиста* и *нечиста* сила. Нечистата намерно буди во нас недоверливост и нè оттурнува од Создателот. Но доколку, игнорирајќи ја оваа нечиста сила, сепак се потрудиме да го молиме Создателот да ни помогне, тогаш ја зајакнуваме нашата врска со Него и добиваме чиста сила. Тоа нè издигнува до повисоко духовно ниво и во тој момент нечистата сила престанува да влијае на нас, бидејќи веќе ја одиграла својата улога.

Нечистата сила на светот *Асија* (чекор 1)

Оваа сила сака да предизвика настани преку негирањето на постоењето на Создателот.

Нечистата сила на светот *Јецира* (чекор 2)

Оваа сила сака да нè убеди дека светот не е управуван преку награда и казна, туку со каприциозност.

Нечистата сила на светот *Брија* (чекор 3)

Оваа сила сака да ја поништи нашата перцепција на љубовта која Создателот ја има за нас, која, пак, ја буди нашата љубов за Создателот.

Нечистата сила на светот *Ацилут* (чекор 4)

Оваа сила сака да ни докаже дека Создателот не дејствува секогаш во склад со апсолутната љубов спрема сите Негови созданија и така се труди да ги спречи нашите чувства на апсолутна љубов спрема Создателот.

На тој начин станува јасно дека нашето издигнување до секое наредно духовно ниво, Откровението на Создателот и достигнувањето на задоволството кое доаѓа од доближувањето кон Него, бараат да ги надминеме соодветните спротивни сили. Тие се јавуваат во вид на мисли и желби. Само кога ќе ги надминеме можеме да се кренеме до следното ниво и да направиме уште еден чекор на нашиот пат.

Од наведеното, можеме да заклучиме дека спектарот на духовни сили и сетила на четирите светови: *Асија-Јецира-Брија-Ацилут* има соодветен спектар на спротивни и паралелни сили и сетила од четирите нечисти светови *Асија-Јецира-Брија-Ацилут*. Движењето нанапред е наизменичен процес.

Само откако ќе ги надминеме сите нечисти сили и пречки кои ни ги праќа Создателот, и потоа ќе го замолиме Создателот да се разоткрие Себеси – така давајќи ни ја силата потребна да ја поднесеме моќта на нечистите сили, мисли и желби – ќе можеме да го достигнеме чистиот стадиум.

Уште од раѓањето, секој од нас се наоѓа во состојба во која Создателот е апсолутно скриен од нас. За да почнеме да напредуваме на опишаниот духовен пат, мораме:

1. Да ја согледаме нашата сегашна состојба како неподнослива.

2. Да чувствуваме, барем до извесна мера, дека Создателот постои.
3. Да чувствуваме дека зависиме само од Создателот.
4. Да сфатиме дека само Создателот може да ни помогне.

Со откривање на Себеси, Создателот може веднаш да ги промени нашите желби и во нас да создаде интелигенција со нова суштина. Појавата на тие јаки желби во нас веднаш ја буди силата да ги исполниме.

Единственото нешто што ја дефинира нашата суштина е комбинацијата и збирот на нашите желби.

Нашиот разум постои само за да ни помогне да ги оствариме тие желби. Навистина, разумот служи само како помошна алатка.

Напредуваме по нашиот пат низ стадиуми, одејќи напред чекор по чекор, наизменично под влијание од нечистата (лева) егоистична и чистата (десна) алтруистична сила. Надминувајќи ги левите сили со помош на Создателот, ќе ги стекнеме одликите на десните.

Значи, патот е како две шини: лева и десна – како две сили кои одвлекуваат и привлекуваат кон Создателот, слично на двете желби – егоизмот и алтруизмот. Колку подалеку сме од појдовната точка, толку се појаки спротивните сили.

Кога ќе станеме послични на Создателот во желбите и љубовта, ќе напредуваме, бидејќи љубовта на Создателот е единственото божествено чувство кон нас, од кое произлегуваат сите други чувства. Создателот сака да ни прави само добро, да нè доведе до идеалната состојба, која може да биде само состојба налик на таа на Создателот.

Тоа е состојбата на бесмртност, исполнета со бескрајно задоволство од чувствувањето безгранична љубов за Создателот, кој емитува слично чувство. Бидејќи достигнувањето на таа состојба е целта на created, сите други желби се сметаат за нечисти.

Целта на Создателот е да нè доведе до состојба слична на Неговата. Таа цел е задолжителна за секој од нас и за целото човештво, сакале ние или не. Не можеме никако да ја посакуваме таа цел само затоа што можеме да ги видиме сите задоволства и да најдеме спасение од сето страдање, со тоа што ќе се соединиме со Создателот.

Страдањето го праќа самиот Создател за да нè турне напред, да нè присили да ги менуваме своите опкружувања, навики, постапки и ставови, бидејќи сме инстинктивно спремни да се ослободиме од страдање. Покрај тоа, не можеме да осетиме задоволство без прво да доживееме страдање, исто како што не може да има одговор ако нема прашање; не може да има ситост ако нема глад.

Така, за да осетиме нешто прво мораме да го почувствуваме спротивното. Затоа, за да ја почувствуваме привлечната моќ и љубовта за Создателот, мораме да ги почувствуваме токму спротивните чувства, како омразата и отуѓувањето од идеи, навики и желби.

Ниедно чувство не може да настане од вакуум; мора да постои дефинитивна желба да се достигне тоа чувство. На пример, човек треба да се научи да ја разбере и со тоа да ја засака музиката. Необразовано лице не може да ја сфати среќата на образованото, кое по тешки напори открива нешто по кое се трагало долго време.

Желбата за нешто е позната во терминологијата на кабалата како „сад" (Кли), бидејќи токму чувството на недостиг е неопходниот предуслов за задоволството да го исполни. Големината на задоволството кое некој ќе го добие во иднина зависи, се разбира, од големината на садот.

Дури и во нашиот свет, можеме да видиме дека не е големината на желудникот, туку желбата, чувството на глад, она што одредува колкаво ќе биде задоволството добиено од храната. Нивото на страдање заради отсуство на посакуваното ја одредува големината на садот, а тоа пак го одредува количеството на задоволство што ќе се прими.

Задоволството кое ја исполнува желбата која треба да се задоволи е познато како Светлина, бидејќи му дава на садот чувство на исполнетост и задоволеност.

Затоа, мора да постои желба која е толку јака што човек ќе страда заради недостигот. Само тогаш може да се каже дека садот е подготвен да го прими изобилството што човекот толку желно го исчекувал.

Целта на создавањето на нечистите сили (желби), познати како *Клипот* е во човекот да создаде желба со бескрајна големина. Кога не би постоеле желбите на *Клипот*, ние никогаш не би почувствувале нагон за нешто повеќе од основните желби на телото.

Така, би останале на детско ниво на развој. *Клипот* е она што нè тера да побараме нови задоволства, бидејќи постојано создаваат нови желби кои бараат исполнување и кои нè тераат да се развиваме.

Достигнувањето на одликите карактеристични за светот *Ацилут* е познато како „воскреснување на мртвите," бидејќи на тој начин сите нечисти (мртви) желби ги претвораме во нивниот чист облик. Пред светот *Ацилут*, човек, како да се движи на две железнички шини, може само да ги менува желбите во спротивни желби, но не може сите желби да ги претвори во чисти.

Откако ќе влеземе во светот *Ацилут*, можеме да ги исправиме минатите желби, со тоа достигнувајќи повисоки стадиуми на духовното издигање. Овој процес е познат како „воскреснување на мртвите" (желби).

Се разбира, воскреснувањето во случајов не значи воскреснување на нашите физички тела. Тие, како и телата на сите созданија што го населуваат светов, ќе се распаднат штом душата ќе замине од нив и немаат никаква вредност без присуството на душата.

Ако, како резултат од работата на себеси, веќе не сме контролирани од нечисти желби, но тие сепак уште ни го одвлекуваат вниманието, па не можеме да се поврземе со Создателот, таквата ситуација се нарекува Шабат. Но ако нашите мисли и копнежи за Создателот скршнат или заради нас самите или под влијанието на туѓи мисли и им дозволиме на тие туѓи мисли или желби да влезат ("сквернавење на Шабат"), тогаш не ги сметаме тие мисли за туѓи туку за наши сопствени. Сигурни сме дека тие се исправните мисли, а не оние кои претходно нè донеле директно, без сомнежи на нашиот пат, до Создателот.

Ако голем човек кој е експерт во одредено поле се придружи на група други луѓе од истото поле кои се второкласни и тие го убедат дека е подобро да се работи со половина срце отколку со цела душа, тогаш тој голем експерт постепено ќе го изгуби талентот.

Меѓутоа, ако таквиот експерт се најде меѓу просечни работници, но доаѓа од друго поле на дејност, тогаш тој нема да биде оштетен, бидејќи нема дружење меѓу него и другите работници. Затоа, тој што навистина сака да успее во одредено поле на стручност треба да се бори да стане дел од средина на експерти кои својата работа ја третираат како уметност.

Настрана од ова, најзабележителната разлика меѓу експерт и обичен работник е тоа што експертот добива задоволство од самата работа и од нејзините резултати, а не од платата што ја добива за таа работа. Следствено на ова, тие што навистина сакаат духовно издигнување се како експерти меѓу специјалисти во друго поле. Целта на експертот е да расте духовно, додека целта на специјалистите е да го добијат најголемото задоволство од овој свет.

Затоа, мислењата на специјалистите не претставуваат некоја голема опасност. Дури и ако за момент го усвоиме другото гледиште, во следниот миг ќе стане очигледно дека таквото мислење произлегло од неверници. Во тој момент, тоа ќе биде отфрлено и изворните цели ќе бидат вратени.

Меѓутоа, човек треба да се варди од другите што веруваат, но не внимаваат убаво на исправните причини за исполнување на заповедите.

Тие луѓе ја исчекуваат наградата која ги чека во светот што ќе дојде и само со таа цел ги следат заповедите. Треба внимателно да се избегнуваат.

Особено треба да се внимава на оние што се нарекуваат себеси „кабалисти" или мистици и да се бега што подалеку од нив. Тие луѓе можат да нанесат штета на нашите новостекнати способности во таа област.

Кабалата го претставува созданието како составено од два елемента: Создателот и Неговата желба да биде задоволен со блискоста до Него. Таа желба за такво задоволување, како Изворот на бескрајно, апсолутно задоволство е позната како „душа." Слична е на сите наши желби но постои без физички облик.

Причината и целта на созданието е желбата на Создателот да ги задоволи нашите души. Желбата на душата е да биде задоволена од Создателот. Желбата на Создателот и желбата на душата се разрешуваат кога ќе се доближат меѓусебно и ќе се соединат. Кога одликите и желбите се совпаѓаат, резултатот е соединување и блискост.

Слично на ова, во нашиот свет сметаме дека друга личност ни е блиска поради *чувството* на блискост што го доживуваме, а не заради физичката блискост. Како во нашиот свет – колку е поголемо почетното растојание на одвоеност, толку се поголеми пречките кои стојат на патот да се достигне посакуваното, и толку поголемо задоволство добиваме од достигнувањето на она за што сме тежнееле.

Од таа причина, Создателот ја става душата во положба која е најоддалечена и спротивна од Него: Тој апсолутно се притајува Себеси како Изворот на сите задоволства и ја става душата во тело со желба да добива задоволство од сѐ што ја опкружува.

И покрај притајувањето на Создателот и пречките кои ни ги поставуваат желбите на телото, можеме да развиеме желба во себе да се приближиме и припоиме до Создателот. Тогаш, токму заради овие пречки предизвикани од противењето на телото, ќе чувствуваме многу поголема желба да добиеме задоволство од Создателот отколку што било возможно пред душата да ни биде ставена во телото.

Методот на подучување за тоа како да се припоиме кон Создателот е познат како кабала, што доаѓа од глаголот „Лекабел" – да се прими задоволство од Создателот. Со помош на зборови и описи од нашиот свет, кабалата ни ги доловува доживувањата на духовниот свет.

Според кабалата, сѐ што е напишано во Библијата (што значи Петокнижието на Мојсеј, Писанијата и Пророците) е кажано за да нѐ подучи како да стигнеме до целта на создението.

Кабалата ова значење го гледа во следниве зборови: „Во почетокот" (во почетокот на работата на себе, почетокот на доближувањето до Создателот) „нашите предци" (почетната состојба на нашите желби) „биле идолопоклоници" (сите лични желби биле насочени накај добивање задоволство) „И потоа, Создателот избрал еден од нив" (од сите наши желби, избираме една, а тоа е да се сондиниме со Создателот) „и му наредил да се оддели од својата земја и народ и да се насели на друго место" (за да го перципираме Создателот, мораме една желба да издигнеме над сите други – желбата да го перципираме Создателот – и да се оддалечиме од сите други желби).

Ако можеме да избереме само една желба, да ја негуваме и да живееме според неа, тоа е желбата да се соединиме со Создателот. Тогаш, тоа е како да преминуваме во друг живот, живот на духовноста. Ако сакаме да одиме напред или ако сме веќе на патот кој води директно до Создателот, тогаш се викаме „Израел," што доаѓа од зборовите *Јашар* (директно), *ле'Ел* (до Создателот).

Создавањето на светот, вклучувајќи го неговото зачнување и управување, му овозможува на светот да постои и напредува според предодредениот план кон целта заради која е создаден.

20

Враќањето кај Создателот

За да се спроведе Божествениот Надзор и така да се дозволи слободен избор во човечките постапки, биле создадени два системи на владеење. Наспроти секоја позитивна, чиста сила секогаш постои спротивна, негативна, нечиста сила. Четирите светови на *АБЈА де Кедуша* (позитивни) се создадени наспроти четирите негативни, нечисти светови на *АБЈА де Тум'а* (нечистотија).

Во нашиот свет, разликата меѓу чистите и нечистите сили не е очигледна, исто како што се чини дека нема разлика помеѓу некој што духовно се издигнува накај Создателот и некој кој не се развива духовно. Ние самите не сме способни да ја знаеме вистината за тоа дали напредуваме или стоиме во место и не можеме да одредиме дали врз нас влијае позитивна или негативна сила. Затоа, свеста и увереноста дека нашите патишта се вистински и исправни се крајно лажливи и често може да се случи да не сме избрале правилно.

Но ако сме на самиот почеток од нашето духовно патување, како правилно да напредуваме за да стигнеме до целта на созданието и на нашето постоење? Без дефинитивно разбирање на тоа што е добро, а што зло за нашето крајно одредиште и за нашата вистинска и вечна благосостојба – како ќе го најдеме вистинскиот пат во овој свет?

Сето човештво талка изгубено, како во шума, создавајќи погрешни теории за суштествената цел на животот и како таа да се достигне.

Дури и оние меѓу нас што се на почетната точка на вистинскиот пат немаат и не можат да утврдат дали нашите мисли и желби се исправни или не.

Можно ли е дека Создателот би нè создал без да нè подготви со некаква помош за нашата безнадежна и нерешлива состојба? Здравиот разум вели дека не е разумно да се создаде нешто со јасна цел и потоа да се препушти процесот во рацете на такви слаби и слепи суштества како нас.

Секако, Создателот не би постапил така. Затоа, веројатно во сите ситуации, ни дал начин како да го најдеме вистинскиот пат. Всушност, единствениот начин е да се оди над разумот. На сите наши патишта, доживуваме неуспеси и учиме како да не одиме. Не успеваме во ништо ако прво не се сопнеме. Кога ќе почувствуваме дека сме стигнале до состојба на очај, ни треба Создателот.

Всушност, постои само една многу важна потврда за исправноста на избраниот пат, а тоа е помошта на Создателот! Тие што ќе го изберат патот на нечистите и егоистични *АБЈА* не стигнуваат до своето духовно одредиште, патем ја губат сета своја сила и на крај стигнуваат до бариерата на краен очај, бидејќи не заслужиле Создателот да им ја открие целата слика на созданието.

Од друга страна, тие што ги следат патиштата на чистите светови *АБЈА* се наградени со свест, а разбирањето на целото создание се добива како благослов од Создателот. Тие луѓе се способни да ја достигнат највисоката духовна состојба.

Затоа, ова е единствениот тест во нашиот свет (нашата состојба) за тоа по кој пат треба да тргнеме, како да дејствуваме и кои мисли да ги избереме за да ни помогнат да ги оствариме нашите цели, без оглед на мислите и желбите што ги добиваме од чистиот свет *Асија* и нечистиот свет *Асија*.

Разликата меѓу тие што го следат вистинскиот пат и тие што грешат е тоа што Создателот ќе им се открие на првите и ќе ги привлече поблиску, за разлика од вторите.

Така, ако видиме дека тајните на кабалата не ни стануваат јасни, мораме да заклучиме дека овој пат е неточен, иако ентузијазмот, силното убедување и имагинацијата можат да покажуваат во друга насока и да укажат дека веќе сме стигнале до одредени духовни височини. Таквиот крај е вообичаен кај оние што се занимаваат со аматерско проучување на кабалата и „мистични" филозофии.

Целиот пат на духовно издигнување низ стадиумите на световите *АБЈА* може да се опише како наизменична примена на сила, која доаѓа од секој нареден стадиум на кој се наоѓаме во секој даден момент. Секоја од тие сили е означена со одредена буква од хебрејската азбука. Тоа значи, секоја буква симболизира духовна сила што управува со одреден стадиум во световите *АБЈА*. Но само една сила може да нè спаси и да нè ослободи од власта на егоистичните желби. Таа сила е благословот на Создателот, означена со буквата *Бет*.

Нема спротивна соодветна сила во нечистите светови на *АБЈА*, бидејќи благословот извира од едниот единствен Создател и не може да има ништо што му е рамно во ниеден нечист свет на *АБЈА*. Затоа, светот постои само преку благословот на Создателот и само тој благослов може да ја расветли разликата меѓу доброто и злото, или поточно, помеѓу она што му носи добро на човека и она што му прави штета.

Само со благослов од Создателот може да се разликуваат чистите од нечистите сили и да се надминат нечистите долж целиот свој животен пат кон целта на созданието. Ова јасно покажува дали човек се залажува самиот или навистина се движи накај духовните светови.

Секоја сила во царството на нечистите сили на злото постои само затоа што е одржувана од соодветна, но спротивна сила која постои во царството на чистите сили. Единствениот исклучок е силата која доаѓа од благословот на Создателот.

Така, овој свет не можел да биде создаден од друга сила освен онаа што доаѓа од благословот на Создателот. Без да се намалува притоа, таа сила излегува од Создателот и го проникнува целиот спектар на светови, спуштајќи се сѐ подолу до најнискиот стадиум на световите – нашиот.

Оваа сила може да ги поправа созданијата, давајќи им сила да се коригираат и да почнат духовно да се издигнуваат. Со помош на оваа сила универзумот е создаден; затоа нечистите егоистични сили не можат ниту да ја намалат нејзината моќ ниту да ја употребат во своја корист, бидејќи нечистите сили можат да влијаат само таму кај што чистите сили се слаби.

Оттука, крајно чистата сила ни помага да разликуваме меѓу чистите и нечистите мисли, бидејќи веднаш штом нашите мисли ќе се насочат на друга страна од Создателот, моќта на силата на благословот исчезнува.

Звуците на буквите (*Некудот*) го симболизираат истурањето на Светлината, перципирањето на Создателот. Секоја перцепција на Создателот, секој духовен сентимент сочинува десет *Сефирот*. Почнувајќи од највисокиот од овие (*Кетер*), звуците одговараат на следнава градација: 1 – *Камац*; 2 – *Патах*; 3 – *Сегол*; 4 – *Цеире*; 5 – *Шва*; 6 – *Холам*; 7 – *Хирек*; 8 – *Кубуц*; 9 – *Шурук*; 10 – без звук, т.е. соодветствува со *Малхут*, последното ниво на перцепција, кое никогаш не се исполнува. Понекогаш, во процесот на напредување кон целта да се доближиме до Создателот, наеднаш ќе се почувствуваме слаби, бидејќи ни недостига знаење од кабалата и не можеме да вршиме никакви несебични дела. Место тоа, нашите мисли се зафатени само со нашиот успех во овој свет.

Потоа паѓаме во очај и си велиме дека способноста да се доближиме до Создателот им е дадена на специјални луѓе кои се родени со специјални моќи, како и одлики, мисли и желби соодветни за таа цел, чии срца копнеат по кабалата и себепоправањето.

Но подоцна се јавува друго чувство – свеста дека секој има свое место покрај Создателот подготвено за него, и дека секој, порано или подоцна ќе заслужи духовни задоволства така што ќе се припои кон Создателот. Тогаш ќе се кренеме од нашиот очај и ќе станеме свесни дека Создателот е „За сè способен" и го планира патот на секого, знае што чувствува секој од нас, нè води и чека да се свртиме накај Него со молба да му се доближиме.

Потоа, ќе се сетиме дека ова сме си го кажале повеќе од еднаш, но ништо не се сменило. На крај, остануваме нурнати во мислите за нашата одвратна слабост и безначајност. Подоцна, ќе сфатиме дека тоа чувство ни го пратил Создателот за да можеме да го надминеме.

Тогаш почнуваме да работиме на поправање на себеси, користејќи ја сета волја што ја имаме. Наеднаш, добиваме нешто од идната состојба кон која тежнееме. Тоа значи дека Светлината на идната состојба свети оддалеку, бидејќи не може да заблеска однатре сè додека нашите желби се егоистични по природа. Светлината (духовното задоволство) не може да влезе и да заблеска (да нè задоволи) со такви желби.

Како создание, ние сме концентрирана есенција од егоистични желби и сме познати како „човечки суштества."

Создателот, од друга страна, е сосема одалечен од секаков егоизам. Затоа, враќањето кај Создателот, припојувањето кон Него и стан
увањето свесни за Него,

доаѓа како резултат на тоа што стануваме истоветни по облик со Него. Таквото враќање кај Создателот се вика „повисоко враќање."

Тоа е причината што враќањето кај Создателот, соединувањето со Создателот и свеста за Создателот не може да се смета како ништо друго освен согласување со Него во одредени одлики. Ваквото враќање кај Создателот е познато како *Тешува*.

Човек може да утврди дека таквото враќање е постигнато единствено ако самиот Создател „посведочи" за тоа. Какво е тоа сведочење? Тоа што човек сега може постојано да го чувствува Неговото присуство, што му овозможува да биде со Создателот во сите свои мисли.

На тој начин, човек може да се откине себеси од желбите на телото.

Само ние како индивидуи можеме да почувствуваме дали навистина сме се вратиле кај Создателот.

Силата добиена кога ќе го перципираме Создателот нè оспособува постепено целосно да му се вратиме на Создателот и да ги претвориме сите егоистични желби во алтруистични.

Колку повеќе „лоши" желби имаме на почетокот на нашиот пат, толку повеќе можеме да се поправиме и да дојдеме поблиску до Создателот. Затоа никогаш не треба да ги оплакуваме нашите лоши одлики, туку да молиме за нивно поправање. Треба да почнеме да размислуваме на овој начин секојпат кога во умот ќе ни се јават мисли за тоа колку сме безвредни.

Сите овие мисли се будат во нас како резултат на оддалеченоста од Создателот, па Создателот ни ги праќа тие мисли нам, а не на други, но само ако сме спремни да ги примиме. Другите не се сметаат себеси за злобни и не го гледаат својот егоизам. Напротив, убедени се дека се праведни.

Овие мисли Создателот не ни ги праќа за да страдаме или да паднеме во очај, туку за да нè охрабри да го повикаме, барајќи да бидеме ослободени од нас самите и нашите слабости.

Секојпат кога одново ќе се почувствуваме безвредни и слаби – откако веќе во минатото сме ги искусиле тие чувства – ќе се сетиме дека не мораме да се враќаме на тие чувства на неуспех и пораз. Мораме да бидеме потсетени дека секојпат кога ќе поминеме низ тој процес, врвиме низ нови исправки, кои се насобираат додека Создателот самиот не ги собере сите заедно.

Сите тие наши негативни чувства во врска со нашата оддалеченост од Создателот, нашето незадоволство со нашиот духовен пат, нашите поплаки во врска со многуте блокирани состојби – сите тие ги доживуваме во онаа мера која ни треба за да ја заслужиме свеста за Создателот и задоволствата што излегуваат од Него. Тогаш „Портите на солзите" се отвораат и само преку нив можеме да влеземе во дворецот на Создателот.

Дури и ако сме преплавени од силните реакции и тврдоглавоста на нашето его, не треба да заклучиме дека Создателот не ни дал доволно сила да се справиме со него, или дека сме родени без доволно талент, трпение, урамнотеженост и острина на умот. Не треба ни да жалиме дека Создателот не ни дал соодветни услови за да се поправиме, па затоа не сме способни да го направиме тоа што некој друг би можел.

Забрането ни е и да заклучиме дека овие страданија се резултат на наши претходни гревови, или дека тоа е „нашата судбина," или дека некои дела од претходна инкарнација довеле до оваа состојба. Забрането ни е и да останеме без надеж и да не правиме ништо, бидејќи ако правилно ги искористиме минималната сила и талентите што ги имаме, ќе бидеме многу успешни.

Ќе ни треба секоја одлика што ни ја дал Создателот, дури и најдолните, и денес и во иднина, за да ја постигнеме нашата цел: поправка на душата. Овој процес е сличен на садење семе. Ако се посади во плодна почва и ако правилно се грижиме за него, семето ќе никне, ќе расте и ќе роди плод. Затоа, ни треба и добар ментор и добра почва (околина, група) за сите наши одлики да се развиваат и бидат во рамнотежа и секоја од нив да се спои да создаде правилен сооднос за да ни помогне да ја достигнеме нашата главна цел.

Секое прашање кое се буди во нас е пратено од Создателот, кој од нас го чека точниот одговор. Одговорот на прашањата на телото и умот, егоистичните прашања како „За што?" и „Што добивам јас од тоа?" е само еден – одговор кое телото не го разбира: „Волјата на Создателот е да го достигнам на ваков начин."

Сите зборови на кабалата и сите совети што таа ги дава се занимаваат само со една тема: како да го достигнеме Создателот и да се соединиме со Него. Сите наши недостатоци потекнуваат од нашата неспособност да ја почувствуваме величественоста на Создателот. Само што сме почнале да тежнееме да му се доближиме, веќе сакаме да го доживееме со нашите сетила.

Но тоа е невозможно додека не добиеме екран (*Масах*) кој ја одбива Светлината на Создателот. Тоа постои сè додека немаме садови на давање. А додека немаме такви одлики на давање, можеме да го почувствуваме Создателот само оддалеку, што се вика „Светлината која опкружува," која оддалеку може да го осветли оној кој сè уште е далеку во своите одлики од оние на Создателот.

Опкружувачката Светлина е секогаш поголема од внатрешната, која се добива преку екран, под услов човек да поседува одредени алтруистични одлики. Опкружувачката Светлина е самиот Создател, додека Внатрешната Светлина (душата) е само оној дел од Создателот кој поединецот може да го стекне откако до одреден степен ќе ги поправи своите одлики.

Како да ја примиме Светлината на Создателот кога уште не сме ги поправиле своите ставови? Одговорот е едноставен: *само со интензивирање на осветлувањето од Опкружувачката Светлина*. Со други зборови, тоа ќе го постигнеме само ако во нашите очи ја зголемуваме возвишеноста и важноста на Создателот така што постојано ќе копнееме да го почувствуваме Создателот како Изворот на сето постоење и на сè што се прави.

Мораме да разбереме дека сè што ни се случува е Божје дело и дека не постои ништо на светот освен Него. Сите наши напори треба да се сосредоточат на тоа: да не мислиме дека она што нам ни се случува е случајно, или судбина, или последица на нашите претходни дела, или волја на другите. Мораме да се помачиме да не го заборавиме Создателот.

Во никакви услови не треба да го толкуваме текстот на ниеден дел од Библијата (Петтокнижие на Мојсеј) според нашите лични сфаќања и да го споредуваме описот на настаните со настаните во нашиот свет.

На пример, како што напишав во моите претходни книги, „*Злиот Лаван*" спомнат во Библијата е највисокото ниво на душата која е исполнета со Светлината на Создателот. „*Фараонот*" е симбол на целокупноста на нашиот егоизам.

Друг пример може да се види во Библијата каде што раскажува како некој по име *Птахиа* дошол во град и собрал околу себе празни луѓе и сите отишле со него во пустината. Името *Птахиа* доаѓа од глаголот „*Лифтоах*" (отвора) – човек што им ги отвора очите на луѓето.

Тој ги собрал сите „празни" луѓе – луѓе кои чувствувале празнина во животот. „Ги однел од градот во пустината" – ја отворил пустината во нивниот живот за, како што вели Библијата: „*Лех ахараи ба Мидбар*".

„*Лех*" (Оди) му вели Создателот на човек, „*ахараи ба Мидбар*" (по мене во пустината) – со чувството дека твојот живот без перцепција на духовното е како пустина без капка вода, дека искричката на покајание од чувството на празнина ќе ти се чини како „ладен извор за твојата исцрпена душа."

Уште еден пример може да се најде во *Хагада* (приказната) која за Пасха се раскажува за излегувањето од Египет, од духовното заробеништво на Фараонот – нашиот егоизам. „*Фараонот умре*" – конечно човек гледа дека неговиот егоизам не е за негово добро, дека го убива, и го задолжува цел живот да го служи. Овој принцип сега, во неговите очи, „умира." И додека не препознае како неговиот егоизам е неговиот единствен непријател, ќе мисли дека неговиот живот и служење во Египет (робување на желбите на телото) била добра и поволна состојба. Дури и потоа, повремено (за време на духовни падови) плаче по „тацните со месо и леб" што ги имал во Египет, кои му служеле на неговиот егоизам во изобилството.

Сè додека *Фараонот* (егоизмот во човековото срце), кралот (кој владеел со сите мисли и желби на човекот) на Египет бил жив, тој диктирал против волјата на човекот какви треба да бидат сите негови желби и постапки. За тој човек се вели дека е во „прогонство (заробеништво) во Египет," заробеник на разните егоистични желби (*Мицраим* доаѓа од зборовите *Миц-ра* – „концентрација на злото").

Ние самите не можеме да сфатиме дека природата која владее со нас е лоша. А тоа е само додека Создателот не создаде добро за човекот за кого важи „И видете, Фараонот умре."

Тој ни ги дава тие животни искуства кои ни овозможуваат да видиме дека егоизмот е нашиот непријател. Само тогаш овој симбол на злото ќе умре и ќе почувствуваме дека веќе не можеме да постоиме како порано, работејќи за ништо.

И „синовите на Израел офкаа и викаа поради ропството" – тоа го правеле само откако сфатиле дека не можат ни да мрднат без некаква егоистична корист за себе и дека уште не стекнале духовна, алтруистична природа.

„И нивниот повик за помош и спас од ропството се крена до Бога, и Бог го слушна нашиот глас" – тоа се случува само ако некој навистина извикува од длабочината на самата душа, а тоа е возможно само ако тој стигнал до крајните граници на трпението и страдањето.

Само тогаш Создателот праќа помош и таа помош секогаш стигнува неочекувано. Никој никогаш не може однапред да знае која солза ќе биде последна; сите солзи треба да бидат пролеани како да се последни. А што се однесува до помошта од Создателот – *Јешуат хаШем кехереф Ај'ин"* – се појавува ненадејно и секогаш неочекувано!

Многумина сметаат дека *Зохар* е морално учење засновано врз кабалата, бидејќи е напишана на јазикот на заповедите, пропишувајќи што човек треба да прави. Јасно е дека со таквото дефинирање на *книгата Зохар,* луѓето се обидуваат да ја негираат нејзината мистична, скриена суштина.

Авторите на Зохар ја напишале таа книга, која зборува само за составот и функционирањето на духовните светови, на намерно схоластички и правен јазик. Тоа било со намера да не се остави сомнеж во умовите на читателите дека главната цел на кабалата не е самата мудрост, туку „тој што ја дели мудроста." Всушност, главната цел на кабалата и духовните закони е да се развие нашата потреба за Создателот, и ние да посакаме да му се доближиме во одликите на душата.

Сите пречки на кои налетуваме на нашиот пат кон Создателот, за да влеземе во духовното царство, се всушност знаци дека му се доближуваме на Создателот, до портите на духовното. Тоа е затоа што нема ситуација која е подалеку од Создателот од онаа во која воопшто не мислиме на постоењето на духовното царство, или сме неспособни да сакаме да го доживееме.

Кога се чувствуваме далеку од духовното царство, тоа е затоа што Создателот ни дозволил да станеме свесни за нашата вистинска состојба и на тој начин буди во нас желба за блискост со Него. И ако тие чувства на оддалеченост од Создателот не се разбудени во нас, нема да имаме никаква шанса да почнеме да му се доближуваме.

Затоа, овие чувства на оддалеченост се знак дека почнуваме да му се наближуваме. И така, по целиот пат на нашето напредување кон Создателот, постојано налетуваме на секакви пречки. Во стварноста, овие пречки не се ништо друго туку Создателот кој ни помага во нас да ги разбудиме чувствата на гнев и незадоволство од нашата сегашна состојба, да нѐ натера да го замолиме да ја промени.

Сите пречки што мораме да ги надминеме за да се доближиме до Создателот се неопходни за да се навикнеме да го следиме патот на оддалеченоста – да го препознаеме својот егоизам и одвоеност од Создателот. Сепак, ова чувство не треба навистина да ги смени нашите постапки.

Место тоа, треба однапред да сфатиме дека ова чувство ја открива нашата вистинска состојба и дека претходната состојба не била подобра од сегашната, иако тогаш не сме биле свесни за тоа. И така натаму, сè додека не престанеме да се фокусираме на нашата загриженост за нашата состојба и не го замениме тоа со мисли и желби концентрирани на единствена желба – да се грижиме само за тоа како Создателот нѐ гледа.

Таа желба треба да ги одреди сите наши постапки и мисли. А тоа што сака Создателот да го види кај секој од нас станува јасно додека ја изучуваме кабалата и ги следиме сите упатства на духовните закони за да стигнеме до таа крајна цел. Тогаш сите духовни закони стануваат алатка за соединување со Создателот.

Додека не почнеме да ги споредуваме сите наши дела и мисли со желбите на Создателот, всушност ги мериме сите дела наспроти желбите на другите кои ни ја наметнуваат својата волја, одредувајќи ги на тој начин нашите мисли и дела. Никогаш не сме слободни да дејствуваме по своја волја.

Или сме под влијание на другите кои ги одредуваат нашето однесување и постапки, или нашите мисли и дела се диктирани од Волјата на Создателот. Никогаш не можеме да дејствуваме во апсолутна слобода. Притајувањето на Создателот од нас се прави за наше добро.

Како што во нашиот свет секој предмет кој не е сосема истражен нè привлекува повеќе од некој што е темелно испитан, така прекривањето на духовниот свет е неопходно за да нè натера да ја зајакнеме својата желба да го негуваме чувството за важноста на достигнувањето на разбирање на духовниот свет.

Никогаш не сме сосема способни да ја сфатиме величината на Создателот и духовните светови кои сочинуваат делумно откровение на Создателот. Но токму заради Неговото притајување, или размерот до кој Создателот ни дава чувство на скриеност и оддалеченост, се буди нашата желба да го перципираме Создателот, како и сфаќањето за тоа колку е важно да се бориме да го сфатиме тоа што е скриено.

Од друга страна, степенот на скриеност е одреден со потребата на некоја личност да го достигне тоа што е скриено. Така, човек постепено станува свесен за тоа колку е важно да се достигне скриеното, додека не почне да се чувствува одвоен од предметот на својата страсна желба.

Патот на достигнувањето на посакуваното преку кабалата е нешто сосема поинакво од секое друго искуство во овој свет. На пример, кога на човек му укажуваат чест, егото се полни и така ѝ прави голема штета на душата. Штетата се смета за толку голема што истакнати праведници кои стекнале огромна популарност и следбеници сметале дека таквата слава е всушност казна од Создателот.

Од друга страна, има големи луѓе кои Создателот сака да ги заштити за да не изгубат ни најмало делче од своето духовно ниво. Ним Создателот им праќа не само следбеници, туку и такви што ги мразат, им завидуваат, се противат на нивните гледишта и се секогаш спремни да ги клеветат. Така Создателот прави рамнотежа меѓу фалбата и честа што ги добиваат таквите големци и страдањето што го доживуваат од своите современици.

Тешко е за некој кој уште не влегол во духовното царство и уште не ги гледа духовната сила и желби, да ги задржи делата и мислите во вистинската насока. Како контраст на ова, лесно и природно е да се дејствува во склад со природата на духовните светови ако тој човек добил духовна сила и влегол во духовното царство, така добивајќи повисок став.

Во времето на духовното опаѓање, сите поранешни духовни достигнувања исчезнуваат.

Желбата да се служи Создателот и повторно да се соединиме со Него, желбата да се бориме сами со себе и да останеме само во состојба на духовно издигнување – сите тие исчезнуваат. Дури и сеќавањето на тие духовни достигнувања исчезнува, како и свеста дека може да постои желба за духовно издигнување.

Човек мисли дека, ако тие нешта навистина постојат, можат да се одржат само со многу возвишени мисли, додека се штитиме од мноштвото ситни и безначајни задоволства на овој свет. Но повеќето обични луѓе, на чии редови смета дека им припаѓа во такво време, имаат други грижи и цели во овој свет освен духовните стремежи.

А како може прост човек како мене, може некој да праша, дури и да сонува да има врска со Создателот, а да не спомнуваме блиска приврзаност со Него? Самата можност се чини апсурдна и далечна.

За ваквите моменти е кажано: „Кај што ќе ја најдете величината на Создателот, таму ќе ја најдете и Неговата скромност," бидејќи Создателот на секое од неговите созданија му дава можност да се соедини со Него. А по некое време, кога потиштените пак ќе се вивнат во духовните височини, не смеат никогаш да ја заборават таа состојба на морално опаѓање, за да можат навистина да ја ценат високо духовната состојба во која тежнеат да се соединат со Создателот – личниот, индивидуален дар од Создателот.

Во таков случај, нема да има потреба веќе никогаш да се доживува ваквата состојба на духовно паѓање, бидејќи преку постојана работа на себе, преку издигнувањето на вербата над разумот, преку учење и следење на воспоставен ред на дела и мисли, човек ќе создаде духовен сад за постепено духовно издигнување.

Патот на кабалата

Посакуваниот пат на духовно издигнување е патот на кабалата. Патот на страдањето нè чека само ако нема друг начин да нè натера да достигнеме совршенство. Како што веќе беше кажано, патот на кабалата е можност дадена од Горе на секој од нас да создадеме во себе желби потребни за духовен раст, покажувајќи преку духовни издигнувања и паѓања дека духовната Светлина е задоволство, а нејзиното отсуство е страдање.

На тој начин, почнуваме да ја посакуваме Светлината и духовното издигнување и перцепцијата на Создателот. Без прво да ја видиме Вишата Духовна Светлина и потоа да ни биде одземена, не можеме да почувствуваме желба за Светлината.

Колку е поголема Светлината која отпрвин ни ја праќа Создателот, а потоа ни ја „зема," толку поголема ќе биде нашата желба пак да ја примиме таа Светлина. Тој пат е познат како „Патот на кабалата", или патот на Светлината. Но постои и „Патот на страдањето," кога човек постојано во животот бара начин да избега од неподносливото страдање, а не од желбата да му се вратат изгубените задоволства.

Со патот на кабалата, се буди желба да се биде исполнет со духовната Светлина како животворниот Извор на покајанието. Двата пата водат до истата цел, но едниот влече однапред со задоволството и совршенството што се пред нас, а другиот турка одзади, терајќи на бегство од болката.

За човек да може да ги анализира надворешните фактори и внатрешните чувства, дадени се две средства на перцепција: горчливото и слаткото – што ги перципира срцето, и лажното и вистинитото – што ги перципира интелектот.

Духовното достигнување срцето не може да го цени, бидејќи е апсолутно спротивно на вистинската природа на срцето. Затоа ова достигнување секогаш се смета за горчливо, додека секое лично задоволство се смета за слатко. Од таа причина, работата на себе во пренасочувањето на желбите се смета за срцева работа.

Работата на умот е од сосема поинаква природа, бидејќи не можеме да се потпреме на нашиот ум и логика да ги анализира настаните околу нас. Во таков случај, присилени сме, и покрај нашите желби, да се потпреме на егоистичниот, природен ум.

Не можеме да се оттргнеме од него бидејќи секој од нас е таков создаден од Семоќниот. Затоа има само еден пат: сосема да се откажеме од склоноста да ја анализираме нашата околина и место тоа да ги прифатиме советите на мудреците, изложени во книгите на кабалата и објаснети од учители кои го достигнале духовното ниво на свест.

Ако сме способни, со помош на Создателот, да го направиме макар најмалиот напор да анализираме преку вербата, место преку разумот и да ја разблажиме со нашето срце горчината на егоизмот, веднаш ќе ни биде пратено духовно разбирање на достигнатото ниво, кое се состои од духовна Светлина и сила (екран).

Тогаш Создателот го открива следното пониско ниво на егоизмот, кое претходно било скриено бидејќи кога веднаш би ја сфатиле целата големина на нашиот егоизам, не би имале сила да го надминеме. Место тоа, сигурно би биле малодушни од огромната задача што лежи пред нас.

Меѓутоа, треба да сфатиме дека планинското его секогаш било тука во нас уште од почетокот, но било скриено и постепено ни се открива, како што Создателот ни дава способност и сила да го исправиме. Затоа тие што се искачуваат низ духовните нивоа, постепено надминувајќи го „нашиот" разум, се чувствуваат сè позбунети и поглупави во однос на водството на мудреците во кабалистичките книги и кабалистичките инструктори.

До оној степен до кој ќе го намалиме значењето на „нашето" разбирање, до толку добиваме повисоко разбирање. На крај, место да станеме позбунети со отфрлањето на егоистичната логика на овој свет, стануваме неспоредливо помудри.

Ако уште не сме достигнале повисоко разбирање, или не сме го измениле нашиот начин на анализирање и не сме почнале да ја чувствуваме слаткоста, место горчливоста на неегоистичните мисли, или не сме почнале да ја согледуваме вистината на вербата наспроти лажноста на интелектот кој е врзан со природата на овој свет, сè уште можеме да напредуваме преку веќе додаден метод на анализа добиен од нашите учители, со слушање и следење на примерот на учителот во сите нешта. Тука лежи советот на мудреците: Ако само еден кабалист, кој го поседува вистинското духовно разбирање на умот и срцето, го води човештвото, секој може да ја достигне целта на созданието; не по патот на страдањето туку по лесниот и безболен пат на кабалата!

Од друга страна, несреќата и постојаните неуспеси ќе бидат наша судбина ако тие што први избрале да одат по овој пат – со кои Создателот прво ги расчистува сите сметки и од кои најмногу се бара – како свои водачи ги имаат избрано оние кои не ја разбираат Неговата виша намера или устројството на Неговата Власт.

Само за време на војни, катастрофи или други големи несреќи, кога се чини дека нашите проблеми не можат да се разрешат, сите јасно ја гледаме раката на Создателот и Неговата помош. Но тоа се одвива само во критични моменти во кои ќе се најдеме, бидејќи одбиваме да го стекнеме и користиме кабалистичкото знаење за да го препознаеме Божјото Провидение во светов.

Зошто луѓето се раѓаат со различни капацитети за перципирање на посуптилните сили околу нас, како и со различни капацитети за остроумно и логично разбирање на природата на работите? И чија вина е тоа што човек не е создаден на ист начин како генијалците, тие со длабоки мисли и длабоки емоции? Зошто кога се раѓаме, од Создателот добиваме нееднакви ментални и духовни желби и капацитети?

Поединци родени со величествени тежненија, големи срца и остри умови, во Библијата се спомнуваат како „интелигентни" бидејќи можат да го добијат највисокото разбирање. Од друга страна, тие родени со ограничени ментални и духовни капацитети во Библијата се спомнуваат како „будалести луѓе." Но бидејќи секоја душа има своја посебна цел заради која „слегла" во овој свет, никој не треба да се срами од одредените склоности со кои е роден.

Не треба да се срамиме ни од нашите лоши мисли, бидејќи и тие ни се пратени од Создателот.

Меѓутоа, треба особено да внимаваме и да бидеме свесни како реагираме на лошите мисли, дали се бориме против нив или слепо ги следиме, дали се исправаме себеси – секое од нив до границите на капацитетите со кои сме родени и што преземаме за да се коригираме.

Тоа е она заради кое секој од нас треба да се срами и за ова секој ќе треба да одговара пред Создателот. Но сепак, како може будалест човек да ги достигне духовните височини? Создателот вели: „Јас ги создадов мудрите, и Јас ги создадов будалите. И ги ставив мудрите во секоја генерација, да им помогнат на будалите, за откако ќе ги закачат своите срца за тие што се издигнуваат, да можат и тие да достигнат целосно соединување со Мене."

Зошто се потребни будалести луѓе на светов? На крај, во споредба со неколкуте мудреци во светов, има огромно мнозинство на будали!

Причината лежи во тоа што на секоја духовна одлика ѝ треба засебен духовен носач. Луѓето со ограничен духовен капацитет се носачи на егоизмот. Од друга страна, мудрите, кои имаат желба бескрајно да се издигнуваат во служењето на Создателот, и кои го коригирале сопствениот егоизам, треба да им помогнат на будалестите да работат на својот егоизам.

За да продолжат да се издигнуваат, мудрите мораат постојано да впиваат „вишок" егоизам и да го поправаат. Така, и будалите и мудрите си се потребни едни на други.

Но бидејќи масите можат на мудрите да им го дадат само својот безначаен егоизам кој се состои од желбата за бедните, минливи задоволства на нашиот свет, за секоја мудра личност во светов има милијарди будали.

Сепак, ако будалестите работат според упатствата на мудрите, свесно следејќи ги мудрите во сè што прават, секој пак ќе може да стигне до целта на своето постоење: апсолутно единство со Создателот.

Иако духовната работа на издигнувањето на алтруизмот над егоизмот се одвива во срцето, додека работата на издигнувањето на вербата над тврдењата на интелектот се одвива во умот, двете зависат од нашето отфрлање на интелектот што ни е даден на секој од нас при раѓањето, како и од отфрлањето на себе-задоволувањето и себе-афирмирањето. Тоа е затоа што, дури и додека човек работи со алтруистички цели, сепак повеќе сака да види и знае кому му дава и кој ги прима плодовите на неговиот труд – и во таков случај на човек не му останува ништо освен вербата во постоењето на Создателот и вербата дека Тој ги прифаќа плодовите на неговата работа.

Тука ја гледаме идејата на единство со Создателот, во склад со принципот дека „не постои ништо освен Создателот." Мораме да го препознаеме Создателот како Единствениот кој праќа сѐ што чувствуваме и перципираме во умот, доведувајќи нѐ до одредена насока на мислење, која пак нѐ води до одредени решенија и одлуки.

Само откако ќе ги признаеме сите горенаведени фактори можеме да стекнеме правилно гледање на сѐ што се случува. Тогаш ќе можеме да ги поправиме своите желби и мисли во согласност со планот на Создателот.

Кабалата како целина се концентрира на Создателот и Неговите постапки. Од тие причини, кабалата се ословува со имињата на Создателот. Слично како што името на поединец укажува на тоа кој се ословува, така и секој збор на кабалата е име на Создателот, бидејќи изразува Негово дело и укажува што ни праќа Тој во кој било момент.

Кабалата зборува за тоа дека ние сме дел од Создателот кој се оддалечил од Него, откако ни е даден егоизмот. Од таа причина, нашите души се составени од два спротивни дела. Првиот дел е Божествениот дел, кој ја покажува својата желба да го перципира Создателот (во некои од нас), така терајќи ги луѓето да почнат да трагаат по нешто духовно за да можат да бидат исполнети однатре. Во исто време, задоволствата кои ги бркаат другите околу нас веќе не можат да ги задоволат тие што бараат духовно исполнување.

Вториот дел од душата е онаа специфично создадена егоистична природа која луѓето ја доживуваат во целост: желбата да се има сѐ, да се знае сѐ, да се прави сѐ, да се види резултатот на своите дела, т.е. да се види дел од „себе" во сето свое опкружување. Егоистичниот дел на душата е единствениот дел што е создаден, бидејќи алтруистичниот дел од душата е дел од самиот Создател. Откако ја земал Својата желба од Себе и ја обдарил со егоизам, Тој го оддалечил тој дел од Себе и тој станал душа, создание одвоено од Него.

Душата се смета за создание токму затоа што содржи дел од нешто ново – нејзиниот егоизам – квалитет кој порано не постоел, бидејќи ништо такво не постои во Создателот. Идејата на душата, која се состои од дел од Создателот и дел од новосоздаденото егоистично чувство „да се прими сѐ во себе", е она со што се занимава кабалата. Душата, а не телото, е она за што се зборува во Библијата, бидејќи телото, сочинето од месо и коски, е како месото и коските на животните, и завршува со распаѓање и враќање на елементите на овој свет.

Ние се гледаме себеси како тела бидејќи не ги перципираме нашите души.

Но како што почнуваме да ја перципираме душата, чувството за физичкото тело, и неговите желби и болки, се намалува, а душата сѐ повеќе и повеќе се истакнува. Кога сме уште понапреднати на духовниот пат, воопшто не ги чувствуваме желбите на телото, бидејќи внимаваме само на душата – делот од Создателот во нас.

Така, „телото" почнува да ги претставува духовните желби, а не желбите на месото и коските, кои човек веќе речиси и не ги чувствува.

Библијата не ни зборува за нашите физички тела, купот месо и коски, туку за двете тежненија на душата – за желбата на божествениот дел да го перципира Создателот и да се соедини со Него и за желбата на егоистичниот дел за себе-задоволување, себе-исполнување и перцепција на себе место на Создателот.

Овие две тежненија во кабалата се познати како „тело." Тоа се однесува како на егоистичното и физичкото тело, т.е. телото на нашиот свет, бидејќи само нашиот свет се одликува со его, и духовното тело, бидејќи алтруистичните желби се желби на Создателот, со кои се одликува духовниот свет.

Во сите примери, Библијата опишува под какви влијанија се нашите души во разни услови и околности. Таа исто така зборува за нашите желби и се фокусира на тоа како Создателот ги менува, и како секој од нас ги менува, т.е. како можеме да го молиме Создателот да ги смени, бидејќи ние самите не можеме.

Но главниот предизвик за почетникот е да издржи со силата на волјата да се сосредоточи на фактот дека и покрај мноштвото наши мисли и желби, сите тие произлегуваат од Создателот; сите тие мисли и желби, толку различни, и повремено толку ниски, се пратени од Создателот.

Создателот го прави тоа за (и покрај сите пречки), поединецот да истрае во одржувањето на врската со Создателот така што ја одржува својата верба дека сите тие мисли и желби се пратени од Создателот. Така, борбата со нив треба да ја зајакне нашата верба дека сè произлегува од Создателот.

Како што го зајакнуваме ова уверување во себе, можеме да стигнеме до такво ниво што тоа чувство секогаш ќе биде присутно, и покрај сè поголемите пречки кои ќе ги праќа Создателот. Тие се наменети уште повеќе да го зајакнат истото тоа чувство.

Потоа, нашата постојана верба во сеприсутноста на Создателот ќе се спои со чувството на Неговото присуство во нас, и Создателот ќе биде „облечен" во нас, така одредувајќи ги сите наши мисли и желби. Во тој момент, ќе станеме дел од Создателот.

Мораме да дојдеме до спознанието дека самото чувство на оддалеченост од Создателот е токму средството со кое ќе можеме да го перципираме Создателот. Овие две чувства во кабалата се познати како *Кли* (Сад) и *Ор* (Светлина). Првото е желба да се доживее Создателот, која постепено се раѓа во нас додека наидуваме на пречки (мисли и желби).

Тие намерно нè одвлекуваат од мислите за Создателот и Неговото Единство, и нè тераат да ја зголемиме моќта на нашата верба со користење на нашата волја и задржување на мислите за Создателот.

Светлината сама по себе е одговор на нашата желба да го перципираме Создателот. Кога Создателот ќе се облече во ваквата желба на човек, Светлината влегува во садот, а духовниот раст е таков што во човек се буди желбата за духовното, станува свесен за перцепцијата на Создателот, за потребата да се открие себеси, само под ефектот на Светлината, за огромното чувство на живот, за инспирацијата добиена од доближувањето до духовните чувствувања, до чувството на целовитост.

Но потоа поединецот неизбежно е посетен од непотребни мисли. Преку нивното влијание почнува спуштање од нивото кое го постигнал назад до нивото на обични желби и мисли. И потоа, по некое време, почнува да му биде жал за тие минливи и безначајни грижи и мисли.

Тоа пак доведува до горчина и гнев спрема себеси, и понекогаш дури и кон Создателот, кој на таквиот човек му праќа такви мисли и желби кои доведуваат до тоа да се сврти од духовното. Како одговор на ова горчливо чувство на каење за својата духовна состојба, човек ја добива Светлината од Горе, чувството на доближување до Горниот.

А тогаш се јавува спремноста да се откаже од сè за тоа чувствување на Создателот, за чувството на сигурност, самодоверба, вечност кое се чувствува кога се доближува до вечноста и совршенството што зрачат од Создателот. Во тој момент, сиот срам во поранешните мисли на човекот исчезнува, заедно со стравовите од што било на светов.

Кога некој ќе сфати дека душата е дел од Создателот и со тоа е бесмртна, и се согласува со Создателот во сè и со сè што Создателот прави со своите созданија, и е спремен да го негира својот интелект и да го следи својот Создател – тогаш тој е исполнет со Светлината на Создателот и станува доброволен слуга на духовните перцепции.

Но, по некое време, повторно го посетува непотребна мисла. И така, постепено, по многу циклуси на вознемирувачки мисли и духовни воздигнувања, се јавува таквото постојано чувство на духовна потреба што човек конечно ја добива присутната Светлина на Создателот.

Рав Барух еднаш го прашал дедо си, Баал Шем Тов: „Познато е дека во старо време, тие што сакале да го доживеат Создателот постојано се изложувале на секакви ограничувања, но ти го поништи тоа според изреката дека ако некој доброволно се изложи на лишувања, ги крши духовните закони и ќе биде сметан за одговорен за тоа. Тогаш што е најважното во работата што човек мора да ја врши на себе?"

Баал Шем Тов одговорил: „Јас дојдов на светов за да го покажам другиот пат; човек мора да се труди да овладее со три работи: љубовта спрема Создателот, љубовта спрема луѓето, и љубовта спрема духовното. Тогаш нема потреба од духовни лишувања."

Способноста да му се заблагодариме на Создателот е веќе доблест која ја дава Создателот.

Добронамерноста на Создателот е во фактот дека можеме да го сакаме. Неговата сила е во фактот дека можеме да се плашиме од Него.

Зошто, тогаш, поединец кој се бори да му се доближи на Создателот и чувствува дека му се доближува наеднаш се чувствува далечен?

Баал Шем Тов на ова вака одговара: „Тоа е како кога учиш бебе да оди; додека бебето е поддржувано прави неколку чекори накај таткото, но таткото, сакајќи да го научи детето да оди независно, се оддалечува додека детето не научи самото да оди."

Баал Шем Тов вели: „Работата на поединецот на самиот себе се состои од постојана борба со егоизмот, борба до последниот здив која секојпат повторно треба да резултира со заменување на егоизмот со Создателот."

„Создателот, како голем владетел, седи во центарот на својата палата. Околу Себе има подигнато многу ѕидови и пречки. Во ѕидовите на Својата палата има расфрлано големо богатство и им дава почести и титули на оние што ќе ги надминат пречките. Откако ќе го добие ова од Создателот, човек станува задоволен. Но само оној што ќе отфрли сè, сакајќи да биде со Создателот лично, го заработува правото да влезе во Неговото Присуство."

Во природата, постои краток стадиум меѓу семка и пупка, кога целосното распаѓање на семката, нејзиното апсолутно исчезнување, е неопходно. Слично на тоа – додека не стигнеме до состојба на целосно негирање на нашето „Јас" не можеме да ја примиме новата духовна природа.

Создателот го создал човечкото „Јас" од „ништо," и поради тоа, мораме да се вратиме од состојбата на нашето „Јас" во состојбата на „ништо" за да се соединиме со Создателот. Затоа е кажано дека спасителот *(Месија)* е роден на денот на уништувањето на Храмот.

Така секојпат кога ќе стигнеме до состојба на целосен очај, сфаќаме дека сè е „прашина и суета на суетите." Точно од оваа состојба се јавува нов чекор во нашето духовно издигнување, бидејќи на оваа точка можеме од сè да се откажеме.

Магид од Мезрих, голем кабалист од минатиот век, велеше: „Има десет правила на духовната работа. Три од овие правила можат да се научат од дете, а седум од крадец."

Детето:

1. Среќно е без причина,
2. Не седи мирно ниту минута,
3. Го бара тоа што го сака со сета своја сила.

Крадецот:

1. Работи ноќе,
2. Се труди оваа ноќ да го добие тоа што не го добил претходната ноќ,
3. Верен им е на своите другари,
4. Го ризикува животот за да стекне макар и најбезначајни нешта,
5. Не го цени тоа што го украл – и го продава за џабе,
6. Го тепаат, но не скршнува од својот пат,
7. Ги гледа предностите на своето занимање и не сака да го смени.

Тој додава: „За секоја брава има клуч, но ако бравата не се отвора, храбриот крадец ќе ја скрши. Создателот многу го сака тој што ќе го скрши сопственото срце за да влезе во куќата на Создателот."

Само кога ќе ги научиме духовните нивоа, стануваме безначајни во сопствените очи и тогаш можеме да се поклониме пред Создателот, чувствувајќи дека немаме потреба од ништо: ни нашето духовно спасение, ни некакво духовно издигнување, ни вечноста, туку само Создателот.

За време на духовно опаѓање, може да изгледа дека Создателот се крие и тешко ни е да ја задржиме вербата во Неговото постоење и Неговото провидение. Но, ако навистина чувствуваме дека Создателот се крие Себеси, тогаш не го доживуваме навистина притајувањето на Создателот, туку состојба во која Создателот очекува да вложиме напор да напредуваме кон Него.

Создателот се смета за Местото *(ХаМаком)*, токму затоа што човек треба да влезе во Него со целото свое битие, за Создателот да го опкружи и да биде неговото живеалиште. (Како што веќе забележавме, живееме во океан на Светлината на Создателот и треба да станеме свесни за тој факт.)

Во текот на молитвата, треба постојано да контролираме каде ги насочуваме нашето внимание и напори: на читањето на текстот и на следењето на строгиот ред на деловите на текстот во одреден молитвеник; на длабокото испитување на значењата на имињата и комбинациите на букви; на јасното изговарање на зборовите; на строгото следење на менталните намери *(Каваноṫ)* во одреден молитвеник; или на најважното – насочување на своето срце накај приврзаност кон Создателот.

Најважна е нашата намера – молитва да го перципираме Создателот! Тие што се молат го признаваат постоењето на Создателот, но тие што се молат за способноста да го воспримат Создателот, го доживуваат!

21

Поправање на егоизмот

Целокупноста на духовните закони е наменета да ни помогне да го надминеме нашиот егоизам. Затоа, духовниот закон „Сакај го ближниот како себеси" е природен резултат на приврзаноста кон Создателот. Бидејќи не постои ништо освен Него, кога човек ќе го сфати тоа, сите созданија, вклучувајќи го нашиот свет, се спојуваат во нашата перцепција на Едниот Создател.

Така станува јасно како нашите предци можеле да ги почитуваат сите духовни закони уште долго пред тие да бидат донесени. Една од последиците на духовното издигање се гледа кога ќе почнеме да ги сакаме нашите најголеми непријатели и душманите на сите нации. Така, најголемата работа може да значи да се молиме за нашите непријатели.

Кога Рав Леви Јицак од Бердичев бил нападнат заради својата опсежна работа во подучување на исправниот начин на служење на Создателот, гласините за тоа стигнале до Рав Елимелех од Лиженск. Тој извикал: „Што има тука да нѐ изненади! Ова постојано се случува! Да не се случуваше, ниедна нација никогаш немаше да може да нѐ пороби."

Има две фази на борба против егоистичните желби. Прво, се трудиме да ги оствариме, а потоа се трудиме да им избегаме, само за да сфатиме дека тие и натаму нѐ бркаат нас.

Оние од нас што ја порекнуваат Единственоста на Создателот уште не сфаќаат дека Тој и сè што се случува во светот, вклучувајќи го сето она што му се случува на секој поединец, се едно исто. Рав Јихиел Михал (Магид ми Злотчив), кабалист од минатиот век, живеел во голема сиромаштија.

Неговите ученици го прашале: „Како можеш да рецитираш благослов до Создателот дека ти дал сè што ти треба кога имаш толку малку?" Тој одговорил: „Можам да го благословам Создателот кој ми дал сè, бидејќи се чини дека сиромаштијата е она што ми треба за да му се приближам, и затоа ми ја дава."

Ништо не го порекнува владеењето на Создателот колку депресијата. Забележително, секој човек стигнува до ова чувство од разни причини: страдање, чувство на лична беспомошност, отсуство на посакуваното итн. Невозможно е да се чувствува радост при ударите што ги прима човек освен ако не ја сфати нивната неопходност и огромна вредност; тогаш, секој удар може да се земе како лек.

Единствената грижа на човек треба да му биде зошто се грижи. „Човек не треба да го смета страдањето за лошо," објаснува Рав Моше од Коврин „бидејќи нема ништо лошо на светот, туку тоа е горчливо, бидејќи лекот е секогаш горчлив."

Треба да се вложи најискрен напор да се „излечат" чувствата на депресија, бидејќи последица на вербата е радоста и само со зголемување на вербата можеме да се спасиме од натаженост. Од таа причина, кога во Мишна се вели дека „Човек мора да биде благодарен за лошото," Талмуд веднаш додава: „И мора да го прими со радост," бидејќи нема зло во светот!

Бидејќи го восприемаме само она што навистина влегува во нашите сетила, а не она што останува надвор од нас, можеме да го сфатиме Создателот само во онаа мера во која Тој дејствува врз нас. Затоа, нашите сетила треба да го порекнат единството на нивниот извор; тие специфично служат за на крај да го осетиме и разоткриеме единството во Создателот.

Кажано е дека по преминувањето на Црвеното Море, луѓето верувале во Создателот и почнале да пеат. Само вербата му дозволува на човек да запее. Ако некој чувствува дека преку себе-подобрување ќе може да се поправи, треба да го испита својот став кон верувањето во семоќта и единството на Создателот, бидејќи само преку Создателот, преку молитви за промена, можеме нешто да промениме во себе.

Кажано е дека светот бил создаден за радост на создадените битија. *Олам* (Светот) доаѓа од зборот *хе'Елем* или *ха'Алама* – што значи Притајување. Со доживување на спротивните тежненија на притајувањето и откровението човек доживува задоволство. И тоа е значењето на изразот „Создадов помош наспроти тебе" (*Езер ке-Негдо*).

Егоизмот е создаден како помош за човештвото.

Постепено, додека се бори против него, секој човек ги добива сите сетила потребни за да го доживее духовното. Затоа секој треба да гледа на сите пречки и страдања со целосна свест на нивната намена, т.е. да го наведат човекот да побара помош од Создателот за да добие спасение од тоа страдање. Тогаш, егоизмот и други непријатни аспекти се претвораат во „помош против тебе" – што е всушност против самиот егоизам.

Можно е и друго толкување. Замислете го егоизмот како стои „наспроти нас," место Создателот, криејќи го Создателот од нас, како да вели: „Јас стојам меѓу Создателот и тебе."

Така човековото „Јас" стои меѓу него и Создателот. За таа цел, постои заповед прво „да се сетиме што ни направи *Амалек*," а потоа да го „избришеме сето сеќавање" на него.

Не треба да бараме во себе мисли кои служат како пречки, туку треба да го земеме првото нешто што ќе се јави во нашето срце и ум од моментот на будењето и да го врземе за Создателот. Така „пречките" ни помагаат да ги вратиме нашите мисли до Создателот. Од ова, гледаме дека најлошото нешто е кога ќе заборавиме на Создателот.

До таа мера до која егоизмот нѐ тера на грев, нѐ тера и да бидеме исклучително праведни. Во двата случаи, нѐ тера подалеку од вистината. Во истата мера во која се преправаме дека сме праведни пред другите, понекогаш, без да сфатиме дека се лажеме себеси, почнуваме да веруваме дека сме навистина праведни.

Рав Јакоб Ицак од Љублин (Хосе ми Љублин) вели: „Имам повеќе љубов за грешниците кои знаат дека се грешници, отколку за праведниците кои знаат дека се праведни. Но грешниците кои мислат дека се праведни никогаш нема да го најдат вистинскиот пат, бидејќи дури и на прагот од пеколот мислат дека се донесени тука да спасуваат други."

Вистинскиот кабалист сака неговите ученици да имаат повеќе страв и почит кон Создателот одошто имаат за нивниот учител. Тие се исто така охрабрени да зависат од Создателот и да му веруваат повеќе одошто на учителот.

Кога Рав Нахум од Ружин, кабалист од минатиот век, ги нашол учениците како играат табла, им кажал за сличноста меѓу правилата на таа игра и правилата на духовноста: прво, не можеш истовремено да повлечеш два потега; второ, можеш да одиш напред ама не назад; трето, тој што ќе стигне до крајот може да се движи како сака, по желба.

Ако веруваме дека некој зборува за нас, почнува да нѐ интересира што вели. Тоа што е посакувано, ама е скриено, е познато како „тајна". Ако ја читаме Библијата и мислиме дека зборува за нас, тогаш се смета дека сме почнале да ја проучуваме скриената мудрост на кабалата, во која ќе читаме за себе, иако уште не сме свесни за тоа.

Како што напредуваме на духовниот пат, сфаќаме дека Библијата зборува за нас, и тогаш Библијата ќе се претвори од скриена во откриена. Тие што ја читаат Библијата без да поставуваат прашања во врска со себеси не можат во неа да ги препознаат ни скриените ни откриените делови; за тие поединци, Библијата изгледа едноставно како историски запис или збирка на закони.

За тие што ја проучуваат кабалата, кажано е дека Библијата зборува само за сегашноста. Од гледна точка на егоизмот, нема ништо почудно и понеприродно, понереално и поапсурдно, отколку човек да му се „продаде" во ропство на Создателот, да ги избрише во себе сите мисли и желби, и да стане роб на Неговата волја, каква и да е, без да знае однапред што е.

Сите духовни барања му изгледаат бесмислени на оној што е далеку од Создателот.

И обратно, штом човек доживее духовно издигнување, се согласува со таквата состојба на постоење без отпор или критика на разумот. Тогаш, веќе не се срами од своите мисли и тежненија насочени кон посветувањето на себеси на Создателот.

Овие противречни тешкотии ни се дадени токму за да ни помогнат да сфатиме дека нашиот спас од егоизмот е над природата, и дека се добива само по волјата на Создателот. Дотогаш, постоиме во состојба на незадоволство, бидејќи или ја споредуваме нашата сегашна состојба со минатата, или нашата сегашност со нашите надежи за иднината, и така страдаме од отсуство на посакуваното доживување.

Кога само би знаеле за огромните задоволства што би можеле да ги добиеме од Горе, и кога навистина не би ги добиле, би страдале уште бескрајно повеќе. Меѓутоа, може да се каже дека во врска со духовните задоволства, тие се држат настрана од нашата свест, и остануваме во состојба на несвест и не го перципираме нивното отсуство.

Така, за нас е пресудно да го почувствуваме присуството на Создателот. Кога одеднаш би ја изгубиле таа перцепција, веќе е јасно дека повторно би копнееле по неа. Како што е напишано во Псалмите, број 42: „Како што елен збивта за поток со вода, така мојата душа плаче по Тебе, Боже."

Желбата да се перципира Создателот се вика „тежнението да се 'крене' присуството на Создателот од прашината," т.е. од најниската состојба на нашето разбирање, кога сè на светов изгледа како да е поскапоцено отколку способноста да се осети Создателот.

Тие што ги следат заповедите поради нивното воспитување (кое самото по себе е пројавување на желбата на Создателот) го прават тоа на истиот начин како и тие што тежнеат да го сфатат Создателот. Разликата лежи во перцепцијата на дадениот поединец. Ова е од примарна важност, бидејќи желбата на Создателот е да им даде добро на Своите созданија така што ќе им го даде чувството на Својата близина.

Така, за да престанеме да ги следиме заповедите само од навика и да почнеме слободно да дејствуваме, мораме јасно да сфатиме што сме примиле како резултат на нашето воспитување и од општеството, и кон што се стремиме сега како независни поединци.

На пример, земете некој што бил воспитуван според системот „Мусар," кој подучува дека нашиот свет е ништо. Во таков случај, духовниот свет се смета за нешто само малку подобро од ништо. Од друга страна, кабалата учи дека овој свет, исто како што е восприемен, е полн со задоволства. Меѓутоа, духовниот свет, светот кај што се чувствува Создателот, е неспоредливо поубав.

Оттука, духовното се појавува не само како нешто повеќе од ништо, туку како поголемо од сите задоволства на нашиот свет. Невозможно е да се присилиме да му дадеме на Создателот добро онака како што ни дава Тој нам, бидејќи таквите тежненија ги нема кај луѓето.

Сепак, треба да бидеме јасни во врска со тоа „кон кого" треба да тежнееме. Кога ја бараме вистината зад нашата желба да му пријдеме на Создателот, треба да имаме на ум дека, кога искрено го посакуваме Создателот, сите други мисли и желби исчезнуваат, исто како што светлината на свеќа се губи во присуство на светлината на факел.

Додека не го воспримиме Создателот, секој од нас чувствува како да е сам на светов. Но бидејќи само Создателот е еден и единствен и само Тој може да дава, и им дава на сите во светов, а бидејќи ние сме апсолутно спротивни на таа одлика на давање, веднаш откако ќе стекнеме перцепција на Создателот ги добиваме, макар само привремено, тие исти одлики, како што е објаснето во претходната аналогија на свеќата пред факелот.

Живеејќи во склад со законите на духовниот свет, можеме да постигнеме сѐ што ни треба додека сме уште во овој свет.

Кога веруваме дека сѐ, па дури и лошото што го доживуваме, е пратено од Создателот, му остануваме постојано приврзани.

Постои Создателот и созданието – човечкото битие кое не може да го перципира Создателот туку може само да „верува" во Неговото постоење и единственост, и во фактот дека само Создателот постои и владее над сѐ (зборот „верува" е ставен во наводници бидејќи во кабалистичка смисла, вербата се однесува на перципирањето на Создателот).

Единственото нешто што сакаме е да добиеме задоволство. Таква била намерата на Создателот. Тоа била и целта на созданието, волјата на Создателот. Меѓутоа, човек треба да го искуси задоволството на ист начин како Создателот. Сѐ што некогаш се случило, се случува, или што ќе се случи на секој од нас, и добро и лошо, е предодредено и ни е пратено од Создателот.

На крајот од корекцијата, ќе стане совршено јасно дека сѐ што се случило било неопходно за наше добро. Но додека секој од нас е на патот на исправањето, тој пат ни изгледа како да се протега низ многу илјадници години, екстремно долг, горчлив, крвав и исклучително болен. Без оглед на тоа колку сме спремни за следниот удар, штом ќе видиме дека се наближува искушение, забораваме дека доаѓа од таа Единствена Моќ во светот од која сѐ доаѓа.

Забораваме дека сме само инструменти во рацете на Создателот и почнуваме да се замислуваме дека сме единки кои дејствуваат независно. Затоа, веруваме дека непријатните околности се предизвикани од други луѓе, место од Волјата на Создателот.

Така најважниот концепт кој треба да го разбереме треба да биде над обичното прифаќање дека сѐ доаѓа од Создателот. Исто така треба да се фокусираме на идејата дека не смееме да се оддадеме на штетни чувства и мисли за време на нашите најтешки моменти.

Не треба одеднаш да мислиме „независно" и да почнеме да веруваме дека настаните во нашиот живот во тој момент се на каков било начин предизвикани од други човечки суштества, наместо од Создателот; не треба ни да помислуваме дека исходот на која било појава го одредуваат други луѓе или околности, освен Создателот.

Ова може да се научи чисто преку нашите искуства, но додека учиме сме склони да заборавиме зошто се случуваат настани во нашиот живот. Сѐ што се случува во нашиот живот е за да го забрзаме нашиот духовен раст. Ако го заборавиме тоа, можеме да паднеме во лажно верување дека има недостиг на божествен надзор и целосна скриеност на Создателот.

Овој процес се одвива на следниов начин: Создателот ни го дава знаењето дека само Тој, Создателот, владее со светот, и потоа нѐ сместува среде застрашувачки и несреќни настани кои донесуваат разни непријатни последици. Непријатните чувства толку силно нè стегаат, што забораваме од кого се пратени и за каква цел се тие тешки удари.

Одвреме-навреме во текот на тој „експеримент", дадено ни е разбирањето за тоа зошто ова ни се случува, но кога тие страшни околности ќе пораснат, нашето разбирање исчезнува. Дури и кога наеднаш ќе се сетиме кој ни праќа такви страдања и зошто, не можеме да се убедиме себеси да му ги припишеме на Создателот и да го замолиме за помош.

Наместо тоа, во исто време кога ќе сфатиме дека сè произлегува од Создателот, пак се трудиме самите да си помогнеме. Овој процес можеме да го визуализираме на следниов начин:

1. На нашиот пат кон Создателот стои нечиста сила или мисла која ни го одвлекува вниманието, што нè тера да се пробиеме низ неа за да се припоиме кон Создателот;
2. Кога сме блиску до Создателот, ние сме како дете во рацете на нашата мајка, но надворешни, неважни мисли/ сили се обидуваат да нè оттргнат од Создателот за да не го почувствуваме Него и Неговото владеење;
3. Создателот како да ни дава нешто важно да нè варди од непријателот. Потоа, непријателот напаѓа и ние храбро се бориме против него.
4. Кога борбата ќе заврши, станува многу јасно дека само сме се бореле против пречките пратени од Создателот за да можеме да достигнеме разбирање и издигање.

На крај, добиваме знаење за себе и за божествената управа на Создателот, и негуваме љубов за Создателот, конечно сфаќајќи зошто ни ги праќал сите тие пречки.

Нашето воспитување не треба да биде нешто што нè присилувало или потиснувало, туку треба да ни помогне да ги развиеме вештините потребни за да обликуваме критички поглед на нашите внатрешни состојби и желби. Правилното воспитување треба да содржи упатства за тоа како да развиеме способности за размислување и анализа, додека традиционалното воспитување, напротив, обично се труди во нас да предизвика автоматски постапки и реакции кои можеме да ги употребиме во иднина.

Всушност, целата намена на воспитувањето треба да се сосредоточи на воспоставување навика постојано и независно да ги анализираме и проценуваме нашите независни постапки. Тоа се постапки кои слободно сме ги избрале, а не оние на кои сме биле присилени од страна на надворешна сила, или како последица на влијанието на нашето воспитување.

Како да стигнеме до вистината кога егото на довербата гледа како на горчина или болка? Кој е спремен доброволно да се подложи на такви маки?

Ние виталност и енергија добиваме од страста, честа и зависта. На пример, ако сме облечени во изветвена облека, срам ни е бидејќи другите се подобро облечени. Но ако и другите се лошо облечени, ни останува само половината од непријатното чувство. Од таа причина, се вели дека „поделената несреќа е половина утеха."

Ако добиваме задоволство само од еден од овие три извори, никогаш нема да напредуваме во нашиот духовен развој. На пример, кога би поседувале нагон за задоволство но не и за чест, би шетале голи кога времето е жешко бидејќи не би чувствувале срам. Копнежот по чест и висок статус во општеството може да се смали ако луѓето имаат поумерени потреби, како што имаат за време на масовни катастрофи или војни.

Но во желбата да добиеме задоволство или да го намалиме нашето страдање, не зависиме многу од мислењата на другите, исто како што забоболката не спласнува само затоа што некој друг чувствува слична болка.

Затоа, работата „за добро на Создателот" треба да се базира врз задоволство, а не врз чест; инаку, човек може да стане задоволен и да престане насреде пат.

Кажано е дека „зависта кон учените ја зголемува мудроста." Дури и ако некој нема желба за почест, сепак ќе се прашува зошто некој друг ја добива, а тој не. Од таа причина, луѓето вложуваат големи напори во науката за да се погрижат другите да не добијат поголеми почести од нив.

Таквите напори го прошируваат знаењето и сличен образец може да се забележи меѓу новите ученици. Некој гледа дека другите стануваат пред изгрејсонце да учат, па се присилува и самиот да стане рано, иако длабоко во себе има силна желба да не го прави тоа.

Но ако сфатиме дека секоја мисла навистина не е наша туку доаѓа однадвор, тогаш станува полесно да се поднесат тие мисли. Општеството влијае на луѓето на таков начин да ги прифатат сите мисли и желби кои им се наметнати од други како нивни сопствени. Така, пресудно е да избереме соодветна околина за себе која ќе се одликува со правилни цели и стремежи.

Меѓутоа, ако сакаме да бидеме под влијание и да примаме мисли од одреден круг на луѓе, најсигурниот метод е да бидеме меѓу нив; покрај тоа, да им помагаме и да ги служиме, бидејќи процесот на примање се одвива од повисокиот кон понискиот. Затоа, во група за учење, најважно е сите други да ги гледаме како да знаат повеќе од нас.

Тоа се вика „стекнување од авторите," бидејќи се добива преку комуникација со другите. Покрај тоа, кога сме со други на работа и дома, пожелно е ментално да останеме на нивото на тие што се како нас. Така во нас нема да влезат туѓи мисли без да сме свесни, и ќе нè наведат да размислуваме како нашите соседи, брачни партнери или колеги.

Копнеење по духовни одлики

Сосема невозможно е за почетник да разликува вистински кабалист од лажен, бидејќи двајцата ги застапуваат истите вистини за неопходноста на поправањето на себеси и отфрлањето на егоизмот.

Но овие зборови, како Светлината на Создателот која свети над сè, можат да се споредат со Светлина без сад, што значи, човек може да изговара најдлабоки зборови, но ако не поседува *Келим* – садови да го содржат чувството на таа Светлина – говорникот може да не го сфати внатрешното значење. Многу потешко е да се примат идеи од книгите на кабалистички писател, процесот познат како „ми Сфарим," (што буквално значи, од книги) отколку да се добие знаење директно од учител. Тоа е поради фактот што ако некој сака да ги впие мислите на авторот, мора да верува дека авторот е голем кабалист.

Колку поголема почит има човек за авторот, толку полесно ќе му биде да учи од неговите книги. Од илјадниците кои го перципирале Создателот, само Рав Шимон Бар Јохаи (Рашби), Рав Ашкенази Јицак (Ари) и Рав Јехуда Ашлаг добиле дозвола да пишуваат за кабалата на јазик разбирлив за тие што уште не ги стекнале перцепциите на духовните нивоа.

Други кабалистички дела користат слики кои можат да ги разберат само оние кои влегле во духовните подрачја и затоа не можат да ги користат почетници.

Ако се потпре на својот избор на придружници и книги како извор на знаење – поединецот може постепено да стекне способност да размислува независно. Пред овој стадиум поединецот останува во состојба во која се сите луѓе на светов, т.е. сака да биде независен, но не може.

Кажано е дека зависта, задоволството и копнежот по чест го вадат човекот од овој свет. Тоа едноставно значи дека овие три човечки желби го тераат да дејствува. Иако не се сметаат за добри желби, сепак го мотивираат човек да се промени, да расте и да сака сѐ повеќе да достигне, додека не разбере дека вистинската добивка е од духовен вид, и да реши да се издигне од овој свет во духовниот.

Така, за тие три желби е кажано дека го „носат" човекот од овој свет во духовниот свет кој ќе дојде. Како резултат на насобирањето на знаење и интелигенција, човек почнува да разликува што е највредно во овој свет и да сфаќа дека треба да се обиде да ја достигне таа највредна цел. На тој начин, се оддалечува од желбите „за себе" и стигнува до желбите „за доброто наСоздателот."

Целото создание може да се согледа како *копнеење по задоволство, или страдање заради отсуство на задоволството кое доаѓа од Создателот*. Два услови се потребни за да почувствуваме задоволство:

1. Задоволството треба да се појави и да исчезне, оставајќи печат, сеќавање (*Решимо*, од *Ро'шем* - отпечаток)
2. Човек мора да го достигне потребното знаење и сила да ја скрши надворешната лушпа и така да стане достоен да земе од плодот.

Има неколку вида нечисти сили кои одвлекуваат внимание, познати како *Клипот*, што значи „корупки" или „лушпи." Нивното име ја покажува нивната намена. Тие сили 1) ги штитат духовно чистите сили (плодот во лушпата) од пробивни елементи кои го оштетуваат духовното царство – непросветлените кои би можеле да си наштетат и на себе и на другите откако ќе стигнат до духовното и 2) создаваат пречки за оние кои навистина сакаат да го имаат плодот.

Потоа, борејќи се со нив, човек го добива потребното знаење и сила да се пробие низ надворешната лушпа и така да стане достоен да земе од плодот. Во никој случај не треба да помисли дека сите мисли против Создателот, против патот и против вербата, излегуваат од друг извор освен од Создателот.

Само Создателот, единствената Сила која го обвива човекот, дејствува во целото создание, додека на човекот му е доделена улога на активен набљудувач.

Со други зборови, на луѓето им е оставено да го доживеат целиот спектар на сили кои влијаат врз нив и да се борат со нив верувајќи дека тие сили доаѓаат од друг извор, а не од Создателот. Всушност, ако Создателот не испрати такви мисли што ќе му го попречат изучувањето на кабалата и самоподобрувањето, човек не може да тргне напред.

Главните *Клипот* се *Клипат Мицраим* (Египет), кој го тера човекот да скршне од желбата да продолжи по духовниот пат, и *Клипат Ноѓа*, кој му го дава лажното чувство дека сè е добро такво какво што е, и дека нема потреба да се оди напред. Во тој случај, човек се чувствува како да спие, иако срцето не се сложува со таа состојба („*Ани јешена ве Либи ер*" – јас спијам, но срцето ми е будно).

Вистинските кабалистички текстови, особено текстовите на Рав Јехуда Ашлаг, се напишани на таков начин што тој што ќе навлезе во нив веќе не може да добие задоволство од лажниот сјај на *Клипат Ноѓа*, еднаш штом ќе стане јасна целта на созданието.

На оние ретки кои Создателот ги избрал да ги доведе поблиску до Себе им се праќа љубовно страдание (*Исуреи Ахава*). Тоа е страдање наменето да ги наведе тие луѓе да ги надминат тешкотиите на својата состојба и да се доближат до Создателот.

Оваа внатрешна борба на поединецот, за која чувствува дека е негова лична, се вика „притисок однатре" (*Дахаф Иними*). Кога дејствуваме, тоа се смета дека е „откриено," бидејќи сите можат да го видат и не може различно да се толкува.

Од друга страна, нашите мисли и намери се сметаат за „скриени." Тие можат многу да се разликуваат од начинот на кој другите ги гледаат и дури можат да се разликуваат од нашата сопствена перцепција на нашите намери. Понекогаш не сме свесни што точно нѐ тера да постапиме вака или онака.

Нашите вистински внатрешни намери кои нѐ мотивираат се често скриени од нас, како и од надворешни набљудувачи. Од таа причина кабалата е позната како скриениот дел на Библијата, скриената мудрост, бидејќи нѐ подучува за намерите и како да ги насочиме кон Создателот.

Така, тоа знаење треба да биде скриено од сите, понекогаш дури и од дадениот поединец. Задолжително е да се верува дека сѐ во овој свет се случува по волја на Создателот, владеано е од Него, пратено од Него и управувано од Него.

Има такви што тврдат дека нашите страдања не се страдања, туку награди.

Тоа е вистина само во поглед на оние праведници кои сите околности и сите нивни последици можат да ги поврзат со владеењето на Создателот. Само во такви случаи кога луѓето можат да живеат со својата верба во крајната правда на владеењето на Создателот и покрај големите искушенија и страдање, проклетствата ќе бидат претворени во благослови.

Меѓутоа, оние искушенија кои не можеме да ги надминеме со одење над границите на нашиот разум ни носат духовно опаѓање, бидејќи поддршка можеме да најдеме само во одржувањето на вербата над разумот. Штом паднеме од вербата и повторно почнеме да зависиме од разумот, мораме да чекаме да бидеме спасени.

Од друга страна, тие што можат да ги поднесат тие искушенија ќе се издигнат, бидејќи страдањето и искушенијата ја зголемуваат силата на вербата. Во тие случаи искушенијата и страдањето ќе се претворат во благослови.

Вистинската молба до Создателот мора да дојде од длабочините на срцето, што значи дека целото срце мора да биде усогласено за тоа што сака да му каже на Создателот. Молбата мора да биде изречена не со зборови, туку со чувства, бидејќи Создателот го слуша само она што се случува во срцето на човекот. Создателот слуша дури и повеќе одошто ние би сакале, бидејќи Тој ги разбира сите причини и чувства кои Самиот ги праќа.

Ниедно создание не може да ја избегне предодредената цел – да почне да копнее по духовни одлики. Но што да прави некој што чувствува дека нема доволно желба да се раздели од задоволствата на овој свет? Како да се справи со идејата за разделба од роднините, семејството и цел свет толку полн со живот и мали радости, со сето она што егоистичните желби толку живописно знаат да го насликаат во умот? Што да прави човек ако, дури и додека го моли Создателот за помош, не сака навистина Создателот да ја чуе и исполни таа молба?

За помош и поддршка на оние што се во ваа положба потребна е специјална подготовка и спознание колку е важно да се стекнат алтруистични одлики. Таквото спознание се развива постепено како што човек сфаќа колку е далеку од духовните радости и внатрешниот мир кои го привлекуваат оддалеку.

Тоа може да се спореди со домаќин кој мора да го задоволи апетитот на гостите со предјадења за да уживаат во оброкот што ги чека. Ако прво не се подготват за оброкот, гостите никогаш нема да ја доживеат вистинската радост од него, без оглед на тоа колку е вкусен или обилен. Тој пристап е ефикасен и кај будењето на апетит за такви неприродни и непознати радости, како добивањето задоволство од алтруизам.

Нашата потреба за блискост со Создателот постепено се буди кога е под влијание на нашите напори инспирирани за време на крајна оддалеченост од духовното спасение.

Тука спаѓаат периоди на тешка лишеност и темнина, кога ни треба Создателот за лично спасение, за да нè избави од безнадежната ситуација во која нè ставил.

Ако навистина ни треба помошта од Создателот, тогаш ова може да се смета за знак дека сме спремни да ја примиме оваа помош, бидејќи сме развиле „апетит" за прифаќање на задоволствата што ни ги подготвил Создателот.

Степенот до кој сме го искусиле страдањето ќе биде паралелен со степенот до кој ќе можеме да примиме задоволство. Меѓутоа, ако мораме да поминеме низ страдање и да примиме радост од Горе во истата мера во која сме страдале, тогаш тоа е патот на страдањето, а не патот на кабалата.

Покрај тоа, се јавува прашањето: има ли навистина потреба да се прашува или моли Создателот за што и да е? Можеби човек треба да искуси страдање до точката на која телото посакува целосно спасение и го повикува Создателот со таква сила што Тој го спасува.

Одговорот е едноставен: молитвата, дури и ако не извира од длабочините на срцето, сепак го подготвува човекот за спасение.

Во молитвата, му ветуваме на Создателот дека откако ќе добиеме духовна сила, ќе ги концентрираме сите наши напори за враќање на духовните стремежи кои сега ни недостигаат. Во тоа лежи големата моќ на молитвата.

Создателот прифаќа таква молба, и како резултат на ова, ќе напредуваме по патот на кабалата, место по патот на страдањето. Од таа причина, никогаш не треба да се согласиме да одиме по патот на страдањето, дури и ако сме сигурни дека страдањето е пратено од Создателот; дури и ако цврсто веруваме дека сè што е пратено од Создателот е пратено за наше добро.

Создателот не сака ние пасивно да го прифаќаме страдањето. Напротив, Тој очекува да го спречиме страдањето, да ја избегнеме состојбата во која Тој мора да нè турка одзади со страдање. Тој сака самите да се бориме преку верба и да замолиме за можноста да одиме нанапред.

Дури и ако уште не поседуваме вистинска желба да ја достигнеме вистинската состојба, сепак треба да го замолиме Создателот да ни даде вистинска желба и верба преку силата на молитвата. Тоа значи, треба да го замолиме Создателот да ни даде желба каква што сега ни недостига.

Нашата душа, внатрешното "Јас" на секој од нас, постои во совршена состојба од моментот кога Создателот решил како треба да постои. Таа состојба може да се опише како „состојба на апсолутен мир" (бидејќи секоја постапка е започната од желбата да се добие посовршена состојба) и состојба на апсолутна среќа (бидејќи сите желби создадени во нас од страна на Создателот се апсолутно исполнети).

За да стигнеме до таа состојба, мораме да ја стекнеме желбата да ја достигнеме. Тоа значи, треба да решиме нашите сегашни стремежи да ги претвориме во совршени, алтруистични. Нема друг избор. Вака вели Создателот: „Ако не го направиш правилниот избор самиот, тогаш ќе поставам над тебе сурови владетели, кои ќе те присилат да ми се вратиш."

Секој поединец истовремено поседува две совршени состојби – сегашна и идна. Во секој даден момент, ја доживуваме само сегашната, но преобразба во „идна" состојба може да се достигне за миг со менување на нашата природа од егоистична и материјалистичка, во алтруистична и духовна.

Создателот може да направи такво чудо во секој од нас во кој било момент, бидејќи двете состојби постојат истовремено. Разликата е во тоа што едната состојба можеме веднаш да ја видиме, но не и другата совршена состојба, која постои паралелно со првата и покрај тоа што истовремено постоиме во двете.

Причината зошто тоа се случува може да се објасни со фактот дека нашите одлики-желби не се совпаѓаат со одликите на совршената невидлива состојба. Како што изјавува Создателот: „Невозможно е Јас и ти да постоиме на исто место," бидејќи сме спротивни во нашите желби. Од таа причина, секој од нас поседува две состојби, или, како што се вели во кабалата, две тела. Имено, тука е физичкото тело, во кое живееме во сегашниот момент и кое во кабалата е познато како „материјалната обвивка."

Од друга страна, во кабалистичка смисла нашите желби и одлики се сметаат за тело, бидејќи во нив е нашата душа, која е дел од Создателот. Ако во нашата сегашна состојба, телото ни се состои од целосно егоистични желби и мисли, тогаш само микроскопски дел од нашата душа, т.н. *Нер Дакик*, може да продре во нас како искра на Големата Светлина, која ни дава живот.

Второто тело, кое постои паралелно со првото е духовното тело, кое уште не го чувствуваме. Тоа се состои од нашите идни алтруистични желби и одлики што ја сочинуваат нашата апсолутна душа, т.е. делот од Создателот кој ќе биде откриен во иднина, штом се заврши процесот на корекција.

Одликите на егоистичните и на алтруистичните тела, како и нивните животни сили, се поделени на чувства и интелект, кои ги перципираме со срцето и умот. Егоистичното тело сака да *прима* со срцето и да сфаќа со умот, а алтруистичното тело сака да *дава* со срцето и да верува со умот.

Ние не можеме да смениме ниедно од овие тела. Духовното не може да се смени бидејќи е сосема совршено, а сегашното е сосема неменливо и не може да се поправи бидејќи како такво е осмислено од Создателот.

Но постои и трето тело, кое служи како врска помеѓу двете. Средното тело, под управа од Горе, се состои од желби и мисли кои постојано се менуваат, кои самите треба да се трудиме да ги исправиме и да го замолиме Создателот за нивно исправање. На тој начин го поврзуваме средното тело, познато како *Клипат Нога,* со духовното тело.

Кога ќе можеме сите мисли и желби што постојано се појавуваат да ги поврземе со духовното тело, нашето егоистично тело ќе исчезне и ќе добиеме духовно тело. Во тој момент, Создателот ќе ги смени сите одлики на егоистичното тело во спротивни одлики и целиот вроден егоизам ќе се претвори во апсолутен алтруизам.

Во сите ситуации со кои се соочуваме во животот, треба да се стремиме да сфатиме дека сè доаѓа директно од Создателот и да гледаме од Негова гледна точка како да е наша. Треба да потврдиме дека „Тој е оној што стои меѓу сè друго и мене; преку Него ги гледам сите други во светов, вклучувајќи ме и мене. Сè што перципирам излегува од Него и сè што излегува од мене оди само кај Него. Поради тоа, сè што нè опкружува е Тој." Како што е кажано: „Ти си и пред мене и зад мене, и ја стави својата рака на мене." „Сè што е во мене," некој треба да каже, „сè што мислам и чувствувам, доаѓа од Тебе, и е дијалог со Тебе."

Најзастрашувачкото чувство е кога ќе го видиме бескрајниот амбис.

Тоа нè снаоѓа кога ненадејна празнина како да се отворила баш под нашите нозе; празнина која се одликува со безнадежност, страв, отсуство на секаква поддршка и целосно заминување на Опкружувачката Светлина која ни давала чувство за иднината, за утре, за следниот момент.

Сите варијации на ова страшно негативно чувство настануваат од поголемото изворно чувство и, всушност, можат да се сметаат за негови аспекти. Сите тие ни се пратени од истиот извор, *Малхут,* празната душа која ја поставил Создателот за секој од нас да го исполни секој дел од таа душа со Светлина.

Сите чувствувања на темнината што ги доживуваме излегуваат од таа празна душа и можат да се надминат само со верба во Создателот, со Негово перципирање. Поради тоа сето страдање е пратено од Создателот.

Кралот Давид, отелотворувањето на нашите души, ја опишува состојбата на душата во секој стих од своите псалми, отсликувајќи ги сите нејзини впечатоци додека се качува по разните нивоа. Зачудувачки е колку мораме да истрпиме пред да го добиеме разбирањето, свеста и начинот да стигнеме до вистинскиот пат. Никој не може да ни каже кој ќе биде следниот чекор.

Само поради неопходност, откако сме се сопнале на претходниот чекор, ќе ја избереме правилната постапка. Колку повеќе нѐ бодат маките, толку побрзо напредуваме духовно. Така, кажано е: „Среќен е оној кој е измачуван од Создателот."

Не треба да го знаеме нашиот следен чекор, или нашата иднина; забраната против гатањето во Библијата не треба да се сфати несериозно.

Духовниот раст се одвива само преку растот на вербата. Тоа е поддржано од фактот дека сѐ што проживуваме во даден момент и сѐ што ќе проживееме во следниот момент, излегува од Создателот и може да се надмине единствено со достигнување близина со Него. Тоа задолжително се случува, бидејќи нашата природа одбива да признае дека Тој владее со нас.

Знаењето за нашата идна состојба, или чисто нашата доверба во нашето знаење за неа, ни ја одзема шансата да замижиме, замолчиме и да ја прифатиме секоја ненадејна појава на Вишата Власт како вистинита и праведна. Тоа е возможно само кога ќе му се доближиме на Создателот.

Библијата ги опишува сите наши последователни стадиуми на духовно издигнување на секојдневниот јазик на нашиот свет. Како што веќе знаеме, во целото создание има само две одлики: алтруизмот и егоизмот, одликата на

Создателот и одликата на Неговите созданија. Кабалата, од друга страна, ги опишува стадиумите на духовно издигнување на јазикот на директните чувства, како во овој дел од книгата, или на јазикот на Сефирот, физичко-математичкиот опис на духовните предмети.

Овој јазик е универзален, компактен и прецизен. Почетниците можат да го видат неговиот надворешен облик. Исто така ни помага и да ги сфатиме другите и да бидеме сфатени од нив, бидејќи се фокусира на апстрактните духовни предмети и настани кои се до одреден степен тргнати од нас.

Откако сме преминале на духовните нивоа, можеме да го користиме тој „научен" јазик да ги опишеме нашите дела и чувства, бидејќи Светлината која ја перципираме веќе ги носи информациите за самото дело, името на делото и духовното ниво.

Меѓутоа, кабалистот може да му ги пренесе чувствата и доживувањата од одредено духовно ниво само на некој што веќе го има доживеано тоа ниво, бидејќи друг човек нема да ги сфати тие концепти. Слично е во нашиот свет – поединец кој нема доживеано одредена дразба и кој ја нема сознаено преку слично чувство нема да може да ја разбере.

Има два последователни стадиума во поправањето на егоизмот. Првиот стадиум е воопшто да не се користи, туку да се мисли и дејствува само со желбата за „давање", без никаква помисла за можна добивка од резултатите на нашите постапки. Кога ќе можеме да дејствуваме на таков начин, продолжуваме на вториот стадиум: почнуваме да го користиме нашиот егоизам постепено вградувајќи го во нашите алтруистични постапки и мисли, така исправајќи го.

На пример, човек сè им дава на другите, без да добива нешто за возврат; тоа е првиот чекор на развојот. Ако некој навистина може секојпат така да дејствува, тогаш, за да може да даде уште повеќе, богатите на тој поединец ќе му дадат уште повеќе.

На тој начин богатството ќе помине преку тој поединец за да им биде дадено на други. Количеството на богатство примено од други ќе зависи од тоа дали тој човек може да даде сè што примил без да биде под искушение од таквото изобилство. Во таквиот случај, егоизмот ќе биде искористен за благородна цел: колку повеќе некој добива, толку повеќе дава. Но може ли да даде сè?

Количеството на богатство кое поминува низ рацете на човекот го утврдува нивото на неговата корекција.

Првиот стадиум е познат како „корекција на созданието" (од егоизам), а вториот стадиум како „целта на созданието," или способност да се користи егоизмот за алтруистични дела, за алтруистични цели.

Кабалата се фокусира на овие два стадиума на духовниот развој. Меѓутоа, желбите и задоволствата спомнати во кабалата се милијарда пати поголеми од сите задоволства на нашиот свет заедно.

Овие два чекори се исто така во постојан меѓусебен конфликт, бидејќи првиот сосема ја отфрла употребата на егоизмот и неговата корекција, додека вториот го користи во мали количества, одредени со силата на човековата способност да му се спротивстави за да се коригира. Така, постапките во овие две состојби се спротивни една на друга, дури иако двете се алтруистични по својата намера.

Дури и во нашиот свет, поединец кој ќе даде сè е спротивен во делата од оној што прима, дури и за да даде. Во таа ситуација, многу од противречностите и конфликтите опишани во Библијата стануваат поразбирливи. На пример, конфликтот меѓу Саул и Давид, расправиите и противречностите меѓу школите на Шамаи и Хилел, конфликтот меѓу Машиах Бен-Јосеф (кабалистот Ари) и Машиах Бен-Давид, и други; речиси сите расправии и војни, тие што не се влезени во духовното подрачје ги толкуваат како конфликти меѓу народи, племиња, семејства, и егоистични поединци.

По одреден период на интензивна работа врз себе, учење и борба за духовна перцепција, ќе почувствуваме желба да видиме некакви резултати. Ќе се чини дека, после сета работа што сме ја извршиле (особено во споредба со работата што ја завршиле други околу нас) сме го заслужиле правото да го доживееме Откровението на Создателот, да видиме јасна манифестација на духовните закони кои толку вредно сме ги изучувале и да ги перципираме задоволствата на духовните светови.

Меѓутоа, во стварноста сè изгледа сосема спротивно на нашите очекувања: може да почувствуваме дека назадуваме, место да напредуваме, во споредба со другите што не учат кабала. Може да почувствуваме дека, место да го перципираме Создателот и место Создателот да нè чуе, како сè повеќе да се оддалечуваме од Создателот.

Згора на тоа, сè подолгата пауза од духовните достигнувања и нашето спуштање на духовните стремежи би изгледало како да се директни резултати на нашето учење. Така, се јавува исправно прашање: гледајќи ги тие што ја проучуваат Библијата на едноставен, обичен начин, гледаме дека чувствуваат дека се над другите, додека ние што ја проучуваме кабалата стануваме сè понезадоволни, гледајќи колку полоши сме станале во нашите желби и мисли, и колку повеќе сме се оддалечиле од добрите духовни желби кои пред сè нè довеле до кабалата!

Може би било подобро воопшто да не ја изучуваме кабалата! Можеби сето време посветено на овие студии е попусто потрошено! Од друга страна, можеби веќе чувствуваме дека само тука можеме да ја најдеме вистината и одговорите на прашањата во нас.

Ваквото чувство само го зголемува растечкиот притисок: не можеме да ја оставиме кабалата бидејќи е вистината, но се чини дека немаме ништо заедничко со неа и така сѐ повеќе се оддалечуваме од неа, со впечаток дека нашите желби се многу пониски од оние на нашите врсници.

Ни се чини дека ако беше некој друг на наше место, Создателот веќе одамна ќе му одговореше и ќе ја доближеше таа личност до Себе. Некој друг немаше да се жали и да стане огорчен затоа што Создателот бил невнимателен кон него, или можеби, воопшто не реагирал на нивните постапки.

Меѓутоа, во суштина, тие емоции ги чувствуваат само оние кои се во процесот на вистинска духовна работа на себе, а не оние кои само површно ја учат Библијата, само за да ги научат нејзините едноставни значења и да ги следат заповедите.

Тоа е бидејќи тие што се стремат да се издигнат ќе се борат да достигнат духовна состојба во која сите лични стремежи, мисли и желби се лишени од личен интерес. За таа цел, сржта на нивните вистински мисли и мотивации е откриена од Горе.

Можеме да докажеме дека сме во состојба да ги издржиме нашите тестови откако сме изнастрадале, сме ја согледале во себе огромноста на нашиот егоизам и откако сме го согледале големото растојание меѓу нашето јас и најбезначајната духовна одлика. Ќе докажеме дека заслужуваме макар да ѕирнеме во духовните светови, ако сѐ уште можеме, и покрај сѐ што сме претрпеле, да го замолчиме срцето и да изразиме љубов спрема Создателот без да бараме награда за нашите напори и страдање. И доколку и покрај сѐ што сме поминале, овие состојби ни се подраги од животинските задоволства и спокој.

Општо земено, секојпат кога ќе почнеме навистина да работиме на себе, веднаш почнуваме да ги согледуваме пречките на нашиот пат до перцепцијата на духовното.

Тие пречки се појавуваат во вид на разни непотребни мисли и желби, како губење на довербата во исправноста на избраниот пат или како обесхрабреност пред нашите вистински желби.

Сите тие пречки ни се пратени од Горе да нè тестираат. Тие ќе утврдат дали навистина поседуваме жед за вистината, без оглед на тоа колку е тоа спротивно на нашата егоистична природа, или колку е непријатно да се откажеме од сопствените удобности заради Создателот.

Од друга страна, обичните луѓе не се тестирани и се чувствуваат многу удобно со начинот на живот на кој се навикнати, дури и мислат дека им е загарантирано место во наредниот свет бидејќи ги следат заповедите на Библијата.

Следствено, таквите поединци мислат дека и овој и светот што ќе дојде се обезбедени, па така се радуваат на помислата на идната награда, мислејќи дека е заслужена затоа што ја спроведуваат волјата на Создателот и на тој начин заслужиле надомест и во овој свет и во светот што ќе дојде.

Тоа значи, егоизмот на личноста што ги следи заповедите расте многукратно во однос на егоизмот на личноста што не ги следи, која не очекува награда од Создателот во духовното царство.

Но Создателот не нè тестира за да види каде стоиме ние духовно. Создателот тоа го знае и без тестирање, бидејќи Тој е оној што на секого му дава одредена положба. Тој нè тестира за *нас да нè* направи свесни за нашата духовна состојба. Со создавање на желбата за овоземски задоволства во нас, Создателот ги оттурнува недостојните, а на оние кои Тој сака да му се доближат им ја дава можноста да се доближат до портите на духовниот свет така што ќе ги надминат сите пречки.

За избраниот поединец да почувствува омраза кон егоизмот, Создателот постепено му го открива неговиот *вистински непријател* и му го покажува вистинскиот виновник што стои меѓу него и влезот во духовните предели, додека омразата не порасне до таа мера што човек ќе успее сосема да се откине од него.

Сè што постои надвор од нашето лично „Јас" е самиот Создател, бидејќи темелот на созданието е перцепцијата на нашето „Јас" што ја има секој од нас. Оваа илузија на личното „јас" е составот на созданието и само ние ја чувствуваме. Но надвор од тоа чувство на лично „Јас" постои само Создателот.

Така, нашиот став кон светот и сите околу нас го одразува нашиот став кон Создателот. Ако се навикнеме на таков став кон сè, со тоа повторно воспоставуваме директна врска со Создателот. Но ако не постои никој освен Создателот, тогаш што е тоа „Јас"? *Личното „Јас"* е чувство за нашето сопствено постоење, кое всушност не постои.

Меѓутоа, во согласност со желбите на Создателот, душата (која е дел од Него) така се чувствува бидејќи е одвоена од Создателот. Тој се крие Себеси од душата, но како што тој дел од Создателот сè повеќе го чувствува Создателот, нашето *внатрешно „Јас"* сè повеќе чувствува дека е дел од Создателот, а не независно создание.

Стадиумите на нашето постепено перципирање на Создателот се познати како *„световите"* или *Сефирот*.

Обично ние се раѓаме без никаков осет за Создателот и сè околу нас перципираме како „реалност". Таа состојба го создава „нашиот свет"

Ако Создателот сака да нè доведе поблиску до Себе, повремено ќе почнеме да чувствуваме нејасно присуство на Виша Сила. Таа сила сè уште не ја гледаме со нашиот внатрешен вид, но насетуваме дека оддалеку, однадвор, нешто осветлува, ни носи чувства на доверба, духовен занес и инспирација.

Но Создателот може повторно да стане далечен и незабележителен. Во тој случај, тоа го чувствуваме како враќање кон нашата првобитна состојба и на некој начин успеваме да заборавиме дека некогаш сме биле сигурни во постоењето на Создателот, па дури и сме го гледале.

Создателот може да се оддалечи и на таков начин што ќе го почувствуваме заминувањето на едно духовно присуство и поради тоа ќе станеме малодушни. Тоа чувство го праќа Создателот на оние кои сака да ги доведе уште поблиску до Себе, бидејќи чувството на копнеж по прекрасното чувство кое исчезнало нè тера да се трудиме да го вратиме тоа чувство.

Ако се потрудиме и почнеме да ја изучуваме кабалата и ако си најдеме вистински учител, тогаш Создателот наизменично или се открива Себеси во поголема мера преку нашето духовно издигнување, или се крие, терајќи нè да најдеме излез од нашата падната состојба.

Ако можеме, со силата на нашата волја, да ја надминеме оваа непријатна состојба на скриеноста на Создателот, тогаш ќе добиеме помош од Горе во вид на духовно издигање и инспирација. Од друга страна, ако не се потрудиме да излеземе од таа состојба преку нашата сила, Создателот може самиот да ни пријде, или може сосема да нè напушти (откако неколкупати нè подбуцнал независно да се потрудиме да напреднеме кон Него), иако уште не можеме да го перципираме.

22

Духовен развој

Сè што сакаме да знаеме за нашиот свет може да се дефинира како резултат на создавањето и Неговото провидение, или како што велат научниците „законите на природата." Човештвото во своите пронајдоци се обидува да преслика некои детали од созданието и да го употреби своето знаење за природните закони. Тоа значи, се труди да ги преслика делата на Создателот на пониско ниво и со попрости материјали.

Длабочината на човечкото сфаќање на природата е ограничена, иако границите постепено се шират. Сепак, до денешен ден, поимот тело се поистоветува со материјалното тело. Но таквото гледиште не се разликува помеѓу луѓето, бидејќи индивидуалноста на секоја личност се одредува со нејзините духовни сили и одлики, а не со облиците на нејзиното тело.

Така, може да се каже дека сите тела, без оглед на нивниот број, формираат само едно тело од гледна точка на созданието, бидејќи нема индивидуална разлика меѓу нив за да се разликуваат едно од друго. Од тоа гледиште, за да ги сфатиме другите и сиот свет околу нас и да сфатиме како да го гледаме тоа што е надвор од нашето тело, доволно е да погледнеме во себе и да го сфатиме *внатрешното* „Јас".

Всушност, така и се однесуваме, бидејќи сме создадени да го сфатиме тоа што влегува во нас однадвор, т.е. да реагираме на надворешни сили. Така, ако не се разликуваме духовно од другите и ако сите наши постапки се стандардни и во рамките на разните животински одлики на нашите материјални тела, тогаш како воопшто и да не постоиме.

Без развиена духовна индивидуалност, како да сме дел од едно заедничко тело кое ги претставува сите наши тела. Со други зборови, единствениот начин на кој можеме да се разликуваме еден од друг е според нашите души. Затоа, ако не поседуваме душа, не можеме да кажеме дека постоиме индивидуално.

Колку повеќе духовни разлики поседуваме, толку сме поважни, но ако тие разлики не постојат, тогаш ни ние не постоиме.

Но штом првата мала духовна разлика се формира во нас, во тој момент, таа духовна состојба се вика наше раѓање, бидејќи по првпат нешто индивидуално се појавило во нас, нешто што нè разликува од сите други.

Така, раѓањето на индивидуалноста се случува преку нашето индивидуално духовно одвојување од масата народ. Како кај посадено зрно жито – два спротивставени процеси се одвиваат по ред: процесот на распаѓање и процесот на растење. Доаѓа до целосно ослободување од претходниот облик. Меѓутоа, додека не биде сосема отфрлен, додека физичкиот облик не биде оставен, човек не може да се промени од физичко тело во духовна сила.

Додека не се поминат сите тие состојби (наречени „раѓањето на плодот одозгора надолу") првата духовна сила оддолу нагоре не може да се роди во нас, да продолжи да расте и да го достигне нивото и обликот на Тој што нè зачнал.

Слични процеси се одвиваат во неживата, растителната, животинската и човечката природа, иако тие добиваат

Духовен развој

различни облици. Кабалата го дефинира „духовното раѓање" како првата појава на најниската одлика на најнискиот духовен свет во поединецот – неговиот премин преку границите на „нашиот" свет и влезот во првите и најниски духовни нивоа.

Но за разлика од новороденчињата во овој свет, духовното новороденче не умира туку постојано се развива. Човек може да почне да се разбира себеси само од моментот кога ќе стане свесен за себе, но никогаш порано од тоа.

На пример, не се сеќаваме на нас самите во нашите претходни состојби, како моментот на зачнувањето, моментот на раѓањето или пак некои поранешни состојби. Можеме да го сфатиме само нашиот развој, но не можеме да ги сфатиме нашите претходни облици.

Меѓутоа, кабалата ги опишува сите претходни состојби на созданието, почнувајќи од состојбата кога постоел само Создателот, до Неговото создавање на општа душа – духовно битие. Потоа го проследува постепеното спуштање на духовните светови од највисокото до најниското ниво, до последната состојба на најниското духовно царство.

Кабалата не ги опишува сите наредни фази (како некој поединец од нашиот свет го сфаќа најниското ниво на духовното царство и потоа издигнувањето од дното до врвот, до крајната цел – враќањето до изворната точка на созданието). Тоа е затоа што издигнувањето ги следи истите закони и нивоа како спуштањето на душата, и секој што сака да го сфати тоа мора независно да го проживее секој стадиум на духовното раѓање, сè до конечното завршно духовно ниво.

Но откако сите души, на крајот од својот духовен раст, ќе ја достигнат апсолутно поправената состојба на своите изворни одлики, ќе му се вратат на Создателот и ќе се соединат со Него во апсолутно неделива состојба поради нивната целосна сличност.

Со други зборови, од моментот на духовното раѓање сѐ до целосната приврзаност кон Создателот, душата мора да се издигне од дното до врвот низ истите 125 нивоа низ кои се спуштила од врвот до дното, од Создателот до нас.

Во кабалата, првото ниво од дното е познато како „раѓање," а последното, на самиот врв, како „конечната корекција". Сите нивоа меѓу нив се назначени или по имиња на места или луѓе од Библијата, со кабалистички симболи, имињата на *Сефирот* или световите.

Од сето горенаведено, станува јасно дека сме неспособни целосно да го сфатиме созданието и себеси без сосема да ја сфатиме целта на созданието, чинот на созданието и сите фази на развој сѐ до крајот на корекцијата. Бидејќи го испитуваме светот само однатре, можеме да го истражуваме само оној дел од постоењето кој го перципираме. Така, не можеме да достигнеме целосно знаење за себеси.

Покрај тоа, нашето разбирање е ограничено бидејќи, за да разбереме некој предмет, мораме да ги испитаме неговите негативни одлики и сме неспособни да ги видиме нашите сопствени недостатоци. И покрај сите наши желби за спротивното, нашата природа автоматски ги исклучува од нашата свест, бидејќи ако сме свесни за тие недостатоци ќе чувствуваме огромна болка, а нашата природа автоматски ги избегнува таквите чувства.

Само кабалистите кои работат на корекција на својата природа за да ги достигнат одликите на Создателот, постепено ги откриваат недостатоците на својата сопствена природа до степенот до кој можат да се коригираат себеси. Бидејќи тие одлики веќе врват низ корекција, неисправените одлики како веќе да не му припаѓаат на поединецот. Само тогаш интелектот и природата на кабалистот ќе дозволат да стане свесен за овие недостатоци.

Нашата склоност да гледаме претежно негативни одлики кај другите не ни помага да се анализираме себеси. Бидејќи човечката природа автоматски ги избегнува негативните

Духовен развој

чувства, не можеме да ги префрлиме на себе негативните одлики што ги препознаваме кај другите. Нашата природа никогаш нема да дозволи во себе да ги видиме истите негативни аспекти.

Всушност, можеме да ги откриеме негативните одлики кај другите бидејќи тоа ни дава задоволство!

Така, може со сигурност да се тврди дека ниеден човек на светот не се знае себеси.

Кабалистот, од друга страна, го сфаќа целиот опсег на човековата природа, на нејзиниот корен, бидејќи го сфаќа него во изворниот облик, кој е душата.

Во согласност со тоа, за да добие вистинско разбирање на созданието, човек прво мора да го анализира одозгора надолу, од Создателот до нашиот свет, а потоа од долу нагоре. Патот одозгора надолу се вика „постепеното спуштање на душата во нашиот свет." Тоа е зачнувањето и развојот на душата според аналогијата на нашиот свет – точката на која се зачнува фетусот во телото на мајката со семето на таткото.

Сè додека во човек не се појави последното најниско ниво, на кое е сосема оддалечен од Создателот, како плодот на родителите, како семе кое сосема го изгубило својот изворен облик, тој не може да стане физички независен организам. Но како во нашиот свет, така и во духовниот свет тој продолжува да биде сосема зависен од својот Извор сè додека, со помош на Изворот, конечно не стане независно духовно битие.

Откако духовно ќе се роди, човек стигнува на духовно ниво кое е најоддалечено од Создателот и постепено почнува да ги совладува нивоата на издигнување до Создателот. Патот од долу нагоре е познат како „лично разбирање и издигнување" во фази на духовен раст според законите на духовните предели. Тоа е налик на нашиот свет, каде новороденчето се развива според законите на овој свет.

Фазите на нашиот раст одоздола нагоре точно одговараат на фазите на спуштањето на душата од Создателот во нашиот свет, одозгора надолу.

Заради тоа, кабалата се фокусира на спуштањето на душата, додека фазите на издигнувањето мора да ги научи независно секој што се издигнува, за да може духовно да расте.

Затоа, во никој случај човек не треба да му се меша на ученикот, ниту да го присилува тој ученик на какви било духовни постапки. Ученикот мора да ја слуша сопствената свест за околните настани за да ги испита и исправи сите одлики што треба да се исправат. Тоа е и причината зошто на кабалистите им е забането да споделуваат еден со друг информации за своите лични издигнувања и спуштања.

Бидејќи двата пата – одозгора надолу и одоздола нагоре – се апсолутно идентични, со разбирање на едниот, може да се разбере другиот. На тој начин, во текот на својот развој, човек стигнува до разбирањето на својата состојба пред раѓањето.

Програмата на созданието слегува во нашиот свет одозгора надолу; највисокото ниво го зачнува она под него и така сè до нашиот свет, каде се раѓа во поединец од нашиот свет во одреден момент за време на еден од неговите животи. Од тој момент процесот тргнува обратно и го тера човекот духовно да расте, сè додека не стигне до духовниот свет.

Но тие што растат духовно мораат да ги вложат сопствените напори додека растат и да ги додадат своите лични постапки во созданието за негов развој и довршување. Тие постапки се состојат само од целосна реконструкција на процесот на создавањето, бидејќи човек не може да измисли нешто што го нема во природата, било да е физичко или духовно. На истиот начин, сè што правиме не е ништо повеќе од идеи и примери земени од природата. Затоа, целиот пат на духовниот развој се состои само од стремежот да го повториме и реконструираме духовното царство кое веќе е всадено во духовната природа од Создателот.

Како што веќе беше назначено во првиот дел од книгава, сите созданија во овој свет и сè што ги опкружува се создадени совршено да соодветствуваат на условите неопходни за секој еден вид. Како и во нашиот свет – природата има подготвено сигурно и соодветно место за развојот на потомството – доаѓањето на новороденчето кај родителите ја стимулира потребата да се грижат за него.

Слично е во духовниот свет – до духовното раѓање на поединецот, сè се случува без негово знаење и мешање.

Но штом ќе порасне, се јавуваат тешкотии и непријатности, кои бараат напори за да се продолжи постоењето.

Како што човек созрева, се јавува сè поголем број негативни одлики.

Така и во духовниот свет, со постепениот духовен раст негативните одлики на човекот стануваат сè повидливи. Таа структура е посебно создадена и подготвена од Создателот преку природата – и во нашиот свет и во духовните светови. Нè носи до потребното ниво на развој, за преку непрестајни лишувања да сфатиме дека само ако го сакаме ближниот свој како себеси можеме да бидеме среќни. Само тогаш одново ќе ја откриеме врската помеѓу "јас" и делата на „природата" одозгора надолу.

Затоа, секојпат кога ќе најдеме „погрешни пресметки" на природата или „недовршености" на Создателот, можеме тоа да го искористиме да ја довршиме сопствената природа и да го поправиме својот став кон светот околу нас.

Мораме да ги љубиме сите и сè надвор од нас како нас самите, во согласност со нивното спуштање од духовните нивоа одозгора надолу.

Тогаш, ќе бидеме во целосна согласност со Создателот, и така ќе ја достигнеме целта на созданието – апсолутно создание и добро. Сето тоа ни е на дофат и во никој случај Создателот нема да скршне од Својот план, бидејќи тој план го има направено за нас со волја да ни дари апсолутно задоволство и добро.

Наша задача е само да ги проучуваме нивоата на духовно спуштање одозгора надолу и да стекнеме разбирање за тоа како да се однесуваме во нашето издигнување одоздола нагоре. Навидум неприродното чувство на љубов спрема другите како нас кое Создателот го бара од нас (не тие што се „блиску" до нас, туку тие што се *како* нас, бидејќи блиските веќе ги љубиме), нè прави да чувствуваме внатрешно згрчување на „Јас," исто како што ќе направи секое друго алтруистичко чувство или секое друго порекнување на егоизмот.

Но ако можеме да ги пуштиме или да ги стесниме нашите лични интереси, тогаш духовниот простор напуштен од егоизмот може да се искористи да се прими Вишата Светлина, која ќе дејствува врз празнината така што ќе ја исполни и прошири. Тие две постапки заедно се викаат „пулсирањето на животот" или „душата" и се веќе способни да доведат до други стеснувања и проширувања.

Само на тој начин може духовниот сад на човекот да ја прими Светлината на Создателот и откако ја проширил душата, да се издигне. Стеснувањето може да биде предизвикано од надворешна сила или од дејствувањето на внатрешните одлики на садот. Во случај на стеснување од ефектите на болниот притисок на надворешна сила, природата на садот го тера да ги поткрене силите за да го издржи тоа стеснување. Тој се шири и така се враќа во изворната состојба, оттргнувајќи се од тој надворешен притисок.

Ако стеснувањето е предизвикано од самиот сад, тогаш садот е неспособен самиот да се врати во својата изворна состојба. Но ако Светлината на Создателот влезе во садот и го исполни, садот тогаш ќе може да се прошири до својата претходна состојба. И таа Светлина се вика „*Живот*."

Самиот живот е достигнување на суштината на животот, што може да се постигне само преку претходните стеснувања, бидејќи човек не може да ги надмине духовните граници во кои е создаден. Човек може првпат да се стесни само под влијание на надворешна сила или откако се помолил на Создателот за помош од Вишите Духовни Сили, бидејќи сè додека не ја прими првата помош – животот – во душата, нема моќ да создаде таква неприродна постапка на душата.

Сè додека некој зависи од надворешна сила и не може самиот да се „стесни," не се смета за жив, бидејќи „живата природа" се дефинира како нешто што има способност за независно дејствување.

Учењата во кабалата јасно го опишуваат целото создание. Кабалата дели сè во Созданието на два концепти: Светлината (*Ор*) и садот (*Кли*).

Светлината е задоволство, садот е желбата да се прими задоволството. Кога задоволството влегува во желбата за примање задоволство, ѝ дава на таа желба одреден нагон да најде задоволство во неа. Во отсуство на Светлината, садот не знае во што сака да најде задоволство. Така, самиот сад никогаш не е независен и само Светлината го диктира видот на задоволство што ќе го прими – мислите, стремежите и сите негови одлики. Заради тоа, духовната вредност на еден сад и неговата важност е целосно одредена од количеството на Светлина што го исполнува.

Покрај тоа, колку поголема е желбата на садот да прими задоволство, толку е „погруб" бидејќи зависи од Светлината во поголема мера и е помалку независен.

Од друга страна, колку е „погруб" толку повеќе задоволство може да прими. Растот и развојот зависат токму од големите желби. Тој парадокс се јавува како резултат на спротивните одлики на Светлината и садот.

Наградата за нашите духовни напори е препознавањето на Создателот, но нашето „јас" е тоа што го крие Создателот од нас.

Бидејќи желбата е таа што го одредува поединецот, а не неговото физиолошко тело, со појавување на секоја нова волја како да се раѓа нов поединец. Така можеме да го разбереме концептот на кружење на душите, т.е. со секоја нова мисла и желба се раѓа нова личност, бидејќи желбата е нова.

Така, ако желбата е животинска, тогаш се вели дека душата се облекла во животно. Но ако желбата е издигната, тогаш се вели дека човекот станал мудрец. Само на тој начин треба да се сфати кружењето на душите. Поединецот може јасно во себе да види колку можат повремено да бидат противречни неговите мислења и желби, како тој да не е еден, туку неколкумина различни луѓе.

Но секојпат кога ќе доживее одредени желби, ако тие се навистина јаки, човек не може да замисли дека може да постои друга состојба, сосема спротивна на онаа во која се наоѓа во моментот. Тоа е поради фактот што душата е вечна бидејќи е дел од Создателот. Затоа човек очекува да остане во дадена состојба засекогаш.

Но Создателот ја менува душата од Горе, што го сочинува кружењето на душите. Така, претходната состојба умира и „нов поединец се раѓа." Слично на ова, во нашите духовни издигнувања, инспирации и опаѓања, во нашите радости и депресии, ни се чини незамисливо дека би можеле да преминеме од една состојба во следната, а кога сме во состојба на духовен занес, не можеме да замислиме како може да постои друг интерес освен оној за духовен раст.

Како што мртвите не можат да замислат дека постои таква состојба како што е животот и живите не размислуваат за смртта. Сето тоа се случува поради постоењето на Бог и поради вечната природа на душата.

Целата наша стварност е посебно создадена за да ни го одвлече вниманието од перципирањето на духовните светови. Илјада мисли постојано нѐ одвлекуваат од нашата цел и колку повеќе се трудиме да се концентрираме, толку поголеми пречки доживуваме.

Единственото решение за сите тие пречки е Создателот. Тоа е Неговата намера со која ги создал – за да се свртиме кон Него во потрага по патот за лично спасение.

Исто како што се трудиме да им го свртиме вниманието на малите деца додека ги храниме, така и Создателот, за да одведе до доброто, е присилен да всади алтруистичка вистина во егоистични цели, за да сакаме да го искусиме духовното. Тогаш, штом сме го искусиле, самите ќе сакаме да земеме од таа духовна храна.

Целиот пат на нашата поправка е изграден врз принципот на соединување со Создателот, на поврзување со духовните предмети, за да стекнеме од нив духовни одлики. Само додека сме во допир со духовното можеме да земеме од него.

Заради тоа, многу е важно да се има учител како и колеги ученици кои трагаат по истата цел – дури и во секојдневните контакти, незабележително за нас самите, и затоа непречено од страна на телото, човек може да стекне духовни желби. Се разбира, колку повеќе се труди да биде со оние што имаат возвишени духовни цели, толку поголема е шансата дека ќе биде под влијание на нивните мисли и желби.

Бидејќи за вистински напор се смета оној што се врши против желбите на телото, полесно е да се направи напор ако има поставен пример и ако многумина го прават, дури и ако се чини неприроден. (Мнозинството ја одредува свеста; таму кај што сите се голи, како во сауна или во „примитивно" друштво, не треба голем напор да се соблечеме.)

Но групата пријатели и учителот се само корисни алатки. Во процесот на духовно издигање, Создателот ќе се погрижи човек да биде присилен да му се обрати за помош само Нему.

Зошто постои и пишана *Тора*, пишаниот облик на духовните закони – како Библијата – и усна? Одговорот е едноставен: пишаниот облик ни ги дава описите на духовните процеси кои се одвиваат одозгора надолу. Го пренесува само тој процес, иако го користи наративниот јазик, јазикот на историските хроники и правните документи, јазикот на пророштвата и на кабалистичкото учење.

Но главната цел за давањето на духовните закони е *заради духовното издигање на човекот одоздола нагоре, до самиот Создател* и тоа е индивидуален пат за секоја личност, пат одреден од одликите и посебностите на индивидуалната душа.

Така, секој на свој начин го сфаќа издигањето низ нивоата на духовните предели. Откровението на духовните закони одоздола нагоре за човекот се вика „*усна Тора*," бидејќи нема ни потреба ни можност да му се даде единствена верзија од тоа на секој човек. Секој треба индивидуално да си ја сфати така што му се моли на Создателот (усно).

Сите напори кои ги вложуваме во проучувањето и работењето на себе-подобрувањето се потребни само за да ја сфатиме нашата беспомошност и да се свртиме кон Создателот за помош. Но не можеме да ги процениме нашите постапки и да викаме по Создателот за помош, додека не почувствуваме потреба од таква помош.

Колку повеќе учиме и работиме на себе, толку поголеми се нашите поплаки против Создателот.

Иако во крајна линија помошта доаѓа од Создателот, нема да ја добиеме ако не се помолиме за неа. Така, тој што сака да напредува треба да вложи напор во сите свои можни постапки, додека тој што седи и чека е опишан како „будала, кој седи со скрстени раце и самиот се гризе."

Дефиницијата за „напор" е сè што поединецот прави против желбите на телото, без оглед на тоа за што го прави тоа. На пример, ако поединецот спие и покрај желбите на телото, тоа е напор. Но главниот проблем лежи во тоа што поединецот секогаш очекува награда за вложениот напор. За да го надмине егоизмот, мора да се бори да вложи напор без да добие надомест за тоа.

Затоа, треба да го моли Создателот за сила да го стори тоа, бидејќи телото не може да работи без награда. Но исто како што мајстор што го сака својот занает мисли само на својот занает додека работи, а не на наградата, така и тој што го љуби Создателот посакува сила да го истисне егоизмот. На тој начин, човек би бил поблиску до Создателот бидејќи Создателот го сака тоа, а не затоа што, како резултат на блискоста, човекот ќе добие бескрајно задоволство.

Ако некој не се бори за награда, тој е постојано среќен, бидејќи колку поголеми напори врши со помош на Создателот, толку повеќе среќа ќе има и за него и за Создателот. На некој начин, тоа е како тој поединец да е постојано наградуван.

Заради тоа, ако поединецот мисли дека себе-подобрувањето е сè уште многу тешко и дека од него нема никакво задоволство, тоа е знак дека егоизмот е сè уште присутен. Поединецот уште не преминал од општествените маси во групата на оние малкумина на светов кои работат за Создателот, а не за себе.

Но тој што чувствува колку е тешко да се направи макар најмал напор не за себе, туку за Создателот, е веќе на половина пат меѓу масите и кабалистите.

Меѓутоа, масите не можат да бидат правилно образовани, бидејќи се неспособни да го прифатат концептот на работа без награда. Образованието на масите се гради врз темелот на *наградување на егоизмот*. Заради тоа, на тие луѓе не им е тешко да ги почитуваат заповедите во најстрога смисла, па дури и да бараат додатни потешкотии.

Меѓутоа, воведниот стадиум, да се биде само верник е неопходен за секого. Во согласност со тоа, големиот кабалист Рамбам (12 век) напишал дека отпрвин сите се подучуваат како што се учат мали деца. Им се покажува дека заповедите треба да се следат заради егоистична корист, за награда во светот што ќе дојде. Подоцна, кога неколкумина од нив ќе пораснат, ќе станат помудри и ќе ја научат вистината од учител, можат постепено да научат како да го оставаат егоизмот.

Општо земено, тоа што човек сака да го види како резултат на своето дело се вика награда, дури и кога самите дела можат да бидат во најразновидни подрачја. Човек не може да работи без награда, но може да ја смени самата награда така што ќе го замени егоистичното задоволство со алтруистични задоволства.

На пример, нема разлика меѓу задоволството кое дете го добива од играчка и задоволството кое возрасен го добива од духовното. Разликата е само во надворешниот облик на задоволството, во неговата облека. Но за да се промени обликот, исто како во нашиот свет, човек мора да порасне.

Тогаш, место желбата за играчка, ќе има желба за духовното, па така егоистичниот облик на желбата ќе биде заменет со алтруистичен. Затоа е сосема погрешно да се тврди дека кабалата подучува апстиненција од задоволство. Токму спротивното: според законите на кабалата, човек кој се воздржува од неколку вида задоволство мора да направи жртвување како своевидна казна за да се покае за гревот што не користи сè што Создателот им доделил на луѓето.

Целта на созданието е токму тоа да се израдуваат душите со апсолутно задоволство, а таквото задоволство може да се најде само во алтруистичен облик. Кабалата ни е дадена за да можеме со нејзина помош да се убедиме дека е неопходно да се измени надворешниот облик на нашето задоволство, за вистината да ни изгледа слатка, а не горчлива, како што е во моментот.

Во текот на нашиот живот, присилени сме да ја смениме надворешната облека на задоволството поради нашата старост или поради нашата заедница. Нема збор во нашиот речник кој ќе дефинира што е задоволство. Место тоа, има зборови кои го опишуваат обликот, облеката и предметите од кои добиваме задоволство: од храната, од природата, од играчки. Ја опишуваме нашата борба за задоволство според нејзиниот вид, како во „Јас сакам риба."

Задоволството кое најмногу го сакаат оние што ја студираат кабалата може да се утврди со прашањето: дали на човекот му е најважна кабалата, или му е најважен Оној што ја дава кабалата? Дали е кабалата најважна затоа што излегува од Создателот? Дали е најважен Создателот или најважното нешто е следењето на духовните закони и наградата што следува за тоа?

Сложеноста на целиот проблем е во тоа што има краток и лесен пат до достигнувањето на духовната состојба, но нашиот егоизам не ни дозволува да тргнеме по тој пат. Како правило, имаме обичај да го избереме тешкиот и мачен пат кој ни го диктира нашиот егоизам; се враќаме на почетната точка по многу страдање и само тогаш го следиме исправниот пат.

Краткиот и лесен пат е патот на вербата, додека долгиот и тежок пат е *патот на страдањето*. Но исто како што е тешко да се избере патот на вербата, така е лесно да се следи кога еднаш ќе се избере.

Пречката во облик на барање од нашиот понизок интелект прво да сфатиме па потоа да продолжиме, се вика „камен за сопнување" или „камен" (*Евен*). Секој се сопнува од тој камен.

Кабалата зборува само за една душа, душата на кој било од нас, и за издигањето на таа душа до конечниот стадиум. Кажано е во Библијата дека кога рацете (вербата) на Мојсеј (*Моше*, од глаголот *Лимшох* – влече, се извлекува од егоизмот) ослабеле, тој почнал да ја губи битката со непријателите (тие што мислел дека му се непријатели биле неговите сопствени егоистични мисли и желби).

Тогаш старците (неговите мудри мисли) го седнале (го спуштил својот интелект) на камен (над егоизмот), му ги кренале рацете (верба) и ставиле камен под нив (ја кренале вербата над барањата на егоистичниот здрав разум), за Израел да триумфира (стремежот кон духовно издигање).

Кажано е и дека предците биле идолопоклоници (првичните стремежи на човекот се егоистични и служат за корист на сопственото тело) и дека биле бегалци (Цион доаѓа од зборот *Јеција*, кој ни кажува дека преку *Јециот* – бегство од егоизмот – се прима Светлината).

Во светот на кабалист почетник има само две состојби: состојба на страдање и состојба на перципирање на Создателот.

Меѓутоа, додека поединецот не го поправи својот егоизам и додека не може сите свои лични мисли и желби да ги сврти во корист на Создателот, светот околу него ќе биде перципиран само како извор на страдање.

Но потоа, откако го почувствувал Создателот, човек гледа дека Создателот го полни светот со Себеси, бидејќи сиот свет се состои од поправени духовни предмети. Таа слика на светот се појавува само ако сме добиле духовен вид. Во тој момент, сето поранешно страдање почнува да се чини како неопходно и пријатно бидејќи човекот добил врска со минатото.

Најважно е што поединецот мора да знае кој е Господар во светот и мора да сфати дека сè во светот се случува само во склад со Неговите желби – и покрај фактот дека телото, по волја на Создателот, постојано тврди дека сè во овој свет се случува случајно.

Па сепак, и покрај телото, поединецот мора цврсто да верува дека по сите дела во овој свет следува или казна или награда. На пример, ако некој случајно почувствува желба духовно да се издигне, тоа може да се чини дека е случајно. Откако ќе го замоли Создателот да му помогне да дејствува правилно, не добива веднаш одговор и затоа не се припишува доволно важност на изминатата молитва, која е заборавена. Но желбата е наградата за минатите добри дела – чинот на молење на Создателот да ни помогне да дејствуваме правилно.

Или, ако некој вели дека во сегашната фаза, кога се чувствува духовно издигнат, нема други грижи во животот освен возвишените, мора да сфати дека: 1) оваа состојба е пратена од Создателот како одговор на минатите молитви и 2) дека со таков став тврди како неговото „јас" е способно да работи независно.

Тоа значи дека духовното издигање на поединецот зависи од личните постапки, а не од постапките на Создателот. Покрај тоа, ако во текот на учењето човек наеднаш почне да го перципира предметот на учењето, уште еднаш мора да се нагласи дека ова не е случајно, туку дека Создателот му праќа таква состојба.

Така, додека учиме, треба да се ставиме во положба на зависност од волјата на Создателот, за да можеме да ја зајакнеме нашата верба во Вишото Провидение. Станувајќи зависни од Создателот, создаваме врска со Него, која на крај доведува до целосна приврзаност кон Создателот.

Има две спротивни сили кои дејствуваат врз нас: *алтруистичната* сила, која тврди дека живеењето според волјата на Создателот треба да биде крајната цел во овој свет и дека сѐ треба да биде за Негово добро; и *егоистичната* сила, која тврди дека сѐ во овој свет е создадено за луѓето и заради нив.

Иако, во сите случаи, повисоката алтруистичка сила превладува, постои долгиот пат на страдањето. Меѓутоа, постои и краткиот пат, познат како патот на кабалата.

Секој човек треба доброволно да се бори драстично да го скрати патот и времето на самоисправањето, инаку не сакајќи ќе биде присилен да го прифати патот на страдањето за да стигне до истата цел. Создателот неизбежно ќе го присили да го прифати патот на кабалата.

Најприродното чувство е љубовта спрема себе, која е во крајна линија отелотворена во новороденчињата и децата. Но не помалку природно е чувството на љубов спрема друго битие родено од љубовта спрема себе, што им дава безброј теми на уметноста и поезијата. Нема научно објаснување за љубовта и процесите кои таа ги носи.

Во нашиот живот, сите сме го доживеале природниот феномен, суштествен за нашиот живот – на заемна љубов, на напливот на тоа чувство, и потоа на неговото опаѓање. Токму во случајот на заемна љубов, колку е појако чувството, толку побрзо минува.

Спротивно, слабо чувство на една личност често буди многу интензивно чувство кај друга, но ненадејното возвраќање на емоциите може многу лесно да го намали изворното чувство на љубов. Овој парадокс може да се види во примерите на разни видови љубов: љубов меѓу половите, меѓу родителите и децата итн.

Покрај тоа, може да се каже дека ако некој покаже голема љубов спрема друг, не му дава на другиот можност да копнее и да го сака поинтензивно. Тоа значи, покажувањето на голема љубов не му дава на љубениот да одговори во полна мера на чувствата, туку напротив, постепено ги претвора чувствата на љубов во омраза. Тоа е поради фактот дека љубениот престанува да се плаши дека ќе го изгуби тој што го љуби, бидејќи ја искусил неговата безусловна љубов.

Но ако во нашиот свет човекот ретко добива можност да сака друг, дури и егоистично, не е никакво изненадување дека чувството на алтруистична љубов ни е сосема туѓо и недостижно. Бидејќи токму таква љубов ни е дадена од Создателот, Тој го крие своето чувство додека не ги развиеме одликите потребни да му одговориме со полн и постојан реципроцитет.

Сѐ додека не чувствуваме љубов спрема себе, ќе прифатиме секаква љубов. Но штом добиеме љубов и сме задоволени со неа, стануваме попребирливи и посакуваме само чувства со необично голем интензитет.

А тука лежи можноста за постојан стремеж да ја зголемиме силата на нашата љубов спрема Создателот. Непроменлива, постојана, заемна љубов е возможна само ако не зависи од ништо.

Заради тоа, љубовта на Создателот е скриена од нас, и постепено се открива во свеста на кабалистот, до степен на кој кабалистот може да се ослободи себеси од егоизмот, кој е единствената причина за бледнеењето на чувството на заемна љубов во нашиот свет.

Создадени сме како егоисти за да го добиеме капацитетот да ги прошириме границите на нашите чувства со тоа што ни е дозволено сѐ повеќе да ја чувствуваме откриената љубов на Создателот. Само со насетување на љубовта на Создателот, со желба да се соединиме со Него, копнееме да се ослободиме од егоизмот – заедничкиот непријател. Може да се каже дека егоизмот е третиот фактор во триаголникот на создание (Создателот, ние и егоизмот), што ни дозволува да го избереме Создателот.

Покрај тоа, сите постапки на Создателот, крајната цел на созданието и сите Негови дела, без оглед на начинот на кој ги гледаме, се формирани врз основа на оваа апсолутна и постојана љубов. Светлината која произлегува од Создателот – која ги изградила сите светови и нѐ создала нас, од која микродоза се наоѓа во нашето тело и го сочинува нашиот живот, нѐ потсетува на тоа што ќе биде нашата душа по нејзината корекција. Таа Светлина е чувството на Неговата љубов.

Причината за нашето создавање е едноставната желба да се создаде добро, желба да се љуби и задоволи, едноставна желба за алтруизам (и затоа неразбирлива за нас), желбата ние, предметите на Неговата љубов, да ја доживеат Неговата љубов во целост и да бидат задоволени со тоа, како и со чувството на нашата љубов спрема Него. Само истовременото чувствување на овие две чувства, толку противречни во нашиот свет, го доделува тоа целосно задоволство кое е целта на Создателот.

Целата наша природа може да се опише со еден збор – егоизам. Еден од најочигледните изрази на егоизмот е перцепцијата на нашето „јас." Човек може да поднесе сè освен чувството на лично понижување. За да избегне понижување, често е спремен да умре.

Во сите ситуации, било да се работи за сиромаштија, пораз, губиток, или предавство, секогаш се трудиме, и всушност успеваме, да најдеме надворешни причини надвор од нашата контрола кои се одговорни за нашата состојба. Инаку, никогаш не би можеле да се оправдаме себеси во своите очи или во очите на другите, што нашата природа нема да го дозволи.

Таа никогаш нема да дозволи да се понижиме себеси, бидејќи на тој начин дел од созданието, кој го перципираме во вид на „јас," ќе биде уништен и отстранет од светот.

Заради тоа, ние не можеме да го уништиме егоизмот и тоа може да се постигне само со помош од Создателот. Може да се замени доброволно само со издигнување на важноста на целта на созданието во нашите очи над сè друго.

23

Духовна работа

Фактот дека го молиме Создателот за духовни перцепции, но не го молиме да ни ги реши разните проблеми во нашиот секојдневен живот, укажува на тоа колку е слаба нашата верба во семоќта и сеприсутноста на Создателот. Укажува и на нашиот недостиг на разбирање дека сите наши проблеми ни се пратени само со една цел: да пробаме самите да ги решиме.

Во исто време, треба да го замолиме Создателот да ни помогне во нивното решавање, верувајќи дека секој проблем што ни е пратен ја зајакнува нашата верба во Неговата Единственост. Ако навистина веруваме дека сè зависи од Создателот, тогаш мораме да се свртиме кон Создателот, но не во надеж дека Создателот ќе ги реши нашите проблеми.

Место тоа, треба да ги искористиме тие проблеми како шанси да зависиме од Создателот.

За да не се лажеме себеси во врска со нашите лични мотиви, мораме, во исто време, самите да се бориме со овие проблеми, како што прават и другите околу нас.

Духовното опаѓање е пратено од Горе да овозможи последователен духовен раст. Бидејќи е пратено од Горе, ни доаѓа *моментално*, се открива себеси во секунда и така речиси секогаш нѐ затекнува неподготвени.

Но излегувањето од таа состојба, духовното издигање, се одвива *полека*, како закрепнување од болест, бидејќи мораме целосно да ја сфатиме состојбата на опаѓањето и да се потрудиме самите да ја надминеме.

Ако во текот на нашето духовно издигање, можеме да ги анализираме своите лоши одлики, да ги споиме левата и десната линија, тогаш ќе успееме да избегнеме бројни духовни опаѓања, како да сме ги прескокнале. Но само оние од нас кои можат да се држат до десната линија, т.е. кои можат да ги оправдуваат постапките на Создателот и покрај егоистичното страдање, ќе останат на патот и ќе избегнат духовни опаѓања.

Тоа потсетува на правилото дадено во Библијата во врска со задолжителната војна (*Милхемет Мицва*) и доброволната војна (*Милхемет Решут*): задолжителната војна против егоизмот и доброволната војна, ако човек е способен за тоа и вложува личен напор.

Нашата внатрешна работа на себе, на борбата за надминување на егоизмот, на издигнувањето на Создателот над сѐ друго, на зајакнувањето на нашата верба во владеењето на Создателот – сите нив мораме да ги скриеме, исто како сите други духовни состојби низ кои врвиме.

Исто така, не смееме да советуваме други во врска со тоа како другата личност треба да се однесува. Ако забележиме дека покажува знаци на егоизам, таа мора самата да ги протолкува тие знаци бидејќи нема никој друг во светот освен Создателот. Тоа укажува дека сѐ што гледаме и чувствуваме е директниот резултат на тоа што Создателот сака тие аспекти да бидат видени и осетени од дадената личност.

Сѐ што нѐ опкружува е создадено само за да нѐ натера да сфатиме дека е неопходно постојано да мислиме на

Создателот и да го молиме да ги смени материјалните, физичките, социјалните и други услови во созданието.

Секој од нас поседува безброј недостатоци, а сите произлегуваат од нашиот егоизам, од желбата да бидеме задоволени и да ни биде удобно во сите околности. Збирката на предупредувања (*Мусар*) се однесува на начинот на кој треба да се бориме со секој недостаток и научно ги објаснува своите методи.

Кабалата, дури и за почетници, нè запознава со царството на вишите духовни сили и на секој од нас му дозволува да ја сфати разликата меѓу нас самите и духовните предмети. На тој начин, преку себеси, човек учи кој е и кој треба да стане.

Така, потребата за секуларно воспитување сосема исчезнува, особено во светлината на фактот дека не ги дава саканите резултати. Сведочејќи ја во нас самите борбата меѓу двете сили – егоистичната и духовната – постепено го присилуваме телото да сака да ја замени нашата природа со духовна, нашите одлики со тие на Создателот, без надворешниот притисок на нашите ментори.

Место да ја исправа секоја наша мана, како што предлага системот мусар, кабалата предлага да го исправиме егоизмот како извор на сето зло.

Минатото, сегашноста и иднината ги доживуваме во *сегашноста*. Во нашиот свет, сите три се перципираат во сегашноста, но како три различни доживувања. Тие се производ на нашиот ум кој овие идеи ги подредува во склад со нивните внатрешни временски табели и така ни дава впечаток за нив.

На јазикот на кабалата, ова се дефинира како разлика во ефектите на „Светлина-задоволство." Задоволството кое се чувствува во даден момент се смета дека е во сегашноста. Ако нејзиниот внатрешен, директен впечаток веќе поминал, ако задоволството веќе го нема, ако светка оддалеку и ако го гледаме како далечно, тогаш го перципираме како „во минатото."

Ако Светлината престанала кога задоволството нè напуштило, ако веќе не го примаме, тогаш сосема забораваме на неговото постоење. Но ако повторно почне да зрачи Светлина оддалеку, тогаш станува заборавеното минато на кое тукушто сме се сетиле.

Ако сè уште не сме искусиле одредено Светлина-задоволство и наеднаш оддалеку се појави пред нашите сетила, ќе го перципираме како „во *иднината*" („Светлината на довербата").

Со други зборови, сегашноста ја перципираме како внатрешна добивка, како Светлина, како информација, и како задоволство, додека минатото и иднината ги перципираме како резултат на далечен надворешен сјај на задоволство на кое се сеќаваме или го очекуваме. Но во секој случај, не живееме ни во минатото ни во иднината, туку само во сегашниот момент, гледајќи ги разните видови Светлина, кои се толкуваат како разни времиња, или граматички времиња.

Ако во сегашноста не доживуваме никакво задоволство, го бараме Изворот кој може да даде задоволство во иднина; го исчекуваме следниот момент што ќе донесе со себе поинакво чувство. Нашите напори во сферата на самоподобрувањето се состојат од довлекување на далечната надворешна Светлина во нашата сегашна перцепција.

Две сили влијаат на нас: Страдањето нè турка одзади, а задоволствата нè намамуваат и нè влечат напред.

Обично една сила не е доволна; самото исчекување на идното задоволство не е доволно да се напредува, бидејќи ако мораме да вложиме напор за да напредуваме, фактори како што се мрзливоста или стравот да не го изгубиме тоа што веќе го имаме можат да влезат во игра.

Заради тоа, неопходно е да има сила која работи одзади – чувството на страдање во сегашната состојба. Сите грешки настануваат од една најголема грешка – желбата да се чувствува задоволство.

Обично тие што прават такви грешки не се фалат дека не можеле да му одолеат на искушението, дека биле послаби од тоа што ги намамило. Само задоволството од гневот им дава чувство на отворена гордост бидејќи ја потврдува нивната праведност. И таа гордост е она што веднаш ги спушта. Така, гневот е најсилниот израз на егоизмот.

Кога доживуваме материјално, телесно или духовно страдање, треба да жалиме што Создателот ни дал таква казна. Ако не жалиме, тогаш не е казна, бидејќи казната е чувство на болка и жалење заради состојба која не можеме да ја надминеме, било да е во врска со здравјето, материјални потреби итн.

Ако не доживуваме болка од нашата состојба, тоа значи дека уште не сме ја примиле казната пратена од Создателот. Бидејќи секоја казна е корекција на душата, ако не ја доживееме, пропуштаме шанса за корекција. Но оној што ќе ја доживее и може да му се моли на Создателот да го ублажи страдањето, поминува низ уште поголемо самоподобрување отколку што би било можно ако страдањето било поднесувано без молитва.

Причината за тоа може да се најде во фактот дека Создателот ни дава казни од сосема поинакви причини од оние што казнуваат во овој свет. Казната не ја добиваме затоа што дејствуваме спротивно на Неговата волја, туку за да создадеме врска со Него, за да нè присили да се свртиме кон Него и да му се доближиме.

Така, ако му се молиме на Создателот да нè ослободи од страдањето, тоа не треба да се толкува како молба да нè ослободи од самоподобрувањето. Упатувањето молитва кон Создателот за да создадеме врска со Него е неспоредливо поголем напредок отколку оној што се добива преку страдање.

„Присилен си да се родиш, присилен си да живееш и присилен си да умреш." Така се одвиваат работите во нашиот свет. Но сè што ќе се случи во нашиот свет е резултат на настани што се случиле во духовните светови. Меѓутоа, нема директна аналогија или сличност меѓу двата света.

Така, принудени сме (наспроти желбите на телото) да се родиме (духовно, да ги добиеме нашите први духовни чувства), што го означува почетокот на разделувањето од нашето сопствено „јас," разделување на кое телото никогаш доброволно не се согласува. Откако од Горе ќе ги примиме духовните органи на дејствување и перцепција (*Келим*), почнуваме да водиме духовна егзистенција и да го сфаќаме нашиот нов свет.

Но дури и во оваа состојба, одиме против желбата на телото за да искусиме духовни задоволства, па така „присилен си да живееш." Конечно, „присилен си да умреш" значи дека тоа што сме присилени да учествуваме во нашиот секојдневен световен живот го перципираме како духовна смрт.

Во секоја генерација, кабалистите, преку своите напори и книги за кабалата, создаваат подобри услови за достигнување на крајната цел – доближување до Создателот. Пред големиот Баал Шем Тов, само неколкумина успеаја да ја достигнат таа цел. По него, како резултат на неговото дело, дури и тие што се само истакнати академски познавачи на кабалата успеаја да стигнат до крајната цел.

Понатаму, како резултат на работата на Баал ХаСулам, (Рав Јехуда Ашлаг) во овој свет, денес секој човек кој сака да ја сфати целта на созданието може да успее во тоа. Патот на кабалата и патот на страдањето се разликуваат во тоа што човек патува по патот на страдањето само додека не сфати дека е побрзо и полесно да тргне по патот на кабалата.

Патот на кабалата се состои од процес со кој се сеќаваме на страдањето низ кое сме поминале и кое може повторно да нè снајде. Така, нема потреба повторно да се преживува истото страдање, бидејќи самото сеќавање на него е доволно да се спознае и избере вистинскиот пат на дејствување.

Мудроста лежи во анализирање на сè што се случува, и во сфаќањето дека изворот на сето наше страдање е егоизмот.

Како резултат на тоа, треба да дејствуваме на таков начин да го избегнеме патот на страдање од егоизмот. Откако доброволно сме ја отфрлиле употребата на егоизмот, мораме да го прифатиме патот на кабалата.

Кабалистите сметаат дека целиот свет е создаден само за нивна употреба, за да им помогне да ги постигнат своите цели. Сите желби кои кабалистите ги примаат од тие околу нив само им помагаат да напредуваат, бидејќи веднаш ја отфрлаат идејата да ги употребат за лична корист.

Кога некој го гледа негативното во другите, тоа е затоа што тој уште не е ослободен од недостатоци, и заради тоа, ја сфаќа потребата за лично подобрување. Впрочем сиот свет е создаден да служи за издигнување на луѓето, бидејќи им дозволува да ги видат сопствените недостатоци.

Само ако ги осетиме длабочините на нашето духовно опаѓање, заедно со чувството на бескрајното растојание од тоа што силно го посакуваме, можеме да го сфатиме чудото кое го прави Создателот кога нè издигнува од овој свет до Себе, во духовниот свет.

Каков огромен дар ни има дадено Создателот! Само од длабочините на нашата состојба можеме целосно да го цениме таквиот дар и да одговориме со вистинска љубов и желба за единство.

Невозможно е да добиеме некакво знаење ако не вложиме напор да го стекнеме. Тоа, пак, носи две последици: спознавање на потребата од знаењето, кое ќе биде сразмерно со напорот вложен тоа да се здобие, и разбирањето дека нам ни останува да го стекнеме тоа знаење.

Така, напорот донесува два потребни услови во човекот: желбата во нашето срце и мислите, или менталната спремност да го сфатиме новото. Заради тоа, повикани сме да вложиме напор – тоа е од суштествена важност.

Само тој чин навистина зависи од нас, бидејќи самото знаење е дадено од Горе и ние немаме никакво влијание врз неговото појавување. Забележително, во подрачјето на стекнување духовно знаење и перцепција, од Горе го добиваме само тоа што ќе го побараме и за кое сме внатре подготвени. Но кога ќе го замолиме Создателот да ни даде нешто, зар не ги користиме нашите желби, нашето его?

Можат ли таквите барања да бидат одговорени со нашето духовно издигнување од страна на Создателот? Згора на тоа, како да бараме нешто кое никогаш не сме го искусиле?

Ако замолиме да бидеме ослободени од егото, изворот на сето страдање, или молиме за духовни одлики, дури и без да знаеме што се тие пред да ги примиме, Создателот ќе ни го даде дарот што го сакаме.

Ако кабалата се концентрира само на духовната работа која се одвива во нашиот ум и срце, тврдејќи дека нашиот духовен напредок зависи само од овие фактори, тогаш каков е односот меѓу нашето следење на духовните обреди и целта на создание то?

Бидејќи сите заповеди на Библијата се всушност описи на духовните постапки на еден кабалист кога е во повисоките светови, со нивно физичко спроведување во овој свет – иако тоа нема ништо да влијае врз духовните светови – ние физички ја спроведуваме волјата на Создателот.

Несомнено, желбата на Создателот е духовно да ги издигне Своите создание на Своето ниво. Но пренесувањето на учењето од генерација на генерација, негувањето на почвата од која можат да никнат неколкумина бесценети и големи луѓе, станува возможно само кога масите извршуваат одредени задачи.

Горенапишаното потсетува на нашиот свет. За еден голем академик да процвета, потребно е и на сите други да им се случи тоа. Пренесувањето на знаењето од генерација на генерација бара да бидат воспоставени одредени услови. Тоа вклучува основање академски институции во кои идниот големец ќе биде воспитуван и образован. Така, сите ќе земат удел во достигнувањата на овој академик и подоцна ќе можат да имаат дел од плодовите на неговиот труд.

Кабалистите, израснати со нивните врсници во опкружување во кое следењето на заповедите е механичко, а вербата во Создателот едноставна, продолжуваат духовно да растат, додека другите остануваат на почетните нивоа на духовниот развој.

Сепак, и тие, како и остатокот од човештвото, несвесно учествуваат во работата на кабалистот, така што несвесно земаат удел во сите негови духовни добивки.

Згора на тоа, потсвесните делови од нивните духовни одлики се исто така несвесно поправени, така овозможувајќи во неколку генерации самите врсници да бидат способни за свесно духовно издигање. Дури и за учениците кои дошле да учат кабала (некои за општо знаење, други за духовно издигање), кажано е: „илјада влегуваат во школото, но само еден излегува за да подучува." Сепак, сите учествуваат во успехот на едниот и сите преку своето учество добиваат дел од својата корекција.

Откако влегол во духовното царство и ги коригирал своите егоистични одлики, кабалистот повторно доживува потреба од другите: Живеејќи во нашиот свет, кабалистот ги собира егоистичните желби на другите и ги поправа, така помагајќи им на другите да станат способни да бидат вклучени во свесна духовна работа некогаш во иднина.

Ако обичен човек може некако да му помогне на кабалист, дури и ако врши чисто механички задачи, со тоа му овозможува на кабалистот да ги вклучи своите лични желби во корекцијата што ја врши кабалистот.

Затоа, кажано е во Талмудот дека „да служи мудрец е многу покорисно за ученикот отколку да учи од него."

Процесот на учење вклучува егоизам и го вработува нашиот овоземски разум, додека служењето на еден мудрец го има своето потекло во вербата во големината на мудрецот, чувство кое ученикот не може да го перципира. Бидејќи службата на ученикот е многу поблиску по суштина до духовните одлики, многу е подобра за ученикот.

Како резултат на ова, тој што бил поблиску до учителот и најдобро го служел тој учител добил поголема можност за духовно издигање. Затоа, кабалистите велат дека патот на кабалата не се наследува, туку се пренесува од учител на ученик. Така било во сите генерации, сè до сегашната.

Меѓутоа, сегашната генерација има толку ниско паднато духовно што дури и нејзините лидери го пренесуваат своето знаење преку семејни врски, бидејќи сето нивно знаење е на телесно ниво. Од друга страна, тие што оствариле духовна врска со Создателот и учениците, го пренесуваат своето наследство само на оние што можат да го примат, т.е. на своите најблиски ученици.

Кога ќе доживееме пречки во нашето напредување кон Создателот, мораме Создателот да го замолиме за следното:

1. Да ги отстрани сите пречки, кои Самиот ги праќа, за да можеме со свои средства да ги надминеме и да не ни требаат поголеми духовни сили од тие што веќе ги поседуваме.

2. Да ни даде поголема желба за духовно разбирање и да ни ја објасни важноста на духовното издигнување. Тогаш пречките нема да можат да нè запрат на патот до Создателот. Ние како поединци сме спремни да се

откажеме од сè на светот заради нашите животи, ако мислиме дека животот има вредност. Заради тоа, мораме да го замолиме Создателот да ни даде вкус за духовниот живот за никакви пречки да не нè одвлекуваат.

Духовна желба значи желба за давање и треба да се користи само за задоволство на другите. Желбата за себезадоволување е отсутна од духовното царство. Материјалниот свет е дијаметрално спротивен на духовниот.

Но ако нема заедничка почва или заеднички одлики меѓу духовното (алтруизмот) и материјалното (егоизмот), како да се поправи егоизмот? Духовната Светлина, која може да го претвори егоизмот во алтруизам, не може да влезе во егоистична желба.

Причината зошто светот не го перципира Создателот е тоа што Светлината на Создателот влегува во некој предмет само до онаа мера до која одликите на предметот одговараат на одликите на Светлината.

Светлината на Создателот може да промени егоистичен сад во духовен така што ќе влезе во него. Нема друг начин.

Затоа Тој ги создаде луѓето; прво, за да постојат под влијанието на егоистичните сили и да примат од нив такви одлики што ќе ги одвојат од духовното; потоа, за да дојдат под влијание на духовните сили.

На крај, додека работат на својот духовен центар во срцето, мораат со помош на кабалата да коригираат некои од желбите што ги примиле од силите на егото.

24
Верба

Кажано е во Библијата дека Абрахам изјавил како Сара му е сестра, а не жена, бидејќи се плашел дека ќе биде убиен за таа да им биде достапна на други. Бидејќи кабалата сиот свет го изедначува со еден човек, затоа што душата била поделена на 600,000 делови само за да се упрости достигнувањето на крајната цел, Абрахам се смета за олицетворение на вербата во нас.

Жената може да ја има само мажот, спротивно на сестрата која е забранета само за братот, но не за други. Абрахам видел дека тој самиот (вербата) е единствениот (единствената одлика на човекот) кој може да ја претвори Сара во основа на животот.

Тој исто така сфатил дека другите мажи (другите одлики во човекот) би можеле да му наштетат нему (на вербата) бидејќи биле пленети од убавината на Сара и сакале вечно да ја поседуваат за добро на своето его. Заради тоа, Абрахам рекол дека Сара (целта на созданието) му е сестра и не ја направил забранета за други мажи (одликите на човек). И така, сè додека не заврши корекцијата, човекот може само да ја применува кабалата во своја корист.

Разликата меѓу сите духовни светови и нашиот свет е дека сè што им припаѓа на духовните светови е дел од Создателот и добило облик на духовна скала за да им го олесни духовното издигнување на луѓето.

Од друга страна, нашиот егоистичен свет никогаш не бил дел од Создателот, туку бил создаден од непостоење и ќе исчезне по издигнувањето на последната душа од нашиот свет во духовното царство. Заради тоа, сите видови човечка активност што се пренесуваат од генерација генерација, како и сè што се произведува од материјалите на овој свет е осудено да исчезне.

Прашање: Првото создание ја примило целата Светлина и ја отфрлило, за да не се чувствува посрамено; како може таквата состојба да се смета за блиска до Создателот, бидејќи непријатно чувство треба да значи оддалечување од Создателот?

Одговор: Во таква духовна состојба, минатото, сегашноста и иднината се стопуваат во една целина. Созданието не го доживеало чувството на срам бидејќи решило да достигне таква состојба на единство со Создателот со сопствените желби што во исто време ја доживеало одлуката и нејзините последици.

Довербата и чувството на отсуство на опасност настануваат од ефектот на Околната Светлина (*Ор Макиф*) и чувствувањето на Создателот во сегашноста. Но бидејќи човекот уште не ги создал потребните коригирани одлики, Создателот не е почувствуван како Внатрешната Светлина (*Ор Пними*), туку како Околната Светлина.

Самодовербата и вербата се слични одлики. Вербата е „психолошката спремност да се страда за некоја цел."

Нема пречки за нашата желба освен недостигот на трпение да се вложи потребниот напор и заморот. Така, силен човек е тој што ја поседува самодовербата, трпението и силата да страда. Слаб е оној што чувствува недостиг на толеранција кон страдањето и се откажува на самиот почеток од притисокот настанат од страдањето.

За да може да го перципира Создателот, на човек му треба интелект и сила. Познато е дека за да се достигне нешто многу вредно мора да се вложи голем напор и да се претрпи страшно страдање. Количината на напорот што ќе го вложиме ја одредува во нашите очи вредноста на предметот кој сакаме да го достигнеме.

Степенот на нашето трпение ја означува нашата животна сила. До нашата 40-та година, ние сме на врвот од силата, додека после тоа, животната сила избледува заедно со нашата способност да веруваме во себе, сѐ додека нашата самодоверба и верба сосема не исчезнат во моментот на нашето излегување од овој живот.

Бидејќи кабалата е највисоката мудрост и вечна придобивка, во споредба со сите други придобивки на светов, природно ги бара најголемите напори бидејќи таа ни го купува светот, наместо нешто привремено и минливо. Откако сме ја сфатиле кабалата, можеме да го сфатиме изворот на сите науки во нивната вистинска, целосно откриена состојба. Тоа самото по себе покажува каков напор е потребен, бидејќи знаеме колку напор треба за да се сфати една наука, па дури и во оскудната рамка во која ние ја разбираме.

Вистински натприродните сили потребни да ја сфатиме кабалата ги добиваме од Горе и затоа можеме да го поднесеме страдањето на патот до сфаќањето на таа мудрост. Сега ја добиваме самодовербата и животната сила потребни за самите да ја сфатиме.

Но не можеме да ги надминеме сите пречки без јасната помош на Создателот (прикриената помош на Создателот е очигледна во фактот дека Создателот го одржува животот во секое создание). Вербата е силата која одредува колку сме спремни за акција.

На почетокот од нашиот пат немаме капацитет да го перципираме Создателот, бидејќи немаме алтруистички одлики. Сепак, почнуваме да го чувствуваме постоењето на врховна, семоќна сила која владее со светот и се свртуваме кон таа сила во моменти на краен очај. Тоа го правиме инстинктивно.

Таа специјална одлика ни ја има дадено Создателот за да можеме дури и со нај-анти-религиозно воспитување и ставови да почнеме да го откриваме и од состојба на апсолутна скриеност.

Додека гледаме генерации на научници како ги откриваат тајните на природата, кога би направиле сличен напор да го откриеме Создателот, тој би ни се открил Себеси во истата мера како и тајните на природата. Всушност, сите патишта на потрагата на човештвото не водат низ откровението на тајните на природата.

Но каде се научниците кои ја испитуваат целта на созданието? Напротив, научниците се обично тие што го порекнуваат постоењето на највисокото царство.

Причината за нивното негирање лежи во фактот дека Создателот им дал само способност за разумно мислење и за материјално истражување и пронаоѓање.

Но токму од таа причина, и покрај сите науки, Создателот всадува во нас инстинктивна верба. Ни се чини дека природата и универзумот го негираат постоењето на највисокото царство; така, научниците не ја поседуваат природната моќ на вербата.

Покрај тоа, општеството очекува материјални резултати од трудот на научниците, кои инстинктивно се покоруваат на тоа очекување. Бидејќи најскапоцените нешта во овој свет постојат во најмали количества и се наоѓаат само со голем напор, а откровението на Создателот е најтешкото од сите откровенија, научникот природно се труди да избегне неуспех и не се зафаќа со задачата да го открие Создателот.

Така, единствениот начин да се доближиме до перцепцијата на Создателот е во себе да го развиваме чувството на вербата, без оглед на мислењето на мнозинството. Моќта на вербата не е поголема од сите други моќи својствени на човековата природа – сите тие настануваат од Светлината на Создателот. Посебната одлика која моќта на вербата ја издвојува од сите други е тоа дека има потенцијал да нè доведе во контакт со Создателот.

Процесот на перципирање на Создателот може да се спореди со процесот на достигнување знаење.

Отпрвин, учиме и разбираме. Потоа, откако тоа сме го достигнале, почнуваме да го користиме тоа што сме го научиле.

Како и секогаш, отпрвин е тешко, но плодовите ќе ги соберат само тие што ќе ја достигнат крајната цел – влез во духовниот свет. Во тој момент, го добиваме бескрајното задоволство од перципирање на Создателот, а со тоа добиваме апсолутно знаење за сите светови и тие што ги населуваат, но и за кружењето на душите во сите временски состојби од почетокот до крајот на создението.

25

Процесот на усогласување со Создателот

Создавањето алтруистичка постапка е заминување од егоизмот. Се состои од поставување граница или екран (*Масах*) на задоволството кое доаѓа во облик на духовната Светлина. Тој екран, пак, го одразува задоволството наназад кон Изворот. Така правејќи, ние доброволно го ограничуваме нашиот потенцијал за задоволство, и така покажуваме зошто прифаќаме задоволство – не за себе, туку за целта на созданието.

Создателот сака да ни даде задоволство; затоа, со уживање во тоа задоволство, ние всушност го радуваме Создателот и тоа е единствената причина зошто се впуштаме во задоволство. Се разбира, за себе решаваме дека задоволството што го примаме треба да биде од тоа дека ќе му дадеме корист на Создателот и така ќе ја имаме волјата да го поднесеме директното примање на задоволство.

Во таков случај, нашите постапки и обликот на постапките на Создателот се совпаѓаат, а покрај изворното задоволство, доживуваме и големо задоволство од согласноста на нашите одлики со одликите на Создателот – Неговата големина, сила, моќ, потполно знаење и бескрајно постоење.

Нивото на нашата духовна зрелост е одредено од големината на екранот што можеме да го подигнеме на патот на егоистичното задоволство. Колку е поголема силата на нашите мерки против личните интереси, толку е повисоко достигнатото ниво и толку поголема Светлина ќе добиеме (за добро на Создателот).

Сите наши органи на перцепција се вака изградени: кога ќе дојдат во допир со влезна информација преку звук, вид, мирис, итн., тогаш можеме да ги толкуваме тие информации. Додека сигналот не дојде во допир со овие бариери не можеме ни да ја почувствуваме ниту да ја толкуваме.

Природно, сите наши мерни инструменти функционираат според овој главен принцип, бидејќи законите на нашиот свет се едноставно последици од духовните закони. Оттука, нови појави се откриваат и во нашиот свет, па и нашето прво откривање на Создателот и секое Негово последователно чувствување зависи единствено од големината на границата која можеме да ја подигнеме.

Во духовното царство, таа граница е позната како сад (*Кли*). Она што всушност го перципираме не е самата Светлина, туку нејзината интеракција со границата на патот на своето ширење, која настанува од влијанието на оваа Светлина врз духовниот кли на човечкото битие.

Слично е и во нашиот свет – не ја перципираме самата појава, туку само резултатот на нејзината интеракција со нашите органи на перцепција или со нашите инструменти.

Создателот обдарил одреден дел од Себе со егоистична желба за задоволство, желба која Самиот ја создал. Следствено, тој дел престанал да го перципира Создателот и се чувствува само себеси, својата состојба, својата желба. Тој дел се вика „душа."

Тој егоистичен дел е исто така дел од Создателот, бидејќи само Тој постои и нема празнина што Тој не ја исполнува. Меѓутоа, бидејќи егоизмот ги чувствува само своите сетила, не го перципира Создателот.

Целта на созданието е наведување на овој дел да избере да му се врати на Создателот по своја волја и одлука, повторно да стане налик на Него во одликите.

Создателот целосно го контролира процесот на доведување до тоа овој егоистичен дел да се спои со Него. Но таа надворешна контрола е незабележителна. Желбата на Создателот се покажува себеси (со Негова скриена помош) во желбата да се соедини со Него, што излегува од длабочините на егоистичниот дел.

За да го упрости проблемов, Создателот го поделил егоизмот на 600,000 делови. Секој од тие делови постепено го решава проблемот на отфрлањето на егоизмот, така што полека, преку повторувачкиот процес на добивање егоистични одлики и страдање заради нив, стигнува до спознанието дека егоизмот е зол.

Секој од тие 600,000 делови од душата е познат како „душата" на човечкото битие. Периодот на спојувањето со егоизмот е познат како „животот" на човекот. Привремениот прекин на врската со егоизмот е познат како „постоењето" во повисоките, духовни сфери. Моментот во кој душата добива егоистични одлики е познат како „раѓање" на човекот во нашиот свет.

Секој од овие 600,000 делови на колективната душа мора, по серија на споеви со егоизмот, сепак да избере да се соедини со Создателот и да го отфрли егоизмот, и покрај фактот дека егоизмот е сè уште во душата додека душата е сè уште (облечена) во човечко тело.

Постепениот процес на потчинување кон Создателот, систематското приближување на одликите на душата до оние на Создателот е познат како „духовно издигнување." Духовното издигнување се одвива долж нивоата или скалила познати како *Сефирот*.

Од првото до последното скалило на стопување со Создателот, духовната скала се состои од 125 скалила или *Сефирот*. Секои 25 *Сефирот* сочинуваат довршен стадиум, познат како „свет" или „царство." Така, настрана од нашата состојба, која е позната како нашиот свет, има 5 светови.

Целта на егоистичниот дел е да ги достигне одликите на Создателот додека уште постои во нас, во овој свет, така што и наспроти нашиот егоизам сепак да можеме да го перципираме Создателот во сѐ околу нас и во нас. Желбата за единство е природна желба во сите нас. Тоа е желба која не е под влијание од никакви предуслови, заклучоци или претпоставки; напротив, таа е длабоко знаење за потребата да се соединиме со Создателот.

Во Создателот оваа желба постои како слободна желба, но во создание то таа дејствува како природен закон. Бидејќи Тој ја создал природата според Својот план, секој природен закон ја претставува Неговата желба да види таков ред. Затоа, сите наши „природни" инстинкти и желби излегуваат директно од Создателот, додека заклучоците кои бараат пресметки и претходно знаење се плодови на нашите сопствени постапки.

Ако сакаме да достигнеме целосно единство со Создателот, мораме да ја доведеме таа желба до нивото на инстинктивно знаење, како да сме ја примиле заедно со нашата природа од Создателот.

Законите на духовните желби се такви што нема место за непотполни или делумни желби – оние што оставаат простор за сомнежи или за неповрзани желби. Заради тоа, Создателот ја слуша само молбата која излегува од нашите најголеми длабочини и која соодветствува со целосната желба на духовниот сад од нивото на кое постоиме.

Но процесот на раѓање на таквата желба во нашето срце се одвива полека и се насобира без да знаеме, на ниво повисоко одошто може да сфати обичниот човечки интелект.

Создателот ги спојува сите мали молитви што ги упатуваме во една и откако ќе ја прими последната молба за помош со доволна големина, ни помага.

Слично е кога ќе влеземе во сферата на дејствување на Светлината на Создателот – примаме сè одеднаш, бидејќи Врховниот Давател е вечен и не врши пресметки врз основа на времето и кружењето на животите. Заради тоа дури и најниското од сите духовни нивоа создава целосно чувство на вечноста.

Но бидејќи продолжуваме да доживуваме низа духовни подеми и падови дури и откако ќе го достигнеме првото духовно ниво, постоиме во состојби како што се свет, година, душа.

На динамичната душа, која уште ја нема довршено својата корекција ѝ треба место за да се движи; тоа место е познато како „светот." Збирот на сите движења на душата се перципира како време, и е познат како „година."

Дури и најниското духовно ниво создава чувство на *целосно совршенство* до таков степен, што само преку вербата над разумот сфаќаме дека издигањето до новата состојба не е ништо повеќе од надминување на „духовното негирање" на повисоко духовно ниво. Само со сфаќање на овој концепт човек може да се издигне уште повисоко, до духовното ниво за кое верувал дека постои и кое го ставал над своето чувство за совршенство.

Нашето тело функционира автоматски во склад со законите на својата егоистична природа и навика. Ако постојано си повторуваме дека сакаме само духовно издигање, на крај само тоа и ќе го сакаме. Телото, преку ваквите непрестајни вежби, ќе ја прифати таа желба како природна. Често се вели дека навиката станува втора природа.

Во состојба на духовно опаѓање, треба да се држиме до верувањето „Кога Израел е во прогонство, Создателот е со него."

Кога сме во состојба на апатија и безнадежност, дури и духовниот свет не ни претставува интерес, бидејќи се чини дека сè постои на нивото на кое ние постоиме во тој момент.

Затоа, мораме да веруваме дека ова чувство не е ништо повеќе од нашата лична свест, бидејќи сме моментално во состојба на духовно прогонство и затоа сме несвесни за Создателот, кој е исто така прогонет од нашата свест.

Светлината која зрачи од Создателот оди низ четири стадиуми пред да биде создаден егоизмот. Само последниот, петтиот стадиум *(Малхут)*, се вика создавање бидејќи ги перципира сопствените егоистични желби да ужива во Светлината на Создателот.

Така, првите четири нивоа се сите одлики на самата Светлина, преку која Тој нè создава. Ние ја прифаќаме највисоката одлика, таа на првиот стадиум, или желбата да израдуваме идно создание, како одлика на самиот Создател. На крајот од спектарот е петтиот стадиум на развој, или егоистичното создание, кое сака да се спротивстави на својата егоистична природа и да стане налик на првиот стадиум. Иако се прават обиди, тие се само делумно успешни во овој напор.

1. Првиот стадиум на егоизмот, кој може сосема да се спротивстави на себе е познат како светот *Олам Адам Кадмон*.

2. Вториот стадиум на егоизмот е светот *Олам Ацилут*.

3. Третиот стадиум, што формира дел од петтиот стадиум кој веќе не може да се спореди ни со првиот ни со вториот стадиум, е светот *Олам Брија*.

4. Четвртиот стадиум, кој сочинува дел од петтиот, нема сила да се спротивстави на себе, во споредба со првиот, вториот и третиот стадиум, туку може да го претставува само четвртиот стадиум во развојот на Светлината. Познат е како светот *Олам Јецира*.

5. Преостанатиот дел од петтиот стадиум нема сила да посакува да биде како кој било од претходните стадиуми. Може само пасивно да се противи на егоизмот така што се спречува себеси да прима задоволство (постапка спротивна на петтиот стадиум). Познат е како светот *Олам Асија*.

Секој свет има пет под-стадиуми наречени *Парцуфим*: *Кетер, Хохма, Бина, Зеир Антин,* и *Малхут*. *Зеир Антин* се состои од пет под-Сефирот: *Хесед, Гвура, Тиферет, Нецах, Ход,* и *Јесод*. По создавањето на петте светови, бил создаден нашиот материјален свет – сферата под светот на Асија и во него било создадено човечко битие.

Човечкото битие било обдарено со делче од егоистичните одлики на петтиот стадиум. Ако луѓето се издигнуваат во процесот на духовниот развој одоздола нагоре во духовните светови, тогаш делот од егоизмот што е во нив, па така и сите делови од тие светови што ги искористиле за своето издигнување, можат да се споредат со првиот стадиум, одликата на Создателот.

Кога целиот петти стадиум ќе се издигне на нивото на првиот, тогаш сите светови ќе стигнат до *целта на создението*.

Духовната причина на времето и просторот е отсуството на Светлината во колективната душа, додека духовните издигнувања и опаѓања даваат чувство на време, а местото за идното присуство на Светлината на Создателот дава впечаток на простор во нашиот свет.

Нашиот свет е под влијание на духовни сили кои ни даваат чувство на време предизвикано од промената на нивното влијание. Бидејќи два духовни предмети различни по своите одлики не можат да бидат еден духовен предмет, го вршат своето влијание еден по друг, прво повисокиот па понискиот, итн. Во нашиот свет, тоа дава чувство на време.

Дадени ни се три инструменти за задачата за успешно коригирање на нашиот егоизам: чувства, интелект и фантазија. Во врска со духовната материја и облик, материјата е претставена од егоизмот, додека нејзиниот облик е одреден од спротивставените сили, кои одговараат на нашиот свет.

Уживањето и страдањето ги дефинираме како добро и зло. Но духовното страдање служи како единствениот извор на развој и напредок на човештвото. Духовното спасение е совршенство, добиено врз основа на силните негативни чувства, кои се примаат како пријатни.

Бидејќи левата линија се враќа кај десната, несреќите, страдањата и притисоците се претвораат во среќа, задоволство и духовна слобода.

Причината за ова е што во секој предмет има две спротивни сили: егоизам и алтруизам, кои се доживуваат како оддалеченост од Создателот или блискост до Создателот.

Има многу примери за ова во Библијата: жртвувањето на Исак, жртвувањата во Храмот, итн. (На хебрејски жртвувања е *Корбанот*, збор кој доаѓа од зборот *Каров* – да се напредува кон нешто).

Десната линија ја претставува суштината на духовниот предмет, додека левата е всушност само оној дел од егоизмот кој може да се употреби ако се приклучи кон алтруистичките намери.

26

Свест за Духовниот Свет

Филозофите имаат потрошено многу хартија дискутирајќи за невозможноста на разбирањето на Создателот. Јудаизмот, како доктрина заснована врз личните експерименти на кабалистите, одговара на прашањето: Како можеме да разговараме за можноста или неможноста на перципирањето на Создателот пред да го перципираме?

Секоја дефинитивна изјава подразбира одредена мера на перцепција. Затоа, мора прво да се утврди што се мисли под „невозможно е да се перципира Создателот или бесконечноста." Врз каква основа можеме да тврдиме дека ги разбираме овие идеи?

Јасно е дека кога зборуваме за разбирање на Создателот, подразбираме дека таквото разбирање би било извршено со нашите сетилни органи и нашиот интелект, исто како што се прави кога се истражува што било друго во светов. Покрај тоа, сите концепти мораат да бидат разбирливи за сите во нашиот свет, исто како сите други концепти што се истражуваат. Така, идеите мораат да отелотворат нешто опипливо и вистинско, нешто што може да се доживее со нашите сетилни органи.

Најблиската граница на перцепцијата се наоѓа во органите за допир, кога ќе дојдеме во допир со надворешната граница на предметот. Што се однесува до нашето сетило за слух, веќе не сме во директен допир со самиот предмет, туку место тоа доаѓаме во допир со посредник кој го пренесува предметот (на пр. воздухот), кој имал допир со надворешната граница на предметот, било да се гласните жици на човек, или осцилирачката површина која емитува звучен бран. Слично на ова, ги користиме нашите духовни органи на перцепција да го перципираме Создателот.

Чувството на контакт (доста слично на чувство на допир) со надворешната граница на созданото битие е познато како „пророчки вид." Од друга страна, контакт кој е нарушен од одреден медиум кој дошол во контакт со надворешната граница на созданото битие (доста слично на чувството на слушање) е познат како „пророчки слух."

„Пророчкиот вид" се смета за најочигледното откривање (исто како што во нашиот свет, сакаме да видиме предмет и сметаме дека тоа е најцелосната перцепција на предметот) бидејќи доаѓаме во директен контакт со Светлината која потекнува од самиот Создател.

Од друга страна, „пророчкиот слух" (гласот на Создателот) кабалистите го дефинираат како неразбирлив, за разлика од пророчкиот вид. Тој е сличен на нашата способност да слушаме звучни бранови, бидејќи она што всушност го чувствуваме се сигналите од посредниот духовен предмет кои настануваат од контактот на посредниот предмет со надворешната граница на Создателот. Овие бранови, исто како во случајот на пророчкиот вид, ги толкуваме како звучни бранови.

Кабалистите кои го достигнале пророчкото разбирање на Создателот прво го перципираат преку нивните духовни еквиваленти на видот или слухот. Подоцна, толкуваат што виделе. Значајно е тоа што разбирањето на видливите појави им дава целосна свест, додека да се сфати природата на чисто слушна појава е невозможно.

Но, исто како што во нашиот свет, дури и самото слушање е доволно да се сфатат одликите на предметот што се проучува (дури и човек слеп од раѓање насетува многу одлики на тие што се во близина), духовната свест добиена преку слушање е исто така доволна. Тоа е поради фактот дека со духовното слушање, информацијата што стигнува до човекот, ги содржи во себе сите други скриени одлики.

Заповедта да се сфати суштината на Создателот е сведена на Негова перцепција преку духовен вид и слух до таков степен што сме апсолутно сигурни дека сме свесни за целосен визуелен и звучен контакт со Создателот, кој се вика „лице в лице."

Создавањето на созданието и управувањето на битијата кои биле создадени, се одвива преку две спротивни појави: притајувањето на семоќта на Создателот, и постепеното откровение на Неговата семоќ, така што созданијата можат да го перципираат преку нивните коригирани одлики.

Заради тоа, едно од имињата на Создателот на хебрејски е *Маацил*, од зборот *Цел*, „сенка"; има и едно друго име: *Боре*, од зборовите *Бо-Ре'е*, „дојди и види". Од тие зборови се добиени имињата на двата света *Ацилут* и *Брија*.

Ние не сме способни да ја сфатиме вистинската состојба на созданието, туку само она што нашите сетила можат да го перципираат, било да е материјално или духовно.

Нашата свест дели сè што постои во светот или на празнина или на доволност. Тоа е така, и покрај тоа што „учените луѓе" инсистираат дека всушност не постои таков концепт како што е целосна празнина или вакуум.

Тој концепт е над нашата моќ на сфаќање, бидејќи можеме да го сфатиме она што го нема само преку нашите сетила. Но можеме да насетиме отсуство или празнина ако го споредиме односот на тоа што постои во овој свет со нашата ситуација по нашата смрт.

Меѓутоа, уште додека живееме во овој свет, чувствуваме како да е некако отсутно сè што е надвор од нашето тело и како воопшто да не постои. Вистината е сосема спротивна: Она што постои надвор од нас е вечно и постои, додека ние самите сме ништо и исчезнуваме во ништо.

Овие два концепти се апсолутно несоодветни бидејќи нашите чувства нè тераат да поверуваме дека сè што постои е поврзано со нас и постои само во таа рамка; додека сè друго надвор од нас нема никаква вредност. Но разумот посочува на спротивното – дека *ние* сме тие што се безначајни, додека сè што е надвор од нас е вечно.

Сфаќање на повисоките духовни нивоа

Бескрајно малиот дел на Вишата Светлина кој постои во сите живи и мртви предмети и го одредува нивното постоење, е познат како „малата Светлина" (*Нехиро Дакик*).

Забраната да се откриваат тајните на кабалата произлегува од грижата дека може да се јави презир кон кабалата. Сè што е непознато буди почит и се смета за нешто вредно. Таква е природата на човечките битија: Сиромавиот многу цени кога има една паричка, но штом добие милион, веќе не го цени милионот, туку бара два милиони, итн.

Истиот образец може да се забележи во науката: непознатото буди почит и се смета за вредно, но еднаш штом стане познато и сфатено, веќе не се цени. Тогаш нови непознати предмети го заземаат местото на претходните предмети и стануваат цели кои се бркаат.

Заради тоа, тајните на кабалата не можат да бидат откриени на масите, бидејќи штом еднаш ги сфатат, ќе почнат да ја презираат кабалата. Но тајните на кабалата можат да им бидат откриени на кабалистите бидејќи тие сакаат да го прошират своето знаење, исто како научниците на овој свет.

Бидејќи не го ценат своето знаење, тој факт сам по себе ги тера да трагаат по разбирање на она што е уште непознато. Така, целиот свет е создаден за оние кои сакаат да ги сфатат тајните на Создателот. Тие што ја чувствуваат и разбираат Вишата Светлина на животот која излегува од Создателот (*Ор Хохма*) сепак со самото тоа не го сфаќаат Создателот или Неговата суштина.

Но тоа не е вистина за тие што ги разбираат повисоките духовни нивоа. Тие што ги гледаат духовните нивоа и Светлината карактеристична за тие нивоа не само што ја перципираат Светлината, туку го сфаќаат и Создателот. Кабалистите не можат да го достигнат дури ни најниското духовно ниво ако не го сфатат Создателот и Неговите одлики во однос со нас кои се однесуваме на тоа одредено духовно ниво.

Во нашиот свет, нашите пријатели ги разбираме според нивните постапки, кон нас и кон другите. Откако ќе се запознаеме со разни одлики на човекот, како што се: љубезност, завист, гнев, спремност на компромис итн., можеме да тврдиме дека го „знаеме" тој поединец.

Слично на ова, откако кабалистот ќе ги сфати сите постапки и Божјата појава во тие постапки, Создателот на кабалистот му се открива преку Светлината, на сосема разбирлив начин. Ако духовните нивоа и Светлината што излегува од нив не ја носат со себе можноста за перципирање на „Самиот" Создател, тогаш ги сметаме за нечисти. („Самиот" укажува, исто како во нашиот свет, дека стекнуваме впечаток за некого преку неговите постапки и не чувствуваме нагон да откриеме нешто друго. На крај, тоа што воопшто не можеме да го перципираме, не буди во нас интерес или потреба да се биде перципиран).

Нечистите сили како *Клипа* и *Сипра Ахра* се силите што владеат со нас, спречувајќи нè да уживаме во секое задоволство кое ни доаѓа да нè задоволи од она малку што го доживуваме. Со други зборови, тие сили нè тераат да бидеме задоволни со знаењето кое веќе го поседуваме, да бидеме задоволни со лушпата (Клипа) додека внатре го оставаме вистинскиот „плод."

Затоа, нашиот интелект не може да ја сфати целта на работењето за добро на Создателот, бидејќи нечистите сили се мешаат и не ни дозволуваат да го сфатиме скриеното значење на кабалата.

Во еден духовен предмет, Светлината која ја исполнува неговата горна половина, од *Рош* (главата) до *Табур* (папокот), се вика *„минато,"* додека светлината која ја полни долната половина се вика *„сегашност."* Опкружувачката Светлина која нема влезено во предметот, но сè уште чека да биде откриена се вика „иднина."

Ако некој има духовно паднато и егоистичните желби му пораснале, тогаш важноста на духовното опаѓа во очите на тој човек.

Но духовното опаѓање е пратено од Горе со следната цел: да му го даде разбирањето дека сè уште е во духовно прогонство; тоа треба да го натера човекот да се моли за спасение.

Но нема да најдеме вистински спокој додека не ја издигнеме нашата предодредена намера – духовното ослободување на нас и целото човештво – над сè друго. Прогонството е духовен концепт.

Галут не е физичко ропство кое го доживеале сите народи во некој период од нивната историја. *Галут* е поробувањето на секој од нас од страна на нашиот најлош непријател – егоизмот. Покрај тоа, ова поробување е толку префинето што не сме свесни за фактот дека постојано работиме за тој господар – таа надворешна сила која нè има запоседнато и која сега ни ги диктира своите желби.

Ние, како лудаци, не го сфаќаме тоа и со сите сили се трудиме да ги исполниме барањата на егото. Навистина, нашата состојба може да се спореди со таа на ментално болните кои слушаат гласови во главата, било како команди, или уште полошо, како вистински лични желби, и кои ги спроведуваат тие команди и желби.

Нашиот *Галут* е прогонство од духовното, нашата неспособност да бидеме во контакт со Создателот и да работиме само за Него. Да станеме свесни дека сме во оваа состојба е значаен предуслов за нашето ослободување од неа.

Отпрвин, егото е наклонето да ја учи кабалата и да вложи напор потребен да се сфати духовното, бидејќи гледа одредена корист од тоа да се има духовно знаење. Меѓутоа, кога ќе почнеме да ги согледуваме сите импликации на вистинската работа „за добро на Создателот," и кога сме присилени да молиме за нашето ослободување, тогаш го оттурнуваме таквото спасение, убедувајќи се себеси дека е невозможно да се успее во таквата работа.

Така, уште еднаш, стануваме робови на сопствениот разум, т.е. се враќаме на идеалите на материјалниот живот. Нашето спасение од таквата состојба може да се најде само во дејствувањето според вербата над разумот.

Духовното слуштање не значи губење на вербата.

Со фактот што ни открива повеќе за нашиот егоизам, Создателот ни дава можност да направиме додатен напор и со тоа да ја зголеми нашата верба. Нашето претходно ниво на верба не било изгубено, но кога ќе размислиме за работата што нѐ чека, сме го искусиле како да сме биле во духовно опаѓање.

Нашиот свет е создаден налик на духовниот, со исклучок дека е формиран од егоистична материја. Можеме да добиеме доста знаење од околниот свет, ако не за одликите на духовните предмети, тогаш барем за нивниот меѓусебен однос, така што ќе ги споредиме со нашиот свет.

Духовниот свет исто така содржи концепти како свет, пустина, населба, држави, итн. Сите духовни постапки (заповеди) можат да се одржуваат на секое ниво, освен заповедите на љубовта и стравот. Тие заповеди им се откриваат само на оние кои го достигнале духовното ниво на земјата на Израел (*Ерец Јисраел*).

Во нивото на *Ерец Јисраел* има под-ниво познато како Ерусалим (*Јерушалајим*), што доаѓа од зборовите *Јир'а* (страв) и *Шалем* (потполн): желбата да почувствуваме страв пред Создателот ни помага да се ослободиме од егоизмот.

27

Стадиуми на корекцијата

Луѓето мораат против своја волја да ги вршат сите активности неопходни за одржување на физичкиот живот во телото. На пример, дури и кога сме болни и немаме желба за јадење, сепак се присилуваме да земеме храна, знаејќи дека инаку нема да оздравиме. Тоа е затоа што, во нашиот свет, наградата и казната сите можат јасно да ги разликуваат; така, сите мораат да се покоруваат на природните закони.

Но без оглед на фактот што нашите души се болни и можат да се излечат само со вршење алтруистични напори, кога не можеме да ги видиме очигледните награди и казни, не можеме да се присилиме себеси да почнеме со процесот на исцелување.

Затоа, исцелувањето на душата целосно зависи од нашата верба.

Долната половина од вишиот духовен предмет се наоѓа во горната половина на нижиот духовен предмет. Во нижиот предмет, екранот (*Масах*) се наоѓа во пределот на очите. Тоа е познато како „духовно слепило". Во таква состојба само нижата половина на вишиот предмет ни е видлива, бидејќи екранот на нижиот духовен предмет прикрива дел од вишиот духовен предмет.

Вишиот духовен предмет го тргнува екранот пред нижиот, па му се открива на нижиот предмет, кој почнува да го гледа вишиот предмет како тој самиот што се гледа. Како резултат на ова, нижиот предмет ја добива состојбата на потполност (*Гадлут*). Тогаш, нижиот предмет гледа дека вишиот е во „голема" состојба и сфаќа дека претходното криење и привидното појавување на вишиот предмет како „мала" состојба (*Катнут*), биле исклучиво за доброто на нижиот. На тој начин, нижиот предмет би можел да стане свесен за важноста на вишиот.

Сите последователни стадиуми кои ги доживуваме на нашиот пат можат да се споредат со болест дадена од Создателот, што Создателот на крај ќе ја излечи. Кога оваа болест ја гледаме (на пр. безнадежност, слабост и очај) како волјата на Создателот, таа ги претвора овие состојби во стадиуми на корекција и можеме да напредуваме кон единство со Создателот.

Штом Светлината на Создателот влезе во егоистична желба, таа желба веднаш ѝ се потчинува на Светлината и е спремна да биде преобразена во алтруизам. (Многупати беше кажано дека Светлината не може да влезе во егоистична желба, но има два вида Светлина: Светлината што доаѓа да исправи желба и Светлината која носи задоволство; во овој случај зборуваме за Светлината која носи корекција.)

Така, кога Светлината ќе влезе во тие желби, тие се менуваат во нивните спротивности. На тој начин, дури и нашите најголеми гревови се претвораат во заслуги. Тоа се случува само ако се вратиме поради нашата љубов спрема Создателот, кога ќе можеме да ја примиме целата Светлина на Создателот, но не заради нас самите. Само тогаш нашите поранешни дела (желби) се претвораат во садови кои можат да примат Светлина.

Меѓутоа, таквата состојба не може да настане пред конечната корекција. Дотогаш, може да примиме само дел од Светлината на Создателот, не заради нас, туку според принципот на средната линија.

Има неколку начини на примање: милостина, подарок и земање сосила (барање затоа што некому му следува). Кога човек прима милостина, може да му биде срам, но сепак моли затоа што мора. Од друга страна, за подарок не се моли. Напротив, подарокот му се дава на тој што е љубен. Тој што бара не размислува дека добива нешто како милостина или подарок, туку затоа што има право на тоа.

Последново чувство е карактеристично за праведните кои бараат од Создателот, мислејќи дека имаат право на нешто наменето за нив според самиот план на созданието. Затоа се вели: „Праведните земаат сосила."

Абрахам (десната линија: верба над разумот) бил спремен да го жртвува Исак (левата линија: разумот и контролата на својата духовна состојба) за постојано да напредува само долж десната линија. Следствено на ова, напредувал до средната линија, која ги спојува двете.

Едноставната верба е неконтролирана верба и обично е позната како „верба под разумот." Вербата која е контролирана од разумот е позната како „верба во рамките на разумот." Но вербата над разумот е можна само откако човек ќе ја анализира својата состојба.

Така, ако ние, гледајќи дека ништо не сме постигнале, сепак ја избереме вербата како сè да е постигнато и продолжиме да го држиме тоа верување сè до критичната точка, тогаш тоа се смета за „верба над разумот," бидејќи сме го игнорирале разумот. Само тогаш стануваме достојни за средната линија.

Има три линии на духовното однесување: десната, левата и нивната комбинација – средната. Ако човек поседува само една линија, не може да се смета ни за лева ни за десна, бидејќи само ако поседува две линии може да се утврди која е која.

Постои и права линија, позната како состојба на совршенство, по која патува секој верник. Тоа е патот на законите по кои сме воспитани и по кој патуваме цел живот.

Секој човек кој патува по тој пат знае точно колку напор мора да вложи, според неговите пресметки, за да чувствува дека ги исполнил сите обврски. Така, чувствува задоволство од работата. Згора на тоа, чувствува дека секој нареден изминат ден додава нови заслуги и бенефиции, бидејќи се следат неколку нови заповеди.

Оваа линија на дејствување се вика „права линија." Тие што биле водени по тој пат кога биле млади не можат да застранат од него бидејќи се така научени да се однесуваат од детството, без да мораат да применуваат самоконтрола и да се критикуваат себеси. Затоа, тие цел живот патуваат право и секој изминат ден ги зголемува нивните заслуги.

Тие што патуваат по десната линија мораат да дејствуваат како оние што патуваат по правата. Единствената разлика е тоа што тие кои одат по правата линија немаат самокритичност за својата духовна состојба. Тие што одат по десната секој чекор го прават со тешкотија, бидејќи левата линија ја неутрализира десната, будејќи духовна жед, и така не донесува задоволство од достигнатата духовна состојба.

Кога патуваме по правата линија, не ја испитуваме критички својата состојба, туку постојано додаваме нови заслуги на претходните, бидејќи имаме здрава основа. Во меѓувреме, левата линија ги брише сите претходни напори.

Вербата, единствениот противотров за егоизмот

Најважниот фактор што ја одредува перцепцијата на задоволството е жедта за задоволство, во кабалата позната како „сад." Големината на садот е одредена со степенот до кој човек ја чувствува потребата од недостиг на задоволство.

Заради тоа, ако два засебни садови-луѓе го примат истото задоволство, едниот ќе прими чувство на апсолутно задоволување, додека другиот нема да осети дека воопшто добил нешто и затоа ќе биде многу депримиран.

Затоа, секој човек мора да се бори да живее во дадениот момент, земајќи знаење од претходните состојби; со вербата над разумот во сегашната состојба, немаме потреба од иднината.

Перцепцијата на *Ерец Израел* („Земјата на Израел") и откровението на Создателот, им се доделени на оние што го достигнале духовното ниво на *Ерец Израел*. За да стигне до тоа ниво, човек мора да се ослободи од трите нечисти сили, кои го означуваат духовното обрежување на неговиот егоизам, и доброволно да ја прифати состојбата на ограничување (*Цимцум*), за да не влезе Светлината во егоизмот.

Ако кабалата вели дека нешто е „забрането," тоа всушност значи дека нешто е невозможно дури и ако се посакува. Меѓутоа, целта е да не се посакува. На пример, ако некој работи на одредено работно место еден час дневно и не познава други работници кои се веќе наградени за својата работа, тој човек ќе се грижи дали ќе биде платен за извршената задача, но многу помалку од некој што работи десет часа на ден.

Вториот мора да има многу повеќе верба во шефот, но мора и да помине поголемо страдање зошто не гледа други што се наградени. А ако некој сака да работи ден и ноќ, тогаш тој чувствува уште поголема свест за скриеноста на шефот и наградата. Тоа е затоа што работникот има поголема потреба да знае дали на крајот ќе дојде ветената награда.

Меѓутоа, тие што патуваат со верба над разумот развиваат во себе огромна потреба за откровението на

Создателот и заедно со него, способност да се соочат со откровението. Во тој момент, Создателот ќе им го открие целото создание.

Единствениот начин да се избегне употребата на егоистичните желби е да се напредува по патот на вербата.

Само ако одбиеме да гледаме и да знаеме од страв да не ја изгубиме способноста да работиме алтруистично, ќе можеме да продолжиме да добиваме силни чувства и знаење до тој степен што напредокот на патот на вербата нема да биде попречен.

Така станува јасно дека клучната точка на неработење за своја корист произлегува од потребата да се напуштат ограничените егоистични можности за достигнување задоволство. Место тоа, човек мора да ги бара неограничените можности за добивање задоволство надвор од тесните граници на телото. Таков духовен „орган" на перцепција е познат како „верба над знаењето."

Тие што стигнуваат до нивото на духовен развој на кое можат да работат без да добијат никаква награда за егоизмот, стануваат сродни по одликите со Создателот (и затоа достигнуваат блискост со Него, бидејќи во духовните светови само разликата во одликите е таа што ги раздвојува предметите – не постои концепт на простор или време).

Се добива и бескрајно задоволство, неограничено од чувства на срам како кога ќе примиме милостина. Кога ќе го перципираме сеопфатното, невидливо присуство на вишиот интелект, кој го проникнува целиот универзум и владее со сè, го добиваме највистинското чувство на поддршка и самодоверба. Затоа, вербата е единствениот противотров за егоизмот.

Човечките битија во својата природа имаат моќ да го прават само она што го разбираат и чувствуваат. Тоа е познато како „верба во рамките на разумот." Вербата е повисока, конфронтирачка моќ, која ни дава способност да дејствуваме дури и кога не ја сфаќаме суштината на нашите постапки; т.е. вербата е сила која не зависи од нашиот личен интерес, егоизмот.

Кажано е дека на местото кај што стои *Ба'ал Тешува* (некој што сака да се врати и приближи до Создателот), не може да стои сосема праведен човек. Кога човек ќе поправи нова желба, се смета за целосно праведен. Кога не е способен за корекција, се нарекува „грешник."

Но ако некој се надмине себеси, тогаш се нарекува „повратник." Бидејќи целиот наш пат води само до целта на созданието, секоја наредна нова состојба е повисока од претходната, а новата состојба на „повратникот" е повисока од претходната состојба на „праведникот."

Создателот го перципираме како Светлина на задоволството.

Зависно од одликите и нивото на чистота на нашиот алтруистичен сад (нашиот орган за перцепција на духовната Светлина), Светлината на Создателот ја перципираме на разни начини. Во врска со тоа, иако постои само една Светлина, ја нарекуваме со разни имиња, врз основа на тоа како ја перципираме и каков е нејзиниот ефект врз нас.

Светлината која носи корекција

Има два вида Светлина на Создателот: Светлината на знаењето, разумот и мудроста (*Ор Хохма*), и Светлината на милоста, довербата и единството (*Ор Хасадим*). *Ор Хохма*, пак, доаѓа во два вида според тоа како дејствува врз нас.

Отпрвин, кога ќе пристигне Светлината, го откриваме сопственото зло. Потоа, откако сме го откриле злото и сме сфатиле дека не треба да го користиме егоизмот, истата

Светлина дава сила за тие егоистични желби, за да можеме да работиме (примаме задоволство) со нив, но не за нас самите. На крај, кога ќе добиеме сила да го надминеме сопствениот егоизам, истата Светлина овозможува исправените, порано егоистични желби да најдат задоволство во алтруизмот.

Од друга страна, *Ор Хасадим* ни ја дава желбата „да даваме" место „да земаме" задоволство. Заради тоа, од 320 некоригирани желби на душата, дејството на *Ор Хохма* ги одвојува 32-та дела на *Малхут* (кои постепено се насетуваат како што се одвиваат духовните издигања, исто како што човек постепено ја сфаќа целата длабочина на своето зло и се стресува спознавајќи ја својата суштина) од желбата да прими лично задоволство, бидејќи сме сфатиле дека егоизмот е нашиот најголем непријател.

Преостанатите 288 желби немаат ни егоистична ни алтруистична насока, бидејќи се само осети (како тие за слух, вид, итн.), кои можат да се ангажираат на секаков начин што ќе го избереме: било за нас или за другите. Под дејството на *Ор Хасадим*, развиваме желба да работиме алтруистично со сите 288 осети. Тоа се случува откако *Ор Хохма* ќе ги замени 32-те егоистични со 32 алтруистични желби.

Корекцијата под влијание на Светлината се случува без чувство на задоволство од тоа. Човек само ја чувствува разликата во одликите меѓу својот егоизам и величественоста на Светлината. Тоа самото по себе е доволно да се ослободиме од телесните желби. Затоа е кажано: „Создадов во вас егоистични стремежи и ја создадов кабалата како лек."

Но потоа, откако си ги исправил желбите, човек почнува да ја прима Светлината за да го израдува Создателот. Таа Светлина, позната и како „Тора," се вика „Имињата на Создателот," бидејќи поединецот прима во своето јас и во душата дел од Создателот и му припишува имиња на Создателот во согласност со задоволствата примени од Светлината.

Во духовниот свет можеме да влеземе само ако сме сосема несебични (Хафец Хесед).

Тоа е минималниот предуслов за да биде осигурано дека никакви егоистични желби веќе нема да можат да нè заведат и така да ни наштетат, бидејќи не сакаме ништо за себе.

Без заштитата на алтруистичните стремежи со одликата на *Ор Хасадим*, кога ќе почнеме да го примаме бескрајното задоволство од Вишата Светлина, неизбежно ќе посакаме да се задоволиме себеси, и така ќе си ја привикаме својата лична пропаст; никогаш нема да можеме да го оставиме егоизмот заради алтруизмот. Нашето целокупно постоење ќе се состои од бркање на тие задоволства, кои се недостапни за нашите егоистични желби.

Но *Ор Хасадим*, која ни дава стремеж кон алтруизмот, не може да ја блесне својата Светлина во нашите егоистични желби. Егоистичните желби се одржуваат од искра на Светлината во нас која била таму сосила ставена од Создателот за да се противи на законите на природата на духовноста. Тоа ни овозможува да го одржуваме животот во себе, бидејќи луѓето не можат да преживеат без да примат некакво задоволство.

Кога таа искра на Вишата Светлина би исчезнала, ние веднаш би загинале. Само со тоа би можеле да се ослободиме од егоизмот и од нашата неисполнета желба да бидеме задоволени, што би ни донело апсолутен мрак и очај.

Која е причината што *Ор Хасадим* не може да влезе во егоизмот? Како што веќе беше спомнато, самата Светлина не носи разлика меѓу *Ор Хохма* и *Ор Хасадим*, но самиот човек ја прави таа разлика. Егоистичната желба може да почне да ужива во Светлината, без оглед на потеклото на Светлината; тоа значи, може да почне да ужива во *Ор Хасадим* заради себе. Само желба која била подготвена за алтруистички дела може да ја прими

Светлината за да ужива во алтруизмот, т.е. да ја прими Светлината како што е *Ор Хасадим*.

Човек прима задоволство од три вида осети: минати, сегашни и идни. Најголемото задоволство се добива од осетите на иднината, бидејќи човек почнува да го очекува задоволството во сегашноста, т.е. задоволството се доживува во сегашноста. На тој начин, очекувањето и мислењето на неприфатливи желби се полоши од самите дела, бидејќи исчекувањето го продолжува задоволството и долго време ги задржува мислите на човекот.

Сегашното задоволство е обично со краток век, имајќи ги предвид нашите ситни желби кои е лесно да се задоволат.

Од друга страна, минатото задоволство може повторно да се повика во умот и да се ужива во него. Така, пред да направиме добро дело, неопходно е да посветиме доста време на мислење и подготвување за него. Тоа ни овозможува да внесеме колку може повеќе разни осети, за подоцна да можеме да се сеќаваме на нив и така да ги обновиме нашите тежнења кон духовното.

Бидејќи егоизмот е есенција на нашата природа, сакаме да се радуваме во животот. Значи ако ни е дадено од Горе, во нашите желби, мало семе на душа, која по својата природа сака и се труди да преживее со антиегоистични задоволства, тогаш егоизмот веќе не може да ги мотивира таквите постапки. На тој начин веќе нема задоволување од таквиот живот.

Тоа е затоа што душата не ни дава одмор, постојано потсетувајќи нè дека не живееме вистински целосен живот, туку само постоиме. Како резултат на ова, почнуваме да го гледаме животот како неподнослив и полн со страдање, бидејќи без оглед на тоа што правиме, не можеме да добиеме задоволство. Во најмала рака, ништо не може да нè задоволи, бидејќи душата не ни дозволува да бидеме задоволени. Така тоа продолжува сè додека егоизмот не одлучи дека нема друго решение освен да се послуша гласот на душата и да се следат нејзините упатства. Инаку, никогаш нема да имаме мир.

Оваа ситуација може да се опише како „Создателот нè враќа кај Себе против нашата волја." Невозможно е за нас да видиме и најмало задоволство ако претходно не сме почувствувале недостиг од него. Тој недостиг на саканото задоволство е дефиниран како „страдање."

Способноста да се прими Вишата Светлина исто така бара претходна желба за тоа. Заради тоа, кога учиме и правиме други работи, треба да замолиме да осетиме потреба за Вишата Светлина.

„Не постои никој освен Него." Сè што се случува е Негова желба и сите созданија ја спроведуваат Неговата волја. Единствената разлика е тоа што постои мала група луѓе кои ја спроведуваат Неговата волја затоа што тие така сакаат. Доживувањето на соединување на Создателот со создадените е возможно само кога постои совпаѓање на желбите.

„Благословот" е дефиниран како истурање на Светлината на милоста (*Ор Хасадим*) од Горе, што е можно само кога вршиме алтруистични дела. Кабалистите велат: „Потребите на твоите луѓе се големи, но нивната мудрост е мала." Потребите се големи токму затоа што мудроста е мала.

Рав Јехуда Ашлаг вели: „Нашата состојба може да се спореди со состојбата на кралскиот син, кого татко му го ставил во палата полна со секакви богатства но без светлина со која ќе може да ги види. Така синот седи во мрак и му недостига само светлина за да може да ги поседува богатствата. Има дури и свеќа со себе (Создателот му ја праќа можноста да почне да напредува кон Него), како што е кажано: „'Душата на човекот е свеќа на Создателот'. Човек само треба да ја запали со својата желба".

Рав Јехуда Ашлаг вели: „Иако е кажано дека целта на созданието е несфатлива, има голема разлика меѓу нејзиното неразбирање кај мудрецот и незнаењето на простиот."

Рав Јехуда Ашлаг вели: „Законот на коренот и гранката укажува дека најниските мораат да го достигнат нивото на највисоките, но највисоките не мораат да бидат како најниските."

Сета наша работа се состои во подготовки да се прими Светлината. Како што вели Рав Јехуда Ашлаг: „Најважното е кли-садот, иако кли без светлина е исто толку безживотен како тело без душа. Така, треба однапред да го подготвиме нашиот кли, за кога ќе ја добие светлината да работи како што треба. Тоа може да се спореди со машина направена од човек која работи на струја. Машината нема да работи ако не е вклучена во изворот на електрична струја, но резултатот од нејзината работа зависи од начинот на кој е направена."

Во духовниот свет, сите закони и желби се дијаметрално спротивни на оние во нашиот свет.

Како што вели Рав Јехуда Ашлаг: „Кажано е дека кога сите стоеле во текот на богослужбата во Храмот, било многу тесно, но кога сите се прострелe на земја, имало многу простор." Чинот на стоење ја симболизира состојбата на „величина" на *Парцуф*, примањето на Светлината, додека чинот на простирање е состојба на „ништожност" и го претставува недостигот на Светлина.

Во оваа пониска состојба имало повеќе простор и поголема слобода, бидејќи во состојбата на скриеност на Создателот, тие што се во процес на духовно издигање го чувствуваат потенцијалот да напредуваат наспроти својот разум, а тоа е изворот на радост од нивната работа.

Рав Јехуда Ашлаг раскажуваше приказна за големиот кабалист од минатиот век, Рав Пинхас од селото Кориц. Рав Пинхас немал пари дури ни да ја купи *Дрвото на животот* од Ари и бил принуден пола година да учи деца за да заработи пари да ја купи книгата. Иако може да изгледа како нашите тела да се пречка за нашето духовно издигање, само ни се чини така, бидејќи не сме свесни за функциите кои им ги доделил Создателот.

Како што вели Рав Јехуда Ашлаг: „Нашето тело е како *Анкер* (дел од часовник); иако *анкерот* го запира часовникот, без него, часовникот нема да работи, нема да оди напред."

Во друга пригода, Рав Јехуда Ашлаг вели: „Во цевката на пушка со голем дострел има специјален навој кој го отежнува излегувањето на куршумот, но токму заради тој навој куршумот лета подалеку и е попрецизен." Во кабалата таквата состојба е позната како *Кишуи*.

Рав Јехуда Ашлаг вели: „Сите се толку навикнати да ја толкуваат Библијата според концептите на овој свет, што дури и кога е отворено кажано во неа: 'Вардете си ги душите' повторно разбираат како да значи здравјето на телото".

Рав Јехуда Ашлаг вели: „Човек е онолку во духовна состојба колку што сфаќа дека неговите егоистични желби се, во суштина, нечистата сила."

Рав Јехуда Ашлаг вели: „Најниското од духовните нивоа се достигнува кога духовното ќе стане поважно од материјалното и ќе биде ставено пред него."

Рав Јехуда Ашлаг вели: „Само во едно нешто човек може да покаже арогантност – тоа е кога тврди дека никој друг не може да го задоволи Создателот повеќе од него."

Рав Јехуда Ашлаг вели: „Наградата за следење на заповед е во стекнувањето перцепција на Оној што ја заповеда."

Рав Јехуда Ашлаг вели: „Грижите на овој свет не ги интересираат оние што се занимаваат со духовно издигање, исто како кога некој што е сериозно болен не се грижи дали ќе добие плата, туку само гледа да ја преживее болеста."

Рав Јехуда Ашлаг вели: „Во духовното, како и во нашиот физички свет, ако нешто ни се случи поради околности кои биле надвор од наша контрола, самиот тој факт нема да нè спаси. На пример, ако некој случајно падне од висока карпа, самиот факт дека паднал иако не сакал, нема да го спаси од смрт."

Истото е вистина во духовниот свет. Кога Рав Јехуда Ашлаг бил болен, бил повикан лекар да дојде да го види. Лекарот препишал одмор и мирување, предложил дека е многу важно да се смират нервите на пациентот и забележал дека ако треба да учи, треба да избере нешто некомплицирано како Псалмите.

Откако лекарот си заминал, Рав Јехуда коментирал: „Докторот изгледа мисли дека е возможно Псалмите да се читаат површно, без да се бара подлабоко значење."

Рав Јехуда Ашлаг вели: „Нема место помеѓу духовното, алтруистично 'давање' и материјалистичкото, егоистичното, нечисто 'примање'. Ако во секој момент човек не е поврзан со духовното, сосема заборава на него и останува во нечистата, физичка состојба."

Во книгата *Хакузари* е кажано дека кралот Кузари, кога дошло време да избере религија за својот народ, зборувал со христијанин, па со муслиман и на крајот со Евреин. Кога кралот го слушнал Евреинот, дал забелешка дека и христијанинот и муслиманот му ветиле вечен рајски живот и големи награди во светот што ќе дојде, по смртта. Од друга страна, Евреинот зборувал за наградите за следење на заповедите и казната што следува за нивно непочитување во овој свет.

Но на кралот му се чинело дека е поважно да се грижи за тоа што ќе го прими во светот што ќе дојде, по смртта, одошто за начинот на кој треба да го живее животот во овој свет.

Потоа Евреинот објаснил дека оние што ветуваат награда во светот што треба да дојде, го прават тоа за да се дистанцираат од лагите на тој начин – да ја скријат лагата и значењето во своите зборови. На сличен начин, Рав Јехуда Ашлаг објаснува дека зборовите на Агра, концептот на *Јехуди* („Евреин") е името за некој што го достигнал целиот духовен свет, целиот свет што ќе дојде, додека е уште во овој свет.

Тоа е она што кабалата ни го ветува како награда. Сите награди на кабалата мораат да се примат додека човек е во овој свет, особено додека е во телото, да почувствува сè со целото тело.

Рав Јехуда Ашлаг вели: „Кога човек чувствува дека нечистите сили, т.е. егоистичните желби, почнуваат да го притискаат, тоа е почетокот на неговото духовно ослободување." Тој вели, коментирајќи ја кабалата: „Сè е во Божји раце, освен стравот од Бога": Во врска со сè друго што човекот го бара од Создателот, Семоќниот решава дали да му го даде на тој човек тоа што овој го бара од Него или да не му даде.

Меѓутоа, за молбата да му даде 'страв од рајот' не решава Создателот, туку ако човек навистина сака да има страв од Бога, сигурно ќе му биде исполнета таа молба.

28

Не за себе

Животот се смета за состојба во која можеме да видиме желби за достигнување задоволство, било од примање или од давање. Ако желбата за добивање задоволство исчезне, тогаш новата состојба е состојба на несвест или смрт. Ако сме во таква состојба, веќе јасно гледаме и чувствуваме дека веќе не можеме да примиме никакво задоволство, на пример поради срамот што го чувствуваме за изминатите дела.

Ако страдаме толку многу што и најмалото задоволство што го добиваме од животот е неутрализирано, тогаш веќе нема да ни се живее. Така, преку околината, непријателите, банкротот, или неуспехот во работата, *тие што духовно се издигаат можат да доживеат чувства на безнадежност, очај и целосен недостиг на значењето на постоењето.*

Затоа, мораме сите напори да ги вложиме во примањето задоволство од вршењето дела кои се добри во очите на Создателот и на тој начин да му донесеме задоволство. Таквите мисли и дела содржат толку огромно задоволство, што можат да го поништат најголемото страдање на светот.

Можеби веќе сме во стадиум кога можеме да вршиме алтруистични дела. Со што и да се занимаваме, нема да вршиме пресметки за лична добивка и ќе мислиме само на добросостојбата на Тој за кого се врши делото (т.е. за Создателот).

Меѓутоа, ако во исто време не примиме задоволство од нашите алтруистични дела, тогаш таквите дела ќе се сметаат за чисто давање. На пример, следењето на заповедите само за добро на Создателот нема да ни ја даде Светлината на Создателот (задоволството) кое одговара на секоја заповед. Тоа е затоа што процесот на самоподобрување уште не е завршен.

Откако би добил задоволство од непречената Светлина на Создателот, човек би ризикувал да го разбуди својот егоизам, а потоа, тој егоизам да бара да прими задоволство по секоја цена од самозадоволувачки причини. Во тој момент, човек не би можел да одолее на тоа задоволство и би го добил – не за да го задоволи Создателот, туку чисто од силата на желбата да добие задоволство.

Келим, со кои вршиме алтруистични дела, се познати како „садови за давање." Духовниот предмет има структура слична на таа на физичкото тело и се состои од 613 органи.

Општо земено, устројството на духовните сили е слично на физичката структура на нашите тела.

Заради тоа, 248 садови на давање се сместени над горното торзо на духовниот предмет и одговараат на позитивните духовни дела, кои секој човек е обврзан да ги врши.

Светлината која ја добива тој што ги следи горенаведените духовни дела е позната како Светлина на милоста (*Ор Хасадим*) или „скриена милост" (*Хасадим Мехусим*). Светлината на мудроста (*Ор Хохма*) е скриена од примателот.

Тој што има силна волја ќе ги исправи своите чувства до таа мера што ќе може да врши алтруистични дела како и да прима задоволство од нив за доброто на Создателот, т.е. да прима задоволство во поранешните егоистични желби. Овој процес е познат како „Примање заради давање."

Оттука заклучуваме дека тој човек ќе може да ја прими Светлината содржана во секој духовен чин. (Заповедите на Библијата се духовни дела. Бидејќи секој човек во нашиот свет е обврзан да ги исполнува овие заповеди без оглед на своето духовно ниво, тие се неопходно воведно ниво во склад со нивната примарна духовна цел – да му донесат задоволство на Создателот).

Првиот стадиум низ кој врвиме кога се трудиме да ја разбереме целта на created созданието е да работиме на себе за лична добивка („не за Негово име") бидејќи има многу начини да се почувствува задоволство – јадење, играње игри, примање почести и слава, итн. Меѓутоа, тие методи ни дозволуваат да почувствуваме само мали и минливи задоволства. Мотивациите зад таквите постапки се „за себе."

Можеме да добиеме многу поголемо задоволство со тоа што ќе имаме верба во Создателот; во фактот дека Тој е Семоќниот; во Неговото единство во врска со владеењето над сиот свет, вклучувајќи сè што му се случува на секој од нас, неговото господарење со сè што се однесува на секој од нас, во неговата спремност да помогне кога ги слуша нашите молитви и во имањето верба во сето ова наведено тука.

Само откако сме го завршиле првиот стадиум на оваа работа ќе добиеме многу поинакви, специјални осети на една повисока духовна состојба. Како резултат на тоа, веќе нема да се грижиме дали ќе добиеме нешто лично од нашите дела или не. Напротив, сите наши мисли и пресметки ќе бидат насочени кон достигнување на духовната вистина. Нашите мисли и намери ќе се фокусираат на тоа да се предадат на суштината на вистинските закони на created созданието, да се перципира и спроведе само волјата на Создателот, која самата ќе настане од нашата перцепција на Неговата величественост и моќ.

Тогаш, ќе заборавиме на нашите поранешни мотивации и ќе сфатиме дека не сме ни најмалку наклонети да мислиме или да се грижиме за себе, дека сосема се предаваме на величественоста на Врховниот Разум кој надминува сè, и воопшто не можеме да го чуеме гласот на сопствениот разум. Нашата главна грижа ќе се фокусира на тоа како да направиме нешто пријатно за Создателот. Таквата состојба е позната како „не за себе."

Темелната причина за вербата е фактот дека нема поголемо задоволство одошто да се перципира Создателот и да се биде исполнет со Него. Но за да можеме да го примиме тоа задоволство несебично, ни треба Создателот да биде скриен; состојбата на скриеност ни дозволува да ги следиме заповедите без да примаме никакво задоволство за возврат. Таквиот чин се смета „не заради награда."

Кога ќе стигнеме до таа состојба и ќе создадеме таков духовен сад, веднаш почнуваме да го гледаме и перципираме Создателот со целото наше битие. Причината која порано нè терала и убедувала да работиме за Создателот заради лична добивка исчезнува, па дури се споредува со смрт, бидејќи некогаш сме биле поврзани со животот и тоа чувство сме го добиле преку верба.

Но ако почнеме да работиме на тоа да стекнеме верба над разумот кога сме веќе во коригирана состојба, ќе си ја добиеме назад душата, Светлината на Создателот.

Стекнување на „Лишма"

Кабалистичките имиња, иако се земени од нашиот свет, означуваат сосема поинакви предмети и постапки во духовниот свет, кои немаат врска со оние во овој свет. Вистина е дека духовните предмети се директни извори на предметите во овој свет (Види „*Јазикот на кабалата*", дел 1; „*Имињата на Создателот*", дел 3.)

Од оваа неусогласеност и од различноста на духовната причина и ефектот во нашиот свет, уште еднаш може да се види колку се далеку духовните предмети од нашите егоистични концепти. Во духовниот свет, името означува одредено откривање на светлината на Создателот пред човекот, преку постапка на која ѝ се доделува тоа одредено име.

Слично е во нашиот свет – секој збор открива нешто не за самиот предмет, туку за нашата перцепција на тој предмет. Феноменот на самиот предмет е сосема надвор од подрачјето на нашата перцепција. Тој е ентитет сам по себе, апсолутно несфатлив за нас.

За жал, предметот поседува облици и одлики апсолутно поинакви од оние што можат да бидат забележани од нашите инструменти или сетила. Овој концепт човек може да го потврди со примерот на гледање предмет со сопствениот вид наспроти гледањето низ рендгенски зраци или топлински фреквенции.

Во секој случај, предметот и перцепцијата на тој предмет постојат одвоено еден од друг.

Второто настанува од одликите на личноста која го перципира предметот за кој се работи. Така, комбинацијата на предметот (т.е. на вистинските одлики на предметот) и на одликите на оној што го перципира предметот (перципирачот), доведуваат до појава на трет ентитет – опис на предметот формиран од перципирачот. Тоа се заснoвува врз општите одлики на самиот предмет и врз одликите на перципирачот.

Во процесот на работење со духовната Светлина, има две уочливо различни состојби на човек кој сака да ја прими и ја прима Светлината: перцепцијата и одликите на човек пред да ја добие Светлината, и откако ја примил.

Постојат и две фази на Светлината кои ги исполнуваат садовите-желбите на човекот – состојбата на Светлината пред да дојде во контакт со чувствата и желбите и состојбата на Светлината откако дошла во допир со перципирачот.

Во претходната состојба, Светлината е позната како Едноставна Светлина, бидејќи нема никаква врска со одликите на перципирачот. Бидејќи сите предмети, освен Светлината и Создателот, сакаат да примаат и да бидат задоволени од Светлината, нема вистинска можност да се перципира, испита, почувствува, или дури и да се замисли Светлината надвор од нас.

Така, ако го ословуваме Создателот како Силниот, тоа е затоа што во тој момент ја чувствуваме (оној што навистина чувствува!) Неговата сила. Но ако не сме перципирале никакви одлики на Создателот, невозможно е да го ословиме со какво било име, бидејќи дури и зборот „Создател" означува дека човек ја перципирал токму таа одлика на Светлината.

Меѓутоа, ако човек ги изговара имињата на Создателот (т.е. ги набројува Неговите одлики) без да ги има перципирано тие одлики преку сетилата, тогаш тој чин укажува дека човекот ѝ припишува имиња на едноставната Светлина пред самиот да го насети значењето на овие имиња, што е еднакво на лажење, бидејќи едноставната Светлина нема име.

Тие од нас што се борат духовно да се издигнат мораат да избегнуваат непотребни надворешни влијанија и да ги заштитат личните убедувања кои уште немаат созреано, додека не ги примиме потребните перцепции кои можат да нè поддржат. Главната одбрана и дистанцирањето не мора да се насочат кон луѓето кои се далеку од кабалата, бидејќи тие можат само да пренесат рамнодушност или, во најлош случај, да кажат нешто негативно, покажувајќи голема разлика од личноста која духовно се издига. Одбраната мора да биде свртена кон луѓето кои се наводно блиски до кабалата.

Од друга страна, почетникот не мора да се грижи за луѓето кои се далеку од кабалата, бидејќи е очигледно дека нема ништо што може да се научи од нив и затоа не претставуваат закана со духовно поробување.

Нашиот егоизам ни дозволува да напредуваме само кога чувствува страв.

Тогаш нè тера на секакви дела, само за да го поништи тоа чувство. Затоа, ако човек може да осети страв од Создателот, ќе може да ја развие потребната сила и желба за работа.

Има два вида страв: страв од кршење на заповед и страв од Создателот. Првиот е страв кој го спречува човекот да прави грев, инаку би го правел. Меѓутоа, ако човек нема страв од правење грев бидејќи сите постапки се вршат само за добро на Создателот, тој и онака ќе ги следи сите заповеди, не од страв, туку затоа што тоа е волјата на Создателот.

Стравот од престап (грев) е егоистичен страв, бидејќи е настанат од грижа да не се наштети на нашето јас. Стравот од Создателот се смета за алтруистичен страв, бидејќи е настанат од грижа да не се исполни желбата на Создателот, од чувство на љубов.

Но и покрај огромниот копнеж да се исполни сè што му носи радост на Создателот, сепак е многу тешко да се следат Неговите заповеди (постапки што Тој ги сака) бидејќи не ја гледаме потребата од нивно исполнување.

Стравот кој произлегува од чувството на љубов мора да биде поголем од егоистичниот страв. На пример, кога човек очекува да биде виден во моментот на вршење на злосторство, или само обичен престап, тој доживува чувства на страдање и срам.

Слично на тоа, кабалистот развива во себе чувство на тежина, дека не прави доволно за Создателот. Тоа чувство е исто толку големо како стравот на егоистот од казна за очигледни престапи.

„Човек го учи само тоа што сака да го научи." („Човек учи само на местото кај што срцето му сака.") Почнувајќи од оваа претпоставка, станува јасно дека човек никогаш нема да научи да следи одредени правила и норми освен ако не го сака тоа. Но кој сака да слуша некакво морализирање, особено кога најчесто не ги гледа сопствените недостатоци? Како може тогаш некој, па дури и тој што тежнее кон самопоправање, да ја достигне таа цел?

Човек е создаден на таков начин што има само една желба – да се задоволи себеси. Така луѓето учат само за да најдат начин да ги задоволат своите желби и нема да учат нешто што нема врска со нивното задоволување на самите себе, бидејќи тоа е нашата природа.

Затоа, за тие што сакаат да му пријдат на Создателот да научат како да дејствуваат „за добро на Создателот," мораат да го замолат да им даде ново срце, заменувајќи го егоизмот со алтруистични желби. Ако Создателот ја исполни таа молба, тогаш што и да учат, ќе најдат начини да го задоволат Него.

Меѓутоа, ние никогаш нема да перципираме ништо што е во спротивност со нашето срце, било да е алтруистично или егоистично, и никогаш нема да бидеме обврзани да правиме нешто што нема да го задоволи нашето срце. Но штом Создателот го промени егоистичното срце во алтруистично, веднаш ќе ги спознаеме нашите обврски, за да можеме самите да се коригираме со помош на новостекнатите атрибути, како и да откриеме дека нема ништо поважно на светов од тоа да се задоволи Создателот.

Покрај тоа, одликите што сме ги сметале за недостатоци стануваат доблести, бидејќи со нивно поправање му даваме задоволство на Создателот. Но тие што сè уште не се спремни да се поправат нема да можат да ги видат сопствените недостатоци, зашто тие ни се откриваат само до степенот до кој сме способни да ги поправиме.

Сите човечки постапки во однос на задоволување на личните потреби, како и сето работење „за добро на себе," исчезнуваат кога човек ќе замине од светов. Сè за што човек се грижел и страдал исчезнува за миг.

Затоа, ако можеме да процениме дали вреди да работиме за нешто во овој свет и потоа да го изгубиме во последниот момент од животот, можеме да заклучиме дека е подобро да работиме „за добро на Создателот." Таа одлука ќе нè натера да ја сфатиме неопходноста од тоа да го замолиме Создателот за помош, особено ако сме вложиле голем напор во следењето на заповедите со очекување на некаква лична добивка од тоа.

Тој што не работел тешко во кабалата, има помала желба да ги претвори своите постапки во постапки „за добро на Создателот," бидејќи тој нема толку многу што да изгуби, додека работата за преобразба на себе бара голем напор.

Заради тоа, човек мора да се труди со сите средства што му се на располагање да ги засили напорите во работата, *Ло Лишма*, „не за добро на Создателот", бидејќи тоа ќе доведе до развивање на желбата да му се врати на Создателот и потоа да работи, *Лишма*, за Негово име.

29

Преобразба на нашата природа

Секое чувство што го имаме произлегува од Горе. Ако доживееме стремеж, љубов и сила што нè влече накај Создателот, тоа е сигурен показател дека и Создателот ги доживува истите чувства спрема нас (во склад со правилото дека „Човекот е сенка на Создателот"). Така, сè што чувствува човек за Создателот е истото што и Создателот го чувствува кон таа личност, и обратно.

По духовниот пад на Адам како резултат на неговиот грев (кој го симболизира духовното спуштање на праисконската душа од светот на *Ацилут* до нивото познато како „овој свет" или „нашиот свет"), неговата душа се поделила на 600,000 различни делови. Тие делови се облекле во човечки тела кои се родени во овој свет. Секој дел се облекува во човечко тело онолку пати колку што е потребно целосно да се поправи себеси.

Кога сите поединечни делови ќе го завршат независниот процес на корекција, тие повторно ќе се стопат во една колективна душа, позната како „Адам."

Во смената на генерациите постои причина, позната како „татковците" и последица, позната како „синовите." Причината за појавата на синовите е да ја продолжи корекцијата на она што не било до крај коригирано од татковците, што значи душите од претходната инкарнација.

Создателот нè доведува поблиску до Себе не поради нашите добри одлики, туку поради нашите чувства на нискост и нашата желба да се исчистиме од својата „гнасотија." Кога би доживеале задоволство од состојбата на духовна восхит, би можеле да резонираме дека вреди да се служи Создателот за да се добијат такви чувства.

Затоа, Создателот обично го отстранува задоволството од духовната состојба на човекот за да разоткрие зошто тој бара духовно издигање – дали од желба да служи, да ги прими задоволствата што би дошле во текот на служењето, или поради својата верба во Создателот. На тој начин, човекот добива можност да дејствува заради нешто друго освен за своето задоволство.

Отстранувањето на задоволството од некоја духовна состојба веднаш го фрла човекот во состојба на депресија и очај, во која нема желба за духовна работа. Меѓутоа, во таа состојба добива вистинска шанса да се доближи до Создателот преку верба над разумот.

Чувството на очај му помага да сфати дека сегашниот недостиг на привлечност кон духовното е само негова субјективна перцепција. Во стварноста, не постои ништо поголемо и повеличествено од Создателот.

Од горенаведеното, можеме да заклучиме дека Создателот намерно подготвува духовен пад за брзо да нè издигне на уште повисоко ниво.

Тоа е и шанса да ја зголемиме нашата верба. Така, кажано е: „Создателот го подготвува лекот пред да дојде болеста" и „Создателот лекува со истото она со кое удира."

Иако секој напор да се отстрани нашата животна сила и нашиот животен интерес го потресува целото наше битие, ако навистина сакаме духовно да се издигаме, ќе ѝ посакаме добредојде на шансата да ја поддржиме вербата над разумот. Со тоа ќе ја потврдиме желбата да се ослободиме од личните задоволства.

Човечкото битие обично се занимава само со себе, фокусирајќи се на личните чувства и на мислите за страдање и уживање. Но кога се стремиме да достигнеме духовна перцепција, мораме да ги пренасочиме своите интереси на несебични теми, во просторот пополнет со Создателот, така што постоењето и желбите на Создателот ќе бидат единствениот наш животен фокус.

Мораме да поврземе сè што се случува со Неговиот план; мораме да се префрлиме во Него, така што само нашите телесни лушпи ќе останат во границите на физичкото.

Меѓутоа, нашите длабоки чувства, есенцијата на личноста и нашето јас, сето тоа што е назначено како душа, мора да се префрли „надвор" од телото. Само тогаш постојано ќе ја чувствуваме силата на добрината која го проникнува целото создание. Тоа чувство е налик на вербата над разумот, бидејќи се трудиме да ги префрлиме сите наши чувства надвор, над границите на нашите тела.

Штом ја достигнеме вербата во Создателот, мораме да останеме во таа состојба без оглед на пречките што Создателот може да ги испрати, да ја зголемиме нашата верба и постепено да почнеме да ја примаме Светлината на Создателот во садот создаден преку вербата.

Целото создание е изградено врз меѓусебниот однос на две спротивни сили: егоизмот, желбата да се прими задоволство и алтруизмот, желбата да се задоволи. Патот на постепеното исправање е искуството на претворање на нашите егоистични желби во спротивните желби и тој пат е изграден со комбинирање на двете сили.

Постепено, мали количества од егоистичните желби се стопуваат со алтруистичните желби и така се исправаат. Овој метод на преобразба на нашата природа се вика „работа на трите линии." Десната линија се вика и „бела линија" бидејќи не содржи мани или недостатоци.

Откако сме ја стекнале десната линија, можеме да го добиеме најголемиот дел од левата линија, т.н. „црвена линија", која го содржи нашиот егоизам. Забрането е да се користи егоизмот во духовните дела, бидејќи можеме да паднеме под негово влијание.

Нечистите сили/желби се стремат да ја примат Светлината на мудроста, *Ор Хохма,* за своја корист, да го перципираат Создателот и да се задоволуваат себеси, користејќи ги тие перцепции за да ги задоволат егоистичните желби. Ако со помош на вербата над разумот (стремејќи се да примиме, но не во нашите егоистични желби) ја одбиеме можноста да го перципираме Создателот, Неговите дела и Неговото царство, и ако го одбиеме задоволството од Неговата Светлина и решиме да одиме над нашите природни стремежи да знаеме и искусиме сѐ, однапред да добиеме знаење за сѐ, да знаеме каква награда ќе добиеме за нашите дела – тогаш веќе нема да бидеме врзани со забраната на користењето на левата линија.

Кога го избираме тој пат, тоа се вика „создавање на сенка," бидејќи се изолираме себеси од Светлината на Создателот. Во овој случај, имаме избор да земеме делче од нашите леви желби и да ги поврземе со десните.

Таквата комбинација од сили и желби е позната како „средна линија." Токму во таа линија Создателот се разоткрива Себеси. Следствено, целиот овој процес се повторува на повисоко духовно ниво, и така натаму, до крајот на патот.

Разликата меѓу наемник и роб е тоа што во процесот на работата, наемникот мисли на наградата што ќе ја добие за работата; големината на наградата е позната и таа служи како причина за работата. Од друга страна, робот не добива никаква награда, туку само најосновните потреби за преживување. Робот не поседува ништо; господарот поседува сѐ. Затоа, ако робот тешко работи, тоа ја покажува желбата на робот да го задоволи господарот, да направи нешто убаво за него.

Нашата цел е да се чувствуваме во врска со нашата духовна работа како што се чувствува роб кој работи без никаква награда.

Нашето духовно патување не треба да биде под влијание на никаков страв од казна или очекување на награда, туку само несебична желба да ја спроведеме волјата на Создателот.

Покрај тоа, не треба да очекуваме ни да го перципираме Него како резултат, бидејќи и тоа е вид награда. Треба да ја спроведуваме Неговата волја без да сакаме Тој да знае дека сме го сториле тоа заради Него, без да ги гледаме резултатите на нашата работа, туку само да имаме верба дека Создателот е задоволен со нас.

Ако нашата работа навистина треба да биде како што беше претходно опишано, тогаш треба сосема да ги отстраниме идеите за награда и казна. За да го сфатиме тоа, неопходно е да знаеме што подразбира кабалата под идеите за награда и казна.

Награда примаме кога ќе вложиме одреден напор да го добиеме тоа што го сакаме. Како резултат на тие напори, го добиваме или наоѓаме саканото. Награда не може да биде нешто што постои во изобилство во нашиот свет и им е достапно на сите други. Работата се претвора во нашите напори за да добиеме одредена награда, која не можеме да ја добиеме без тие напори.

На пример, човек тешко може да каже дека извршил „работа" со тоа што нашол камен, ако камења има во изобилство секаде наоколу. Во таков случај, нема работа и нема награда. Од друга страна, за да се поседува малечок скапоцен камен, мора да се вложи голем напор, бидејќи многу тешко се наоѓа. Во таков случај, се прават вистински напори и се прима награда.

30

Страв од Создателот

Светлината на Создателот го полни целото создание. Иако пливаме во таа Светлина, не можеме да ја видиме. Задоволствата што ги чувствуваме се малечки зраци, кои доаѓаат до нас со милоста на Создателот, бидејќи без никакво задоволство би ставиле крај на нашето постоење.

Тие зраци ги чувствуваме како сили кои нè привлекуваат кон одредени предмети, во кои влегуваат зраците. Самите предмети не се важни, што ни станува очигледно кога, во еден момент, престануваме да се интересираме за нешта што некогаш ни биле многу привлечни.

Причината за примање само на мало количество Светлина, место целата Светлина на Создателот е тоа што нашиот егоизам дејствува како бариера. Ако нашите егоистични желби се присутни, не можеме да ја перципираме Светлината, поради законот на сличност на одликите.

Два предмета можат меѓусебно да се перципираат само до оној степен до кој се совпаѓаат нивните одлики.

Дури и во нашиот свет, можеме да видиме дека ако двајца луѓе се на сосема различни нивоа на мислење и желби, тие не можат да се разберат еден со друг.

Така, поединец кој ги поседува одликите на Создателот едноставно би бил 'нурнат' во бескраен океан на уживање и потполно знаење. Но ако Создателот исполнува сè со Себеси и нема потреба да трагаме по Него како по некој скапоцен предмет, тогаш е очигледно дека Тој не заслужува да се смета за „награда." Слично на ова, не можеме да го примениме концептот на работа во потрагата по Него, бидејќи Тој е околу нас и во нас.

Можеби не можеме да го перципираме, но Тој е во нас, во нашата верба. Во исто време, еднаш штом го перципираме и добиеме задоволство од Него, не може да се каже дека сме биле наградени. Сепак, ако нема извршена работа и ако предметот за кој се зборува се наоѓа во изобилство по целиот свет, тогаш тој предмет не може да се смета за награда.

Останува прашањето, каква е нашата награда за тоа што се противиме на нашата егоистична природа?

Прво, мораме да сфатиме зошто Создателот го поставил законот за совпаѓање. Како резултат на тоа, иако Тој исполнува сè, не можеме да го перципираме бидејќи се крие од нас.

Одговорот на прашањето: „Каква е нашата награда за тоа што му се противиме на нашето его?" е следниот: Создателот го вовел законот за совпаѓање. Тоа ни овозможува да ги видиме само оние предмети кои се на наше духовно ниво. Така, спречени сме да го доживееме најстрашното чувство од нашиот егоизам (тоа е природата на созданијата) кога ќе добиеме задоволство од Него – бидејќи заедно со задоволството се јавуваат и чувствата на срам и понижување.

Егоизмот не може да го поднесе тоа чувство. Ако не можеме да ги оправдаме лошите постапки пред себе или пред други, ако не можеме да најдеме надворешни околности кои наводно нè присилиле, против наша волја, да го извршиме злоделото, тогаш повеќе сакаме секаква друга казна освен чувството на понижување на „Јас," бидејќи „Јас" е столбот на нашето постоење. Штом е понижено, нашето „Јас" духовно исчезнува; тоа е како да сме исчезнале од светов.

Но кога ќе достигнеме такво ниво на сфаќање што нашата единствена желба ќе биде да му дадеме сè на Создателот и кога сме постојано зафатени со мислата за тоа што уште можеме да сториме за Создателот, тогаш ќе откриеме дека сме создадени да примиме задоволство од Создателот, а Создателот само тоа го сака. Во тој момент, ги добиваме сите можни задоволства бидејќи сакаме да ја спроведеме волјата на Создателот.

Во таков случај, нема место за чувства на срам, бидејќи Создателот ни покажува дека сака да ни даде задоволство, и дека сака ние тоа да го прифатиме. Така, со прифаќањето, ја спроведуваме волјата на Создателот, место личните егоистични желби. Како резултат на ова, стануваме истоветни со Создателот по одлики и екранот исчезнува. Сето тоа се случува бидејќи сме го достигнале духовното ниво на кое можеме да даваме задоволство, исто како Создателот.

Од горенаведеното, можеме да заклучиме дека нашата награда за направените напори треба да се состои од примање на нови, алтруистични одлики – желби за давање и стремежи да дадеме задоволство – слични на желбите кои Создателот ги има за нас. Ова духовно ниво и тие одлики се познати како „страв од Создателот."

Духовниот, алтруистичен страв, како и сите други анти-егоистични одлики на духовните предмети, е сосема поинаков од сите наши одлики и перцепции. „Стравот од Создателот" е стравот од тоа да се биде оттурнат од Создателот. Тоа не се јавува заради пресметки на себична корист, ниту од страв да не останеме со егоизмот, ниту пак од страв да не станеме слични на Создателот. Сите овие се засноваат на идеи за лична корист и ја земаат предвид само нашата лична состојба.

Стравот од Создателот е несебична грижа за тоа да не се биде способен да се направи нешто што можело да се направи за Создателот. Таквиот страв е сам по себе алтруистична одлика на духовен предмет, во контраст со нашиот егоистички страв, кој секогаш е поврзан со нашата неспособност да ги исполниме сопствените желби.

Достигнувањето на одликата на страв од Создателот треба да биде причината и целта на нашите напори.

Треба да ја вложиме сета своја сила во тој напор. Тогаш, со помош на достигнатите одлики, можеме да ги примиме сите задоволства што нѐ чекале. Таквата состојба е позната како „довршување на корекцијата" (*Гмар Тиккун*).

Нашиот страв од Создателот треба да дојде пред нашата љубов спрема Создателот. Причината за тоа е следната: За да ги исполниме нашите обврски од чувство на љубов, за да го препознаеме задоволството содржано во духовните дела познати како „заповеди", за тие задоволства да разбудат чувство на љубов (бидејќи во нашиот свет го сакаме тоа што ни носи задоволство, додека го мразиме она што ни носи страдање), треба прво да достигнеме страв од Создателот.

Ако ги следиме заповедите од страв, а не од чувство на љубов или задоволство, тоа значи дека не го гледаме задоволството скриено во заповедите и дека ја спроведуваме волјата на Создателот поради страв од казна. Телото не се противи на таа задача бидејќи и тоа се плаши од казна, но постојано прашува која е причината за извршување на дадените задачи.

Тоа, пак, ни дава причина да го зголемиме нашиот страв и нашето верување во казната и наградата својствени на владеењето на Создателот, додека не почнеме постојано да го перципираме постоењето на Создателот. Откако сме добиле чувство за постоењето на Создателот, т.е. сме добиле верба во Него, можеме да почнеме да ја спроведуваме Неговата волја од чувство на љубов, бидејќи сме стекнале афинитет и сме нашле задоволство во следењето на заповедите.

Од друга страна, кога Создателот би ни дозволил да ги следиме заповедите од љубов од самиот почеток, заобиколувајќи го стравот и добивајќи само задоволство од задачата, никогаш не би развиле верба во Создателот. Тоа можеме да го споредиме со луѓе кои целиот живот го поминуваат бркајќи световни задоволства и немаат потреба од Создателот за да ги следат заповедите (законите) на својата природа, бидејќи нивната природа ги тера на таа задача ветувајќи им награда.

Затоа, кабалистите кои од почеток би виделе какво задоволство може да се добие од следењето на духовните закони на Создателот, не сакајќи би ги следеле, исто како што други би побрзале да ја исполнат волјата на Создателот само заради огромните награди скриени во патот на кабалата. Тогаш, никој никогаш не би можел да се доближи до Создателот.

Заради тоа, задоволствата содржани во духовните закони и во патот на кабалата како целина се скриени. (Светлината е задоволството скриено во секој духовен закон; Светлината на Создателот е збирот на сите духовни закони). Тие задоволства се откриваат само кога човек ќе достигне состојба на постојана верба во Создателот.

31

Семе на алтруизмот

Како може човечко битие – кое е создадено со одлики на апсолутен егоизам; кое не чувствува други желби освен оние што ги диктира телото; кое не може дури ни да замисли ништо надвор од своите перцепции – како може човек да оди надвор од желбите на телото и да сфати нешто што постои надвор од подрачјето на неговите природни сетилни органи?

Ние сме создадени со копнеж да ги исполниме нашите егоистични желби со задоволство. Со оглед на таквата состојба, немаме никаков можен начин да се смениме себеси и да ги преобразиме нашите егоистични одлики во спротивни. За да ја создадеме можноста за трансформирање на нашиот егоизам во алтруизам, Создателот, кога го смислувал егоизмот, ставил во него семе на алтруизам, кое ние можеме да го негуваме со учење и дејствување според методите на кабалата.

Кога ќе ги почувствуваме диктатите на желбите на нашите тела, не можеме да издржиме. Така, сите наши мисли се насочени кон извршување на заповедите на телото. Во таква состојба, немаме слободна волја да дејствуваме, или дури да мислиме на нешто друго освен на задоволување на себеси.

Од друга страна, во текот на нашето духовно издигнување доживуваме стремежи кон духовен раст и кон заминување од физичките желби кои нѐ влечат надолу. Во тие моменти, не ги перципираме дури ни желбите на телото и затоа не ни треба право на избор меѓу материјалното и духовното.

Следствено на тоа, со останување во состојбата на егоизмот, не поседуваме сила да го избереме алтруизмот. Но штом ја видиме величественоста на духовното, веќе не се соочуваме со избор, бидејќи веќе го посакуваме духовното.

Затоа, целата идеја на слободна волја се состои од изборот: Која сила ќе владее со нас, егоизмот или алтруизмот? Но кога се јавува таква не-утрална состојба во која можеме да направиме слободен избор?

Имено, нема друг пат за нас освен да се приврземе за учител, да навлеземе во книгите на кабалата, да се придружиме на група која се стреми кон истите цели, да се отвориме за влијанието на мислите за алтруизмот и духовната сила. Следствено на ова, алтруистичкото семе ќе разбуди во нас семе кое било насадено во секој од нас, но кое понекогаш останува заспано во текот на многу животни циклуси.

Тоа е суштината на нашата слободна волја. Штом ќе почнеме да ги чувствуваме разбудените алтруистички желби, ќе се обидеме да го перципираме духовното без многу напор. Човек кој се труди да достигне духовни мисли и дела, но уште не е цврсто приврзан за одредени лични убедувања, мора да се заштити од контакт со луѓе чии мисли се вкоренети во нивниот егоизам.

Тоа е особено вистина за оние кои се стремат да живеат со верба над разумот. Тие мораат да избегнуваат секаков контакт со мислењата на оние кои патуваат низ животот во границите на нивниот разум, бидејќи се по филозофија спротивни на кабалата. Во книгите на кабалата е кажано дека разумот на незнајковците е спротивен на разумот на кабалата.

Размислувањето во рамките на нашиот разум значи дека, пред сѐ и над сѐ, ја пресметуваме користа од нашите дела. Од друга страна, разумот на кабалата – вербата над човековиот разум – подразбира дека нашите дела нема на никаков начин да бидат поврзани со егоистичните пресметки на разумот, или со можната корист која може да настане од овие дела.

Тие на кои им треба помош од други ги сметаат за сиромашни. Тие што се среќни со она што го имаат ги сметаат за богати. Но кога ќе препознаеме дека егоистичните желби (*Либба*) и мисли (*Моха*) ги водат сите наши постапки, наеднаш ја сфаќаме нашата духовна состојба и ја спознаваме моќта на нашиот егоизам и злото во нас.

Нашите чувства на огорченост кога ќе ја сфатиме нашата вистинска духовна положба раѓаат желба да се поправиме. Кога таа желба ќе стигне до потребниот степен на интензитет, тогаш Создателот ја праќа својата Светлина на корекцијата во нашиот *Кли* (сад) и почнуваме да се качуваме по нивоата на духовната скала.

Луѓето општо земено се пораснати согласувајќи се со своите егоистични природи, вклучувајќи го следењето на заповедите на Библијата, па продолжуваат автоматски да ги поддржуваат идеите кои ги стекнале од своето воспитување. Заради тоа не е многу веројатно дека некогаш ќе заминат од тоа ниво на поврзаност со Создателот.

Имено, кога нашето тело (желбата за примање) ќе праша зошто ги следиме заповедите, ние одговараме дека така сме воспитани; тоа е прифатениот начин на живот за нас и нашата заедница. Со воспитувањето како наша основа, навиката станала втора природа така што не ни треба напор да вршиме природни постапки, бидејќи се диктирани и од телото и од умот.

Така нема ризик од прекршување на она што е најпознато и најприродно. На пример, Евреин кој ги следи заповедите нема наеднаш да добие желба да се вози во сабота. Но кога би сакале да се однесуваме на начин неприроден за нашето воспитување, кој нашето битие не би го перципирало како природна потреба на телото, дури и најбезначајната постапка ќе предизвика прашање од телото – зошто ја вршиме оваа активност и што нè натера да ја напуштиме состојбата на релативна смиреност за да го правиме ова?

Во тој случај, ќе бидеме соочени со тест и избор, бидејќи ниту ние ниту општеството од кое доаѓаме, не врши такви дела какви што планираме ние. Нема никој што би послужил како пример и нема никој да ги поддржи нашите намери.

Не можеме дури ни да најдеме утеха во мислата дека другите мислат исто како и ние. Бидејќи не можеме да најдеме пример ни во нашето воспитување ни во општеството, мораме да дојдеме до заклучокот дека стравот од Создателот е тој што нè тера да дејствуваме и мислиме на нов начин. Така, нема никој друг на кого да му се обратиме за поддршка и разбирање, освен на Создателот.

Бидејќи Создателот е Еден и нашата единствена поддршка и ние можеме да се сметаме за уникатни, а не како дел од масите меѓу кои сме родени и израснати. Бидејќи не можеме да најдеме поддршка во масите и зависиме само од милоста на Создателот, стануваме достојни да ја примиме Светлината на Создателот, која служи да нè води по патот.

Секој почетник наидува на едно вообичаено прашање: Кој решава за насоката на нашиот пат, ние или Создателот?

Со други зборови, кој кого избира: Дали човекот го избира Создателот, или Создателот човекот?

Од една гледна точка, мора да се каже дека Создателот е Тој што избира поединец преку нешто што е познато како „*лично провидение.*" Како резултат на тоа, човек мора да му биде благодарен на Создателот што му дал шанса да направи нешто за Него.

Но кога ќе се размисли зошто Создателот го избрал баш тој поединец, нудејќи ја таа единствена шанса, се јавува прашањето: зошто да се следат заповедите? Со каква цел? Сега, поединецот заклучува дека оваа шанса била дадена за да се охрабри дејствувањето за доброто на Создателот, дека работата е награда сама по себе и дека оддалечувањето од таквата работа би било казна. Да се зафати со таа работа сега е слободниот избор на човекот, да го служи Создателот; затоа, подготвен е да бара помош од Создателот – да ја зајакне намерата сите преземени дела да бидат за доброто на Создателот. Тоа е слободниот избор што го прави човек.

32

Борба за согледување на единственоста на Создателот

Во кабалата, народните маси се познати како „сопственици на куќи" (*Ба'ал Баиш*), бидејќи се стремат да изградат своја куќа (егоистичен сад, *Кли*) и да ја исполнат со задоволство. Желбите на оној што духовно се издигнува извираат од Светлината на Создателот и се фокусираат на задачата да изградат дом за Создателот во своето срце, за да може тоа да се исполни со Светлината на Создателот.

Сите идеи и настани ги разбираме според нашата перцепција. Им припишуваме имиња на настаните што се одвиваат според реакциите на нашите сетилни органи. Така, ако зборуваме за одреден предмет или постапка, изразуваме како ние лично го примаме тоа.

Секој од нас го одредува нивото на зло во одреден предмет во склад со степенот до кој тој предмет го попречува нашето примање задоволство. Во одредени случаи, не можеме да поднесеме блискост на одреден предмет. Така, нашето ниво на разбирање на важноста на кабалата и нејзините закони ќе го одредат злото кое го препознаваме во она што стои на патот на нашето следење на духовните закони.

Затоа, ако сакаме да го достигнеме нивото на омраза кон сето зло, мораме да работиме на величање на кабалата и Создателот во нашиот ум. На тој начин, во себе ќе негуваме љубов спрема Создателот, а во иста мера ќе развиваме омраза спрема егоизмот.

На читањето за Пасха, има една приказна за четири синови, од кои секој поставува по едно прашање во врска со духовната работа. Иако сите четири одлики се присутни во секој од нас и иако кабалата обично зборува за единствена композитна слика на човекот во однос со Создателот, сепак, четирите одлики можат да се испитаат како четири различни типови на личност.

Кабалата е дадена за да ни помогне да се фокусираме на нашата борба со егоизмот. Ако немаме прашања во врска со нашата природа, тоа значи дека уште не сме го сфатиле сопственото зло, па затоа немаме потреба од кабалата. Во тој случај, ако веруваме во награда и казна, можеме да бидеме возбудени од идејата дека постои награда за следење на духовните закони.

Но ако веќе дејствуваме за да бидеме наградени, но уште не го чувствуваме сопствениот егоизам, не можеме да се поправиме бидејќи немаме осет за сопствените мани. Тогаш, треба да научиме да ги следиме заповедите несебично. Како резултат на тоа, нашиот егоизам ќе се појави, и ќе праша:

„Која е целта на оваа работа?"

„Што ќе добијам од неа?"

„Што ако оди спротивно од моите желби?"

Во тој момент, ќе ни треба помош од кабалата за да почнеме да работиме против нашиот егоизам, бидејќи сме почнале да го чувствуваме злото во себе.

Постои одредена духовна сила – ангел – одговорна за создавање страдање во човекот за да укаже дека не може да биде задоволен со задоволување на неговиот егоизам. Тоа страдање го тера човек да скршне од законите на егоизмот и така да избегне да му остане роб засекогаш.

Кажано е дека пред да му ја даде Библијата на Израел, Создателот им ја понудил на сите други нации во светот и сите ја одбиле. Секој од нас е како минијатурен свет кој се состои од мноштво желби, кои се викаат „нации."

Мораме да знаеме дека ниедна од нашите желби не е погодна за духовно издигање, освен желбата да напредуваме кон Создателот; таа желба е позната како „Израел" (од хебрејските зборови *Јашар* (право) и *Ел* (Бог), или со значење „право до Бога"). Само со избирање на оваа желба над сите други може тој човек да ја добие скриената мудрост на кабалата.

Криењето на нашето духовно ниво е еден од задолжителните услови за успешно духовно издигање.

Притајување од овој вид значи вршење дела што нема да бидат забележливи за другите.

Меѓутоа, најважно е прикривањето на мислите и стремежите на човекот. Ако се појави ситуација во која кабалистот мора да го изрази своето мислење, тоа мора да се замагли и да се изрази многу воопштено, за вистинските намери на кабалистот да не станат јасни.

На пример, да речеме дека некој дал голема донација за да ги поддржи лекциите од кабалата, но поставува и услов – за донаторот да биде отпечатено јавно признание во весник. Би била спомната и големата сума пари, за донаторот да добие слава, а со тоа и задоволство.

Меѓутоа, иако се чини дека честа е главната желба на донаторот, можно е и донаторот да сака да го прикрие фактот дека статијата во весникот ќе помогне во ширењето на кабалата. Така, притајувањето обично се случува во намерите, не толку во делата.

Ако Создателот сака на кабалист да му прати чувство на духовно опаѓање, прво ќе му ја одземе вербата во другите големи кабалисти. Инаку, кабалистот би можел да добие охрабрување од нив и така никогаш да не го осети духовното опаѓање.

Масите народ што ги следат заповедите само се грижат за своите дела, но не и за своите намери. Јасно им е дека ги следат заради наградата, било во овој свет или во следниот. Секогаш имаат оправдување и се гледаат себеси како праведни.

Од друга страна, кабалист кој работи на поправање на вродениот егоизам се труди да ја контролира секоја намера во следењето на заповедите. Иако може да постои желба несебично да се спроведува волјата на Создателот, телото ќе се противи на тоа, заедно со мислите кои постојано ќе го попречуваат. Затоа, кабалистот ќе се чувствува како грешник.

Сето тоа се прави со цел. Создателот сака да го натера кабалистот постојано да си ги поправа и мислите и намерите. Така, кабалистот нема да остане поробен од егоизмот и нема да продолжи тешко да работи за себе, како другите, па ќе сфати дека нема друг начин да се спроведе волјата на Создателот, освен за Негово добро.

Од тој процес кабалистот добива многу интензивно чувство дека е полош и од обичните луѓе. За масите, нивната неспособност да ја сфатат својата вистинска духовна состојба е темелната причина за физичкото следење на заповедите.

Но кабалистот е обврзан да ги претвори егоистичните намери во алтруистични – или да биде сосема неспособен да ги следи заповедите.

Од таа причина, кабалистот се гледа себеси како уште полош од масите.

Човек е постојано во состојба на војување за да им се покорува на своите желби. Но се води и војна од сосема поинаква природа – во неа поединецот се бори против своето јас за да му ја предаде целата територија на срцето на Создателот и да го исполни срцето со својот природен непријател – со алтруизмот.

Целта на оваа битка е Создателот да го запоседне целото битие на човекот, не само затоа што тоа е Божја волја, туку затоа што човекот тоа го посакува; така, Создателот треба да нè води и да владее со нас бидејќи ние од Него тоа го бараме.

Во таква битка, прво мораме да *престанеме да го поистоветуваме нашето јас со телото*, и да сфатиме дека телото, интелектот, мислите и емоциите се надворешни атрибути пратени од Создателот за да нè натераат да се свртиме кон Создателот за помош, да го замолиме Создателот да ги надминеме овие атрибути, да го преколнуваме Создателот да ја зајакне идејата за Неговото единство, да го зајакнеме знаењето дека Тој е Оној што ни ги праќа сите мисли, да се молиме Создателот да ни прати верба и чувство на Неговото присуство и владеење.

На тој начин, сите спротивни мисли ќе бидат замолчени. Веќе нема да веруваме дека сè зависи од поединецот, или дека во овој свет постои друга волја и сила освен Создателот.

На пример, без оглед на фактот што можеби знаеме дека Создателот создал сè и владее со сè (десната линија), сепак можеме да мислиме дека некој друг ни направил нешто лошо, или може да ни направи нешто лошо (левата линија).

Од една страна, убедени сме дека сите постапки излегуваат од единствен Извор – Создателот (десната линија). Од друга страна, не можеме да ја потиснеме мислата дека некој друг влијае на нас, или дека исходот на некој настан зависи од нешто друго освен од Создателот (левата линија).

Таквите внатрешни судири меѓу спротивни перцепции настануваат од низа причини, зависно од нашите социјални врски, сè до моментот кога Создателот ќе ни помогне да ја достигнеме средната линија. Битката се одвива за нашата перцепција на единството на Создателот, додека попречните мисли се пратени токму за да се бориме против тие мисли. Се бориме за победа со помош на Создателот и за достигнување на поголема перцепција на Неговото владеење, т.е. достигнување на поголема верба.

Нашата природна војна се фокусира на задоволување на нашиот егоизам и на грабање поголеми добивки, како сите војни во нашиот свет. Меѓутоа, мета-војната – војната против нашата сопствена природа – се фокусира на предавање на територијата место на нас, на „непријателот" – Создателот. Мета-војната се обидува да ја предаде целата територија во умот и срцето под контрола на Создателот, за Создателот да може да ја исполни територијата со Себе и да го освои сиот свет – и малечкиот свет на поединецот и поголемиот свет како целина, а потоа да ги обдари сите созданија со Своите одлики, но во согласност со нивната волја.

Состојбата во која желбите и одликите на Создателот ги зафаќаат сите мисли и желби на човекот е позната како „алтруистична состојба." Тоа опфаќа: состојба на „давање," состојба на предавање на својата физичка душа на Создателот и состојба на духовно враќање (*Тешува*). Сите тие состојби доаѓаат под влијание на Светлината на милоста (*Ор Хасадим*), која извира од Создателот и ни дава сила да ги поднесеме попречните мисли на телото.

Наведенава состојба не мора да биде постојана. Можеме да надминеме одредени пречки во нашите мисли, но потоа нов бран на мисли може да нѐ потисне наназад. Можеме повторно да паднеме под нивно влијание и да развиеме сомнежи во врска со единството на Создателот; повторно ќе мораме да се бориме со тие мисли; повторно ќе ја осетиме потребата да се свртиме кон Создателот за помош и да примиме Светлина, за да ги надминеме тие мисли и да ги предадеме на Владеењето на Создателот.

Состојбата во која примаме задоволство заради Создателот, т.е. не само што му се предаваме на нашиот „непријател," Создателот, туку и преминуваме на Негова страна, е позната како „примање за добро на Создателот."

Природниот ред на нашите избори на дела и мисли е таков, што свесно или потсвесно, секогаш го избираме патот кој ќе ни даде поголеми задоволства. Човек ќе отфрли помали задоволства за да избере поголеми.

Во овој процес нема слободна волја или слободен избор. Правото на избор и слободата да решиме се појавуваат само во време кога ќе донесеме одлуки кои се засноваат врз вистината, а не врз задоволство. Тоа се случува само кога ќе одлучиме да продолжиме по патот на вистината, без оглед на страдањето што тој го носи.

Меѓутоа, природната склоност на телото е да избегнува страдање и да бара задоволство по секоја цена.

Таа склоност ќе го попречи човекот да донесе одлуки базирани врз принципот на вистината. Човек кој се стреми да ја спроведе Волјата на Создателот мора сите лични желби да ги стави под желбите на Создателот.

Место тоа, мора постојано да се труди да ја согледа величественоста на Создателот за да добие доволно сила да ја спроведе волјата на Создателот, место сопствената волја.

Степенот до кој веруваме во големината и силата на Создателот ќе ја одреди нашата способност да ги исполниме желбите на Создателот. Така, мораме сите напори да ги концентрираме врз согледувањето на величественоста на Создателот. Бидејќи Создателот сака ние да осетиме задоволство, ја создал во нас желбата да бидеме задоволени. Нема друга одлика во нас освен таа желба. Таа ја диктира секоја мисла и постапка и го програмира нашето постоење.

Егоизмот е познат како зол ангел, зла сила, бидејќи нè регулира од Горе со тоа што ни праќа задоволство и не знаејќи стануваме негови робови. Состојбата на послушна потчинетост на оваа сила е позната како „ропство," или „прогонство" (*Галут*) од духовниот свет.

Кога егоизмот, тој зол ангел, не би имал што да даде, не би можел да владее со човечко битие. Во исто време, кога би можеле да ги оставиме задоволствата понудени од егоизмот, не би биле поробени од тие задоволства. Така, не можеме да си заминеме од состојбата на ропство; но ако се обидеме, што се смета за наш слободен избор, тогаш Создателот ќе ни помогне од Горе така што ќе ги отстрани задоволствата со кои егоизмот нè намамува.

Како резултат на тоа, можеме да си заминеме од царството на егоизмот и да станеме слободни. Покрај тоа, кога ќе дојдеме под влијание на чисти духовни сили, доживуваме задоволство во алтруистички дела и место тоа стануваме слуга на алтруизмот.

Заклучок: Ние како поединци сме робови на задоволството. Ако го добиваме своето задоволство од примање, тогаш сме робови на егоизмот (фараонот, злиот ангел, итн.). Ако го добиваме своето задоволство од давање, тогаш сме слуги на Создателот (алтруизмот).

Но не можеме да постоиме без да добиваме некаков вид задоволство. Тоа е човечката суштина; тоа е начинот на кој Создателот ги осмислил луѓето и тој аспект не може да се промени. Сè што мораме да сториме е да го замолиме Создателот да ни подари желба за алтруизам. Тоа е суштината на нашата слободна волја и на нашата молитва.

33

Примање заради давање

Правилниот (ефикасен) начин да му се обратиме на Создателот се состои од две фази. Прво, мораме да сфатиме дека Создателот е апсолутно љубезен кон сите битија, без исклучок и сите Негови постапки се добронамерни, без оглед на тоа колку непријатни изгледаат.

Затоа, Создателот ни го праќа само тоа што е најдобро за нас, и нè исполнува со сè што е најпотребно.

Така, нема за што да го молиме Создателот. Треба да бидеме задоволни со тоа што ќе го добиеме од Создателот, без оглед на тоа во каква состојба сме. Мораме и да му бидеме благодарни на Создателот и мораме да го славиме: Нема ништо што може да се додаде на нашата сегашна состојба, бидејќи треба да бидеме среќни со тоа што сме го добиле.

Мораме секогаш прво да му се заблагодариме на Создателот за сè што сме добиле во минатото. Потоа, можеме да бараме за во иднина. Но ако чувствуваме недостиг од нешто во животот, тогаш сме одвоени од Создателот во иста мера колку што е нашата перцепција на недостиг. Тоа се случува бидејќи Создателот е апсолутно совршен, додека ние може да се гледаме себеси како несреќни.

Така, кога ќе почнеме да чувствуваме дека она што го имаме е најдоброто што можеме да го имаме, бидејќи тоа е токму состојбата што Создателот ни ја пратил, тогаш му се доближуваме на Создателот и можеме да замолиме за нешто во иднина.

Таа состојба во која сме „среќни со нашата судбина" може да се јави во нас едноставно ако сфатиме дека околностите во нашиот живот не се последица на нашите дела, туку се пратени од Создателот. Таа состојба може да се јави и затоа што сме сфатиле дека читаме книга која зборува за Создателот, за бесмртноста, за највисоката цел на животот, за добронамерната намена на созданието.

Таа зборува и за методот на молење на Создателот да ни го смени животот, како и спознанието дека милиони други луѓе во светот не добиваат можност да ги доживеат сите овие работи. Така, тие што сакаат да го перципираат Создателот, но уште не им е дадена таква цел, треба да се задоволни со својата состојба бидејќи доаѓа од Создателот.

Бидејќи тие луѓе сѐ уште имаат неисполнети желби (и покрај тоа што се задоволни со тоа што Создателот решил да им даде и затоа му се блиски), стануваат достојни да ја примат Светлината на Создателот, која ќе им донесе целосно знаење, разбирање и задоволство.

За духовно да се одвоиме од егоизмот, мораме да ја сфатиме нашата безначајност, нискоста на нашите интереси, стремежи и задоволства; мораме и да бидеме свесни до која мера сме спремни да сториме сѐ за нашиот личен успех, и како, во сите наши мисли, бркаме само лична добивка.

Она што е важно кога ја чувствуваме нашата нискост е да ја препознаеме вистината дека личното задоволување ни е поважно од Создателот и ако не видиме никаква лична корист од нашите дела, не можеме да ги спроведеме, ни во мисла ни во дело.

Создателот прима задоволство со тоа што нам ни дава задоволство. Ако уживаме во фактот дека тоа на

Создателот му дава можност да нè израдува, тогаш и ние и Создателот се совпаѓаме и во одликите и во желбите, бидејќи сите сме среќни со процесот на давање: Создателот дава задоволство, а ние ги создаваме условите тоа да се прими. Секој мисли на другиот, но не на себе, и тоа ги дефинира нивните дела.

Но бидејќи луѓето се родени егоисти, неспособни сме да мислиме на други, туку мислиме само на себе. Можеме да дадеме само во ситуација кога гледаме директна корист од тоа, поголема од користа што ја даваме (како во процесот на трговија или размена). Во врска со таа одлика, човекот е сосема далечен од Создателот, и не го перципира.

Ова крајно одвојување на човекот од Создателот – Изворот на сите задоволства – е предизвикано од нашиот егоизам и го претставува изворот на сето наше страдање. Спознанието на тоа е познато како „спознанието на злото," бидејќи за да бидеме одвратени од егоизмот со омраза спрема него, мораме целосно да почувствуваме и да препознаеме дека тоа е целото наше зло, нашиот најсмртен непријател, кој стои на патот меѓу нас и нашето совршенство, задоволство и бесмртност.

Така, во сите наши постапки, било да е проучувањето на кабалата, или следењето на заповедите, мораме како цел да си го поставиме напуштањето на егоизмот и напредувањето кон Создателот преку стекнување на истите одлики. Само тогаш ќе можеме да го примиме истото задоволство од алтруистичните дела како што сме примале од нашиот егоизам.

Ако, со помош од Горе, почнеме да примаме задоволство од алтруистични дела и во тоа најдеме среќа – тоа е нашата најголема награда и таа состојба се вика „давање заради давање" без очекување на никаква награда. Нашето задоволување доаѓа само од способноста да направиме нешто за Создателот.

Штом ќе го достигнеме тоа духовно ниво и ќе сакаме да му дадеме нешто на Создателот, ни станува очигледно дека Создателот сака само едно нешто – да ни даде задоволство. Тогаш сме спремни да примиме задоволство бидејќи тоа е волјата на Создателот. Делата од таква природа се викаат „примање заради давање."

Во духовните состојби, интелектот (разумот, мудроста) соодветствува на Светлината на мудроста (*Ор Хохма*). Срцето, желбите и чувствата соодветствуваат на Светлината на милоста (*Ор Хасадим*). Само кога срцето ни е спремно да слуша, може разумот да влијае врз него. *Ор Хохма* може да осветли само на местото кај што *Ор Хасадим* е веќе присутна. Ако *Ор Хасадим* не е присутна, тогаш *Ор Хохма* нè осветлува. Таквата состојба е позната како „темнина" или „ноќ."

Но во нашиот свет, т.е. во поединец кој уште останува под ропството на егоизмот, разумот никогаш не може да владее со срцето, бидејќи срцето е изворот на сите желби. Тоа самото е единствениот господар на човекот, додека разумот нема моќ да се спротивстави на желбите на срцето.

На пример, човек кој сака да краде бара совет од разумот, да утврди како ќе го спроведе тоа. Така, разумот станува извршител на желбите на срцето. Од друга страна, ако човек реши да направи добро дело, разумот повторно помага, исто како сите други делови од телото. Затоа, нема друго решение освен да го исчистиме срцето од егоистичните желби.

Создателот намерно му покажува на човекот дека Неговата желба е тој човек да прими задоволство, за да му понуди можност да се ослободи од срамот на примањето. Човек добива силен впечаток дека со примање на задоволства „заради Создателот" навистина го задоволува Него, т.е. го задоволува Создателот, место да прима задоволство од Него.

Во кабалата и заповедите човек врши три вида работа. Во секој вид има добри и лоши стремежи:

1. Човек учи за своја корист, на пр. за да стане славен, за други лица покрај Создателот да му дадат чест и пари за неговите напори. Заради тоа, тој јавно ја проучува кабалата за да добие награда

2. Тој учи заради Создателот – за да добие награда од Создателот во овој свет и во светот што ќе дојде. Во таков случај, за луѓето да не ја видат неговата работа, сето учење го врши во тајност за да избегне да му дадат награда за неговите напори. Единствената награда што ја бара е од Создателот. Таквиот ученик се плаши дека наградите од другите би го одвлекле од намерата да биде награден само од Создателот.

Тие намери на тој што врши духовна работа се познати како „за добро на Создателот" бидејќи човек работи за Создателот и ги следи заповедите на Создателот, за да прими награда само од Него. Тоа е како во првиот случај, во кој човек работи за луѓето, ги исполнува нивните очекувања со работата, а потоа бара награда за извршените задачи.

Во двата случаи, заедничкиот именител е очекувањето и желбата за награда за извршената работа. Во првиот случај, човек работи за луѓето и очекува награда за извршената работа. Во вториот, работи за Создателот и очекува награда од Него.

3. По првите две фази, човек сфаќа до кој степен е поробен од егото. Телото (желбата за примање) тогаш почнува да прашува: „Каква е оваа работа? Каде е наградата за неа?" Но одговор на тоа прашање не стигнува.

Во првата фаза, егоизмот не поставува прашања бидејќи ја гледа наградата за завршената работа од реакциите на другите. Во втората фаза, човек може да му одговори на егоизмот така што ќе рече дека сака поголема награда од таа што може да ја добие од другите луѓе, т.е. сака вечни духовни задоволства и во овој и во следниот свет.

Но во третата фаза, кога Создателот сака да му даде на човекот, овој почнува да сфаќа до која мера е поробен од егоизмот и не може да му одговори на телото. А фактот што Создателот сака само да даде го наведува човекот и тој да сака така да прави, и тоа ќе биде наградата за неговите дела.

„Награда" се однесува на корист која луѓето сакаат да ја примат за својата работа. Општо, ја нарекуваме „задоволство," додека под „работа" го подразбираме секој интелектуален, физички или морален напор на телото. Наградата може да дојде и во вид на пари, чест, слава, итн.

Кога ќе почувствуваме дека ни недостига сила да го поднесеме телото, дека нема енергија да се изврши дури и најмалата задача, бидејќи телото не може да вложи никаков напор без да види некаква награда за возврат, тогаш нема друг избор освен да се свртиме кон Создателот за помош. Мораме да се помолиме за некаква натприродна моќ која би ни дозволила да работиме против нашата природа и разум.

Така, најголемиот проблем е да се верува во фактот дека Создателот може да помогне наспроти природните закони кои се спротивни и дека чека такви молби. Меѓутоа, оваа одлука може да се донесе само откако човек сосема ќе биде разочаран од своите способности.

Создателот посакува секој човек да го избере тоа што е правилно и да се држи понастрана од тоа што е погрешно.

Инаку, Создателот ќе го создал човекот со Своите одлики, или, откако ќе го создадел егоизмот, самиот ќе го претворел во алтруизам без процесот на горчливо прогонство од состојбата на Вишото Совршенство.

34

Страдањето пратено како апсолутна љубезност

Слободната волја е личната, независна одлука на човечките битија да изберат Создателот да владее со нив место Фараонот. Моќта на Фараонот се состои во тоа да ни ги покаже наградите што можеме да ги добиеме. Јасно ги гледаме наградите кои можат да се добијат од нашите егоистични постапки; ги разбираме тие награди со нашиот разум и ги гледаме со нашите очи. Резултатот е познат од самиот почеток и е одобрен од општеството, семејството, родителите и децата.

Затоа, телото го прашува Фараонот: „Кој е Господ за да треба да се покорувам на Неговиот глас?" (Егзодус 5,2), што значи „Што добивам од ваква работа?"

Ние сме во право кога ќе видиме дека е невозможно да се напредува против нашата сопствена природа. Но самиот напредок не е крајната цел, туку само чинот на имање верба во способноста на Создателот да нè промени.

Светлината на Создателот, Неговото откривање на човекот е познато како „живот."

Првиот пат кога трајно се перципира Создателот се вика „духовно раѓање" на човекот. Но исто како што во нашиот свет човек поседува природна желба да живее, така во духовниот свет човек е обврзан да го развие во себе истиот стремеж.

Тоа е неопходно ако некој навистина сака да биде духовно роден, во склад со принципот „страдањето за задоволство го одредува применото задоволство." Затоа, мораме да ја студираме кабалата заради кабалата; т.е. да ги откриеме Светлината и Создателот. Ако човек не ја достигне таа цел, чувствува страшно страдање и горчина. Таа состојба е позната како „живот на страдање." А сепак, човек мора да продолжи да вложува напор. Фактот дека не го достигнал откровението на Создателот треба да го натера тој човек да ги зголеми напорите додека Создателот не се разоткрие Себеси.

Јасно се гледа дека човековото страдање е тоа што постепено ја буди вистинската желба да се достигне откровението на Создателот. Таквото страдање се вика „страдање на љубовта." Тоа страдање е достојно секој да му завидува! Кога садот е доволно полн со ова страдање, Создателот ќе им се открие Себеси на кабалистите, на тие што ја стекнале таа желба.

Доста често, за да се заврши зделка во бизнис, има потреба од посредник, кој може на купувачот да му пренесе порака дека одреден предмет е дури уште повреден од цената која е ставена на него. Со други зборови, продавачот воопшто не ја зголемува вештачки цената.

Целиот метод на „примање предупредување" (*Мусар*) е базиран врз овој принцип, кој се обидува да го убеди човекот да ги остави материјалните обѕири во корист на духовните. Сите книги на *Мусар* учат дека сите задоволства од нашиот свет се лажни и не содржат никаква вредност. Затоа, човек всушност не се откажува од ништо значајно кога се свртува од материјалните задоволства.

Методот на Рав Баал Шем-Тов е малку поинаков. Поголем акцент се става на предметот што се купува. На човек му се покажува бескрајната вредност и величественост на духовната добивка. Се признава дека има одредена вредност во задоволствата на овој свет, но подобро е ако човек ги одбие, бидејќи духовните задоволства се неспоредливо поголеми.

Кога човек би можел да остане во егоизмот и во исто време да добива духовни задоволства заедно со материјалните, тогаш неговите желби постојано би растеле. Како резултат на тоа, тој сѐ повеќе би се оддалечувал од Создателот поради сѐ поголем расчекор во одликите и нивната големина. Бидејќи човекот не би го перципирал Создателот, би немало чувства на срам од чинот на примање задоволство.

Човек може да прими задоволство од Создателот само ако му стане сличен по одлики, на што телото веднаш ќе се спротивстави. Тој отпор ќе биде доживеан во вид на прашања што ќе се јават, како:

„Што добив од оваа работа, иако потрошив толку напор? Зошто учев толку напорно ноќе?"

„Навистина ли е можно да се достигне перцепцијата на духовното и на Создателот до тој степен како што опишуваат кабалистите?"

„Дали е тоа задача која може да ја изврши обичен човек?"

Сѐ ова што го предлага егоизмот е точно. Човек не може да го достигне дури ни најниското духовно ниво без помош. Меѓутоа, може да успее со помош на Создателот. Но најтешкиот аспект е да се има верба во помошта на Создателот сѐ додека таа не се прими. Помошта на Создателот во спротивставувањето на егоизмот доаѓа како откровение на Неговата величественост и моќ.

Кога величественоста на Создателот би им се открила на сите во овој свет, никој не би правел ништо друго освен да се труди да го задоволи Создателот, дури и без никаква награда, бидејќи можноста да го служат би била награда сама по себе и никој не би барал награда. Дури би ги одбиле и сите додатни награди.

Но бидејќи величественоста на Создателот е скриена од нашите очи и сетила, не можеме ништо да постигнеме за Негово добро. Телото (нашиот разум) се смета себеси за поважно од Создателот, бидејќи може да се осети само себеси. Така, тоа логично тврди дека ако телото е поважно од Создателот, тогаш човек треба да работи за телото и да прими награди.

Човек не треба да работи ако нема видлива корист од завршената работа. Меѓутоа во нашиот свет гледаме дека само децата во текот на своите игри, или ментално нестабилни луѓе, се спремни тешко да работат без очекување награда. Во двата случаи, тоа настанува бидејќи луѓето во обете категории се присилени на такви дела од нивната природа: децата – заради својот развој, емоционално нестабилните – заради поправање на своите души.

Задоволството е дериват на желбата која му претходи: апетит, страдање, страст и глад. Човек кој има сè е страшно несреќен бидејќи веќе нема ништо што вреди да се бара за задоволување. Така, тој може да падне во депресија. Кога би го мереле поседот на човек според перцепцијата на среќата, тогаш сиромашните би биле најбогати, бидејќи и најбезначајните работи ги задоволуваат.

Создателот не се открива себеси веднаш и целиот одеднаш; тоа е така за човек да развие целосна и исправна желба за Негово откровение. Тоа е точната причина што Создателот се прикрива, за човек да развие чувство на итна потреба од Создателот. Кога некој ќе реши да напредува кон Создателот, место да се чувствува исполнет од тој избор и да ужива во процесот на духовно достигнување, тој пропаѓа во околности полни со страдање.

Тоа се случува специфично за да нè натера да негуваме верба во љубезноста на Создателот над нашите чувства и мисли. Без оглед на страдањето кое наеднаш се спушта врз нас, мораме да ги надминеме нашите мисли за тоа страдање преку внатрешен напор и да се присилиме себеси да мислиме на целта на созданието. Треба и да размислиме за нашиот удел во општиот план на нештата, иако ни умот ни срцето не се наклонети да мислат на тие теми.

Не треба да се лажеме себеси и да кажеме дека ова не е страдање. Но заедно со тоа треба да веруваме, и покрај спротивните чувства. Мора да се трудиме да не го перципираме Создателот или Неговото откровение, ниту да бараме јасно знаење за Неговите мисли, дела и планови во врска со тоа што ни го пратил ова страдање. Тоа би можело да биде слично на мито, награда за претрпената болка.

Но сите постапки и мисли треба да бидат насочени не кон или во себе; не треба да бидат концентрирани на чувствата на страдање, или како тоа да се избегне. Место тоа, нашата перцепција треба да ја префрлиме надвор од телото, како да излегуваме од него. Треба да се обидеме да го перципираме Создателот и Неговиот план, не низ нашето срце, туку однадвор, одвојувајќи го „Јас" од процесот, ставајќи се себеси на местото на Создателот, прифаќајќи го тоа страдање како неопходен предуслов за зголемување на нашата верба во врховната власт, за да можеме да правиме сè само за добро на Создателот.

Откако сме го постигнале ова, можеме да го заслужиме откровението на Создателот, перцепцијата на Божествената Светлина и на Неговото вистинско владеење. Тоа е затоа што Создателот се открива себеси само пред алтруистични желби; само во мисли поинакви од тие за себе и лични проблеми; само во „надворешни" грижи, бидејќи само тогаш има совпаѓање на одлики меѓу Создателот и нас.

Но ако ние во срцето го замолиме да нè поштеди од страдање, тогаш сме во состојба на питач, егоисти.

Заради тоа мораме да ги откриеме позитивните чувства за Создателот. Само тогаш можеме да примиме лично откровение на Создателот.

Мораме да се сеќаваме дека притајувањето на Создателот и нашето страдање се последици од нашите егоистични лушпи, бидејќи Создателот зрачи само задоволство и јаснотија.

Тој тоа го прави под услов да создадеме алтруистични желби и сосема да го отфрлиме егоизмот како заминување од нашата природа и од чувството на „себе," „јас." Сите наши гревови произлегуваат од одбивањето да напредуваме преку вербата над разумот. Поради тоа, постојано страдаме бидејќи како земјата да ни е тргната од под нозете.

Природно е што, откако сме вложиле толку напор во нашите студии и работата на себе, очекуваме добра награда. Место тоа, добиваме само болни чувства на очај и критични ситуации. Потешко е да им одолееме на задоволствата од нашите алтруистични дела отколку од нашите егоистични дела, бидејќи големината на самото задоволство е неспоредливо поголема.

Многу е тешко, макар и за миг, интелектуално да се согледа дека ова, всушност, е помош од Создателот. Телото, против сиот разум, плаче од потреба да се оттргне од таква состојба. Само помошта на Создателот може да нè спаси од ненадејни проблеми, но не со молење за решение.

Одговорот е во молитва за шанса, без оглед на барањата на телото, да добиеме верба над разумот, и чувство на согласување со постапките на Создателот. Само Тој е Оној што владее со сè и Тој ги создава сите околности за да ја обезбеди нашата крајна духовна добросостојба.

Сите овоземски маки, духовно страдање, срам и прекори треба да ги истрпи кабалистот на патот кон духовно соединување со Создателот. Историјата на кабалата е полна со примери: Рашби, Рамбам, Рамхал, Ари, итн.

Но штом ќе можеме да имаме верба над разумот против нашите перцепции, штом страдањето го толкуваме како апсолутна љубезност и волја на Создателот да го приближи човекот поблиску до Себе, штом ја прифатиме нашата состојба и престанеме да сакаме да ја смениме за да бидеме полни со чувства пријатни за егоизмот – штом се случат сите овие состојби, Создателот ќе се разоткрие Себеси во сета Своја величественост.

35

Зла склоност

Според кабалата, нашето тело е само привремена обвивка за вечната душа која слегува од Горе, а кругот на животот и смртта може да се спореди со промената на облеката кај човек во нашиот свет. Душата менува едно по друго тело исто толку лесно како човек што менува еден комплет облека со друг.

Дефиницијата на несебичното исполнување на сопствената волја од страна на Создателот, како и дефиницијата на тоа да се биде алтруист и во мислите и во делата, го отелотворува процесот на самовреднување и самопроценување, без оглед на непријатните настани, чувства или инциденти кои Создателот намерно му ги праќа на човекот.

Процесот на себе-вреднување треба да го доведе човек до тоа да види колку е навистина ниска неговата состојба, а сепак да го одржи посветен на исполнувањето на волјата на Создателот и на стремежот да ги спроведува директните и праведните закони на духовниот свет, спротивно на „личната" добросостојба.

Желбата да се биде сличен на Создателот по одлики може да настане од страдањето и искушенијата што ги доживува човекот, но може и од перцепцијата на величественоста на Создателот. Тогаш, дел од изборот на човекот е да го замоли Создателот за напредок преку кабалата.

Сите дела што ќе ги извршиме мораат да бидат мотивирани од нашата намера да ја согледаме величественоста на Создателот, за перцепцијата и спознанието на овој аспект да ни помогнат да станеме почисти и подуховни.

За духовно да напредуваме, мораме, на секое ниво, да бидеме зафатени во нас со развивање на нашата перцепција за величественоста на Создателот. Мораме да сфатиме дека за да достигнеме духовно совршенство или дури и да останеме на сегашното духовно ниво, треба да развиваме подлабоко сфаќање за величественоста на Создателот.

Вредноста на подарокот е одредена од важноста на тој што го дава. Тоа е во голема мера вистина. На пример, предмет кој му припаѓа на некој што е славен и кого општеството го смета за важен често вреди милиони.

Вредноста на кабалата е исто така одредена од истакнатоста на Оној што ни ја дава кабалата. Ако некој не верува во Создателот, тогаш кабалата на таков човек не му вреди повеќе од кој било историски или книжевен документ. Но ако некој верува во моќта на кабалата и во нејзината корисност бидејќи верува во Вишата Сила, тогаш вредноста на кабалата е неизмерно повисока.

Колку повеќе веруваме во Создателот, толку поголема вредност има кабалата за нас.

Аналогно на тоа, секојпат кога доброволно ќе се потчиниме на власта на Создателот во склад со големината на нашата верба во Него, ја сфаќаме и значајноста на кабалата и нејзиното внатрешно значење. На тој начин може да се каже дека секој нареден пат кога достигнуваме повисоко духовно ниво, добиваме нова кабала (Светлина), како да е од нов Создател.

Горниот процес се однесува само на оние што добиле ново откровение од Светлината на Создателот во текот на качувањето по духовната скала. Заради тоа, кажано е дека „праведникот живее од својата верба" – големината на нечија верба го одредува количеството на перципираната Светлина.

Во книгите на кабалата пишува: „Секој ден е доделување на нова светлина." За еден кабалист, секој ден (времето кога зрачи Светлината од Создателот) е нова Светлина.

Можеби сме воспитани да ги следиме заповедите, но невозможно е да добиеме образование за потребата да им припишеме конкретни алтруистички намери на нашите постапки, бидејќи тоа не може да стане дел од нашата егоистична природа што би можел да се врши автоматски исто како нашите физички потреби.

Ако сме проникнати од чувството дека нашата војна против егоизмот е војна против силите на темнината, против одликите што се спротивни на оние на Создателот, тогаш на тој начин ги тргаме тие сили од себе и не се дружиме со нив. Ги избегнуваме во нашите мисли, како да ги напуштаме желбите на нашето тело.

Продолжувајќи да ги чувствуваме тие желби, почнуваме да ги презираме, како што презираме непријател. На тој начин, можеме да го победиме егоизмот, а во исто време да најдеме утеха од неговото страдање. Ваквото дејствување се вика „војна на одмазда во корист на Создателот" (*Никмат Хашем*). Постепено, се навикнуваме на тоа да ги согледуваме вистинските цели, мисли и намери, без оглед на желбите и егоистичните барања на телото.

Ако, додека учиме, не гледаме никаква лична корист и почнеме да страдаме заради тоа што не ја гледаме, тоа е познато како „зла склоност" (*Јецер Ра*). Степенот на злото е одреден од нашата перцепција на злото, од размерот на нашето страдање заради недостигот на привлеченост од духовноста, освен ако не гледаме во тоа лична корист.

Колку повеќе страдаме заради непроменетата ситуација, толку поголем е степенот на нашето согледување на злото.

Ако сфаќаме со разумот дека сѐ уште не успеваме во духовниот напредок, но тоа не ни задава болка, тоа значи дека уште ја немаме злата склоност (*Јецер Ра*), бидејќи уште не страдаме од злото.

Ако не се чувствуваме зли, мораме да ја учиме кабалата. Но ако го гледаме злото во себе, мораме самите да се ослободиме од него преку вербата над разумот.

Горните дефиниции бараат објаснување. Во книгите на кабалата е напишано: „Јас ја создадов злата склоност (сила, желба) и Јас исто така ја создадов Тора како *Тавлин* („зачин") за неа (за нејзино исправање)." *Тавлин* значи зачини, адитиви, додатоци кои ја прават храната вкусна и прифатлива за конзумирање.

Гледаме дека главното создание е злото, егоизмот. Кабалата е само негов додаток, т.е. средство кое ни дозволува да го вкусиме и користиме злото. Тоа е многу чудно, бидејќи е исто така кажано дека заповедите се дадени само за да се прочисти душата со нивна помош. Тоа значи дека штом човек се прочисти, нема веќе да има потреба од заповеди (духовни дела за да се поправи).

Вистинската цел на созданието е Создателот да им даде задоволство на Своите создадени битија. За таа цел, битијата се обдарени со желба за примање задоволство. За созданијата да не чувствуваат срам кога примаат задоволство, што би го расипало самото задоволство, дадена им е шанса да ги поправат чувствата на срам.

Тоа може да се постигне ако создадените битија не сакаат да примат ништо за себе, туку само за да го задоволат Создателот. Само тогаш нема да чувствуваат срам што примаат задоволство, бидејќи ќе го примат за доброто на Создателот, место за сопствено задоволување.

Но што може да му се даде на Создателот што би му дало задоволство? Од таа причина, Создателот ни ја дал кабалата и духовните закони – за да можеме да ги следиме „заради Него." Тогаш може да ни прати задоволства што ќе можеме да ги примиме, кои нема да бидат намалени од чувствата на срам и алузиите на милостина.

Ако се однесуваме според духовните закони, т.е. за доброто на Создателот, слични сме на Создателот во нашите дела, кои имаат за цел да ни дадат задоволство. Бидејќи нашите желби, дела и одлики стануваат послични на оние на Создателот, ние и Создателот сè повеќе се доближуваме еден кон друг. Создателот сака ние да му дадеме, како Тој што ни дава, за нашите задоволства да не бидат во сенка на срамот и да не бидат видени како милостина.

Духовната желба – желба која ги поседува сите услови потребни за да се прими Светлината – ги одредува големината и видот на задоволството што се прима, бидејќи Светлината на Создателот содржи сè во себе, секоја од нашите желби за нешто да нè задоволи. Таа го изолира од целата Светлина она што ние го посакуваме.

Создателот пропишува точно 613 заповеди за поправањето на злото (во нас) и негово претворање во добро (за нас), бидејќи Тој ја создал нашата желба за задоволување од точно 613 дела и секоја заповед поправа одреден дел или одлика. Заради тоа е кажано: „Јас го создадов злото и *Тора* за негово поправање."

Но каква е смислата на следењето на *Тора* (духовните закони) откако е поправено злото? Духовните закони ни се дадени:

1. Кога сме уште под ропството на сопствената природа и не сме способни да дејствуваме за доброто на Создателот, бидејќи остануваме далечни од Создателот, поради разликата во одликите. 613-те духовни закони ни даваат сила да го оставиме егоизмот.
2. На крајот од корекцијата, кога сме во состојба на единство со Создателот поради совпаѓање на одликите и желбите,

стануваме достојни за Светлината на Тора: 613 духовни закони стануваат дел од нашето духовно тело; тие стануваат сад на нашата душа и во секоја од 613 желби ја примаме Светлината на задоволството.

Како што гледаме, во оваа фаза, духовните закони се претвораат од средството за корекција во „местото" на примање задоволство (садот, *Кли*).

36

Работата по трите линии

Во левата линија, која носи страдање како резултат на отсуството на посакуваното, се буди потреба за помош од Создателот, која доаѓа во вид на Светлина на душата. Во десната линија, во состојба кога човек не посакува ништо за себе, постои само Светлината на милоста (*Ор Хасадим*), радоста од сличноста во духовните одлики. Но оваа состојба не е совршена, бидејќи недостасува знаење и разбирање на внатрешното значење. Во левата линија нема совршенство бидејќи Светлината на мудроста може да осветли само ако постои совпаѓање во одликите меѓу примената Светлина и примателот на Светлината.

Совпаѓањето дава резултат кој е *Ор Хасадим*, што се наоѓа во десната линија. Духовните добивки можат да се достигнат само ако се има желба. Но десната линија нема желба за ништо. Сите желби се концентрирани во левата линија. Меѓутоа, посакуваното не може да биде примено во егоистичките желби.

Затоа, мора да се соединат овие две одлики за Светлината на знаењето и задоволството на левата линија да влезе во Светлината на алтруистичките одлики на десната линија, а Светлината на средната линија ќе го осветли создаденото битие. Без Светлината на десната линија, Светлината на левата не се открива и се перципира само како темнина.

Дури и ако сме сè уште поробени од нашиот егоизам, работата во левата и десната линија сè уште се одвива. Меѓутоа, ние сè уште не ги контролираме нашите желби. Место тоа, желбите ги диктираат нашите мисли и дела и нè спречуваат да бидеме исполнети со Светлината на совпаѓање со Создателот (*Ор Хасадим*) и Светлината на крајното разбирање (*Ор Хохма*).

Место тоа, можеме само да ги изговориме имињата на световите, *Сефирот* и *Келим*. Во таква состојба, особено ефикасно е да се изучува градбата на духовните светови и нивните ефекти, т.е. кабалата, за да ни помогне да ја развиеме желбата да се доближиме до Создателот. Во тој процес, почнуваме да посакуваме да бидеме како предметите што се изучуваат и така привлекуваме кон себе милост од вишите предели, иако не го гледаме тој процес, затоа што немаме духовни сетила.

Но духовните сили влијаат на нас само ако учиме за да се доближиме (по одлики) до духовното. Само во тој случај го донесуваме врз себе прочистувачкиот ефект на Околната Светлина. Сепак, во бројни случаи може да се види дека без правилно водство, можеме да знаеме што содржат книгите на кабалата и можеме дури и да водиме „значајни" дискусии на темата.

Сепак, може никогаш навистина да не ја сфатиме емоционалната есенција на сè што научивме. Но тие што ги достигнуваат духовните нивоа преку сопствената работа, дури и најбезначајна, веќе постојат во лушпата на нашиот свет и ја вршат задачата заради која се дојдени во него.

Од друга страна, знаењето и сеќавањето на „паметните" често го зголемува нивниот егоизам и сомнежи, а тоа ги оттурнува сè подалеку од нивната цел.

Тоа е затоа што Светлината која се добива од учењето на кабалата може да биде лек што го спасува животот (Сам Хахаим), или смртоносен отров (Сам Хамавет).

Почетниците не можат да прават разлика меѓу тие што навистина перципираат (кабалистите) и тие што ја изучуваат кабалата како само уште една општествена наука. За почетниците, *работата долж трите линии* се фокусира на анализирање на нивните сопствени состојби, место на достигнување на Вишата Светлина, фокусот на оние кои веќе перципираат.

Во десната линија, исто така позната како состојбата на „давање," *Хесед*, или вербата над разумот, среќни сме со она што ни е дадено, со нашата судбина и со тоа што ни го дал Создателот, бидејќи тоа го сметаме за нашиот најголем дар. Ова доаѓа без оглед на фактот што ги следиме заповедите на Создателот, не сфаќајќи го нивното внатрешно значење, туку врз основа на нашето воспитување или нашето прифаќање на одредени обврски и самообразование.

Но таа состојба сè уште не се смета за десната линија бидејќи ја нема левата линија. Само кога ќе се појави спротивната состојба можеме да зборуваме за една од линиите. Значи, само откако сме станале наклонети да се анализираме самокритично, само откако ќе ги процениме сопствените достигнувања, само откако ќе ги утврдиме вистинските цели на нашиот живот, само кога можеме критички да ги анализираме резултатите на нашите напори – само тогаш ќе ја добиеме левата линија.

Она што е тука важно е целта на созданието. Утврдуваме дека, во суштина, нашата цел е да добиеме задоволство од Создателот. Во исто време, чувствуваме дека тоа не сме го доживеале ниту еднаш.

Во текот на нашите студии, дознаваме дека ова може да се случи само кога постои совпаѓање на одликите меѓу нас и Создателот. Така, обврзани сме да ги испитаме своите желби и стремежи, да ги процениме колку можеме пообјективно, да контролираме и анализираме сè, за да утврдиме дали навистина се движиме спрема одрекувањето од егоизмот и стекнувањето љубов спрема другите луѓе.

Ако како ученици гледаме дека остануваме во состојба на егоистични желби и не напредуваме кон подобра состојба, често чувствуваме очај и апатија. Покрај тоа, понекогаш откриваме дека не само што остануваме меѓу своите егоистични желби, туку гледаме дека се зголемиле откако сме стекнале желби за задоволство кои некогаш сме ги сметале за ниски, ситни, минливи и недостојни.

Јасно е дека во оваа состојба станува тешко да се продолжи со следење на заповедите и да учиме со радост како порано; напротив, паѓаме во очај и разочарување и жалиме за изгубеното време, како и за направените напори и за лишувањата поради кои сме страдале. Така се бунтуваме против целта на созданието.

Оваа состојба е позната како „левата линија" бидејќи има потреба од корекција. Сега сме ја согледале својата празнина и мораме да се вратиме до десната линија, до чувствата на потполност, задоволство, кога сме сосема среќни со нашата судбина. Претходно не се сметало дека сме во десната линија бидејќи сме биле сè уште на една линија, само затоа што немало друга линија, па немало ни самокритичност.

Но ако, по вистинско спознавање на личната несовршеност во втората линија, се вратиме кај првата линија, т.е. до линијата на совршенство (против нашата вистинска состојба и чувства), тогаш се смета дека дејствуваме долж двете линии, не само на првата и втората, туку по две спротивни линии – десната и левата.

Целиот пат на одрекувањето од егоизмот и напуштањето на тесните граници на личните интереси е изграден врз основата на десната линија. Кажано е дека мораме да се оттргнеме од „нашите" интереси, кои се минливи, ситни и постојано менливи желби на нашето тело. Тие ни се дадени од Горе не за да ги прифатиме како целта на животот, туку да можеме да се одречеме од нив за да достигнеме вечни, врховни, апсолутни перцепции на духовно задоволство и да се соединиме со најврховниот што постои во универзумот, т.е. Создателот.

Но да се оттргнеме од личните мисли и желби е невозможно, бидејќи не перципираме ништо друго освен себе. Едно нешто во нашата состојба во кое можеме да веруваме е и постоењето на Создателот, Неговата целосна власт, целта на Неговото создание и потребата да се стигне до таа цел и покрај поплаките од нашите тела.

Вербата во тоа што не се перципира – верба во нешто што е над нашето разбирање – се вика „верба над разумот."

Токму после левата линија време е за нас да преминеме на таква перцепција на стварноста како што е тука објаснето.

Среќни сме што сме заслужиле да ја спроведуваме Волјата на Создателот и покрај фактот што како резултат од нашите егоистични желби, не сме добиле никакво задоволство или уживање од тоа. Меѓутоа, и покрај таквите чувства, веруваме дека сме добиле специјален дар од Создателот.

Така, иако веруваме дека сме во таква состојба, сепак можеме да ја спроведуваме волјата на Создателот токму на тој начин, а не како повеќето луѓе кои го прават тоа за да добијат задоволство или како резултат на своето воспитување и образование, без дури и да се свесни за своите механички постапки.

Исто така спознаваме дека дејствуваме спротивно на нашето тело, т.е. однатре сме на страната на Создателот место на страната на телото. Веруваме дека до нас сè доаѓа од Горе, од Создателот, преку посебна врска. Затоа, го цениме таквиот дар од Создателот и влечеме инспирација од него, како да ни е дадена највисоката духовна перцепција.

Само во таков случај првата линија е позната како десна линија, како совршенство, бидејќи радоста ни доаѓа не од нашата состојба туку од односот на Создателот кон нас, кој ни дозволува да дејствуваме надвор од границите на себичните егоистични желби. Во таква состојба, иако може сè уште да сме поробени од егоизмот, можеме да примиме духовно осветлување од Горе.

Иако Вишото Осветлување уште не влегло во нас бидејќи Светлината не може да влезе во егоистични желби, таа Светлина сепак нè опкружува (*Ор Макиф*) и нè врзува за духовното. Исто така ни помага да сфатиме дека и најмалата врска со Создателот е веќе голема награда и задоволство. А што се однесува до перцепцијата на Светлината, мораме да си кажеме дека не е во наша моќ да ја процениме вистинската вредност на Светлината.

Десната линија исто така се вика „вистина" бидејќи можеме јасно да сфатиме дека уште не сме го достигнале духовното ниво и не се лажеме себеси. Место тоа, велиме дека тоа што сме го добиле доаѓа од Создателот, дури и најгорчливите наши состојби. Значи, вербата над разумот многу вреди, бидејќи тука има контакт со Создателот.

Имено, можеме да видиме дека десната линија е изградена врз јасно спознание на отсуството на духовна перцепција и на горчливото чувство на лична безвредност. По ова следува нашето оставање на егоистичните пресметки во врска со делата, врз основа на принципот, „не јас што ќе добијам, туку што сака Создателот."

Ако сфатиме дека сме предмет на посебно внимание од страна на Создателот и дека имаме посебен однос со кабалата и заповедите, додека повеќето други се зафатени со ситни пресметки поврзани со световните животни грижи, тогаш нашите размислувања се разумни.

Сепак, овие размислувања се производ на интелектот. Не се над разумот. Меѓутоа, мораме да си кажеме дека иако сме среќни во сегашнава состојба, мораме да продолжиме со верба над разумот, за нашата среќа да може да се темели врз нашата верба.

Од друга страна, левата линија се гради врз потврдувањето на вистинската природа на нашата љубов спрема другите луѓе, врз утврдување дали сме способни за алтруистични и несебични дела. Се темели и на проверувањето дали навистина не сакаме награда за нашите напори.

Ако, по таквите пресметки, сфатиме дека сме неспособни да се откажеме од нашите интереси дури и во најмала мера, тогаш немаме избор освен да го молиме Создателот за спасение. Заради тоа, левата линија нè носи до Создателот.

Десната линија ни дава можност да му се заблагодариме на Создателот за чувството на Неговото совршенство. Но не ни дава перцепција на нашата вистинска состојба – состојба која се одликува со апсолутно незнаење и со целосно отсуство на поврзаност со духовното. Значи, не нè доведува до молитва, а без молитва е невозможно да се сфати Светлината на кабалата.

Меѓутоа, се трудиме да ја надминеме нашата вистинска состојба со силата на сопствената волја и така сфаќаме дека не поседуваме доволно сила за таква задача. Само тогаш почнуваме да ја согледуваме нашата потреба за помош од Горе, бидејќи гледаме дека само натприродни сили можат да ни помогнат. Само преку левата линија можеме да стигнеме до саканата цел.

Но важно е да се сфати дека двете линии мораат да бидат во рамнотежа за секоја да биде еднакво користена. Само тогаш ќе се јави средна линија, спојувајќи ја десната и левата во единствена линија.

Ако едната линија е поголема од другата, ќе го спречи стопувањето на двете, бидејќи таа линија ќе се гледа себеси како покорисна во дадена ситуација. Значи, двете линии мораат да бидат апсолутно еднакви.

Користа од оваа тешка задача двете линии да се зголемуваат поеднакво е во тоа што на нивниот темел, човек ја добива средната линија, Вишата Светлина, која се разоткрива и перципира токму во искуствата на двете линии.

Десната дава совршенство бидејќи човек верува во совршенството на Создателот. Бидејќи Создателот владее со светот, само Тој и никој друг – кога егоизмот не би се земал предвид, тогаш човекот е совршенство.

Левата линија дава критичка проценка на нашата состојба и чувство на нашата несовршеност. Од пресудна важност е левата линија во никој случај да не остане поголема од десната. (Во практика, човек треба да помине 23,5 часа на ден во десната линија, а само половина час да си дозволи да ги активира егоистичните размислувања).

Десната линија треба да биде толку нагласена што нема да има потреба од други атрибути за да се достигне чувството на апсолутна среќа. Овој процес го симболизира контролираното откажување од личните егоистични размислувања. Значи, означува совршенство, бидејќи ништо друго не е потребно за да се чувствува радост.

Тоа се случува бидејќи сите размислувања се однесуваат на тоа што е надвор од телото – сè што е заедно со Создателот – место на внатрешните потреби на телото. Префрлањето на левата линија значи премин од десната на левата, и назад. Тоа треба свесно да го направиме во одредено време и под одредени однапред создадени услови, а не само според нашето расположение.

Тогаш гледаме дека не само што не сме напредувале во нашата перцепција и разбирање на духовното, туку нашиот нормален секојдневен живот станал полош од порано. Место да одиме напред, уште повеќе се повлекуваме во нашиот егоизам.

Во таква состојба, мораме веднаш да се префрлиме на молитва за да ја поправиме нашата ситуација. Во врска со тоа, во Библијата е кажано дека до излегувањето од *Египет* (егоизмот) дошло кога биле во последната, 49-

та состојба на нечисти желби. Само кога сосема ќе ги сфатиме сета длабочина и зло на нашиот егоизам и ќе заплачеме за помош, Создателот ќе нè издигне и ќе ни ја даде средната линија, давајќи ни душа – Светлината на Создателот, од Горе. Тоа почнува да нè просветлува и да ни дава моќ да се префрлиме на алтруизам и да се родиме во духовниот свет.

37

Разбирање на нашата вистинска природа

За да ја достигнеме целта на созданието, треба да почувствуваме „глад," без кој не можеме да ја вкусиме целата длабочина на задоволствата што ни ги праќа Создателот и без кој не можеме да му донесеме задоволство на Семоќниот. Затоа, од пресудна важност е да се коригира егоизмот. Тоа ќе ни дозволи да осетиме задоволство за доброто на Создателот.

Во време на страв, мораме да ја разбереме причината поради која Создателот ни праќа такви чувства. Нема сила ниту моќ која владее во светот освен Создателот; нема непријатели, ниту мрачни сили. Меѓутоа, самиот Создател во нас создава такво чувство за да се запрашаме зошто толку наеднаш сме го осетиле.

Потоа, како резултат на нашето трагање, ќе можеме, со напор на вербата, да кажеме дека самиот Создател ни го праќа ова. Ако, покрај сите наши напори, нашиот страв не стивне, мораме тоа да го протолкуваме како пример на степенот до кој треба да го искусиме стравот од величественоста и моќта на Создателот. До истиот степен до кој нашето тело се тресе од замислен извор на страв во нашиот свет, така ние мораме да се тресеме од страв од Создателот.

Како прецизно да утврдиме во каква духовна состојба сме? Кога сме полни со самодоверба и среќни, тоа обично е затоа што веруваме во сопствената сила, па така не чувствуваме дека ни треба Создателот. Таа состојба укажува дека всушност сме сосема закопани во егоизам и оддалечени од Создателот.

Од друга страна, кога сме крајно изгубени и беспомошни, чувствуваме огромна потреба од поддршката на Создателот. Во таков период, влегуваме во многу подобра состојба во однос на нашата добросостојба.

Ако, откако сме вложиле напор, извршиме дело кое изгледа дека е „добро" и потоа осетиме дека сме задоволни со себе, веднаш стануваме плен на сопствениот егоизам. Не сфаќаме дека Создателот е тој кој ни дал можност да извршиме доблесен чин; така, чувствувајќи се добро за себе, само го зголемуваме нашиот егоизам.

Доколку ден за ден вложуваме напор во нашето учење и се трудиме во мислите да се вратиме до целта на созданието, и сѐ уште чувствуваме дека ништо не разбираме, ниту пак се поправаме себеси до некој степен иако во нашето срце го прекоруваме Создателот за состојбата во која сме, тогаш се оддалечуваме од вистината.

Веднаш штом ќе пробаме да се префрлиме на алтруизам, нашето тело и разумот се бунтуваат против такви мисли, па на секаков можен начин се трудат да нѐ оттурнат од тој пат. Стотици мисли, изговори и итни задачи веднаш се појавуваат, бидејќи алтруизмот, т.е. нешто што не е поврзано со некаква корист за телото, ни е омразен. Нашиот интелект не може да поднесе такви стремежи ни за момент така што тие веднаш се потиснати.

Затоа, мислите за поништување на егоизмот се чинат многу тешки и надвор од човековата моќ. Меѓутоа, ако не се согледаат како такви, тоа укажува дека некаде длабоко во нив е скриена некаква корист за телото, која ни дозволува да мислиме и дејствуваме на одреден начин, со тоа што ќе нѐ излаже дека мислите и делата ни се алтруистични.

Значи, најдобриот тест за тоа дали одредена мисла или постапка е резултат на грижа за себе или на алтруизам е: Дали срцето и разумот дозволуваат оваа мисла некако да се одржи, или дури и да има некакво мало движење врз нејзина основа? Ако најдеме согласност, тогаш е самозалажување, а не вистински алтруизам.

Во моментот кога ќе се концентрираме на мислите кои не се зафатени со телесни потреби, веднаш се јавуваат прашања како што се: „Зошто ми треба ова?" и „Кој има корист од ова?" Во такви ситуации, иако чувствуваме дека бариерите доаѓаат од телото (нашата желба да примиме задоволство), најважното нешто за нас што треба да го откриеме е дека во крајна линија не е телото тоа што ги поставува тие прашања и што ни забранува да се зафатиме со нешто надвор од ограничувањата на неговите интереси.

Тоа е дело на самиот Создател. Тој во нас ги создава тие мисли и желби и не ни дозволува да се оттргнеме од желбите на телото, а истовремено не постои ништо освен Него.

Токму како што нè влече поблиску до Себе, така Самиот поставува пречки на патот до Него, за да научиме да ја разбереме својата природа и да можеме да реагираме на секоја наша мисла и желба во текот на нашите обиди да се ослободиме од нив.

Несомнено, таквите состојби можат да се случат само кај оние што се стремат да достигнат божествени одлики и да се „пробијат" во духовниот свет – на такви поединци Создателот им праќа разни пречки, кои се чувствуваат како мисли и желби на телото кои ги одвлекуваат од духовноста.

Сето тоа се прави за да можеме да ја откриеме нашата вистинска духовна состојба и односот со Создателот. Потребно е да видиме колку ги оправдуваме постапките на Создателот и покрај приговорите на разумот, колку многу го мразиме Создателот, кој ни го зема сето задоволство од животот, некогаш полн со чудеса и Светлина, а потоа фрлен во бездната на очајот, бидејќи телото не може веќе да најде ни грам задоволство во алтруистичките состојби.

Ни се чини дека телото е тоа што приговара, а не самиот Создател кој дејствува врз нашите чувства и разум така што ни дава мисли и емоции кои се примени позитивно или негативно. Самиот Создател формира одредени реакции на срцето и умот за да нè научи и да нè запознае со нас самите.

Мајката која го учи своето бебе му покажува нешто, го пушта да го вкуси, и веднаш му го објаснува. Слично на ова, Создателот ни го покажува и објаснува нашиот вистински став кон духовноста и нашата неспособност да дејствуваме независно.

Најтешкиот аспект на духовното издигање е фактот што во нас има две мислења, две сили, две цели, две желби, кои постојано се судираат. Дури и во врска со целта на созданието – од една страна, мораме да постигнеме единство на нашите одлики со Создателот – само за да може од друга страна, да зачнеме една единствена желба да се разделиме од сè за доброто на Создателот.

Но Создателот е апсолутно алтруистичен и нема потреба од ништо, сакајќи само ние да искусиме апсолутно задоволство. Тоа е Неговата цел во созданието. Меѓутоа, тие цели се чинат противречни; прво, мораме да му препуштиме сè на Создателот, додека истовремено сме задоволувани и го достигнуваме најголемото задоволство.

Одговорот на оваа привидна противречност е дека едно од овие не е целта туку средство за достигнување на целта. Прво, мораме да стигнеме до состојбата во која сите мисли, желби и дела се наоѓаат надвор од границите на егоизмот, каде на крај се алтруистични, исклучиво „заради Создателот." Но бидејќи во универзумот нема ништо освен човекот и Создателот, сè што паѓа надвор од границите на нашите пет сетила (телото) е автоматски на Создателот.

Штом сме ја достигнале корекцијата на созданието, т.е. совпаѓањето на нашите лични одлики со одликите на Создателот, почнуваме да ја сфаќаме целта на созданието, да го примаме безграничното задоволство од Создателот, неограничено со границите на егоизмот.

Прво, треба да ја постигнеме корекцијата на созданието, т.е. совпаѓањето на нашите лични одлики со одликите на Создателот и само тогаш ќе можеме да почнеме да ја достигнуваме целта на созданието, да примиме од Создателот задоволство неограничено со границите на егоизмот.

Пред корекцијата, поседуваме само желба за себично задоволување. Како што напредуваме во исправањето на себеси, почнуваме повеќе да ја сакаме желбата да дадеме сѐ од желбата да примиме задоволство за себе.

Меѓутоа, во оваа фаза сѐ уште сме неспособни да примиме задоволство од Создателот.

Само откако ќе го завршиме процесот на само-корекција можеме да почнеме да примаме неограничено задоволство, не за доброто на нашиот егоизам, туку за доброто на целта на созданието.

Задоволството што не го примаме за добро на нашиот егоизам не создава чувства на срам, бидејќи со примање, со сфаќање и со перципирање на Создателот, среќни сме заради задоволството што Тој го прима. Значи, колку повеќе добиваме од Создателот и колку повеќе Тој нѐ задоволува, толку сме посреќни што и Создателот чувствува задоволство како резултат на тоа.

Можеме да направиме аналогија меѓу светлината и темнината во овој свет со спомнување на духовната Светлина и темнина (ден и ноќ). Тоа е чувството на присуство или отсуство на Создателот, или присуство или отсуство на Неговиот надзор; или „присуството или отсуството на Создателот" во нас самите.

Со други зборови, ако го замолиме Создателот за нешто и веднаш го добиеме, тоа е означено како „Светлина," или „ден." Но ако нè мачат сомнежи во врска со постоењето на Создателот и Неговата управа на универзумот, таа ситуација се вика „темнина" или „ноќ."

Да го формулираме подобро, прикривањето на Создателот е познато како „темнина," бидејќи во човекот буди сомнежи и неисправни мисли, кои тој ги чувствува како темнината на ноќта.

Нашата вистинска цел не треба да биде да го перципираме Создателот и да ги сфатиме Неговите постапки, бидејќи тоа, самото по себе, е чисто егоистична желба. Човечкото битие нема да може да го поднесе огромното задоволство настанато од достигнатите перцепции и ќе се врати во егоистична состојба.

Вистинската цел треба да биде желбата од Создателот да добиеме сила да продолжиме со борбата против копнежите на телото и умот, т.е. да достигнеме верба која ќе биде поголема од човековиот интелект и телесни желби. Откако сме го сфатиле и перципирале Создателот и Неговото апсолутно добронамерно владеење, како и Неговата моќ во целото создание, не треба да избереме да го видиме Создателот во сиот Негов сјај, бидејќи тоа би ни ја поткопало вербата.

Место тоа, треба да продолжиме со нашата верба и против желбите на телото и човековиот интелект. Сè што можеме да посакаме е силата да веруваме во Него и во Неговата власт врз универзумот. Поседувањето на такво верување е познато како „Светлина" или „ден," бидејќи можеме да почнеме да примаме задоволство без страв, откако сме се ослободиле од желбите на телото и не сме веќе робови на телото и разумот.

Кога ќе ја достигнеме таа нова природа, т.е. кога сме способни да вршиме дела независно од нашите телесни желби, Создателот ни дава задоволство од Својата Светлина. Ако врз нас падне мрак и не чувствуваме никаква радост во работата за достигнување на духовното ниту способност да осетиме посебен однос со Создателот и да чувствуваме страв и љубов за Него, тогаш имаме само уште еден избор – плачот на душата.

Мораме да му се молиме на Создателот за да се смилува на нас и да го тргне црниот облак што ги замрачува сите наши чувства и мисли, прикривајќи го Создателот од нашето срце и очи. Тоа е затоа што плачот на душата е најмоќната молитва.

Кога ништо не помага, кога сме убедени дека сите наши напори, знаење, искуство, физички дела и напори се несоодветни да ни помогнат да влеземе во Вишото Духовно Царство, кога со целото наше битие чувствуваме дека сме ги истрошиле сите можности и сите сили – тогаш ќе сфатиме дека само Создателот може да помогне. Само тогаш доаѓаме да плачеме по Создателот и да го молиме за лично спасение.

Но пред да дојде тој час, никакви додатни тешкотии нема да нè натераат да заплачеме по Создателот искрено и од длабочината на срцето. Само кога ќе осетиме дека сите опции пред нас се веќе затворени, ќе се отворат „портите на солзите" за да можеме да влеземе во Вишиот Свет, живеалиштето на Создателот.

Поради ова, откако сме ги пробале сите можности самите да постигнеме духовно издигање, врз нас ќе се спушти состојба на апсолутна темнина. Има само еден излез – само Создателот може да ни помогне. Но додека сè уште го кршиме егоистичното „јас," кога уште не сме стекнале перцепција дека има Сила што нè води и насочува, кога уште не сме излечени од таа вистина и уште не сме ја сфатиле состојбата, нашето тело нема да ни дозволи да викнеме по Создателот.

А поради тоа сме обврзани да направиме сè што е во наша моќ и да не чекаме чудо од Горе. Тоа не е затоа што Создателот не сака да ни се смилува и чека „точка на кршење."

Кога ќе ги потрошиме сите опции, добиваме искуство, разбирање и перцепција на сопствената природа. Чувствата низ кои сме поминале се неопходни бидејќи во нив го примаме и со нив го чувствуваме откровението на Светлината на Создателот и Вишиот Интелект.

38

Кабалистички цитати

Најважниот аспект на процесот на самоподобрување е негувањето на чувството на понизност пред Создателот. Меѓутоа, тоа не треба да биде вештачки труд, туку цел на напорите. Ако, како резултат на работата врз себе, човек постепено почне да ја развива таа одлика, тоа значи дека напредува во вистинската насока. (Талмуд, Авода Зара)

Човек се раѓа како апсолутен егоист и таа одлика е толку инстинктивна што може да го убеди дека веќе станал праведен и се ослободил од сиот егоизам. (Талмуд, Хагига)

Тора е Светлината на Создателот и само човек што ја примил таа светлина се смета дека ја учи Тора (место само да стекнува обична мудрост). (Зохар, Мецора)

Тора е скриена. Се открива само на оние што го достигнале нивото на праведните. (Талмуд, Хагига)

Кога човек, преку своето учење, ќе стигне до нивото на кое не сака ништо освен духовно издигање и на кое ги прифаќа само најосновните животни потреби за да го одржи своето физичко постоење, не заради задоволство, тоа е првиот чекор на неговото издигање кон духовниот свет. (Талмуд, Псахим)

Колку подолу се чувствува човек, толку поблиску е до својата вистинска состојба и до Создателот. (Талмуд, Сота)

Забрането е да се проучува кабалата за друга цел освен за духовно издигање. (Талмуд, Санедрин)

Највисокиот духовен потенцијал на човекот е да го достигне нивото на *Маасе Меркава* („Чинот на правило"). Тој може да се поправи себеси до таа мера што Божјото Провидение над светот може да се изврши преку тој човек. (Талмуд, Сука)

Неопходен услов за духовно издигање е постојаната потрага по врска со Создателот. (Рамбам, Илхот Јесодот Тора)

Не очајувајте штом сте тргнале по патот, бидејќи Создателот нè уверува дека ќе успееме ако насоката на нашите стремежи е исправна. (Талмуд, Псахим)

Најважниот аспект на човекот се неговите стремежи, а не неговите достигнувања, бидејќи егоизмот е тој што бара достигнувања. (Талмуд, Јавамот;Талмуд, Сота)

Исто како што човек треба да се стреми да ја почувствува безначајноста на неговите вродени одлики, така треба и да се гордее со својата духовна работа и цел. (Талмуд, Брахот)

Човек кој се стреми кон Создателот е познат како Негово дете (Талмуд, Шабат), во спротивност на оние што сакаат да бидат наградени за своите студии (со почит, знаење, или пари).

Сфати го Создателот. Кабалата е позната како учење за скриеното (*Нистар*) бидејќи може да се сфати само до оној степен до кој човек може да ги смени своите внатрешни одлики. Затоа, не може на другите да им ги пренесе своите перцепции, но може и треба да им помогне на другите да го поминат истиот пат. (Рамбам, Илхот Јесодот Тора)

Кој може да замисли свет што не е исполнет со Создателот? (Талмуд, Шабат)

Човек мора да замисли дека е сам на светот со Создателот. Разните ликови и приказни во Библијата ги означуваат различните одлики на еден човек и на сите луѓе и разните фази на духовниот пат на тој човек. Одликите и фазите се означени со имиња на луѓе, нивните постапки и географски местоположби. (Талмуд, Кидушин)

Човек нема потреба да очајува кога, додека учи и работи на поправање на себе во напор да достигне духовно издигање, на крај ќе се види себеси како да е во уште полоша состојба одошто бил пред да почне да ја учи кабалата. Вистинската природа на егоизмот му се открива на човек чие ниво е повисоко од она на другите, па затоа тој во своите очи станува уште полош, иако всушност станал подобар. (Талмуд, Мегила)

Не обрнувајте внимание на тоа што сиот свет постојано брка задоволства додека само малкумина се издигнуваат до Создателот. (Талмуд, Рош Хашана)

Најважниот аспект на духовниот напредок на човекот е молбата за помош упатена до Создателот. (Талмуд, Јома)

Најлошатаројава на егоизмот е ароганцијата и суетата. (Талмуд, Сота)

Човек мора да земе сила од разбирањето на целта на созданието, однапред радувајќи се во неизбежната реформација на сиот свет и доаѓањето на мирот за човештвото. (Талмуд, Трума)

Вербата е единствениот пат до спасението. Во сите други одлики човек може да биде збунет од егоизмот, но вербата е единствената основа за издигнувањето до духовното царство. (Талмуд, Макот)

Вербата не може да се појави во човек без да биде придружувана од страв, бидејќи егоизмот му се поклонува само на стравот. (Талмуд, Шабат)

Дури и ако човек ништо не прави, неговиот егоизам го тера да прави секакви злодела. Значи, тој што не направил грев може да се спореди со тој што вршел добри дела. (Талмуд, Бава Мециа)

Соединувањето на човекот со Создателот може да се постигне само преку совпаѓањето на нивните одлики. (Талмуд, Сота)

39

Потрагата на Михаел Лајтман по кабалата

Едно прашање често ми го поставуваат на разни предавања и интервјуа во врска со тоа како сум дошол до кабалата. Веројатно, да се занимавав со нешто друго, многу поинакво од кабалата, ќе можев да ја разберам валидноста на ова прашање. Но кабалата е учење за целта на нашиот живот; предмет толку близок и релевантен за секој од нас! Верувам дека покоректно прашање би било „Како откри дека прашањата за „јас" и за животот се во кабалата? Како ја откри кабалата?" место „Зошто си преокупиран со неа?"

Уште додека бев дете, како и многу други, го поставував прашањето „Зошто постојам?" Ова прашање постојано ме вознемируваше се разбира, ако не беше потиснато од бркањето задоволства.

Меѓутоа, многупати прашањето ќе се јавеше и покрај тоа што се трудев да го замолчам со разни неважни цели – да добијам интересна професија и да се удавам во неа или да емигрирам во мојата татковина – цел која ја бркав многу години.

Откако пристигнав во Израел (1974), продолжив да се измачувам со истото прашање за смислата на животот; пробав да најдам причина поради која ќе вреди да се живее. Откако повторно ги пробав разните можности што ми беа на располагање (политика, бизнис итн.) за да бидам како сите други, повторно не можев да му ставам крај на упорното прашање „За која причина продолжувам да го правам сето ова? Што добивам со тоа што сум сличен на сите други"?

Натеран од материјални и морални маки, како и од спознанието дека не можам да се справам со стварноста, решив да се свртам кон религиозниот начин на живот (1976), надевајќи се дека оваа насока, како и мислите и идеите што доаѓаат од неа, повеќе ќе ми одговараат.

Никогаш не бев особено наклонет кон хуманистичките науки; никогаш не бев фасциниран од студирањето психологија; ниту можев навистина да ја ценам длабочината на Достоевски. Сите мои студии на хуманистичките науки беа на просечно ниво. Не се истакнуваа заради некоја посебна длабочина на мислата или чувствата.

Меѓутоа, од раното детство, имав голема почит кон науката, што се чинеше доста добро за мене. Во еден момент налетав на реклама за час по кабала. Веднаш се запишав и се задлабочив во тоа со вообичаениот ентузијазам. Купив купишта книги (1978) и почнав да навлегувам во нив за да ги најдам сите одговори, дури и ако беа потребни недели за тоа.

По првпат во животот бев засегнат до коска, и сфатив дека ова е моја област на интерес бидејќи се справува со сите теми кои ме мачеа со години.

Почнав да трагам по вистински учители. Барав по целата земја и бев на многу часови. Но некако, еден глас внатре упорно ми велеше дека сето тоа на што наидував не е вистинската кабала, бидејќи не зборуваше за мене туку за некои далечни и апстрактни теми.

Напуштајќи ги сите учители, заинтересирав еден од моите пријатели за предметот. Заедно ги поминувавме вечерите проучувајќи ги сите книги за кабалата што можевме да ги најдеме. Тоа траеше со месеци. Една студена, дождлива зимска вечер во 1980, место да седнам како обично да се занимавам со *Пардес Римоним* и *Тал Ороѿ*, од очај, и на мое сопствено изненадување, му предложив на мојот партнер да одиме да побараме учител во Бнеи Брак.

Тоа го оправдав со аргументот дека ако треба да најдеме учител, би било добро да одиме на часови таму. Пред тој ден го имав посетено Бнеи Брак само два-три пати, во потрага по книги за кабалата.

Таа вечер во Бнеи Брак беше исто толку студено, ветровито и дождливо. Кога стигнав до крстопатот на улиците Рав Акива и Хазон-Иш, го отворив прозорецот и му викнав на еден човек преку улица, облечен во долга црна роба: „Можете ли да ми кажете каде учат кабала во околинава?"

За луѓе незапознаени со атмосферата и друштвото на религиозниот дел, морам да објаснам дека моето прашање звучеше чудно, во најмала рака. Кабалата не беше подучувана во ниедна од образовните институции или јешива.

Ретко кој би имал смелост да изјави дека се интересира за кабалата. Но непознатиот преку улицата, без трошка изненадување, ми одговори: „Сврти лево, продолжи додека не стигнеш до плантажа со лимони, таму ќе видиш синагога. Таму учат кабала."

Кога стигнавме на опишаната дестинација, најдовме темна зграда. Влеговме и забележавме долга маса во една од страничните соби. На неа седеа четири или пет мажи со бели бради. Се претставив и објаснив дека сме од Реховот и дека сакаме да учиме кабала. Постариот човек седнат на челото на масата нè покани да се придружиме и предложи да разговараме за тоа што сакаме откако ќе заврши часот.

Потоа, часот продолжи со неделното читање на поглавје од книгата Зохар, со коментарите на Сулам, и со придушување на зборовите (половина зборови беа на Јидиш), како кај луѓе што се разбираат со половина поглед. Гледајќи ги и слушајќи ги, заклучив дека луѓево само си го врват времето додека не остарат и ако побрзаме, уште можеме да најдеме друго место за да учиме кабала таа вечер.

Меѓутоа, мојот пријател ме задржа, велејќи дека тој не може да се однесува така безобѕирно. За неколку минути лекцијата заврши, а постариот човек, откако дозна кои сме, ни ги побара телефонските броеви. Рече дека ќе размисли кого да ни го предложи како учител, па ќе ни се јави.

Не бев воопшто расположен дури ни да го дадам бројот, мислејќи дека овој напор е истото губење време како и сите претходни обиди што ги имавме направено. Насетувајќи дека се колебам, мојот пријател го даде својот телефонски број. Се збогувавме и заминавме.

Уште следната вечер мојот пријател дојде кај мене дома и рече дека стариот му се јавил и ни понудил учител по кабала. Исто така ме извести дека состанокот е веќе закажан и дека треба да биде истата вечер. Не сакав да изгубам уште една вечер, но попуштив пред молбите на мојот пријател.

Пристигнавме. Постариот викна друг човек, малку помлад од него, но исто со бела брада; му рече неколку зборови на јидиш, и потоа нѐ остави сами со него.

Човекот предложи веднаш да седнеме и да почнеме да учиме. Препорача да почнеме со статија „Вовед во кабалата," која јас и пријателот се обидувавме да ја разбереме во повеќе наврати. Седнавме на една од масите во празната соба на *Беит-Кнесет* (синагогата).

Човекот почна да чита параграф по параграф, и да го објаснува значењето на секој од нив. Секогаш ми е тешко да се сетам на тој момент – тоа остро чувство дека по долга потрага конечно го најдов она што толку години го барав и не можев на ниедно друго место да го најдам. На крајот од лекцијата го закажавме следниот час за следниот ден.

Следниот ден дојдов опремен со магнетофон. Бидејќи дознав дека главните лекции се меѓу 3 и 6 наутро, почнавме да ги следиме секоја вечер. Доаѓавме и на месечните гозби да ја прославиме младата месечина, па како сите други придонесувавме со месечни донации.

Воден од желбата да откријам нешто за себе, а и воопшто бидејќи бев поагресивен, често влегував во расправии. Сите информации за нас постојано беа пренесувани до главниот старешина, кој, како што се покажа, доста често прашуваше за нас.

Еден ден, нашиот учител ме извести дека по утринската молитва, околу 7 часот, главниот старешина би можел да го изучува „Воведот во книгата Зохар" со мене. Меѓутоа, гледајќи дека не разбирам, по две или три лекции, старешината, преку нашиот учител, најави дека лекциите ќе престанат.

Јас ќе продолжев да учам, иако чувствував дека ништо не разбирам. Бев спремен да читам сѐ механички со него, теран од потребата да го сфатам длабокото значење меѓу редовите. Но, тој сигурно знаеше дека моето време уште не е дојдено и заврши со часовите, иако јас бев страшно навреден.

Неколку месеци поминаа и преку нашиот редовен учител, главниот старешина ме праша дали можам да го возам на лекар во Тел Авив. Се разбира, се согласив. На патот до таму тој доста зборуваше на разни теми. Јас, од моја страна, се трудев да поставувам прашања во врска со кабалата.

Тогаш тој ми рече дека додека уште ништо не разбирам, може да зборува со мене за сѐ и сешто, но во иднина, кога ќе почнам да разбирам, веќе нема да биде толку отворен со мене.

Се случи точно како што го опиша овој миг. Со години, место одговори, го слушав истиот одговор: „Веќе имаш кого да прашаш," мислејќи на Создателот, „барај, моли, преколнувај, што сакаш прави; за сѐ обрати му се Нему и сѐ барај од Него!"

Посетите кај докторот не помогнаа и старешината мораше да биде сместен во болница со инфекција на увото цел месец. Со време, го имав придружувано старешината многупати на неговите посети кај докторот; денот кога отиде во болница решив да останам со него таа ноќ.

Тој месец доаѓав во болницата во 4 наутро. Ќе се искачев преку оградата, тивко ќе минев низ зградата и потоа учев. Цел месец! Од тогаш, Барух Шалом ХаЛеви Ашлаг, најстариот син на Баал ХаСулам, стана мојот учител ментор. *(Рав)*

По неговото пуштање од болница редовно одевме во парковите на долги прошетки. Враќајќи се од тие прошетки, ќе седнев и трескавично ќе запишев сè што имав слушнато од него. Тие чести прошетки, кои траеја три до четири часа на ден, со време се претворија во навика.

Во првите две години продолжив да го прашувам Рав за дозвола да се преселам поблиску до него, но тој секогаш одговараше дека не гледа оти тој потег е неопходен, бидејќи моите патувања од Реховот претставуваа напор кој ми носи духовно добро.

Меѓутоа, кога две години подоцна самиот Рав предложи да се преселам да живеам во Бнеи Брак, од некоја причина јас не се брзав. До тој степен не се брзав што мојот Рав конечно излезе, ми најде стан блиску до него и почна да притиска да се преселам.

Додека уште живеев во Реховот, го прашав мојот Рав за дозвола да одржам неколку часови на едно од местата каде пред некое време доаѓав на часови и запознав други луѓе што се обидуваа да учат кабала. Тој веста ја прими без голем ентузијазам, но подоцна ме прашуваше за моите лекции.

Кога му реков дека имаме можност да поканиме неколку млади мажи да ни се придружат во Бнеи Брак, Рав претпазливо се согласи. Така, повеќе десетици млади мажи се придружија во синагогата и тивкото повлечено место се претвори во живо сврталиште.

Првите шест месеци видоа скоро десет венчавки. Животот на Рав, сите негови денови, добија ново значање. Тој беше пресреќен заради приливот на луѓе што сакаат да ја учат кабалата. Нашиот ден обично почнуваше во 3 наутро; група за учење имаше до околу 6, а потоа речиси до 7. Секој ден, од 9 до 12, шетавме до паркот или до морето. По враќањето, ќе се повлечев дома за да работам. Од 5 до 8 вечерта продолжувавме со учење, паузирајќи само за молитва. Тогаш ќе се разделевме и повторно се состанувавме околу 3 часот Оваа рутина траеше со години. Ги снимав сите лекции, така што сега имам насобрано преку илјада ленти.

Во последните години (од 1987) мојот Рав реши дека е добра идеја двајцата да отпатуваме за Тибериас на два дена – еднаш на секои две недели. Овие патувања, кои нè одвојуваа од други луѓе, создадоа блискост меѓу нас.

Меѓутоа, со годините, перцепцијата на духовниот јаз кој нè одвојуваше, кај мене стана поголема, иако не знаев како да ја премостам. Јасно можев да го видам тој јаз секојпат кога ќе го видев како се радува на најмалата можност да потисне некоја физичка потреба.

За него, постигнатиот заклучок стануваше закон, каде редоследот и временскиот распоред строго се следеа, без оглед на замор или болест. Речиси паѓајќи од исцрпеност, тој ќе спроведеше сè што беше планирано за денот до последниот детаљ, никогаш не намалувајќи ја задачата што ја земал на себе. Без здив од замор, бидејќи имаше краток здив, никогаш не откажа ни еден состанок ни час; никогаш не префрли ни една обврска на некој друг.

Постојано набљудувајќи го неговото однесување, ќе ја изгубев самодовербата и вербата дека јас можам да успеам, иако сфатив дека таа натприродна сила доаѓа од спознанието на грандиозната задача што ја имаше пред себе и од помошта од Горе.

Не можам да заборавам ниеден момент што го минав со него за време на нашите патувања до Тибериас и планината Мерон, кога поминував долги вечери седејќи наспроти него, впивајќи го неговиот поглед, неговите говори, неговите песни. Тие сеќавања живеат длабоко во мене и се надевам дека, дури и денес, го одредуваат мојот пат и ме водат по него. Информациите што беа собрани при секојдневните средби со него, во текот на дванаесет години, живеат и дејствуваат независно.

Многу често, мојот Рав ќе изговореше нешто неразбирливо по говорот, понекогаш додавајќи дека го кажал тоа за да се осигури дека кажаното ќе влезе во светот и ќе живее и дејствува во светот.

Бидејќи групните состаноци кабалистите ги практикуваа од древни времиња, го замолив Рав да организира такви групи за новодојдените и да направи пишан план на таквите состаноци. Тоа доведе до пишување на неделни статии, што Рав продолжи да го прави речиси до последните свои денови.

Како резултат на ова, ни остана наследство од неколку тома извонреден материјал, кој заедно со аудиолентите што ги снимав низ годините сочинува голема збирка на коментари и објаснувања на целата кабала.

Деновите кога се славеше Нова година, мојот Рав наеднаш се разболе и почна да чувствува притисок во градите. Дури по тешко убедување се согласи да оди на лекарски преглед. Лекарите не најдоа никаков проблем, но рано наутро, на петтиот ден на Тишреи, 5752 (1991), тој почина.

Десетици ученици кои се придружија на групата во последните неколку години продолжија да ја студираат кабалата и да го бараат внатрешното значење на созданието. Учењето живее и натаму, исто како во сите претходни векови.

Рав Јехуда Ашлаг и неговиот постар син, Рав Барух Ашлаг, мојот Рав, преку своите напори, го развија и прилагодија ова учење на потребите на оваа генерација, на типот на души кои во ова време слегуваат во овој свет.

Духовните информации на кабалистот му се пренесени од Горе без употреба на зборови, а се примаат со сите сетилни органи истовремено, како и со интелектот. Значи, веднаш во целост се сфаќаат.

Тие информации можат да се пренесат само од еден на друг кабалист, кој мора да биде на истото или на повисоко духовно ниво. Невозможно е да се пренесе истата информација на некој што уште не стигнал до соодветното духовно ниво или уште не е воведен во духовните подрачја, бидејќи му недостигаат потребните инструменти за перцепција.

Понекогаш учителот може да прибегне кон вештачко духовно издигнување на ученикот на духовно ниво на учителот преку екранот на учителот (*Масах*). Во тој случај, ученикот може да добие одредена претстава за суштината на духовните сили и дела. За пренесување информации на оние што уште не се влезени во духовното, се користат стандардни средства за пренесување информации: печатен текст, говор, директен контакт, личен пример.

Како што знаеме од описот на значењата на буквите (од статијата *Имињата на Создателот*), тие можат да се употребат за да пренесат нешто повеќе од буквалното значење; можат да ја пренесат духовната, внатрешна содржина на информациите.

Но сè додека човек не ги стекне перцепциите кои соодветствуваат на духовното значење на имињата и делата, читањето на зборовите може да се спореди со ставање празни чинии на маса и лепење на етикети на нив со имиња на раскошни јадења.

Музиката претставува поапстрактен вид на пренесување информации. Исто како и видливата светлина, се состои од седум основни сили-одлики-тонови, поради фактот дека духовното битие (*Парцуф*) кое владее со нашиот свет, познато како *Парцуф Зеир Анпин де Ацилут*, се состои од седум дела, или *Сефирот*.

Зависно од духовната состојба на човекот, тој може да распознае разни духовни состојби на композиторот на одредена кабалистичка мелодија. Тој човек не мора да биде на истото духовно ниво како композиторот на мелодијата, туку внатрешното значење може да се сфати до степенот кој го дозволува неговото духовно ниво.

Во 1996, 1998 и 2000 година, снимени се и објавени три цедиња со музика од Баал ХаСулам и Рабаш. Мело-диите се претставени онака како што ги слушнал Рав Михаел Лајтман од својот Рав, Рав Барух Ашлаг. Некои од мелодиите се компонирани за текстови од псалмите, додека други потекнуваат од делови од нашите молитвени текстови.

Покрај зборовите, звуците на мелодиите носат во себе големо количество на кабалистички информации.

Други книги од д-р Михаел Лајтман

Откриена кабала- *упатство за пронаоѓање на среќата*

Оваа книга е наменета за луѓе од секаква возраст, вера и националност, кои сакаат да ја разберат смислата на нивниот живот и да ја достигнат вистинската слобода без граници.

Тоа е книга, напишана на јасен и достапен јазик, која го објаснува светот што нè опкружува во процесот на постигнување на внатрешниот мир. Секоја од шесте глави во оваа книга се концентрира на различни аспекти од древната мудрост кабала, фрлајќи нова светлина на учењето, кое многу често било притајувано во мистеријата и погрешното толкување.

Суптилна, но напроти тоа длабока идеја е проткаена во сите делови на книгата и се собира во една и конкретна целина.

За Бнеи Барух

Бнеи Барух е група од кабалисти во Израел кои ја споделуваат мудроста на кабалата со сиот свет. Материјалите на 30 јазици се базираат врз автентични кабалистички текстови кои се пренесувани од генерација на генерација.

Историја и потекло

Во 1991, по починувањето на неговиот учител, Рав Барух Шалом ХаЛеви Ашлаг (Рабаш), Михаел Лајтман, професор по онтологија и теорија на знаењето, доктор по филозофија и кабала, и магистер по медицинска био-кибернетика, воспостави група за учење на кабалата наречена „Бнеи Барух." Ја нарече Бнеи Барух (Синови на Барух) во спомен на својот ментор, чие друштво никогаш не го напушти во последните 12 години од неговиот живот, од 1979 до 1991.Михаел Лајтман беше најистакнатиот ученик и личен асистент на Ашлаг и е признаен како наследник на методот на учење од Рабаш.

Рабаш беше првородениот син и наследник на Рав Јехуда Леиб ХаЛеви Ашлаг, најголемиот кабалист на 20 век. Рав Ашлаг го напиша најавторитативниот и најдеталниот коментар на *Книгата Зохар*, под наслов *Коментарот Сулам* (скала). Тој беше првиот што го разоткри целосниот метод за духовно издигање и така стана познат како Баал ХаСулам (Сопственикот на скалата).

Денес, Бнеи Барух целиот метод на учење го заснова врз патот прооден од овие два големи духовни водачи.

Методот на учење

Уникатниот метод на учење развиен од Баал ХаСулам и син му Рабаш е подучуван и применуван секојдневно кај Бнеи Барух. Овој метод се заснова врз автентични кабалистички извори како *Книгата Зохар* од Рав Шимон Бар-Јохаи, *Дрвото на животот* од светиот Ари и *Изучувањето на десетте Сефирот* од Баал ХаСулам.

Иако изучувањето се потпира врз автентични извори на кабалата, се врши на едноставен јазик и користи научен, современ пристап. Развивањето на тој пристап направи од Бнеи Барух меѓународно почитувана организација, како во Израел така и во светот.

Уникатната комбинација на академски метод на учење и лични искуства го проширува гледиштето на студентите и им доделува нова перцепција на стварноста во која живеат. Тие што се на духовниот пат така ги добиваат потребните алатки да се проучуваат себеси и нивната околна стварност.

Порака

Бнеи Барух е разновидно движење од десетици илјади студенти насекаде во светот. Студентите можат да изберат свој пат и личен идентитет на своето студирање, според нивните единствени состојби и способности. Суштината на пораката која ја шири Бнеи Барух е универзална: единство на луѓето, единство на народите и љубов спрема човекот.

Со милениуми, кабалистите подучуваат дека љубовта спрема човекот треба да биде основа на сите меѓучовечки односи. Таа љубов превладувала во времето на Абрахам, Мојсеј и групата кабалисти која тие ја воспоставиле. Ако направиме место за овие стари, а сепак современи вредности, ќе откриеме дека ја поседуваме моќта да ги тргнеме настрана разликите и да се обединиме.

Мудроста на кабалата, скриена со милениуми, го чекаше времето кога ќе бидеме доволно развиени и спремни да ја примениме нејзината порака. Сега, таа се појавува како решение кое може да ги обедини разните странки насекаде, оспособувајќи нè, како поединци и како општество, да се соочиме со предизвиците на денешнината.

Активности

Бнеи Барух е воспоставена врз премисата дека „само со ширење на мудроста на кабалата во јавноста можеме да добиеме целосно спасение" (Баал ХаСулам).

Затоа, Бнеи Барух нуди разни начини луѓето да истражуваат и да ја откријат смислата во својот живот, обезбедувајќи внимателно водство, како за почетниците, така и за напредните студенти.

Телевизија

Бнеи Барух воспостави продукциска компанија, АРИ Филмс (www.arifilms.tv) која е специјализирана за продукција на образовни телевизиски програми насекаде во светот на многу јазици.

Во Израел, Бнеи Барух воспостави свој канал, бр. 66 на кабелска и на сателитска телевизија, кој ја емитува 24-часовната Кабала ТВ. Каналот исто така се емитува на интернет на www.kab.tv. Сите емисии на каналот се бесплатни. Програмите се адаптирани за сите нивоа, од почетници до најнапредни.

Покрај тоа, АРИ Филм продуцира образовни серии и документарци.

Интернет вебсајт

Меѓународниот вебсајт на Бнеи Барух, www.kab.info, ја претставува автентичната мудрост на кабалата користејќи есеи, книги и изворни текстови. Тоа е најголем извор на автентичен кабалистички материјал на интернет, кој содржи уникатна, голема библиотека за читателите да можат темелно да ја истражуваат мудроста на кабалата. Покрај тоа, медиумската архива, www.kabbalahmedia.info, содржи преку 5000 медиумски фајлови, книги кои можат да се симнат и огромен резервоар на текстови, видео и аудио фајлови на повеќе јазици.

Онлајн Центарот за учење на Бнеи Барух нуди единствени, бесплатни лекции од кабалата за почетници, иницирајќи студенти во ова длабоко знаење во удобноста на нивниот дом.

Дневните лекции на Михаел Лајтман исто така се емитуваат во живо на www.kab.tv заедно со дополнителни текстови и дијаграми.

Сите тие услуги се бесплатни.

Весник

Kabbalah Today е бесплатен месечник произведен и дистрибуиран од Бнеи Барух на повеќе јазици, вклучувајќи ги англискиот, хебрејскиот, шпанскиот и рускиот. Весникот е неполитички, некомерцијален и напишан е на јасен, современ стил. Целта на *Kabbalah Today* е да го изложи огромното знаење скриено во мудроста на кабалата бесплатно и во јасен, интересен формат и стил за читателите по цел свет.

Kabbalah Today се дистрибуира бесплатно во секој поголем град во САД, како и во Торонто, Канада, Лондон, Англија и во Сиднеј, Австралија. Се печати на англиски, хебрејски и руски, и е достапен на интернет, на www.kabtoday.com.

Покрај тоа, печатен примерок од весникот им се праќа на претплатниците само по цена на испораката.

Кабалистички книги

Бнеи Барух издава автентични книги, напишани од Рав Јехуда Ашлаг (Баал ХаСулам), неговиот син, Рав Барух Ашлаг (Рабаш) и од Михаел Лајтман. Книгите на Рав Ашлаг и Рабаш се есенцијални за целосно разбирање на учењата на автентичната кабала, објаснети во лекциите на Михаел Лајтман.

Михаел Лајтман ги пишува своите книги со јасен, современ стил врз темелните концепти на Баал ХаСулам. Тие книги се пресудна врска меѓу денешните читатели и изворните текстови. Сите книги се достапни да се купат, но има можност и за бесплатно симнување од интернет.

Лекции од кабалата

Како што кабалистите прават со векови, Михаел Лајтман секој ден држи лекција во центарот на Бнеи Барух во Израел меѓу 3:15 и 6:00 часот по израелско време. Лекциите се држат на хебрејски и се истовремено преведувани на седум јазици: англиски, руски, шпански, француски, германски, италијански и турски. Како и сè друго, преносот во живо е обезбеден бесплатно за илјадници студенти во светот.

Финансирање

Бнеи Барух е непрофитна организација за учење и ширење на мудроста на кабалата. За да ја одржи својата независност и чистота на намерите, Бнеи Барух не е поддржана, финансирана, или на некој начин поврзана со која било влада или политичка организација.

Бидејќи поголемиот дел од активностите се обезбедени бесплатно, главните извори на финансии за активностите

Други книги од д-р Михаел Лајтман

на групата се донациите и одвојување од личните приходи на студентите – врз доброволна основа – и книгите на Михаел Лајтман, кои се продаваат по одредена цена.

Контакт информации за Бнеи Барух

На македонски – Образовен центар:
www.kabbalah.info/mk www.arionline.info

E-mail: info@kabbalah.info

Кабала Тв: Веб страна: www.kab.info
www.kab.tv/eng Бесплатно во САД и Канада:

Кабала книги: 1-866-LAITMAN
www.kabbalahbooks.info Fax: 1-905 886 9697

1057 Steeles Avenue West, Suite,532,
Toronto, Kanada

www.ingramcontent.com/pod-product-compliance
Lightning Source LLC
Chambersburg PA
CBHW071213080526
44587CB00013BA/1352